U0504495

国家社会科学基金重大项目（16ZDA159）成果
国家自然科学基金面上项目（42071195）成果

历史文化村镇数字化保护

理论、方法与应用

刘沛林 等 著

商务印书馆
创于1897 The Commercial Press

图书在版编目（CIP）数据

历史文化村镇数字化保护：理论、方法与应用/刘沛林
等著. —北京：商务印书馆，2023
ISBN 978–7–100–22011–8

Ⅰ. ①历… Ⅱ. ①刘… Ⅲ. ①数字技术-应用-乡村-
文化遗产-保护-研究-中国 Ⅳ. ①G122-39

中国国家版本馆 CIP 数据核字（2023）第 031753 号

历史文化村镇数字化保护：理论、方法与应用
刘沛林 等 著

商 务 印 书 馆 出 版
（北京王府井大街 36 号邮政编码 100710）
商 务 印 书 馆 发 行
北 京 中 科 印 刷 有 限 公 司 印 刷
ISBN 978－7－100－22011－8

2023 年 5 月第 1 版　　开本 710×1000　1/16
2023 年 5 月北京第 1 次印刷　　印张 25 1/2
定价：168.00 元

各章节主要执笔人

前言 …………………………………………………………………………… 刘沛林

第一章　研究缘起与总体构架 ……………………………………………… 刘沛林

第二章　历史文化村镇数字化保护的理论基础 ……………… 胡最、刘沛林

第三章　历史文化村镇的价值体系及其数字化表征 ………… 胡最、刘沛林

第四章　历史文化村镇数字化保护的功能价值与实现途径 … 胡最、刘沛林

第五章　历史文化村镇数字化保护的主体与方式 ……………………… 胡最

第六章　GeoDesign 与传统聚落景观基因框架的整合及其数字化实现

…………………………………………………………… 胡最、刘沛林

第七章　基于无人机影像密集匹配点云的历史文化村镇地面点提取及

DEM 生成——以湘西德夯村为例 ………………………… 邓运员

第八章　一种历史文化村镇传统民居遥感提取方法 ………邓运员、郑文武

第九章　历史文化村镇数字化记录与保存方法体系 …………………… 邓运员

第十章　历史文化村镇数据库的数字化技术规范与数据标准 ……… 郑文武

第十一章　历史文化村镇文化遗产数字化传播的关键技术 ………… 郑文武

第十二章　历史文化村镇数字化内容在城乡规划与管理中的应用

…………………………………………………………………… 杨立国

第十三章　历史文化村镇数字化内容的产业化应用途径 …………… 李伯华

第十四章　历史文化村镇数字化创意产品开发设计案例 …………… 田亚平

第十五章　历史文化村镇 3D 数字化产品开发设计——以长沙段湘江

古镇群为例 …………………………………………… 黄格、李勇

第十六章　从新宅居生活看历史文化村镇网络虚拟旅游的前景和方向

…………………………………………………………………… 刘沛林

目　录

序 ……………………………………………………………………… i

前言 …………………………………………………………………… v

第一章　研究缘起与总体构架 …………………………………………… 1

　第一节　研究缘起和基本思路 …………………………………………… 1

　第二节　总体研究框架和结构 …………………………………………… 2

　第三节　采用的研究方法 ………………………………………………… 7

　第四节　研究的重点和难点 ……………………………………………… 8

　第五节　主要创新点和特色 ……………………………………………… 11

　第六节　主要学术价值和实践价值 ……………………………………… 13

第二章　历史文化村镇数字化保护的理论基础 ………………………… 17

　第一节　基本理论与概念 ………………………………………………… 17

　第二节　文化景观基因图谱及其基因组图谱 …………………………… 25

　第三节　其他理论 ………………………………………………………… 27

　参考文献 …………………………………………………………………… 28

第三章　历史文化村镇的价值体系及其数字化表征 …………………… 31

　第一节　文化遗产价值特征 ……………………………………………… 31

　第二节　文化景观基因符号的数字化表达 ……………………………… 34

　第三节　中国历史文化村镇景观基因的识别与区划 …………………… 52

　参考文献 …………………………………………………………………… 70

第四章　历史文化村镇数字化保护的功能价值与实现途径 ················· 73

　　第一节　功能体系 ·· 73

　　第二节　保护实践及其模式 ·· 76

　　第三节　历史文化村镇文化遗产活态保护 ······························ 79

　　参考文献 ··· 82

第五章　历史文化村镇数字化保护的主体与方式 ······················· 83

　　第一节　数字化保护的主体 ·· 83

　　第二节　村镇数字博物馆 ·· 86

　　第三节　在线服务系统 ·· 87

　　第四节　移动 APP 开发 ·· 87

　　第五节　5D GIS 与地图智能服务 ·· 90

　　参考文献 ··· 90

第六章　GeoDesign 与传统聚落景观基因框架的整合及其数字化实现 ··· 92

　　第一节　前言 ·· 92

　　第二节　GeoDesign 的基本特征 ··· 94

　　第三节　传统聚落景观基因理论分析框架 ······························· 97

　　第四节　GeoDesign 与景观基因分析框架的整合 ····················· 98

　　第五节　研究案例 ··· 102

　　参考文献 ·· 106

**第七章　基于无人机影像密集匹配点云的历史文化村镇地面点提取及 DEM
生成——以湘西德夯村为例** ··· 109

　　第一节　前言 ··· 109

　　第二节　研究方法 ··· 111

　　第三节　实验及结果分析 ·· 113

　　参考文献 ·· 119

第八章 一种历史文化村镇传统民居遥感提取方法 ················· 121

第一节 前言 ·· 121

第二节 顾及纹理的建筑物形态指数算法 ······················ 122

第三节 传统民居提取试验 ·································· 126

参考文献 ·· 129

第九章 历史文化村镇数字化记录与保存方法体系 ·············· 131

第一节 数字化采集与处理技术 ····························· 131

第二节 数字化存储与管理方法 ····························· 143

第三节 数字化记录与保存案例 ····························· 148

参考文献 ·· 157

第十章 历史文化村镇数据库的数字化技术规范与数据标准 ······· 160

第一节 数据采集与入库技术规范 ··························· 160

第二节 历史文化村镇数据库元数据标准 ··················· 166

第三节 历史文化村镇数据库检索体系 ····················· 169

第四节 历史文化村镇数据库建设案例 ····················· 172

参考文献 ·· 184

第十一章 历史文化村镇文化遗产数字化传播的关键技术 ········· 186

第一节 虚拟展示技术 ································· 186

第二节 虚拟体验技术 ································· 193

第三节 数字化成果知识产权保护与网络安全技术 ··········· 199

第四节 女书文化遗产数字化传播平台建设案例 ············· 206

参考文献 ·· 215

第十二章 历史文化村镇数字化内容在城乡规划与管理中的应用 ······· 217

第一节 历史文化村镇数字化内容在传统村镇保护规划中的应用 ······ 217

第二节　历史文化村镇数字化内容在现代村镇建设规划中的应用……223

第三节　历史文化村镇数字化内容在传统村镇监测预警中的应用……235

第四节　历史文化村镇数字化内容在传统村镇智慧管理中的应用……253

参考文献……258

第十三章　历史文化村镇数字化内容的产业化应用途径……262

第一节　文化遗产产业化发展的主要特点和基本经验……262

第二节　历史文化村镇数字化内容产业化的运行机制……265

第三节　历史文化村镇数字化内容产业化的应用途径……272

第四节　历史文化村镇数字化内容产业化的管理策略……296

参考文献……301

第十四章　历史文化村镇数字化创意产品开发设计案例……305

第一节　数字化女书文化创意展陈产品开发设计案例……306

第二节　数字化创意游戏产品开发设计案例……313

第三节　数字化创意教育产品开发设计案例……320

第四节　数字化女书文化创意衍生产品的开发设计案例……328

参考文献……336

第十五章　历史文化村镇 3D 数字化产品开发设计——以长沙段湘江古镇群为例……338

第一节　元宇宙产品开发设计……339

第二节　数字人居产品开发设计……346

第三节　数字重建产品开发设计……351

第四节　数字文创产品开发设计……356

参考文献……363

第十六章　从新宅居生活看历史文化村镇网络虚拟旅游的前景和方向……365

第一节　国内外网络虚拟旅游研究综述……366

第二节　网络虚拟旅游发展态势 ……………………………………… 368

第三节　网络虚拟旅游存在的问题及未来方向 ………………… 373

第四节　虚拟现实与历史文化村镇的网络化呈现 ……………… 377

参考文献 ……………………………………………………………………… 383

序

中国已经公布的国家级传统村落有 8171 个，各省份公布的省级传统村落不计其数，还有大批国家级和省级历史文化名镇名村。这些具有独特的历史文化价值的古村古镇，既是中华五千年杰出农耕文明的重要结晶，也是中华优秀传统文化的活性载体，更是中华乡土文化的根植地，开展中国历史文化村镇的有效保护，具有重要的历史与现代价值。

2014 年 4 月，住房和城乡建设部、原文化部、国家文物局、财政部联合发布《关于切实加强中国传统村落保护的指导意见》明确指出："传统村落传承着中华民族的历史记忆、生产生活智慧、文化艺术结晶和民族地域特色，维系着中华文明的根，寄托着中华各族儿女的乡愁"，要本着"保护和弘扬优秀传统文化的精神，加大传统村落保护力度"。显而易见，加强历史文化村镇保护，不仅是中华优秀传统文化传承的需要，也是各族人民"留住乡愁"的需要。

中国历史文化村镇具有独特的中国文化景观。保护历史文化村镇就是要保护其独特的规划思想、布局文化、建筑风格、环境风貌以及丰富的非物质文化遗产。各地传统村镇所体现的文化景观基因正是景观保护的重点。刘沛林所提出的"聚落景观基因"理论及其相应的基因挖掘与彰显方法，不仅得到村镇保护与规划建筑领域同行的广泛认同，也在书中得到很好的应用，为历史文化村镇文化景观个性化保护与活化，找到了一把开锁的钥匙。

历史文化村镇保护除了传统的实物性保护与修复之外，数字化保护成为一种新的有效途径，也成为传统保护路径的一种新的补充。随着全球信息化和数字化浪潮的滚滚袭来，数字科技已经渗透到了社会经济和生产生活的每一个角落，适应数字化才能适应现代生活，否则就要被淘汰，这是大势所趋。因此，借助数字化技术开展历史文化村镇的数字化保护，既是形势的必然，也是历史文化村镇多途径保护的自身需要。

2022 年 5 月，中办、国办颁布的《关于推进实施国家文化数字化战略的意见》，强调要促进文化和科技深度融合，"提取具有历史传承价值的中华文化元素、符号和标识，丰富中华民族文化基因的当代表达。"历史文化村镇是中华文化的重要载体之一，开展历史文化村镇数字化保护，完全符合国家文化数字化战略。

历史文化村镇的数字化保护就是引入数字化技术，对历史文化村镇进行全方位三维数字化数据采集，再借助计算机系统对扫描数据进行筛选与虚拟成像（也叫数字再现、数字孪生），然后进行数字影像的存储和再利用，达到虚拟成像、数字存储和后续再利用的目的。

历史文化村镇的数字化保护过程就是利用数字采集设备（激光扫描仪、雷达扫描仪等）对历史文化村镇进行全方位数据采集，再经过计算机内业建模和三维数字化成像，实现历史文化村镇的三维虚拟再现，然后实现历史文化村镇的三维大数据存储（可以存储在大数据中心或云中心），既可以为历史文化村镇提供永久数据保存，也可以通过数字博物馆或虚拟旅游平台供大众观看或游览，从而宣传和传播历史文化村镇丰富多彩的历史文化价值。

刘沛林牵头的《历史文化村镇数字化保护：理论、方法与应用》一书，先是探讨了历史文化村镇数字化保护的基本理论，尤其强调了数据采集和虚拟再现过程中的"景观基因"理论的应用，以确保三维建模和成像过程的主体信息（主体基因）不丢失、不走样；接着探讨了历史文化村镇数字化保护的基本方法，主要是借助数字采集技术、三维数字成像技术、大数据云存储技术、5G 云传播技术、网络虚拟旅游技术、元宇宙实现技术，等等，实现历史文化村镇的数字化采集、再现、存储、传输和再利用；最后探讨了历史文化村镇数字化保护的内容的应用实践，如在城乡规划中的应用，在自身产

业化中的应用，在文创产品开发设计中的应用，在长沙段湘江古镇群 3D 数
字化产品设计中的应用等。全书紧扣历史文化村镇数字化这一主题，理论上
着力创新，方法上讲究适用，实践上注重落地，作为国内首部研究历史文化
村镇数字化保护的专著，要克服理论和方法的创新已是不易之事，然而书中
仍然闪耀着许多可圈可点的亮点，令人倍感欣慰和鼓舞。

这里想顺便说一点的是，刘沛林的身上一直有着敏锐的学术嗅觉。20
世纪 90 年代初在北京大学做研究生时，他引入遥感技术开展历史地理学和
考古研究，取得了初步的成果；受美国学者凯文·林奇的"城市意象"的启
发，出色地完成了硕士学位论文《中国传统村落意象研究》，并很快获得在
生活·读书·新知三联书店出版（《古村落：和谐的人聚空间》）。2000 年，
为了引导快速发展的中国城镇化，他把"诗意栖居"的哲学理念引入人居环
境学，在生活·读书·新知三联书店出版了《理想家园》一书，让"诗意栖
居"成为很长一段时间内房地产界响亮的时尚口号。后来在北京大学攻读
博士研究生时，为了解决各地城镇和建筑形象雷同、差异化不明显的问题，
刘沛林受生物学"基因"概念的启发，发现其实每个地方的聚落景观（城
镇和建筑）也是有地方基因的，博士论文由商务印书馆出版（《家园的景
观与基因——传统聚落景观基因图谱的深层解读》），并获得了教育部人文
社科奖。

近 10 年来，刘沛林感受到信息化和数字化的气息，将他长期坚持的传
统村落研究由早期的遥感技术、社会意象方法，经由诗意栖居理念、景观基
因理论，转向数字化、信息化手段的利用研究，完成了一次新的尝试与突破。
早在 2012 年便牵头获批成立"传统聚落景观基因识别及其资源数字化开发
与管理"湖南省自然科学基金创新群体，2016 年获批成立"传统村镇文化
数字化保护与创意利用技术"国家地方联合工程实验室，同时获得国家社科
基金重大项目"历史文化村镇数字化保护的理论、方法和应用研究"立项。
"传统村落数字化传承与保护"研究，于 2021 年入选联合国教科文组织国
际自然与文化遗产空间技术中心十年来"十大代表性成果"。

刘沛林长期开展对中国传统村落的研究，始终把研究论文写在中国的大地上，广泛学习和吸收国内外先进的学术思想、理论、方法、理念和技术，兼容并蓄，守正创新，总是能在充分消化后即"吐"出自己的学术新智来。

学术的生命在于创新，创新的前提是要有敏锐的学术洞察力，刘沛林的传统村落研究之路之所以有不断的创新，就因为他有开放的学术态度、敏锐的学术洞察力和勤勉不怠的治学精神，这一点值得称道和提倡！

是为序！

韩光辉

北京大学城市与环境学院教授、博士生导师

2022 年 10 月 1 日

前　言

随着信息技术和电子技术的快速发展，数字化技术的应用变得越来越普及，无论是生产还是生活的各个领域都无处不见数字化的身影。如何让文化遗产"活起来"并得到永续传承，数字化技术已成为不可忽视的重要选择，不仅成为联合国教科文组织近年倡导的以技术支撑文化遗产保护的方向，也是一个国家文化遗产保护的基础技术的发达程度的重要标志。

众所周知，数字化技术是基于数学理论与电子技术融合的结果。本质上，数字化是以 0 和 1 为符号的形式化逻辑的推演，数字化方法则是形式化逻辑的具体实现和直接应用。计算机和网络的前提是数字化，数字化技术推动了信息技术的应用和发展。目前，数字化技术已渗透到了人类生产和生活的各个领域，如无人驾驶、智慧教育、智慧医疗、电子商务、数字城市、数字乡村、数字遗产、5G 通信、元宇宙沉浸式体验，等等。

人类社会的演进和文明的发展都是伴随着一次次的技术革命的。数字化革命不仅是一次科学范式的转换，也是一场深刻的社会变革，在改变社会生产方式的同时，也改变人类的思维方式与生活方式。如依托信息技术全面建设历史文化村镇数字博物馆，从而实现乡土文化资源的永久保存；利用数字技术开展社会资源智慧化管理和社会治理，从而提高社会管理效益，当然也会引发人们对数字化技术背后的人文价值、科技伦理的思考。数字化技术与通信网络的有机结合，大大改变了人类文化形态及生活方式，如基于数字化技术的新媒体对传统媒体产业起到了颠覆性的改变；基于数字技术的虚拟现实（VR）技术和虚拟仿真技术，彻底改变了未来教育形式和内容传授方式；

基于 5G 网络和虚拟现实的旅游场景再现技术，推动了网络虚拟旅游产业的发展。由于数字化技术在各行各业的广泛应用，为社会经济发展带来无穷的活力与动力，深刻地影响着人类生活和人类文明，很清晰地表明，人类正迈向一个全新的由信息技术构建的文明新时代 [1]。

联合国教科文组织为了推动在技术支持下的全球文化遗产的永续性保护，借助现代信息技术，在全球范围内开展了文化遗产数字化记录与保护工程。针对那些具有历史价值、艺术价值和科学价值的面临空前消亡危机的全球遗产资源，号召应用数字化技术实现文化遗产的保护，如欧盟的文化遗产数字化项目（http://www.climateforculture.eu）、美国的古村落演化研究（http://village.anth.wsu.edu）等。世界许多国家都纷纷加盟到利用数字技术开展文化遗产保护的队伍中来。

作为文化遗产大国的中国，为提高文化软实力和增强文化影响力，在深入挖掘传统文化精华的同时，大力采用数字化技术加强文化传播力建设，开展文化遗产保护，将文化遗产数字化保护列为国家文化建设工程的重要内容。国家层面颁布实施了《关于实施中华优秀传统文化传承发展工程的意见》，指出要利用数字化技术和手段，大力"实施中国传统村落保护工程"。2021 年文化和旅游部发布的《"十四五"文化和旅游科技创新规划》强调，要"利用先进科技支撑中华优秀传统文化传承发展，开展文化遗产保护与文物活化利用技术研究，重点支持存量文化资源的创造性转化，推动传统文化'活起来'" [2]，"研究非物质文化遗产展示、体验和传播的数字化技术，推动优秀传统文化转化活化"。开展传统村落数字化保护研究，利用数字技术保护和传承好本土文化基因，既是国家文化发展战略的需要，也是乡土文化保护与传承发展的需要。可见，有效利用现代数字化技术和手段，真实地记录和存储人类文化遗产信息，是契合我国当下社会与经济发展客观需求的重大实践问题。

尽管文化遗产数字化保护在国内外越来越受到重视，相关的政策导向和实践成果越来越多，但从全球文化竞争格局来看，我国目前基于多学科融合的乡村文化遗产数字化研究还处于初级阶段，尚未形成综合集成的数字化保护理论、方法和推广系统。在历史文化村镇数字化保护过程中，需要对不同地域、不同景观特征和文化特征的历史文化村镇进行核心因子识别和数字化提取，解决目前历史文化村镇数字化保护研究中过于注重物质文化因子而忽略非物质文化因子、注重建筑本体而忽略建筑外延、注重空间形态而忽略文化内涵、注重实际应用而忽略学理分析的问题与缺陷，构建"景观基因理论（确保信息采集不失真）——数字化方法（确保信息采集的科学性）——虚拟化展现（确保数字孪生效果的可视化）——产业化应用（确保数字产品的开发和拓展）"模式的分析框架，进一步完善历史文化村镇数字化保护的分析范式。

　　本书以景观基因理论为基础，重新构建历史文化村镇数字化保存与传播技术的方法流程、技术规范和数据标准等，可望实现跨学科文化保护模式的形成与优化，实现科技与文化融合基础上的学术与技术协同，推动创新驱动。历史文化村镇数字化保护是一个多学科融合的过程，既体现了理论创新，也凸显了技术创新，建立历史文化村镇数字化保存与传播技术体系，关注后续的管理和产业化应用过程，对理解历史文化村镇数字化保护以及文化体系的延续至关重要。但是构建历史文化村镇数字化保存与传播的方法体系需要研究者具备深厚的研究基础和技术准备，在景观基因理论的指导下，提取信息元要素，以确保信息采集的准确性和特征性，形成数据基因库和数字化传播的方法流程、技术规范和数据标准，并选择典型案例地搭建云平台及其内容示范。目前，在历史文化村镇数字化保护领域，鲜有学者开展这方面的工作。

　　本书研究的重点是以数字化技术为手段，深入开展历史文化村镇数字化保护，尤其是开展其理论体系、方法体系的建构以及应用价值的实现路径的确认。在理论体系的建构方面，本书着重探讨了历史文化村镇数字化保护的基于"景观基因信息完整性和特征性"的"景观基因图谱"理论，就是借助生物学"基因"的概念和"地学信息图谱"的构想，认为每一个历史文化村镇都是特定的地域文化和地理环境相互作用的产物，是景观文化遗传信息集成与表达的载体，经过较长时间的沉淀，形成了一种能够遗传的独特的景观因子。这种基于文化遗传的景观因子，在特性上类似生物学领域的"基因"，被称之为"景观基因"，已经内化于地域特性，外化于地景标识，具有较为明显的"可识别性"和"可标志性"特征，是构成"地方感""地方意象"的特有方式，是识别"地方性"的特有途径。这些代代相传的景观基因信息，代表着不同历史文化村镇的景观信息特点；每个历史文化村镇或系列历史文化村镇的景观基因信息组合，又可以构建相应的"景观基因图谱"。基于"景观基因信息完整性和特征性"的"景观基因图谱"理论和"景观信息链"理论，有助于历史文化村镇景观信息数字化采集、数字化识别、数字化复原和数字文创的过程中，景观信息不走样、不失真、少丢失，从而忠实的记录、还原和传承历史文化村镇的景观信息。"景观基因图谱"理论是一种基于特定地域空间的文化遗产保护理论和思想的创新，已越来越受到学术界的接受和认同。两项相关成果已分别获得全国高校科学研究优秀成果（人文社科）二等奖和省级社科成果一等奖，另一项成果获得省部级科技进步二等奖。

在方法研究方面，一部分是历史文化村镇数字化保存的方法体系研究，包括数字化保存方法体系及适用性，数字化方法流程、技术规范和标准，文化基因数据库方法流程、技术规范和标准，案例研究与实证；另一部分是历史文化村镇数字化传播的方法体系研究，包括数字化传播方法的分类及其适用性，数字化传播形式的分类及其效用，数字化传播的技术流程、数据标准及具体示范性案例（云平台搭建及其内容示范）。本书采用的景观基因信息分析的"胞—链—形"方法，就是一种有效的景观基因信息提取方法。相关方法研究获得专利和软件著作权 40 余项。

在应用研究方面，分两部分内容，一部分是历史文化村镇数字化内容在以传统村镇为主的城乡规划与管理中的应用，具体表现在传统村镇保护规划中的应用、现代村镇建设规划中的应用、传统村镇监测预警中的应用、传统村镇智慧管理（电子政务）中的应用；另一部分内容集中在历史文化村镇数字化的产业化应用，具体表现为创意旅游（虚拟旅游、智慧旅游）、游戏动漫、数字文创（3D 创意设计）、数字展演等众多方面。本书开展了长沙段湘江古镇群的三维数字化呈现、数字博物馆建设、网络虚拟旅游技术应用的探索，开展了永州市江永女书的数字文创产品设计及推广应用，构建了多元化的村镇数字博物馆，是一种基于应用研究的具体尝试。

本书有助于推动文化与数字化技术紧密结合的新型交叉学科的形成和发展。本书研究内容涉及跨学科研究，主要依托地理学（含地理信息科学）、历史学（含历史地理学）、计算机科学与技术、艺术设计学（含数字设计），部分涉及城镇规划学、社会学、民俗学、人类学、经济学、建筑学、动漫技术、旅游管理等领域，有利于文化与数字化技术相关的新型交叉学科的形成和发展，如虚拟旅游学、数字文化学、数字遗产学、数字经济学、信息地理学、数字空间人文学等。

本书有助于推动文化与数字化技术紧密结合的各相关学科自身的内容更新和方法变革。如地理学结合数字化技术完善了地理信息科学（Geographic Information Science）、数字地球（Digital Earth）、空间人文科学等分支学科的内容；历史学根据数字化、信息化的现实需求，大力推进了历史地理信息系统（Historic GIS）、历史场景虚拟再现、遥感与空间考古等分支学科内容的建设；计算机科学与技术学科则根据"互联网+"的快速发展态势，大力推进了数字图像处理技术、VR 技术和网络传输技术；艺术设计学科利用数字化技术和数据库技术开展数字设计，不仅让动漫形象活起来，而且能实现海量设计、智慧设计、无穷设计等。总之，相关学科理论和内容都不同程度得到了有效的促进和协同创新。

本书能为其他文化遗产数字化保护工作提供理论与方法借鉴以及案例参考。历史文化村镇是一种综合性很强的文化遗产，其保护思路和方法对其他文化遗产的数字化保护具有重要的借鉴作用。近年来，我们重点开展了湘江古镇群、南岳古镇、永兴县板梁村、永州市干岩头村、祁阳县龙溪村和常宁市中田村等一批有代表性的传统村落或历史文化名村名镇的数字化生成和理论与方法研究，取得了一些有价值的探索性成果。具体体现在开展了传统村镇的数字化采集、三维制作、可视化展呈和网络化传播等关键技术性工作。在文化数字化采集、提取和识别方面，重点探索了景观基因图谱理论及其基因提取原则和方法在历史文化村镇数字化保护中的运用。在三维可视化场景设计和视觉表达方面，重点研究了三维数字建模技术、文化场景的虚拟现实表达技术及三维动画实现技术。在三维虚拟呈现和传播方面，重点研究了海量数据信息的压缩处理技术、大数据网络传播技术等问题。在综合管理方面，借助于数字中国、数字湖南、地理信息系统（GIS）、MapGis 等技术，初步开展了"数字乡村""智慧乡村""智慧旅游""虚拟旅游""元宇宙设计""数字人居""数字设计"等问题研究。

本书为基于历史文化村镇数字化技术的新兴文化产业的兴起和发展提供了支持。比如，通过引入游戏模式开展长沙段湘江古镇群的网络虚拟旅游项目电子竞技，通过虚拟场景技术和元宇宙技术实现多人异地同场景交互，以获得身临其境的在地感觉，借助于手机终端 APP 游览各个虚拟古村古镇，等等，所有新技术下的虚拟呈现和虚拟旅游方式，必将引起旅游文化产业的转型升级和业态变化，带来巨大的经济效益和社会效益。

本书团队系统开展历史文化村镇数字化保护工作始于 2011 年以前，2012 年被确认为"古村古镇文化遗产数字化传承"湖南省 2011 协同创新中心，同年获批"传统聚落景观基因识别及其资源数字化开发与管理"湖南省自然科学基金创新群体，2014 年获准成立"聚落文化遗产数字化技术与应用"湖南省重点实验室，2016 年获准成立"传统村镇文化数字化保护与创意利用技术"国家与地方联合工程实验室，2016 年、2019 年分别获准成立联合国教科文组织国际自然与文化遗产空间技术中心衡阳分中心和长沙工作站（二者相同层次），不断打造一支跨学科、跨单位、跨行业的传统村镇数字化保护与创意利用研究团队。相关前期成果《家园的景观与基因——传统聚落景观基因图谱的深层解读》2020 年获评全国高校科学研究优秀成果（人文社科）二等奖，2021 年入选国家社科基金"中华学术外译"项目。《数字化保护：历史文化村镇保护的新途径》一文首发于《北京大学学报（哲社版）》2017 年第 6 期，被《新华文摘》2018 年第 5 期全文转载，同时被《当代社会科学（英文）》2018 年第 3 期作为精选的中国社会科学代表性成果用英文向全球推介。"传统村落数字化传承与保护"成果 2021 年被联合国教科文组织国际自然与文化遗产空间技术中心（简称 HIST）列为 HIST 十年来"十项代表性成果"之一。本书团队长期坚持把研究论文写在中国大地上，探索并总结了一定的适合中国国情的历史文化村镇遗产保护和数字化保护的理论和方法，为形成中国特色、中国风格的文化遗产保护理论贡献了智慧。

总而言之，引入数字化技术从事中国历史文化村镇保护研究，不仅要致力于基本的理论体系和方法体系的探讨，而且要开展相应的技术应用体系和应用标准的建设。开展历史文化村镇数字化保护，既要解决好传统村镇文化遗产的基本数据采集、存取、监测乃至修复问题，也要解决传统村镇遗产数据的三维呈现、合理利用和产业发展的问题，从而实现传统村镇文化遗产数据的永续传承，同时也能推进网络虚拟旅游产业的快速兴起[3]。以历史文化村镇数字化为基础开展的相关研究，还将带动相关学科、相关产业的快速发展。

本书成果的主体部分为刘沛林 2016 年主持立项的国家社会科学基金重大项目"历史文化村镇数字化保护的理论、方法和应用研究"（项目号 16ZDA159）的成果。该课题的立项，要特别感谢时任湖南省社科规划办主任骆辉同志，是他的热情鼓励促使我申报了此项课题。还要由衷感谢国家社科规划办和评审专家的充分信任和莫大支持！研究过程中得到了许多部门、专家、朋友和师生的鼎力支持和帮助，同时凝聚着课题组成员的辛勤劳动和汗水。本成果的部分内容还得到其他相关课题的支持，分别是国家自然科学基金面上项目"传统村镇景观破碎化响应机制及其景观基因修复研究"（42071195）、长沙市重大科技专项项目"长沙段湘江古镇群数字化重建技术与网络虚拟旅游的产业化实现"（kq2011002）、教育部首批新文科研究与改革实践项目"基于科技与文化融合的旅游管理国家一流专业建设路径探索与实践"（2021050063）、湖南省高校教改项目"基于网络虚拟旅游的旅游管理类专业课程建设探索与实践"（HNJG-2020-0987），以及教改项目"网络虚拟旅游概论的编写"。

研究工作除主要执笔人外，还得到许多热心人的支持和帮助，包括申秀英、邹君、颜金彪、祁剑青、刘媛、曾灿、袁佳利、陈驰、何清华、陈刚强、刘春腊、欧阳文昱、黄佳、贺溪、叶芳羽、莫尚剑、张文茜、盛亿文、郑晶、邹荟畅、裴习君等。他们都部分地参与了相应工作。还有部分师生参与了相应调研、资料搜集、数据采集、三维虚拟呈现及文创设计等工作。在此一并深表感谢。刘沛林、邓运员和杨立国负责课题的组织、推进和结题报告的修改和完善工作。本书稿的修改完善和统筹工作由刘沛林总负责。

虽然本书作者在国内外专家学者和诸位同仁的支持下做了大量的工作，但由于历史文化村镇数字化研究在中国起步较晚且涉及的学科领域较多，成果的交叉融合还有待深入；又由于历史文化村镇数字化带来的衍生产品较多，如数字文创、虚拟旅游、数字博物馆、元宇宙等，产品的开发和有效利用有待进一步加强。成果中吸收了许多同行专家的前期研究成果，再次深表谢忱。由于水平有限，成果尚有许多不足之处，拜请各位专家赐教和海涵，我们将在后续的研究中加以改进和完善。

参考文献

[1] 刘沛林，邓运员："数字化保护：历史文化村镇保护的新途径"，《北京大学学报（哲学社会科学版）》，2017年第54卷第6期：104—110。

[2] 中共中央办公厅、国务院办公厅印发《关于实施中华优秀传统文化传承发展工程的意见》，2017-01-25，http://www.gov.cn/zhengce/2017-01/25/content_5163472.htm。

[3] 刘沛林："从新宅居生活看网络虚拟旅游的前景和方向"，《地理科学》，2020第40卷第9期：1403—1411。

第一章　研究缘起与总体构架

第一节　研究缘起和基本思路

随着信息技术和计算机技术的广泛应用,数字化技术越来越深入人们的生产生活,文化遗产的数字化记录、保护、修复、保存、重建、利用成为不可逆转的大趋势,越来越受到人们的关注和重视。

作为文化遗产的历史文化村落,在中国的数量之多、分布之广、特色之鲜明、价值之丰富,成为中华传统文化的重要载体。加快实施"中国传统村落保护工程",是贯彻落实"中华优秀传统文化传承发展工程"的客观需要和内涵所在,保护好传统村落,就是保护和传承好中华优秀传统文化。除了常规的实体性保护之外,数字化保护是其重要的新途径和新方式。实体性保护与数字化保护,二者互为补充,共同推进中华传统文化的全方位保护和永续传承。

本研究团队多年来一直致力于历史文化村落实体保护和数字化保护研究,并于2016年提交选题后成功申报获得国家社会科学基金重大项目支持,项目名称为"历史文化村镇数字化保护的理论、方法和应用研究",结合以往的研究,较为系统的启动了历史文化村镇的数字化保护的研究工作。本书的完成就是以上述课题研究成果为基础的。

本书开展的历史文化村镇数字化保护研究,旨在遵循如下理念:①数字保存的理念,即借助数字化技术对濒危且有价值的传统村镇实现数字化抢救和保存;②数字监测的理念,即借助空间观测技术和智能化技术对需要重点保护的传统村镇建筑、格局和环境灾害等进行实时检测和保护；③数字传播的理念，即对传统村镇数字化成果进行多维快速有效的传播；④数字修复的理念，即根据数字化档案对有价值而受到损毁或毁灭的历史文化村镇遗产进行修复和恢复。

本书关于历史文化村镇数字化保护的主要研究内容包括但不限于以下：①历史文化村镇数字化保护的趋势与应对；②历史文化村镇数字化保护的多学科基础；③历史文化村镇数字化保护的自理论构架；④历史文化村镇数字化采集、筛选和存储的方法和技术标准；⑤历史文化村镇数字化呈现、展示与传播的方法和技术标准；⑥历史文化村镇数字化过程在村镇保护和规划中的应用范式；⑦历史文化村镇数字化产品在文化产业中的价值和应用范式；⑧历史文化村镇数字化保护、展陈和利用的案例与示范；⑨历史文化村镇数字化保护理论、方法、应用体系的推广与应用。

研究内容着重于构建历史文化村镇数字化保护的理论体系和方法体系及其利用价值的实现，也就是构建科学的理论体系、合理的技术标准以及可以推广的操作范式。按照研究的总思路，内容大致可以分为五个板块：①历史文化村镇数字化保护的理论基础和理论体系研究；②历史文化村镇数字化保存的技术基础和方法体系研究；③历史文化村镇数字化传播的技术基础和方法体系研究；④历史文化村镇数字化成果在城乡规划与管理中的应用；⑤历史文化村镇数字化成果的产业化应用。

第二节　总体研究框架和结构

一、总体研究框架

（一）理论研究

主要是历史文化村镇数字化保护的理论体系的构建，包括概念范式，相关学科理论，自身的理论创新。因为之前关于历史文化村镇数字化保护的理论研究甚少，已有的部分成果分散在各个不同学科领域，都是各学科根据自身的需要开展的部门性工作、碎片化工作、尝试性工作，相对分散和支离破碎，相互之间缺少协同协作，成果没有形成关联和对接，以致没有形成可以通用的理论体系，这是本研究要重点加以解决的。

（二）方法研究

分为两个部分，一部分是历史文化村镇数字化保存的方法体系研究，包括数字化保存方法体系及适用性，数字化方法流程、技术规范和标准，文化基因数据库方法流程、技术规范和标准，案例研究与实证；**另一部分是历史文化村镇数字化传播的方法体系研究，**包括数字化传播方法的分类及其适用性，数字化传播形式的分类及其效用，数字化传播的技术流程及数据标准，具体示范性案例（云平台搭建及其内容示范）。已经将相关技术和方法应用于长沙段湘江古镇群的三维数字化呈现与网络虚拟旅游的开拓。

（三）应用研究

分为两个方面，一方面是历史文化村镇数字化内容在以古村镇为主的城乡规划与管理中的应用，具体表现在传统村镇保护规划中的应用、现代村镇建设规划中的应用、传统村镇监测预警中的应用、传统村镇智慧管理（电子政务）中的应用；**另一方面是历史文化村镇数字化内容的产业化应用，**具体表现为创意旅游（虚拟旅游、智慧旅游）、智慧教育、游戏动漫、数字展演等众多方面，具有广泛的应用前景。

（四）总结推广

一是总结研究成果（理论、方法和应用成果），在总结的基础上形成科学的范式和标准；二是推广研究成果，用新的理论、方法和范式标准指导全国各地历史文化村镇的数字化保护工作，使各地的历史文化村镇数字化保护工作有操作性强的理论范式、方法流程和技术标准。已经通过发表系列论文、申请知识产权、申报发明专利等方式开展推广工作。

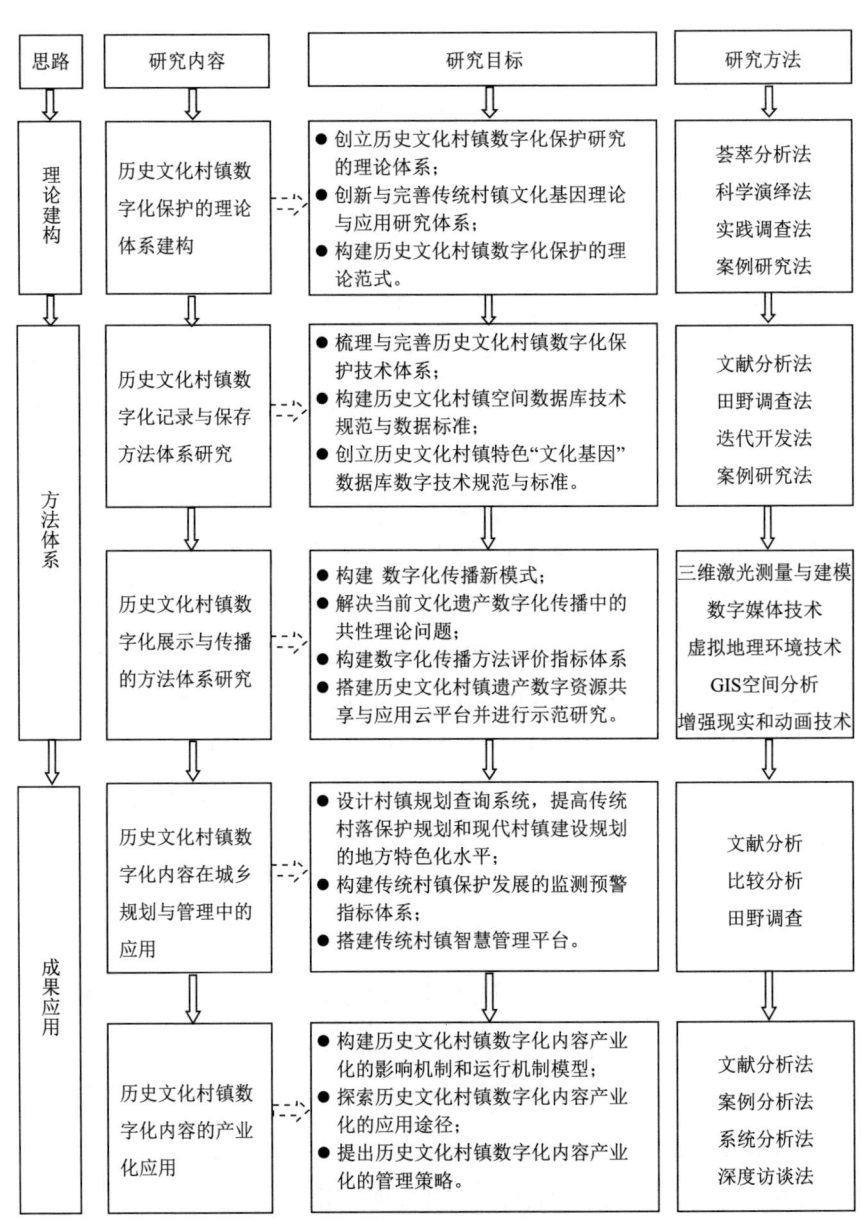

思路	研究内容	研究目标	研究方法
理论建构	历史文化村镇数字化保护的理论体系建构	● 创立历史文化村镇数字化保护研究的理论体系； ● 创新与完善传统村镇文化基因理论与应用研究体系； ● 构建历史文化村镇数字化保护的理论范式。	荟萃分析法 科学演绎法 实践调查法 案例研究法
方法体系	历史文化村镇数字化记录与保存方法体系研究	● 梳理与完善历史文化村镇数字化保护技术体系； ● 构建历史文化村镇空间数据库技术规范与数据标准； ● 创立历史文化村镇特色"文化基因"数据库数字技术规范与标准。	文献分析法 田野调查法 迭代开发法 案例研究法
	历史文化村镇数字化展示与传播的方法体系研究	● 构建 数字化传播新模式； ● 解决当前文化遗产数字化传播中的共性理论问题； ● 构建数字化传播方法评价指标体系 ● 搭建历史文化村镇遗产数字资源共享与应用云平台并进行示范研究。	三维激光测量与建模 数字媒体技术 虚拟地理环境技术 GIS空间分析 增强现实和动画技术
成果应用	历史文化村镇数字化内容在城乡规划与管理中的应用	● 设计村镇规划查询系统，提高传统村落保护规划和现代村镇建设规划的地方特色化水平； ● 构建传统村镇保护发展的监测预警指标体系； ● 搭建传统村镇智慧管理平台。	文献分析 比较分析 田野调查
	历史文化村镇数字化内容的产业化应用	● 构建历史文化村镇数字化内容产业化的影响机制和运行机制模型； ● 探索历史文化村镇数字化内容产业化的应用途径； ● 提出历史文化村镇数字化内容产业化的管理策略。	文献分析法 案例分析法 系统分析法 深度访谈法

图 1-1 总体研究框架图

二、基本内容构成

根据"历史文化村镇数字化保护的理论、方法与应用研究"内容和总体研究框架，此研究分解为如下五个方面内容：

（一）历史文化村镇数字化保护的理论基础与理论体系的研究。主要开展以下研究：

①历史文化村镇数字化保护的理论基础研究。在相关研究的文献归纳基础上，围绕历史文化村镇数字化保护这个关联性复杂系统，从理论、方法与应用三个层面梳理其相关学科概念与范畴、理念与原理、经验与模式，明确其外部限定因素与内部构成因素的学科联系与认知逻辑，为构建历史文化村镇数字化保护的理论体系提供学科理论基础。

②历史文化村镇数字化保护的核心理论研究。在相关学科理论基础上，围绕历史文化村镇数字化保护领域，针对拟解决的主要问题，从文化认知、功能价值和保护主体等层面，进行理论、方法与应用等理论体系研究，确定面向历史文化村镇数字化保护领域的基本概念、基本分类与基本原则，为构建历史文化村镇数字化保护的方法体系与应用体系提供理论支持。

③历史文化村镇数字化保护的理论创新研究。在核心理论研究基础上，从学科交叉的角度，开展了基于文化学的景观基因理论、基于景观基因信息完整性和特征性的数字全息理论、基于云平台技术的海量信息的传播学理论及基于系统管理学理论的历史文化村镇数字化保护的理论创新研究。

（二）历史文化村镇数字化保存的技术方法与方法体系研究。主要开展以下研究：

①数字化记录和保存方法的体系梳理及其适用性。

②全国历史文化村镇综合数据库方法流程、数字化技术规范、数据标准。

③地方特色"文化基因"数据库方法流程、数字化技术规范、数据标准。

④案例研究：若干地方特色"文化基因"数据库系统建构。

（三）历史文化村镇数字化传播的技术和方法体系的研究。主要开展以下研究：

①历史文化村镇文化遗产数字化传播模式构建。

②数字化传播方法的分类及其适用性。

③数字化传播的关键技术研究。

④云平台搭建及其内容示范。

（四）历史文化村镇数字化保护的内容在城乡规划与管理中的应用。主要开展以下研究：

①在传统村镇保护规划中的应用。开展了若干传统村镇智慧管理和规划研究，数字化保护和规划内容有助于提升古村古镇保护性规划的科学性和客观性。

②在现代村镇建设规划中的应用。通过理清一系列数字化的古村古镇文化基因和空间机理，促进了现代村镇风貌建设、文脉传承和地方感的打造。

③在传统村镇监测预警中的应用。数字化的古村古镇呈现形式，有助于当地文化遗产保护、文化遗产损毁监测、建筑物病害监测、地基稳定性监测和文化遗产预警管理。

④在传统村镇智慧管理（电子政务）中的应用。从国际上的数字地球到国内的数字城市，再到各地的数字乡村建设，已成为不可逆转的势趋，古村古镇的数字化内容，促进了传统村镇的数字化建设和智慧管理。

（五）历史文化村镇数字化内容的产业化应用。主要开展以下研究：

①文化遗产产业化发展的主要特点和基本经验。

②历史文化村镇数字化内容产业化的运行机制。

③历史文化村镇数字化内容产业化的应用途径。

④历史文化村镇数字化内容产业化的管理策略。

⑤数字化"女书"文化创意展陈产品开发设计案例。

⑥长沙段湘江古镇群 3D 数字化产品开发设计案例。

第三节　采用的研究方法

一、调研的方法

（一）文献分析法

通过对案例地的文献资料及有关文化遗产数字化保护方面的学术文献的整理和研究，了解历史文化村镇保护的现状、问题，以及国内外历史文化村镇数字化保护的经验和教训，从而旨在寻找合适有效的保护理论和正确思路。

（二）田野调查法

通过实地现场调查，收集案例村镇自然、社会、经济、文化等方面的资料，特别是对古村古镇中的非物质文化遗产的相关信息进行系统的收集，为后续的数字化提供基础资料。

（三）问卷调查法

针对不同的调查对象，设计多样化的调查问卷，通过对当地居民的调查，以了解当地居民对村镇数字化保护的态度；通过对规划部门和专家的调查，以了解政府部门对历史文化村镇数字化保护的态度和看法。

（四）RS 和实地测绘方法

通过遥感（REMOTE SENSE，简称 RS）和实地测绘相结合的方法获取研究村镇的空间布局信息，为后续的历史文化村镇数字化建模提供基础数据。

（五）GPS 方法

通过 GPS 方法获取研究案例地及其内部主要标志物的三维地理坐标，为后续的地理空间分析提供支撑。

（六）激光三维扫描和数字摄像

通过激光三维扫描或数字摄像的方法对研究案例地村镇进行全景三维扫描和摄像，以获取历史文化村镇建筑物、整体环境等物质实体的数字化信息，为后续数字化建模服务。

二、数据处理方法

（一）比较分析法

通过对不同类型的历史文化村镇以及村镇中包含的不同类型的物质和非物质文化遗产各种属性特征的对比分析，从而掌握各种类型村镇及各种物质和非物质文化遗产要素的特点，为构建历史文化村镇数字化保护模式奠定基础。

（二）案例研究方法

我国的历史文化村镇数以万计，对其全部进行数字化是一项浩大工程，短期内不可完成。本书重在研究历史文化村镇数字化保护的理论和方法，在此基础上，选择少部分比较典型的案例村镇（如张谷英村、中田村、板梁村、李家山村等）先期进行数字化，以检验理论研究和方法研究的有效性，并拓展推广。

（三）三维表达方法

采用地理信息技术（GIS）、三维建模技术、多媒体技术、动画技术等实现对案例地古村古镇虚拟场景建模、古村古镇建筑景观基因三维建模、古村古镇景观标准构件库建模以及非物质文化遗产的情景化再现等古村古镇文化遗产的模拟虚拟再现。

（四）虚拟展陈方法

通过多媒体技术、增强现实技术、虚拟现实技术、元宇宙技术、数字孪生技术等技术方法对数字化古村古镇文化遗产内容进行网络环境下的可视化表达、基于云服务平台的传播内容展陈、数字古村古镇网络共享以及虚拟与现实结合的元宇宙体验等。

第四节　研究的重点和难点

一、解决的关键性问题

（一）历史文化村镇数字化保护理论创新及其体系完善

尽管文化遗产数字化保护在国内外越来越受到重视，相关的政策导向和实践成果越来越多，但从全球文化竞争格局来看，我国目前基于多学科融合的乡村文化遗产数字化研究还处于初级阶段，尚未形成综合集成的数字化保护理论、方法和推广系统。传统的数字化保护往往关注的是保护历史文化村镇的"躯壳"，缺少文化"灵魂"，我国特定的地理、气候、人文和历史条件造就了中国历史文化村镇鲜明的景观特征和文化内涵。在历史文化村镇数字化保护过程中，需要对不同地域、不同景观特征和文化特征的历史文化村镇进行核心因子识别和数字化提取，解决目前历史文化村镇数字化保护研究中过于注重物质文化因子而忽略非物质文化因子、注重建筑本体而忽略建筑外延、注重空间形态而忽略文化内涵、注重实际应用而忽略学理分析的问题与缺陷，构建"景观基因理论—数字化方法—虚拟化展现—产业化应用"模式的分析框架，进一步完善了历史文化村镇数字化保护的分析范式。

（二）历史文化村镇数字化保护的方法集成与创新

当前，文化遗产数字化技术已日趋成熟，主要包括文化遗产图形图像及其视频检索技术、三维虚拟呈现技术等。我国历史文化村镇区域特征明显，所承载的文化内涵丰富，单纯依靠某一项数字化技术很难呈现出我国历史文化村镇的地域性和多元性特征，因此，必须寻求数字化保护的多元化集成路径。以景观基因理论为基础，重新构建历史文化村镇数字化保存与传播技术的分类标准、方法流程、技术规范和数据标准等，实现跨学科文化保护模式的形成与优化，实现科技与文化融合基础上的学术与技术协同，推动创新驱动。这是一项全新的多元化的数字化保护工程。

二、解决的重点问题

（一）我国历史文化村镇核心文化因子的梳理与分类

我国历史文化村镇数量庞大、文化多元、地形复杂、经济类型多样，在数字化保护之前，如何对众多的历史文化村镇进行科学的梳理和分类，并选定具有典型性、可操作性的案例地，是一个非常重要的问题。近年来，我们尝试通过构建历史文化村镇核心文化因子识别系统和数字化提取系统，对我国历史文化村镇进行分类。历史文化村镇数字化保护需要提取大量的有用信息，但不可能提取全部信息，核心文化因子既可以最大限度保留有用信息，又可剔除大量无用信息，为历史文化村镇数字化保护与应用提供了理想的分析工具。因此，对我国历史文化村镇核心文化因子的梳理与分类，确定我国历史文化村镇的景观基因类型，继而选定不同类型的多个典型案例地，是本研究重点关注的问题之一。

（二）历史文化村镇数字化保存和传播方法体系的构建

历史文化村镇数字化保护是一个多学科融合的过程，既体现了理论创新，也凸显了技术创新，建立历史文化村镇数字化保存与传播技术体系，关注后续的管理和产业化应用过程，对理解历史文化村镇数字化保护以及文化体系的延续至关重要。但是构建历史文化村镇数字化保存与传播的方法体系需要研究者具备深厚的研究基础和技术准备，在景观基因理论的指导下，提取信息元要素，形成数据基因库和数字化传播的方法流程、技术规范和数据标准，并选择典型案例地搭建云平台及其内容示范。目前，在历史文化村镇数字化保护领域，鲜有学者开展这方面的工作。基于此，本研究致力于构建历史文化村镇数字化保存和传播的方法体系，为后续历史文化村镇产业化应用和科学管理奠定了坚实的基础。

（三）历史文化村镇数字化保护成果应用路径与模式体系的构建

我们致力于总结历史文化村镇数字化保护的模式和路径体系，从"理论指导—方法集成—应用体系"的逻辑思路出发，对中国历史文化村镇数字化保护的应用模式进行分类划分，从管理应用和产业化应用两个视角，总结历史文化村镇数字化保护应用途径的基本规律和特殊要求，并有针对性地回答历史文化村镇数字化保护如何在城乡规划与管理中应用，如何实现数字化利用的产业化应用等重要问题。

三、解决的难点问题

（一）历史文化村镇核心因子的识别和数字化提取

历史文化村镇核心因子的识别，需要从不同的载体中分析、发现并描述这些文化因子，从而保证它们能准确完整地反映传统聚落景观的文化特征。它受到多种要素的影响，如心理要素、生态要素、美学要素、环境要素、文化要素、时序要素等方面。因此，研究中如何构建核心因子识别方法、识别模式和识别流程就显得尤为重要。在此基础上，需要通过采用元素提取、图案提取、结构提取和含义提取等方法进行景观基因提取分析，寻求最有效的数字化提取方法，为后续的数字化保存与传播、产业化应用等奠定基础。

（二）历史文化村镇数字化特色（基因）数据库的初步构建

历史文化村镇数字化保护最基础的工作是数据库建设，但由于全国缺少统一科学规范的资源数据库建设体系和规划，存在各地技术目标不一致、技术标准不统一、技术管理不规范以及实施差异大的问题，给历史文化村镇数字化带来很大难题。因此，本研究试图重新构建一套历史文化村镇数字化特色（基因）数据库，以解决上述问题。但特色（基因）数据库的构建也面临着诸多困难，诸如历史文化村镇特色（基因）数据库的特色体现在哪里？如何确定数据库的构成要素？如何确定特色（基因）数据库的方法流程、数字化技术规范、数据标准？这些都要立足于现代信息技术的发展趋势，深入分析我国历史文化村镇核心文化因子的资源属性和数字化提取技术，构建一个普适性强、功能齐全的基因数据库，这是一项难度较大的工作，本研究解决了一些基本问题，但深入研究还有待加强。

第五节　主要创新点和特色

一、主要创新点

（一）理论方面创新

历史文化村镇作为一种地理空间、历史景观和文化载体引起了众多学科的关注，包括历史学、地理学、设计学、建筑学、计算机科学与技术、美术学、社会学、旅游经济学等。不同的学者从自身学科出发，提出了不同的历史文化村镇保护方案，但很少有学者从跨学科视野出发来研究历史文化村镇。历史文化村镇数字化保护涉及诸如地理特征、空间设计、建筑风格、生态环境、社会习俗、计算机技术、网络技术、元宇宙概念等问题，需要从跨学科的研究视野介入此领域。同时，本研究始终强调历史文化村镇内在基因元素的保护，而不是以往强调的表面性文物要素的保护，这里更加强调文化景观形成的"内在基因"的研究。本研究正是在跨学科基础上，融合了历史学、建筑形态学、文化地理学、传播学、社会学、规划学、设计学、地理信息系统和计算机技术等多学科元素，建构了地方文化保护的景观基因理论，强调了对历史文化村镇的地方性和独特性方面的个性化元素的保护，阐述了景观基因的识别过程和数字化提取的操作流程，是对文化原真性保护理论和景观理论的丰富和提升。

（二）方法方面创新

以往国内外关于历史文化村镇数字化保护较多的是 GIS 技术手段，主要进行数据集成和动态监控。本研究还引入虚拟展示技术、虚拟体验技术、动漫技术、数字化成果知识产权保护与网络安全技术等，并借助计算机科学有关信息系统开发和数据挖掘的已有技术，开展历史文化村镇大量非格式化的环境地形数据、图形数据和文字数据的采集和挖掘，并利用复杂地理计算模型挖掘数据库的隐含基因。相应的方法可以实现历史文化村镇数字化资源的多源获取与记录、数据分析与处理、历史环境模拟与景观再现、三维空间分析与决策支持等功能的全数字化管理的技术路径，从而为中国历史文化村镇数字化应用奠定坚实的技术基础。

（三）应用方面创新

以往对历史文化村镇数字化保护研究主要集中在村镇空间形态展示、居民建筑样式重现和旅游信息化等方面，且多是案例性的经验研究。本研究突破过去学理性研究与应用性研究相脱节的状况，一方面利用景观基因理论构建历史文化村镇数字化保护的方法体系，另一方面积极探索历史文化村镇数字化保护的应用途径和模式体系，有针对性的回答如何保护、如何可持续利用等问题，已在历史文化村镇数字化保护的应用环节上取得突破。

二、主要特色

基于景观基因理论的历史文化村镇数字化保护研究，不同于以往的村镇遗产保护研究，它强调的是村镇个性化保护和普适性的技术标准研究；不同于以往的人工管理和简单管理，它强调的是科学化管理及数字化管理；不同于以往的单一静态性保护和实体性保护，它强调的是动态化、多元化、产业化保护与活态化、智能化发展。

第六节　主要学术价值和实践价值

一、学术理论贡献

（一）促进传统文化与现代科技融合的相关学术思想和理论体系的完善和发展

文化与科技融合是国家重大战略需求，利用数字化技术开展历史文化村镇的保护是国家正在大力推行的战略，原文化部、科技部、住建部、国家文物局等部门出台了关于文化特别是非物质文化遗产以及文物数字化保护的政策，由于文化数字化保护跨学科跨部门，行业跨度大，实现文化与科技的融合存在着较大的难度，因此，本书探索历史文化村镇数字化保护的理论、方法及应用，就是探索文化与科技融合的相关理论、方法及应用，无疑将有助于积累和提升文化与科技融合研究的相关学术思想和理论。

（二）为形成中国特色、中国风格的文化遗产数字化保护理论贡献了一定的智慧

本书选择的研究内容是中国历史文化村镇的数字化保护，属于探索性很强的问题，有关探索成果有助于形成中国特色的文化遗产保护理论和话语体

系。中国的历史文化村镇数量多、类型丰富，目前的国家级历史文化名村名镇达到 799 个，国家级传统村落有 8171 个，散布在各地的古村古镇有数万个，对其进行数字化保护研究，需要在消化国内外多学科理论基础和经验的基础上，探索并总结出一套适合中国国情的历史文化村镇遗产数字化保护理论、方法和应用范式，这是一种基于特定历史空间的文化遗产保护理论和思想的创新。

二、学科建设贡献

（一）丰富和完善了文化遗产保护学科的理论体系、方法体系和应用范式，促进文化遗产保护学科的发展

近年来开始将数字化技术引入文化遗产保护，提高了文化遗产保护的科学性和长久性，改进了文化遗产保护的技术和方法，丰富和促进了文化遗产保护学科的发展。

（二）推动了文化与数字化技术紧密结合的新型交叉学科的形成和发展

这是一项跨学科研究，主要依托地理学（含地理信息科学）、历史学、计算机科学与技术，部分涉及城乡规划学、设计学、社会学、民俗学、人类学、建筑学、动漫艺术学、经济学、文化创意等领域，有利于文化与数字化技术相关的新型交叉学科的形成和发展，如数字文创、数字遗产、数字经济、数字文旅、数字媒体、信息地理学等。

（三）推动了文化与数字化技术紧密结合的各相关学科自身内容更新和方法变革

如地理学将结合数字化技术完善地理信息科学、数字地球等分支学科的内容；历史学将根据数字化、信息化的现实需求，大力推进历史地理信息系统、历史场景虚拟再现、遥感与空间考古等分支学科内容的建设；计算机科学与技术学科将根据"互联网+"的快速发展态势，大力推进数字图像处理技术、VR 技术和网络传输技术等。

三、服务社会需求的贡献

（一）为历史文化村镇保护提供数字化基本范式并直接服务于历史文化村镇的数字化保护实践

本成果建立的历史文化村镇数字化保护的理论、方法和应用范式的最终目的，就是为了解决当前中国成千上万个古村古镇数字化工作的指导思想、技术类型与规范、应用途径等问题，因此，此成果最大的特点就是能为古村古镇的数字化保护提供一种易于掌握和操作的基本标准和范式，让更多的人掌握文化数字化技术和标准，让各个地方都能直接开展古村古镇数字化保护。

（二）为其他文化遗产数字化保护工作提供重要的理论与方法借鉴以及案例参考

因为历史文化村镇是一种综合性很强的文化遗产，其保护思路和方法对其他文化遗产的数字化保护具有参考作用。近年来，我们重点开展了南岳古镇、岳阳张谷英村、永州市干岩头村、永兴县板梁村、山西碛口古镇、祁阳县龙溪村和常宁市中田村、长沙段湘江古镇群等一大批国家级传统村落和历史文化名村名镇的数字化理论与方法研究，取得了一些成果。重点开展了各个传统村镇的三维数字化采集、可视化再现和网络化传播等关键性工作。在文化数字化提取方面，重点完善了景观基因理论及其信息提取原则和方法。在三维数字化表达方面，重点研究了三维数字呈现、虚拟现实、动画再现技术及元宇宙实现技术。在三维虚拟传播方面，重点吸收了信息压缩处理技术、网络传播（Web）技术等特点。在综合管理方面，借助于地理信息系统（GIS）和 MapGis 技术进行了"数字村镇""智慧旅游"等现实问题研究。

（三）为基于历史文化村镇数字化技术的新兴文化产业的兴起和发展创造机会

如，可以通过游戏模式开展网络虚拟旅游项目电子竞技，通过虚拟场景技术实现身临其境感觉，借助于手机终端 APP 游览各虚拟古村古镇，尤其是开展了江永"女书"文创产品设计、长沙段湘江古镇群（铜官、靖港、乔口、新康、书堂山等）3D 数字文创产品设计等活动，让所有新技术下的虚拟呈现和虚拟旅游方式的出现，都将引起旅游文化产业的转型升级，带来巨大的经济效益和社会效益，必将引起政府决策部门的高度重视。

（四）为基于历史文化村镇文化基因数字化保护的"特色小镇"建设提供范本

国家层面于 2016 年推出"特色小镇"建设，重在挖掘地方文化基因和彰显地方产业特色的基础上，开展小镇的特色创建工作。我们团队于 2013 年提出"湖湘风情文化旅游小镇"建设创意，2014 年获得湖南省人民政府的采纳，2015 年至今已先后公布了 6 批 90 多个特色旅游小镇，省文产办和原省文旅厅委托我们全程担任"湖湘风情文化旅游小镇"的推荐、遴选、建设指导和数字化保护与传播工作。相关成果已两次获得湖南省优秀社会科学成果一等奖。这一经验，为全国其他历史文化村镇数字化保护与发展工作提供了参考。

第二章　历史文化村镇数字化保护的理论基础

历史文化村镇数字化保护是一项起步较晚的工作，学科交叉性强，理论基础不厚，注重技术层面的多，要真正有效开展历史文化村镇的数字化保护，就有必要积极探索相应的理论体系，以促进数字遗产保护的理论建设和学科发展。

第一节　基本理论与概念

从科学问题的属性来看，历史文化村镇数字化保护是一个涉及诸多学科的理论模型、概念框架、分析方法和集成技术的宏大科学命题，需要形成跨学科的交叉视野和综合科学思维。本研究遵循梳理基本科学概念、界定系统理论内涵、厘清问题界限的基本逻辑，对历史文化村镇数字化保护的基本理论和相关科学概念进行了系统梳理和建构。

一、历史文化村镇

历史文化村镇[1]也叫传统聚落，特指历史时期形成的古村、古镇、古城或者历史文化街区。各个国家对于传统聚落有着较多的称谓。如，历史文化村落、历史文化街区、历史文化社区，等。我国学者在理论研究工作中也没有形成一致的称谓，有着不同的叫法，如古村落、传统村镇、古村古镇、历史村落、历史文化村落、历史文化街区，等。我国政府出于传统文化保护与传承的目的，先后提出了历史文化村镇、历史文化名镇、历史文化名村、历史文化名城、中国传统村落等称谓。实际上，从保护制度、保护机制、保护标准和工作方法等来看，不同称谓对应着不同的保护层级和科学内涵。如，历史文化名村与传统村落在评选和认定的标准上就有着明显的区别。为了便于开展研究和理论探索，本书将研究对象限定为历史文化名镇、历史文化名村、中国传统村落、传统村镇，约定将它们统称为历史文化村镇。

二、数字化

数字化成为当今时代发展的数字技术及其产业化应用的潮流和标志。数字化技术及其应用深刻地推动和改变了人类文明发展的轨迹，也对人类社会的日常生活和生产等产生了深刻的影响。从数字化的概念形成和发展历程来看，现今社会广为人们熟知的数字化技术体系离不开现代数学和电子信息技术的发展。实际上，数字化的出现是为了满足人类社会对于快速计算能力的需求。随着电子晶体管在计算器研发上的应用尝试和不断改进、迭代，计算机成为推动人类社会文明进步与技术飞跃最为重要的发明。计算机释放了人类逻辑思维的巨大潜能。计算机通过以 0 和 1 为符号的形式化逻辑推理，可以实现对现实世界的完全模型化表达。某种程度上，0 和 1 是数字空间的基本粒子，是人类科学哲学开出的最美的花朵。通过 0 和 1 及其无穷组合的符号串，可以实现物质世界和物质空间中各种对象的离散化模型表达，包括人体本身在内都可以构建相应的数字化模型。数字化技术在传统村镇研究和产业发展领域有着广阔的应用前景，可以赋能传统村镇文化的保护、管理和技术产品开发。

三、文化景观基因

文化景观基因理论的产生源于文化基因理论与传统聚落景观地学特征解析的现实需求。2003 年，从事人文地理学研究的刘沛林教授在分析中国传统聚落的文化景观特征的过程中首先提出了文化景观基因的概念。他认为每个传统聚落都存在着一个独特的、可以区别于其他聚落的文化因子，该因子是可以实现世代传承的、承载着历史文化信息的、不可再细分的基本单元，即可以像生物基因那样实现遗传[2]。文化景观基因是表征传统聚落文化特征的基本单位。很显然，文化景观基因是某种可以实现世代传承的且明显区别于其他传统聚落景观的文化因子。这说明它们对某种文化景观的形成具有决定性的作用。换句话说，这种具有决定性影响的文化因子也是识别这种传统聚落景观的关键文化因子[3]。

传统聚落景观基因理论借鉴了生物学基因的基本理念与学术思想。从生物学角度来看，人们通常将基因当作生物体实现繁殖或自体复制的遗传单位。基因存在于生物体细胞的染色体中，具有线性排列的空间结构，是生物个体的基本生物学特征和属性的决定因子[4]。传统聚落景观基因是指人类聚居的文化景观的基本遗传单位，是贯穿于文化传承过程的某种具有内在决定性的基本因子，是区别于其他景观的主要标志，是识别其他景观的独特因子。景观基因借鉴了生物基因的概念，虽然在景观基因遗传和变异方面借鉴了生物基因的分析方法、基本逻辑和原理，但由于人文社会要素与自然物种之间存在着一定的差异，所以两种"基因"概念之间存在着较大差异，不能简单地等同。

文化景观基因理论是以具有不同地域文化特质的景观基因的挖掘、识别、提取为着眼点，在确认其景观基因的基础上，理清该区域的景观基因图谱及其形成与演化规律，达到识别、利用和彰显区域景观基因的目的，丰富地理学关于地学信息图谱和区域特征研究的理论和方法。

在一个村落诞生、扩张、成型、延续的过程中，渊远的历史、丰富的文脉、精湛的工艺、特有的景观等逐渐融入其中，历经时间的洗礼和凝练，形成了一种能够"遗传"的独特的传统文化因子。这种基于文化遗传的景观因子，在特性上类似生物学领域的生命"基因"，已经内化于地域特性，刻蚀于地景标识，具有较为明显的"可识别性"和"可标志性"特征，是构成"地方感""地方意象"的特有方式，是识别"地方性"的特有途径。每个聚落的景观基因首先是表现在聚落的空间形态上，其次是表现在建筑的立面形态上，有的表现在非物质形态上。

　　"文化景观基因"理论提出后，被学界广为接受。如，以中国知网的搜索结果为例，近年来以"景观基因"为主题的论文多达 2633 篇，分别来自地理、建筑、规划、旅游、设计、园林、历史、文化等学科领域。这些研究者或从装饰元素、图形符号、空间结构以及文化含义[5]方面解构传统村落景观的形态特征[6—7]，或将提取到的景观基因用于历史文化村镇保护的实证研究[8—10]，或探讨景观基因对地方认同的建构作用[11]，或挖掘文化传承的空间特征、影响机制与具体途径[12]。在形态布局方面，现有研究或通过景观基因的"胞、链、形"[13—14]分析传统村落空间形态的共性与个性，建立空间布局的图式语言[15]，或揭示传统村落转型发展的路径机制与有机更新的机理模式[16]，等等，不一而足。

四、地学信息图谱

　　谱系分析思想是中国传统哲学中的重要分析方法。图谱作为一种分析方法，在古代中国即已经存在。地学信息图谱是陈述彭院士受到马俊如院士关于"生物学有基因图谱，地理学是不是也可以探讨图谱"的科学启发，于1997 年在香山科学会议上正式提出。地理系统是复杂的巨系统，运用多源空间数据从多维视角构建地理过程、地理现象、地理对象、地理事件、地理演变、地理相关等重要地理特征的科学图解，可以为人们认知地理系统的基本特征提供新的科学视角。地学信息图谱[17]是一种地理时空分析方法论，是在中国传统研究成果的基础上，运用 RS、GIS、GNSS 和 Web3.0 等当代空间技术和现代信息科学理论发展起来的方法论[18]。地学信息图谱为剖析历史文化村镇景观的地学特征提供了研究方法上的参考。同时，文化景观基因信息图谱丰富和拓展了地学信息图谱的内容。

五、空间信息可视化

　　历史文化村镇景观信息的提取、挖掘和分析离不开空间信息可视化

（Geographical information visualization, GIV）的支持。GIV 是地理信息系统技术最重要的特色。完整的 GIV 包括科学计算可视化、数据可视化以及近年来国际上提出的信息可视化 3 个方面[19]。科学计算可视化指空间数据场景（Geospatial Scenes）的可视化。一般来说，人们需要在信息分析和数据计算以及数据处理的流程中了解数据特征与相关属性的变化，然后通过基本图形、数学曲线或者图像、图表等方法来分析、检测并诊断相关的处理结果。GIV 是指运用计算机图形学和数字图像处理等可视化分析技术将科学数据转换为视觉图形或者可视化图像进行显示，并通过交互处理得到期望结果的理论、方法及相关算法等的技术[20]。近年来，ICT 的深化应用与发展进一步突出了实现信息和数据可视化的现实需求。为了让知识发现的分析过程和最终结果易于理解，以及在知识发现过程中实时人机交互，地理空间知识（Geospatial knowledge, GK）可视化在近年来也得到了较多的关注。

六、生物信息学

生物信息学（BioInfomatics）是横跨生物、信息、计算机、图形图像分析、数据可视化等不同领域的横断学科，包含了生物信息的获取、处理、存储、分发、分析和解释等大量的过程。它综合运用数学、计算机科学和生物学的各种工具，来阐明大量数据所包含的生物学意义[21—22]。BioInfomatics 是典型的横断学科，是信息时代的信息科学和计算机科学领域的原理、方法与技术向生命科学领域渗透并引发相应变革的结果。BioInfomatics 既是当今生命科学领域的重大前沿领域，也是 21 世纪自然科学的重要核心领域。生物信息学包括基因组学（Genomics）和蛋白质组学（Proteomics）两个重要领域[23]，具体而言就是利用计算机科学和信息科学的算法和信息处理的原理与技术方法，解析核酸和蛋白质序列中蕴藏的生物结构、功能、遗传、活动等重要信息，从而服务于众多应用领域。BioInfomatics 的基因组学分析方法与原理，蛋白质序列的结构与信息存储、转移、传输、表达等重要分析方法对于揭示历史文化村镇中丰富的人类社会文化基因（Cultural Gene）的遗传机制和表现机制等有着重要的科学启发意义。

七、人工智能

人工智能（Artificial Intelligence，简称"AI"）[24]。特指研究使用机器替代人工的基本方法和途径。实际上，AI 主要开发并研究可以用于模拟、延伸和扩展人类智能的基本理论、方法、技术，以及应用系统的新兴的信息科学。AI 旨在了解人类智能的实质，并生产出一种新的和能以人类智能相似方式做出反应的智能机器。AI 的研究和应用领域非常广泛，主要涉及机器人、语音识别、图像识别、自然语言处理和机器认知、机器决策与专家知识库系统等[25]。简而言之，AI 就是利用计算机替代人类完成原本需要人力才能完成的工作。近年来，随着机器学习（Machine Learning）和深度学习（Deep Learning）的发展，AI 迎来了新一波的迅猛发展。同时，AI 的理论与方法也迅速地扩散到其他科学领域。如，在地球空间信息获取、分析与处理领域，随着 5G/6G、物联网、BIM 等技术体系的融合和快速应用，万物互联时代来临，产业界和学术界开始思考构建可以快速分析和处理城市中的人、物、事件、对象等要素的方法和技术，"虚拟城市"和"城市智脑"应运而生。又如，随着全空间域尺度的对地观测技术体系的建成和发展，人们可以构建出不同时空尺度的地理空间智能（AI GIS）体系，实现多源空间信息的整合分析，实现人类对环境信息的感知到地理时空知识认知的飞跃，为人类面临的全球共性问题提供新的解决思路[26]。人工智能可以赋能历史文化村镇的整体信息提取和分析处理，有望实现历史文化村镇文化遗产数字化领域的理论与技术突破。

八、地图服务

地图服务（Map Service）是通过网络，给用户提供地图信息的一种数据服务方式[27]。现今，随着对地观测技术、物联网、地理空间大数据、地理人工智能等技术体系的深度融合与快速应用，促使传统地理学与信息科学实现了深度融合发展，这使得信息地理学（Information Geography）在数字化生存（Digital Survival）时代应运而生。对地观测技术系统和物联网的结合，使得人们对社会的感知能力快速提升，同时也使得人们对自然环境、资源、灾害等环境信息的地理空间感知能力和社会领域的经济、活动、突发性事件等人文信息的社会感知能力得到极大的增强。在遥感信息的智能获取与理解、空间信息的智能感知与计算等的驱动下，多源地理空间信息可以实现融合，这也使得人类对地球表层系统的深入理解和关于现实世界的空间决策实现智能优化。同时，虚拟现实、增强现实、混合现实、数字孪生、城市智脑等技术的发展使得自然环境的物理世界和现实人类社会世界的界限日渐模糊，来源于自然空间和社会空间的多源异构时空信息需要在信息空间实现交融和处理。因此，当今社会对地理时空信息服务（Geoinformation Service）的依赖日益加深。地理时空信息服务可以在历史文化村镇数字化的工程技术实践中充分释放潜能，为人们深入理解和认知历史文化村镇的传统文化魅力提供有力支持。

九、虚拟现实

虚拟现实（Virtual Reality，VR）技术是利用计算机仿真系统生成一种模拟环境，让人们可以体验到与现实世界高度仿真的虚拟世界的综合技术，又叫"数字孪生"技术。VR 技术是一种多源信息融合的交互式的 3D 动态视景和实体行为模拟的系统仿真。VR 可以生成让用户体会到与现实世界没有差异的真实感受，即沉浸到现实环境中的感受，即"数字孪生"效果。VR 以计算机技术为核心[28]，通过相关辅助设备和传感器的相互作用，VR 设备可以生成与真实环境在视、听、触感等方面高度近似的"虚拟"数字环境。因此，用户借助必要的装备与数字化环境中的虚拟对象进行交互作用、相互影响，可以产生身临其境的感受和体验[29]。VR 与实景 3 维模型相结合可以给人们带来身临现场的沉浸感和真实感。实际上，实景三维模型已经在文物古迹的三维建模与可视化、实景展示等方面得到了应用。比如，我国的云冈石窟已经实现了精细尺度的三维实景建模，相应地，人们可以通过虚拟现实技术实现对云冈石窟的微距离欣赏。VR 与实景三维技术在传统村落数字博物馆建设中有着广泛的应用前景，也是实现历史文化村镇文化遗产传承的重要核心技术。

十、移动通信互联

移动通信互联（Internet Mobile Communications, IMC）技术实现了移动通信设备与互联网之间的相互连接，也是万物互联（Internet of things）的物联网工程的核心技术。现今，移动通信互联技术成为信息技术革命的核心驱动源之一。如，人们可以通过手机或平板电脑等移动终端轻松地在出行途中实现远程办公，完成重要的工作任务。移动通信互联技术也是推动地理时空信息服务快速覆盖智能定位、精准导航、自动驾驶和物流配送等重要应用领域的基础技术。这也使得当今社会的数字经济潜能得到完全的释放，成为未来经济社会增长的重要驱动源泉。在历史文化村镇数字化保护领域，移动通信互联技术与地理信息服务、虚拟现实、三维实景建模等相结合，必将激发人们对了解传统文化的热情。

十一、数字文化遗产

联合国教科文组织（UNESCO）最早提出和推动全球范围内的文化遗产数字化工作，由此催生了数字遗产的相关产业。数字文化遗产（Digital Cultural Heritage）将信息技术应用于文化遗产的保护、开发与利用全生命周期过程中，从而达到提高文化遗产保护效率与质量、减少对文化遗产本体的使用与损坏、充分挖掘其艺术魅力与文化内涵、降低数字化建设成本、充分展示其经济、社会与科学价值和社会文明等目的的一系列活动的总称[29—30]。现今，数字文化遗产衍生出了数字遗产、数字人文、数字文创、数字博物馆等新兴的文化遗产保护形式与途径。如，上海徐汇艺术馆和上海大学美术学院合作开展了古代壁画的数字化保护，适应了文化遗产保护的形式、内容和途径。

十二、聚落地理学

研究居民点的形成、发展、分布和形态变化规律及其与地理环境相互关系的学科，是人地系统科学的重要研究领域[31]。聚落的出现是人类步入文明社会的标志。聚落也是人类探索自然规律与自身生存发展方式的结果。保存和传承至今的历史文化村镇是古人在过去生产力和科技水平低下时代创造的重要聚落。可以说，历史文化村镇是古代文明发展成果在现代文明世界中的孑遗。因此，了解历史文化村镇的传统文化特征与营造规律，探索它们对当今经济社会发展的重要影响和积极作用，必然离不开聚落地理学的丰富理论营养。聚落地理学（Settlement Geography）研究人类聚落的形成、发展和演化规律，解析聚落的空间分布特征。结合信息地理学的理论、方法与技术工具，聚落地理学必然为历史文化村镇数字化的保护提供理论支撑。

十三、建筑地理学

中国是世界公认形成了自身独特建筑哲学的国家之一。中国独具魅力的传统建筑也是中国古代文明发展的重要成就。历史文化村镇保有大量的完好的传统建筑文化遗产。如何解读这些建筑遗产的重要传统文化特征，一直是广大建筑学者孜孜不倦地皓首穷经的重要工作。显然，建筑地理学（Architecture Geography）是历史文化村镇数字化保护理论研究工作不可或缺的重要理论源泉。运用建筑地理学的理论与方法研究我国丰富的传统建筑的气候、地貌与水文、地质与植被等自然地理要素和人文地理要素对传统民居建筑的格局、形式、风格、特色等方面影响，是一个值得广大理论工作者深入探究的重要科学命题[32]。

第二节　文化景观基因图谱及其基因组图谱

一、文化景观基因图谱

中国人文地理学者刘沛林在多年从事传统村镇文化景观特征分析、传统村镇景观修复和旅游开发规划等的基础上，受到文化基因和景观意象（Landscape Image）概念等的启发，借鉴生物科学的基因分析思想，逐步形成了传统聚落文化景观基因的学术思想。2003 年，刘沛林正式提出了文化景观基因的概念框架。他认为文化景观基因是决定传统聚落景观特征的独特文化因子，在传统聚落中可以得到世代传承。这使得人文地理学者在研究传统聚落时可以结合地图学、GIS 等不同的方法可视化地分析传统聚落文化景观的特征，从而使得揭示传统聚落景观的地理学特征成为可能。2006 年，刘沛林和申秀英等人结合地学信息图谱的基本原理，正式形成了文化景观基因图谱的学术构想。具体而言，文化景观基因图谱尝试结合图示表达的思想和"胞—链—形"的分析思路，构建某研究区域的传统聚落文化景观特征的"全景式"图谱。2011 年，刘沛林在其博士学位论文研究工作中系统且完整地阐述了文化景观基因图谱的基本方法，得到学术界的广泛认同[3]。

二、文化景观基因组图谱

文化景观基因理论自提出以来即受到学者们的广泛关注，同时也在很多传统村落保护、修复和旅游发展中得到了实践应用。如，刘沛林团队自 2013 年起运用该理论成功地为湖南省政府开展湖湘风情文化旅游小镇建设提供智力支持。在长期的研究实践中，刘沛林团队逐渐意识到文化景观基因理论在研究传统聚落的文化景观基因与聚落整体的空间形态特征方面存在着容易忽视单个传统聚落包含的景观基因的整体性特征的不足。于是，刘沛林和胡最受让·巴蒂斯特（Jean Baptise）等人提出的文化基因组（Culturomics）理论及其计算方法的启发，在 2015 年正式提出文化景观基因组图谱（Cultural Landscapge Genome Maps, CLGM）理论。团队成员在此基础上继续探索，在国家自然科学基金"中国传统聚落景观基因组图谱的构建及其应用——以湖南省为例"的支持下，系统地发展了 CLGM 理论，提出了在 GIS 支持下结合地图分析、空间数据挖掘、空间句法理论等方法构建传统聚落景观基因组（Cultural Landscape Genome of Traditional Settlements, CLGTS）的空间形态与空间结构特征分析方法，并以湖南省为例开展了广泛的案例研究。一般认为，CLGM 是指借鉴生物学基因组图谱（Genome Maps）的概念、方法和基本原理及其分析方法，分析 CLGTS 所具有的基本结构、主要功能与空间规划布局形态特征并绘制相应的科学图解，结合景观基因整体性理念分析传统聚落的景观形态的研究方法[33]。CLGM 继承了景观基因图谱的谱系分析思想和图示表达理念，充分发挥了地学信息图谱的可视化分析的特点，构建定量解析传统聚落景观空间形态特征的方法体系。

第三节　其他理论

一、空间生产理论

空间生产（Production of space）是从政治经济学视角来分析空间与现代性的相关关系，主要指空间被开发、设计、使用和改造的过程。空间生产是社会某阶级或阶层或某些特殊利益集团通过控制土地和建筑物等经济社会空间的基本要素来塑造和影响城市空间形态和社会组织的过程[34]。空间生产理论的核心是空间。该理论认为空间不仅是社会的产物，还可以反映和反作用于社会[35]。因此，从空间的形式、形态、结构体系和组织特征等出发可以分析各种阶层的权力和社会地位、资本等的变化。反过来，权力、资本和社会运动也可以不断地重塑空间[36]。

二、多元主体

多元主体是指作为事务主体的人所呈现出来的多样性特征。例如，作为竞争主体的多元化就包括参与竞争的人群所具有的多样性特征[37]。多元主体有助于我们从多角度多层次的视角分析和考察问题，寻找多重关联性。

三、元宇宙

本质上，元宇宙（Metaverse）是利用数字化技术和信息科技手段创造的虚拟空间。元宇宙是现实物理世界的虚拟化，是可以与现实世界映射和交互的数字生活空间[38]。人们需要对元宇宙的内容生产、经济系统、用户体验以及实体世界内容等进行大量改造。人们利用脑机接口等技术，进入沉浸式体验的数据世界，切换另一种身份，体验第二种生活。它指的是一个沉浸在其中的、栩栩如生的虚拟世界，很难将它严格地从属于"现实世界"。人们可能会合理地花费大部分时间在这样一个虚拟的世界里，就像今天许多上班族把大部分时间花在电脑上一样。元宇宙与虚拟现实的概念相似，但在其宏大性和内涵的特殊性上超越了虚拟现实。理论上是一种真正的沉浸式虚拟现实体验。历史文化村镇三维数字化呈现后，也可以打造独立于现实世界的数字虚拟世界，并形成与现实世界高度关联的元宇宙空间。

参考文献

[1] 赵勇，张捷，李娜等："历史文化村镇保护评价体系及方法研究——以中国首批历史文化名镇（村）为例"，《地理科学》，2006 年第 26 卷第 4 期：4497—4505。

[2] 刘沛林："古村落文化景观的基因表达与景观识别"，《衡阳师范学院学报（社会科学）》，2003 年第 24 卷第 4 期：1—8。

[3] 刘沛林："中国传统聚落景观基因图谱的构建与应用研究"（博士论文），北京大学，2011。

[4] 申秀英，刘沛林，邓运员："景观'基因图谱'视角的聚落文化景观区系研究"，《人文地理》，2006 年第 21 卷第 4 期：109—112。

[5] 胡最，刘沛林，邓运员等："传统聚落景观基因的识别与提取方法研究"，《地理科学》，2015 年第 35 卷第 12 期：1518—1524。

[6] 曹帅强，邓运员："非物质文化遗产景观基因的挖掘及其意象特征——以湖南省为例"，《经济地理》，2014 年第 34 卷第 11 期：185—192。

[7] 胡最，郑文武，刘沛林等："湖南省传统聚落景观基因组图谱的空间形态与结构特征"，《地理学报》，2018 年第 73 卷第 2 期：317—332。

[8] 林琳，田嘉铄，钟志平等："文化景观基因视角下传统村落保护与发展——以黔东北土家族村落为例"，《热带地理》，2018 年第 38 卷第 3 期：413—423。

[9] 曹帅强，邓运员："基于景观基因'地域机制'的客家文化保护与传承开发——

以湖南省炎陵县为例”，《地域研究与开发》，2017 年第 36 卷第 4 期：164—170。

[10] 向远林，曹明明，秦进等：“基于精准修复的陕西传统乡村聚落景观基因变异性研究”，《地理科学进展》，2020 年第 39 卷第 9 期：1544—1556。

[11] 杨立国，刘沛林，林琳：“传统村落景观基因在地方认同建构中的作用效应——以侗族村寨为例”，《地理科学》，2015 年第 35 卷第 5 期：593—598。

[12] 唐承财，万紫微，刘蔓等：“基于多主体的传统村落文化遗产保护传承感知及提升模式”，《干旱区资源与环境》，2021 年第 35 卷第 2 期：196—202。

[13] 刘沛林，刘春腊，邓运员等：“我国古城镇景观基因‘胞—链—形’的图示表达与区域差异研究”，《人文地理》，2011 年第 26 卷第 1 期：94—99。

[14] 杨晓俊，方传珊，王益益：“传统村落景观基因信息链与自动识别模型构建——以陕西省为例”，《地理研究》，2019 年第 38 卷第 6 期：1378—1388。

[15] 李伯华，郑始年，刘沛林等：“传统村落空间布局的图式语言研究——以张谷英村为例”，《地理科学》，2019 年第 39 卷第 11 期：1691—1701。

[16] 李伯华，曾灿，窦银娣等：“基于；‘三生’空间的传统村落人居环境演变及驱动机制——以湖南江永县兰溪村为例”，《地理科学进展》，2018 年第 37 卷第 5 期：677—687。

[17] 李德仁，徐小迪，邵振峰：“论万物互联时代的地球空间信息学”，《测绘学报》，2022 年第 51 卷第 1 期：1—10。

[18] 李新，袁林旺，裴韬等：“信息地理学学科体系与发展战略要点”，《地理学报》，2021 年第 76 卷第 9 期：2094—2103。

[19] 朱跃龙，李强，张希伟：“GIS 三维可视化系统的设计与实现”，《计算机工程》，2003 年第 29 卷第 10 期：142—144。

[20] 周琳，景海涛，贾中星等：“基于 GIS 的族谱空间信息查询与可视化研究”，《测绘工程》，2015 年第 24 卷第 9 期：48—52+58。

[21] 陈润生：“生物信息学”，《生物物理学报》，1999 年第 15 卷第 1 期：6—13。

[22] 萧浪涛：“现代生物信息学及其主要研究领域”，《湖南农业大学学报（自然科学版）》，2000 年第 6 期：405—410。

[23] 何大澄，赵和平：“从基因组学到蛋白质组学”，《生物学通报》，2002 年第 26 卷第 9 期：9—12。

[24] 戴魁早，吴婷莉，潘爱民：“人工智能与工业结构升级”，《暨南学报（哲学社会科学版）》，2022 年第 44 卷第 11 期：1—19。

[25] 尹军祥，黄鑫，李苏宁等：“我国人工智能临床应用研究发展现状及建议”，《世界科技研究与发展》，2022 年第 11 期：1—9。

[26] 宋关福，卢浩，王晨亮等："人工智能 GIS 软件技术体系初探"，《地球信息科学学报》，2020 年第 22 卷第 1 期：76—87。

[27] 胡毅荣，王超，杜震洪等："一种与地图服务结合的栅格瓦片计算模型"，《地球信息科学学报》，2021 年第 23 卷第 10 期：1756—1766。

[28] 邹湘军，孙健，何汉武等："虚拟现实技术的演变发展与展望"，《系统仿真学报》，2004 年第 16 卷第 9 期：1905—1909。

[29] 李琳，王泊谦，曾睿等："面向虚拟环境的 VR 设备比较研究"，《合肥工业大学学报（自然科学版）》，2018 年第 41 卷第 2 期：169—175。

[30] 朱庆，卢丹丹，张叶廷："GIS 三维可视化在数字文化遗产中的应用"，《测绘科学》，2006 年第 31 卷第 1 期：55—57+5。

[31] 刘彦随："现代人地关系与人地系统科学"，《地理科学》，2020 年第 40 卷第 8 期：1221—1234。

[32] 赵美婷，王敏："华侨建筑形态与宗族意义场所的重构——陈慈黉故居的建筑地理学研究"，《热带地理》，2016 年第 36 卷第 2 期：198—207。

[33] 胡最，邓运员，刘沛林等："传统聚落文化景观基因的符号机制"，《地理学报》，2020 年第 75 卷第 4 期： 789—803。

[34] 牟伦超，程励："空间生产视域下'古'镇旅游的地方营造——以恩施土家女儿城为例"，《旅游学刊》，2022 年 11 期：1—32。

[35] 刘燕菁："基于空间生产理论的徐汇滨江'西岸文化走廊'构建研究"（硕士论文），上海师范大学，2015。

[36] 张京祥，胡毅，孙东琪："空间生产视角下的城中村物质空间与社会变迁——南京市江东村的实证研究"，《人文地理》，2014 年第 29 卷第 2 期：1—6。

[37] 于江，魏崇辉："多元主体协同治理：国家治理现代化之逻辑理路"，《求实》，2015 第 4 期：63—69。

[38] 黄欣荣，曹贤平："元宇宙的技术本质与哲学意义"，《新疆师范大学学报（哲学社会科学版）》，2022 年第 43 卷第 3 期：119—126。

第三章　历史文化村镇的价值体系及其数字化表征

历史文化村镇存在着多方面价值，诸如历史文化价值、科学普及价值、艺术审美价值等，具有明显的保护与利用价值，在对其价值体系进行认知的基础上，进行科学考量、特征提取和数字化表征，显得尤为重要。

第一节　文化遗产价值特征

价值是在特定经济社会环境和科学技术水平下的资源或物品等对人们需求的满足程度。显然，人们对自然对象或者物品的价值特征认知会随着时代需要和技术水平提高而发展。可见，历史文化村镇丰富的价值特征也需要在当今高质量发展新阶段带来的时代特色视角下进行科学考量。

一、科学研究价值

历史文化村镇至今保存着大量的传统建筑、文物以及诗词、楹联等丰富的非物质文化遗产项目。可以说，历史文化村镇是中国传统文化最为鲜活的"博物馆"。无疑，历史文化村镇有着显著的科学研究价值。譬如，从事建筑科学研究的学者、从事建筑工程的工程师或相关爱好者、从事规划工作的学者与工作人员、从事传统文化研究的专家学者等可以从历史文化村镇中观察并记录到丰富的传统建筑文化因子，挖掘具有浓厚地域文化特色的传统建筑价值。

实际上，历史文化村镇需要构建多学科的综合研究框架，在信息技术的支撑下开展交叉学科研究，甚至发展成融合不同学科方法与技术体系为一体的科学研究链条。因此，来自于民俗学、社会学、人类学等人文科学领域的学者可以在历史文化村镇中探求传统文化的社会发展价值；来自于建筑、规划、艺术、历史等领域的学者可以在历史文化村镇中探求深邃的中华传统建筑技艺、方法、工艺和人居哲学思想；来自于生态、地理、人居、信息等领域的学者可以在历史文化村镇中探求我国古代即已形成的传承至今的人地共存智慧。可见，科学研究价值是现今时代背景下我国历史文化村镇最为显著的属性特征。

二、科学普及价值

随着现今数字化时代信息技术、虚拟现实、网络通信、移动互联、云端存储和计算服务等技术的不断涌现和深化应用，历史文化村镇自身的科学属性与特征日益彰显。此外，从社会发展的角度来看，历史文化村镇承载的丰富传统文化因子正日益发挥着重要的社会意义，因为它们可以让人们更深刻地了解古代中国社会不同层面的信息，同时也接受来自古人创造的传统文化的熏陶和洗礼。因此，历史文化村镇可以通过其中的传统建筑、传统艺术、传统装饰、文物、遗址等丰富的传统文化因子，让人们了解传统文化并解读其可持续发展、生态环境、人地关系等重要科学特征。历史文化村镇可以启迪当代大众智慧，丰富人们的精神世界，传递知识，提升人们的文化素养。

三、文化传承和认同价值

文化是培养和塑造人格、构建个体对于民族和国家的认同感的决定因素。因此，传统文化的传承和认同对于国家和民族的共同体的形成具有重要意义。国家层面非常重视传统文化传承和民族文化自信工作，已经将优秀传统文化传承发展工程和民族文化自信上升为国家战略。2017 年实施的《关于实施中华优秀传统文化传承发展工程的意见》指出：要"实施中国传统村落保护工程，做好传统民居、历史建筑、革命文化纪念地、农业遗产、工业遗产保护工作。"特别是文化强国建设工作更加突出了传统文化在经济社会发展中的突出地位。这充分说明了传统文化具有突出的文化传承和民族认同价值。历史文化村镇是中华优秀民族传统文化遗产不可分割的重要组成部分。历史文化村镇也是传统文化的重要载体，它们保存、传承和承载了优秀地域传统文化，是人们了解中华文脉的重要载体。

四、审美和艺术价值

历史文化村镇较为完好地保存了数量巨大的传统建筑。其中，很多传统建筑有着精美的装饰、雕刻和工艺品。历史文化村镇中还保有丰富的文物、遗址、亭、台、廊、榭等具有重要文化和艺术价值的实物。因此，历史文化村镇汇聚了丰富的具有重要审美和艺术价值的传统文化要素，见证和记录了中华传统审美思想，具有深厚的传统审美和传统艺术教育价值。

五、社会经济发展

历史文化村镇是古人创造并延续至今的重要聚落，成为我国古今社会发展和文明延续的重要见证，具有重要的社会发展价值。如，有的历史文化名镇建立在水陆交通要道，在古代发挥了重要的社会经济功能。又如，在古代，有的历史文化名镇或古村依靠特有的产业或者资源而发展成为具有重要的地域影响力的社会经济发展中心。现今，历史文化村镇在乡村地区的经济社会发展和区域社会发展中依然发挥着不可忽视的重要作用。一方面，很多历史文化村镇中传承至今的特色产业迄今仍然焕发着活力，如景德陶瓷古镇、洪阳花炮古镇等，成为当地居民解决生计的重要收入来源。另一方面，很多历史文化村镇因为独特的历史文化风貌、厚重的传统文化底蕴和绝佳的交通区位而成为吸引人们前往游览和观光的重要目的地，如凤凰古城、周庄古镇、西递宏村等，由此带动旅游、交通、餐饮和住宿等众多关联产业蓬勃发展。在传统文化资源挖掘和产业化应用基础上发展形成的数字文化创意产业，已经成为数字经济的重要组成部分。

六、可持续发展

可持续发展已经成为当今全球人类的共识和共同追求的目标。同时，可持续发展也代表了人类追求生产生活等活动与自然环境整体之间的协调与一致。可以说，在古代中国，尽管尚未形成可持续发展的思想体系，但是古人已经形成了与自然和谐共存的生存哲学。某种程度上，古人已经或多或少地自觉开展了可持续发展的理论与社会实践。我国的历史文化村镇注重"天人合一"的营造理念，追求人与自然和谐共生的生存哲学，富于可持续发展的生态文明智慧。历史文化村镇的空间布局设计与规划理念、建筑空间的布局和设置等都体现了古人追求生活宜居、安全稳定、适合长久发展等吉祥寓意。因此，深藏于历史文化村镇每一个细节中的古代朴素生态哲学与价值理念都对现今的城镇建设、国土空间规划和高效治理、经济发展等具有重要的启发意义。

第二节　文化景观基因符号的数字化表达

一、文化景观基因符号化的思考

近年来，我国社会各界加强了对传统聚落的关注。一方面是因为快速城镇化与经济社会的迅速发展使得大量古村落急剧消失，这已经引起了人们的高度警觉。另一方面是因为传统聚落富集了古代社会创造且传承至今的建筑、艺术、规划以及人地关系哲学思想等传统文化精华，具有丰富的研究价值。目前，很多学者对传统聚落的保护、生态环境、建筑技术与旅游规划与开发等问题进行了深入研究[1—8]。相关结果有力地支持了"乡村振兴""文化强国"和"新型城镇化"等国家战略[9]。

然而，我们也注意到，目前广大理论工作者还没有从语言符号学与传播理论视角解读传统聚落文化景观的地理学特征。我们知道，语言和文字符号是人们日常生活中交流信息和传播资讯的媒介。人们需要通过语言符号才能解析社会文化因子特征与相应内涵。如：结合符号理论探索智慧制造系统框架的机制[11]、明晰人机交互界面中的符号图形设计[12]和工程图标设计[13]的基本原理。这表明符号学成为人们探讨社会文化意义的重要理论基石[10]，并启发人们结合符号学原理与方法科学审视传统聚落文化景观基因的社会文化意义。苏尔在 1925 年提出文化景观概念。之后，人们从"相继占用""形态基因"等不同视角尝试阐释地域文化的时空演化规律。更有学者甚至尝试结合定量方法、感知理论、空间意象等方法解释传统聚落文化的不同地理特征。例如，王昀根据实地调查结果建立了极化函数[14]。不过，总的来说，当前的理论研究还没有能够真正解决文化景观基因的符号认知问题[15]。因此，理论研究的现状对启发我们从符号学的视角探讨传统聚落文化特征分析的新方法具有重要意义，这可以为传统聚落文化景观特征的解读积累经验。

经济社会发展实践已经表明，空间信息是极为重要的经济社会战略资源。这也是"第三语言"（即地图）得以形成的原因。因为地图可以用于描述、交流和传输空间信息。人们对地图符号的演化、传输、设计等的研究取得了进展[16—23]，如：基于 QR-Code 设计地图符号[24]。此外，人们对于地图符号的语言学特征、结构与约束变换理论等也开展了富有成效的工作，实现了地图符号的自动生成与动态设计[25,26]。我们知道，地图符号能描述地理对象的语义属性与语义特征，是交流、传输、表达和存储空间信息的媒体[27—28]。同时，地图符号又是可视化呈现的图形语言（符号系统），具有类似人类自然语言的基本特征。从符号学的视角来看，地图符号是表征地理空间信息特征、地理现象和地理系统发展演化、地理规律等最为有效的语言，可以为解读传统聚落文化景观特征提供基础支持。

我们知道，传统聚落景观是叠加于自然景观基底之上的人类文明活动的结晶，既具有自然景观的属性特征，又承载了丰富的社会历史和传统文化信息，是极为特殊的地理对象。客观上，这要求人们从空间信息的维度来考察传统聚落景观的社会文化属性特征与历史文化价值。因此，结合地图符号的原理与方法，借助可视化的视觉符号语言归纳传统聚落景观蕴含的地理信息特征有助于充分解读传统聚落景观的地学特征。这非常符合人们的思维认知习惯和规律。

传统聚落文化景观基因（Cultural Landscape Gene of Traditional Settlement，简称CLGTS）以识别中国传统聚落中具有标志性意义的文化因子的特征为切入点，在BioInfomatics和Geoinformation Graphes的支持下构建文化景观基因的科学图解[29]，从而解读传统聚落景观的地学特征，在地域文化基因的识别与传统聚落区划构建、建筑景观特征解读、旅游规划等领域得到了广泛应用[30—37]。然而，现阶段的文化景观基因理论研究工作仍然有待深入探索文化景观基因的物质形态、外观表征、空间形态和表达机制等重要理论问题。前述问题的根源在于目前尚缺乏综合符号学的相关原理与语言学方法探索文化景观基因的特征。因此，我们尝试从地图符号的视角探讨传统聚落文化景观基因的形成机制，从文化景观基因的特征出发来分析其符号特征与相应的分类体系、符号化表达方法，进而为构建文化景观基因符号库软件工具提供支持。

二、文化景观基因的特征

（一）辩证特征

道金斯（Dawkins）在1976年将生物基因的概念引入到社会文化领域，提出了文化基因（Meme，也称"模因"）的概念。威尔逊（Wilson）分析了人类文化的获得性传递特征，创立了基因—社会文化协同进化理论[38]。地理学者在探讨地域文化基因特征时融合了人本主义相关理论观点，如，康泽恩（Connzen）提出了"市镇空间形态基因"。刘沛林在分析我国传统聚落的古代生态理念、规划特征和人地关系哲学等的基础上提出了文化景观基因的概念[39]，并针对传统聚落中的图案、文本、元素等提出了识别原则和识别方法[39,40]，初步构建了完整的研究框架。

文化景观基因的科学意义在于它提供了一种从自然科学的视角分析传统聚落文化景观的地理学特征的分析方法，具有科学的哲学辩证意义。

第一，宏观意象与微观因子的辩证结合。从概念范畴来看，文化景观基因特点鲜明，具有可意象性、感知性和可识别性。实践中，在研究具有相似文化特质的不同聚落时，我们可以根据不同聚落的景观基因整体性特征和传统聚落景观的意象特征来区分。如，湖南省岳阳县张谷英村的"龙"形空间形态布局基因（图3-1）就是将村落中的不同部分组成一个整体才得以识别[31]。同时，存在于不同传统聚落中的文化景观基因又具有不同层次或细节特征，这可以反映不同的聚落文化因子的差异。如，马头墙是我国传统合院式建筑中广泛使用的一种装饰性建筑样式，不同地域的马头墙具有不同的造型、弧度和弯曲等细节特征，这也代表一定地域的文化基因差异。

第二，外观特征与内在寓意的辩证结合。传统聚落中的文化因子大多都拥有物质载体。一般而言，即使是传统聚落中的非物质文化因子也拥有相应的物质指征对象。如，傩戏的呈现需要借助特定的物质空间场所。文化景观基因得以存续和传承就必须依靠传统聚落物质空间场所。也就是说，文化因子必须承载传统聚落赋予的特定功能，并在传统聚落的物质空间中拥有专门的空间位置，反映一定的社会伦理、功能或者文化意义才能真正成为具备可识别特征的文化景观基因，进而构成聚落的空间意象。

第三，整体性特征与自我更新机制的辩证结合。我们知道，生物学遗传特征在生物体的遗传过程中一般不会发生根本性的改变。但是，在某些特殊环境变化或者诱因的影响下，生物体的遗传性状也可以发生一定程度的改变（即突变）。同理，文化景观基因在传承过程中也具有类似生物基因的遗传学特性。文化景观基因在传承的过程中总会力图保持其重要特征。同时，文化景观基因又会出现一定程度的细节更新，即它们在传播过程又会因为要适应不同的生态环境而发生相应的改变。如，客家土楼的空间围合基因经历了由方形到拟方形再到圆形的变化[41]，这说明土楼的围合基因出现了局部更新，但是其功能、地位和象征意义等主体特征仍与之前保持一致。

第四，传统聚落景观的定性特征与定量分析语言的辩证结合。在地理学的发展历程中长期以解释哲学为方法论基础，这导致了定性研究方法长期占据着主导地位。受物理、化学和生物等自然科学领域的解析方法哲学的影响，地理学经历了计量革命。之后，定量研究方法逐渐成为地理学的主流研究方法。然而，在文化地理学领域，学者们仍然倾向于使用定性研究方法解释文化现象的表征，而较少兼顾定量研究方法解析文化现象的地理成因。不过，文化景观基因的相关研究工作尝试定性与定量研究方法的有机结合，尝试构建文化因子的地理学解析方法。这是因为文化景观基因本身就大量借鉴了生物信息学的定量研究方法。如：湖南省传统聚落景观基因的空间特征识别主要使用定性方法[30]，湖南省 CLGM 的空间特征挖掘则依赖定量方法[35]。

第五，聚落主体优势性与内涵丰富性的辩证结合。文化景观基因是传统聚落空间中具有最高可识别度和解理度的文化因子，如，鼓楼是侗族传统村寨中最为雄伟和壮观的建筑，也是识别侗族村寨最重要的文化标识。同时，文化景观基因决不仅仅只反映传统聚落景观的某种单一特征，往往包含了丰富的文化内涵。这是因为文化景观基因在较长的历史传承中，逐渐积累了丰富的传统文化内涵。值得注意的是，聚落景观特征的优势性与文化内涵的丰富性具有一致性，它们是文化景观基因的两个方面。

根据上述关系可知文化景观基因是一个科学概念，它既是具有客观实在的客体对象，又包含了深层次的传统社会制度、伦理、哲学、习俗、宗族等丰富的传统文化特征；既可从自然科学的视角挖掘传统聚落景观的科学特征，又可从文化地理的视域归纳传统聚落景观的传统文化特征。

（二）形态特征

文化景观基因拥有专门的物质载体和物质外观，或者依赖于特定的物质载体和客观过程而存在。聚落空间中的不同文化景观基因联系密切，相互依存而存在。如，岳阳县张谷英村的当大门由三组共同排列在同一中轴线上的院落建筑共同构成，形成一个"丰"字形状（图 3-1）。我国很多传统聚落在选址、规划和营造的过程中会在突出自身的个性特征且符合传统习俗的基础上，结合不同的地理环境特征，因时、因地、因势制宜的营造出寓意丰富的空间意象。古人在营造聚落时一般都结合其所处的自然环境营造传统风水寓意丰富的空间形态。如，新田黑砠岭村龙家大院的"五代同塘（堂）"的格

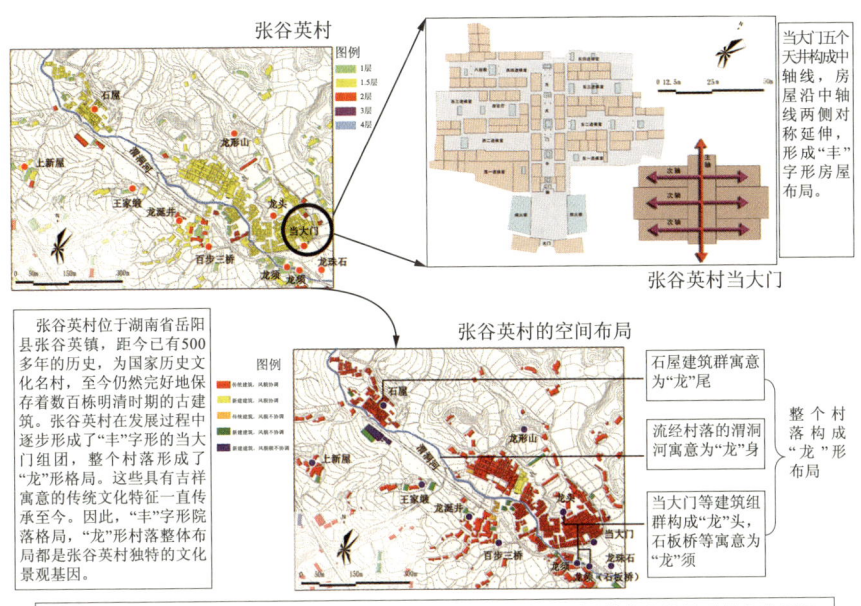

图 3-1 传统聚落文化景观基因的概念

局。这是文化景观基因的空间形态具有多样化特征的原因之一。又如，湖南省很多传统聚落的布局有扇形、圆形等空间形态[35]。大体上，我国文化景观基因的形态主要有方形和圆形两大谱系（图 3-2），以及结合传统风水理论因地制宜地造就的多种形态[42]。在方形的基础上逐渐衍生出了各种变体。如：四合院演变形成了进、厅堂、天井等多种形态。在圆形的基础上逐渐衍生出了椭圆、近圆等形态。如，福建南靖土楼群形态不一，呈现圆形或椭圆形。通常情况下，传统聚落的形态发展变化是由方形转向圆形或不规则形。

（三）结构特征

文化景观基因在空间组织方式上呈现出不同的特色，形成了寓意丰富的空间结构[35]。参考现有案例[40—43]可以发现，文化景观基因的空间结构具有非线性和自组织、自迭代的特点。

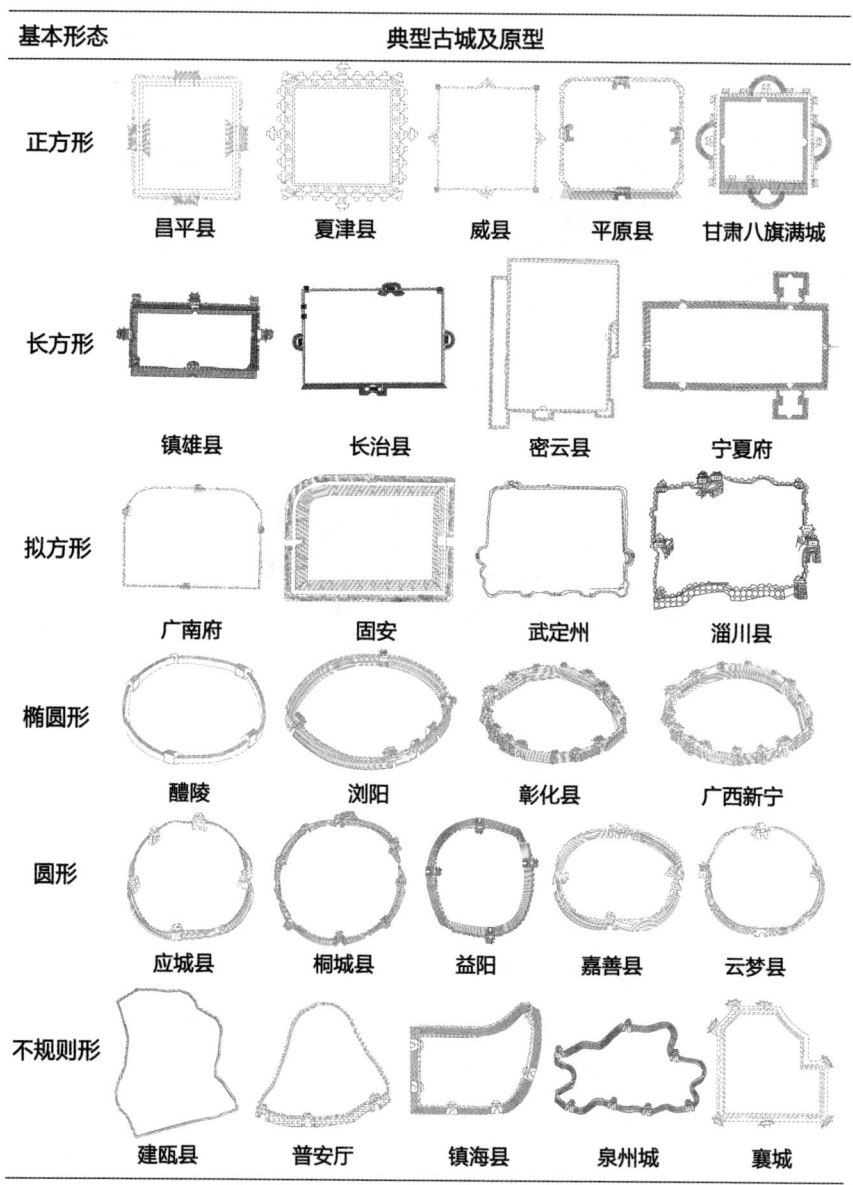

基本形态	典型古城及原型
正方形	昌平县　夏津县　威县　平原县　甘肃八旗满城
长方形	镇雄县　长治县　密云县　宁夏府
拟方形	广南府　固安　武定州　淄川县
椭圆形	醴陵　浏阳　彰化县　广西新宁
圆形	应城县　桐城县　益阳　嘉善县　云梦县
不规则形	建瓯县　普安厅　镇海县　泉州城　襄城

图 3-2　传统聚落的空间形态举例[41]

第一，景观基因在聚落空间中的非线性特征。线性结构可以通过线性方程进行精确的描述，是自然界物质空间结构排列方式中十分常见的，如蜂巢格子的排列方式。相对应地，自然界中同样存在着丰富的非线性结构，如DNA 分子的双曲非螺旋结构。

传统聚落空间中的构成要素是非线性排列的。这是由它们所处的自然地理环境决定的。自然地理环境是复杂的、非线性的和随机的。这就导致聚落空间中的各类要素很难具有标准的线性特征。传统聚落中的多种要素布局必须适应于聚落所在的地理空间。与之相应的是，聚落的构成要素也难于形成规则的线性结构。事实上，文化景观基因可以理解为聚落空间中的各类物质文化因子在社会文化维度上的映射。因而，聚落空间中的文化因子空间排列一般也是非线性的。如，《考工记》记载古人理想的都城是边长为九里的方形城市（即"方九里"）。不过，这种规整的城市在现实世界中很难找到，这是由自然地表的地形与地势、河流、水系等的复杂性特征决定的。

第二，景观基因在聚落空间中的自组织特性。在聚落发展进程中，会出现人口增加，规模扩大的情况。相应地，各种构成要素的排列方式也逐渐完善，由不规则变得规则。这既符合自然系统的发展演化规律，也是人类文明演进规律的体现。聚落中具有相似功能的要素总是会趋向于聚集。如，苏州的周庄、同里等水乡古镇仍然保存着水街（沿河商铺）。出现这种现象的原因是商铺聚集可以最大限度地共用聚落的基础设施并吸引顾客。此外，很多传统聚落通过规划也将各种要素有机地组织在一起并形成具有特定寓意的空间结构。如，诸暨市兰溪村形成了"内八卦和外八卦"的结构。

第三，景观基因在聚落空间中的自迭代特征。迭代是一种有规律的自我复制过程，可以用分形数学进行精确的描述。自然界中具有迭代特征的客观对象拥有精细的空间结构，如，蜂巢、树木纹理、生物基因，等等。迭代是自然系统在演化进程中形成的自我修复和发展机制。实际上，人文与社会经济领域同样存在着自迭代现象，如：不同家族世代繁衍的过程就是一种有规律的迭代过程，可以通过族谱进行描述。与生物学基因具有相似性，在文化景观基因传承过程中，也具有迭代特征，其文化内涵、外在表观或者物质载体都得到完整的复制与传播。如，汝城县金山村的工匠完整地传承了源起于几百年前的祠堂鸿门梁制作技艺，从形制、镂雕、着色和安装等都可以做到丝毫不差。

三、文化景观基因符号机制的内涵

自然语言是一种综合的符号表意系统，拥有特定的符号系统和广泛的社会文化约定属性，是人们记录、交流和传播信息的媒体。实际上，传统聚落中的文化景观基因丰富多样，同样具有类似语言的特征。如，镂雕技艺、房屋的形制、聚落布局和空间结构、空间的构筑方式和公共空场所等。它们都拥有专门的物质载体或媒介，携带一定的社会文化信息，共同表征特定的传统文化寓意。文化景观基因具有多种传承形式和途径，既可以通过物质外观或者载体，也可以以文化内涵等约定属性进行传承。显然，文化景观基因与语言符号之间具有一定的共性特征。这为从符号学的视角解析文化景观基因的特征奠定了基础。

（一）文化景观基因符号机制的概念

文化景观基因符号机制是指借鉴地图学、语言学和符号学的相关方法，构建传统聚落景观基因的符号模型及其图示体系。根据其机制可以深入解析文化景观基因蕴含的传统文化内涵及其内在特征，为绘制特定区域的 CLGMTS 提供支持。从符号学的视角出发，文化景观基因符号机制涵盖了文化景观基因的解析、符号模型的定义、符号分类体系和图示表达等研究内容。

从符号学的角度来看，文化景观基因可以看作一种可以通过特定的方式进行描述的符号单位，其携带了特定社会历史文化信息。探究文化景观基因符号特征的途径主要是借鉴地图符号的建模方法、变量、表达等方法。然而，文化景观基因符号与地图符号又有着显著的区别。这主要体现在社会文化信息和社会历史信息是文化景观基因符号最为本质的特征，也是其主要的约定属性；同时，文化景观基因符号又包含了重要的地理特征和空间位置信息；地图符号主要描述地理对象的地理空间位置信息和地理语义特征。

探索文化景观基因的符号机制意义非凡，这既是语言学和符号学视角对传统聚落景观基因理论的重要扩展，也是从地图学视角丰富传统聚落景观基因理论的研究方法。同时，文化景观基因符号机制为绘制区域 CLGMTS 提供了新的方法和技术途径，也为区域性的传统聚落景观基因资源普查提供了技术基础。

（二）文化景观基因的符号特征

从符号学的视角来看，文化景观基因具有两个重要的符号特性。

首先，我们可以通过符号对文化景观基因的社会文化内涵和空间属性特征进行概括和综合表达。在构造符号表达体系之后，人们可以系统形象地了解内涵和外观极其相似的不同文化景观基因之间的细微区别。这是因为符号具有可视化形状，是音形义的结合体，便于观察和区分。同时，图式符号设计领域中的很多原理和方法也有助于人们区分不同的文化景观基因的差异。如，借用地图符号的颜色、质地、纹理等变量来区分相似性的景观基因。

其次，文化景观基因是一种结合体，是传统聚落空间中具有社会文化意义的物质载体与具有符号意义的传统文化信息媒体相互融合的结果。即作为具象化存在的客观实在与抽象化存在的符号意义的结合体。这说明文化景观基因是具有专门的"形"和"义"的符号。这也是借鉴地图符号的相关原理来思考文化景观基因符号特征的理论依据。

自然语言中的每一个符号都对应着客观世界中的一个实体对象，即语言符号构建了客观世界完整的表达体系。相似地，每一个文化景观基因都对应着传统聚落空间中存在的唯一文化因子。它们之间有着唯一且客观存在的对应关系。

一般而言，文化景观基因与其对应的客观实在之间存在着映射、概略和约定关系。映射关系指文化景观基因是在符号层面对其物质载体或者物理存在进行语义描述，即构建文化景观基因与客观实在之间的严格对应关系。这表明，人们可以通过符号来表达文化景观基因的抽象的文化属性特征与具象的物理载体之间的映射，即构建文化景观基因的符号图示表达模型。概略关系强调文化景观基因的图示符号必须在简洁、易于分辨的基础上突出其最显著的文化特征，设计原则规范，同时要符合语言学和符号认知规律。约定关系指文化景观基因携带的具有特定传统文化寓意的历史、文化和社会伦理等信息。因此，通过符号来表示文化景观基因同样需要遵守这种约定关系。如用方形符号表示四合院，再结合形状、色彩等的变化来表示各种四合院的变体（图 3-3）。

基因名称：四合院
基因编码：0405CTJZSHY0000
基因描述：
四合院是我国传统的合院式建筑，广泛分布，随着分布地域的不同，拥有风格不一的变体
基因指标：传统建筑
识别标识：430405

四合院

用形状、颜色等不同的符号变量组合可以表达四合院基因的不同变体

变化一：
前院、中厅、后院

变化二：
狭长的窄院

变化三：
天井、堂屋等围合

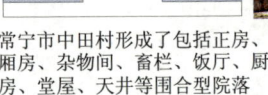

常宁市中田村形成了包括正房、厢房、杂物间、畜栏、饭厅、厨房、堂屋、天井等围合型院落

常宁市中田村

图 3-3　用不同变量组合表示四合院基因及其变化

总之，文化景观基因本身可以视作表达特定传统文化含义的特殊符号。因此，可以结合符号学的相关原理来构建文化景观基因的图示符号表达体系。

（三）文化景观基因符号的分类

结合文化景观基因的内涵与发生学原理，按照表现方式可以将文化景观

基因符号分为图形、图片、文本和空间综合格局等四类符号（表3-1）。

表3-1　文化景观基因符号的分类

符号类别	说明	备注
图形	通过基本图形元素的组合构成图形符号表达特定的文化景观基因的含义	简单符号
图片	直接将图片等定义为符号表达部分特殊的文化景观基因的含义	简单符号
文本	直接通过文本来描述文化景观基因的含义	语言符号
空间综合格局	结合 GIS 软件的地图功能来直观地表达布局类文化景观基因符号的含义	复合符号

　　图形符号指通过各种基本图形元素（或图元）的组合或者特定的图案等来表达特定的文化景观基因的含义和重要属性。如，凤凰古城的传统建筑上多以一种凤凰神鸟的造型作为装饰，故凤凰古城的文化景观基因可以用一组凤凰神鸟的图形符号来描述。

　　图片符号指通过图片或图像来表示某些难于制作成抽象图形符号的文化景观基因。一般而言，通过图片构建的符号都是局部或者细节特征较为复杂的文化景观基因。如，汝城县很多村落的祠堂通常绘制有风格各异的装饰性图案；因此，可以直接通过图片来展示这些细节上的差异；不同祠堂的图案之间的区别主要在于相应的人物设定或故事情境等。

　　文本符号指直接通过文本来描述文化景观基因的主要特征或属性。这是因为：①有些非物质文化遗产无法直接通过图形符号或者图片符号进行表达，如汝城县的"香火龙"习俗内涵丰富，包含了多种传统民俗文化活动，故而其文化内涵可以直接使用文本描述；②有些文化因子本身就是用文本来描述、记录或者表达的，如江永县的女书；③有些文化因子的核心文化内涵难于直接通过图形或图片进行概括，需要使用文本进行表达，如摆手堂的形制。

　　空间综合格局符号指结合 GIS 的地图功能系统地表达传统聚落的自然环境特征、空间形态和布局特征。空间布局体现了古代人们关于聚落选址与规划等的传统生态哲学和生存智慧，这是人地关系思想、社会伦理等知识与自然地理空间环境的有机结合。因此，从整体的角度进行观测和归纳可以深入地理解聚落布局的意境与文化含义。显然，可以直接借助地图来展现一个传统聚落的空间形态和布局特征，进而归纳相应的布局基因。如：湖南会同县高椅村、浙江金华市琐园村、浙江诸暨市兰溪村等村落都因地制宜地在适应聚落周边的自然环境特征的基础上创设宜居的居住空间，其独特的空间形态格局往往还具有吉祥的寓意。

（四）文化景观基因符号的表达

在实践中，人们一般将符合特定条件的文化因子识别为传统聚落的文化景观基因：①具有显著的传统文化特色和鲜明的可识别性，从而使得一个聚落可以具有区别于其他聚落的文化因子，如：佤族村寨的"牛头"图腾柱；②具有较强的认同感或认知度，是传统聚落的重要精神空间的标志，即聚落的精神空间，如：土家摆手堂、侗族鼓楼；③具有鲜明的古代文化哲理、传统的社会制度和社会伦理等重要特征，如：祠堂门楼的造型、规制等；④经历了较长历史时期的传承但仍然保持了其传统文化内涵不发生重大的改变，如土楼的形制、四合院的围合特征等。由此可见，文化景观基因是对传统聚落中的文化因子在社会伦理层面进行文化内涵和重要属性的概括，同时也是在符号层面对古代的传统文化特征、社会制度、社会道德等文化内涵的综合。

值得指出的是，考察一个文化景观基因，决不能仅从文化因子本身做单一分析，结合其所处的文化生境进行解析，这才能真正揭示其蕴含的传统文化特征。相应地，文化景观基因符号的图示需要含义明确、构图简洁、表达直观。同时，文化景观基因又是存在于传统聚落空间中的最小的历史文化信息单元，既具有空间地理位置属性，又蕴含了丰富的传统文化特征信息。

值得注意的是，文化景观基因符号是通过概括或抽取客观实在的客体对象在形状、质底、尺寸、图案、颜色和布局等方面的重要属性或特征构建起形式化的逻辑描述框架（表 3-2），这是对客观实在的概念化描述。这表明人们可以从符号学的视角充分地表达文化景观基因的显著特征和差异。如可以将牛头造型的图案符号作为佤族的图腾。这是因为佤族以牛为图腾，村寨中的装饰造型也多以牛头造型为主。借鉴地图符号的相关原理，人们可以通过符号变量来表现不同的文化景观基因的差异和特征。一般来说，形状、布局、颜色、质底、尺寸和图案等符号变量及其组合可以突出不同地域文化背景下的文化景观基因的差异。因此，在表达文化景观基因蕴含的社会文化意义时，需要注意对符号变量的科学使用，从而提高相应的文化景观基因符号的设计质量，更好地区分不同的文化景观基因。这里以土楼的围合为例。不同形状的土楼的围合基因就可以通过不同形状的符号来加以区分，用方形表示方形围合土楼、圆形表示圆形围合土楼、椭圆表示椭圆形围合土楼。通过图形符号可以更好地体现土楼围合基因在细节层次上的差异（图 3-4）。

表 3-2　文化景观基因符号的基本变量

变量	说明	图示表达举例	备注
形状	文化景观基因的物质载体或指征对象的外观形状特征		如房屋或者院落的围合形状
质底	呈连续面状分布的文化景观基因的特征（或者基底）		一定地理空间上均有分布的某些文化因子
尺寸	文化景观基因的物质载体或指征对象的尺寸参数	3cm	如房屋、院落、主体性公共建筑等的形制
图案	赋予一定文化寓意文化景观基因的特殊图案		传统聚落中广泛存在的某些装饰性图案
颜色	不同的色彩表示具有不同特质的某类文化景观基因的差异		如在我国广泛分布的四合院建筑有多种变化形式
布局	结合不同地理环境特征而规则设计出的具有不同风水寓意的村落整体格局	义乌江　天然湖泊　●琐园村　▲琐园村"七星拱月"的格局	如琐园村设计为"七星拱月"的风水格局

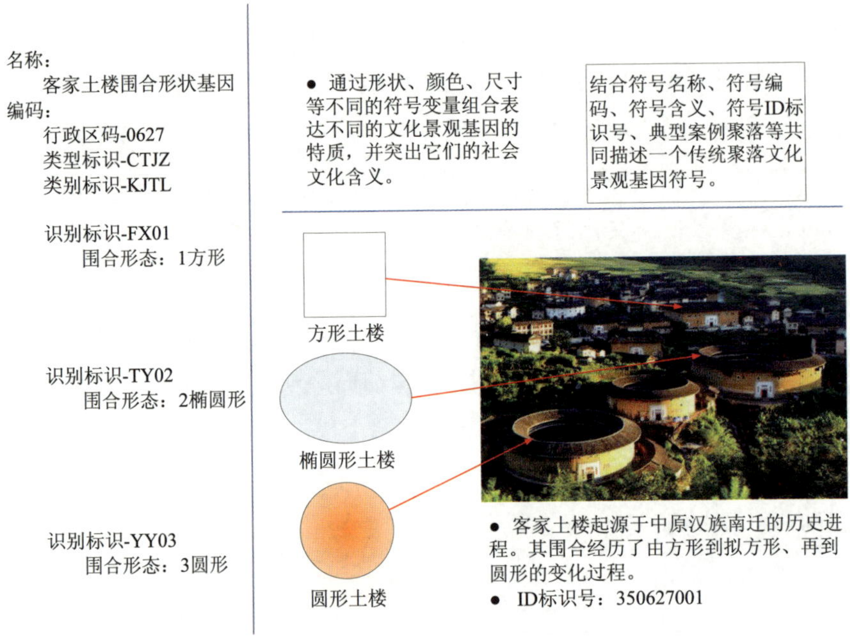

名称：
　　客家土楼围合形状基因
编码：
　　行政区码-0627
　　类型标识-CTJZ
　　类别标识-KJTL

　　识别标识-FX01
　　　　围合形态：1方形

　　识别标识-TY02
　　　　围合形态：2椭圆形

　　识别标识-YY03
　　　　围合形态：3圆形

● 通过形状、颜色、尺寸等不同的符号变量组合表达不同的文化景观基因的特质，并突出它们的社会文化含义。

结合符号名称、符号编码、符号含义、符号ID标识号、典型案例聚落等共同描述一个传统聚落文化景观基因符号。

方形土楼

椭圆形土楼

圆形土楼

● 客家土楼起源于中原汉族南迁的历史进程。其围合经历了由方形到拟方形、再到圆形的变化过程。
● ID标识号：350627001

图 3-4　不同土楼的围合形态基因符号

四、传统聚落文化景观基因符号库设计

　　符号库是运用数据库技术对基于特定应用任务的图形符号进行统一集中管理的数据库。在实践中，人们通常根据地理信息工程任务的需要构建不同的符号数据库，实现对地图符号的统一集中管理。一般而言，地图符号库存储的地图符号具有风格和样式一致、格式规范的特点，同时又符合相关的国家图式符号规范要求的技术标准。我们结合理论研究成果，借鉴语言学和地图符号库的设计思路与方法[44]，构建了某地区的传统聚落文化景观基因符号数据库（Traditional Landscape Genetic Symbol Database, TLGSD，以下称景观基因符号库）。

　　景观基因符号库的主要开发环境是 VC#.net 程序语言，直接从底层自主开发，同时内嵌 AE 的部分功能（图 3-5）。程序可以完成景观基因符号库的创建和维护，同时也可以完成文化景观基因符号的创建、编辑、修改、编码

与符号入库等基本操作。

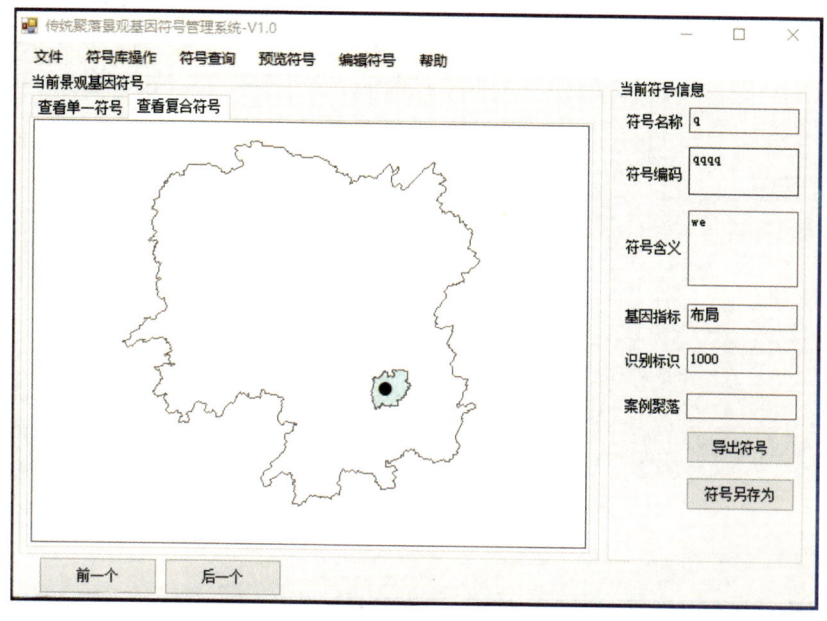

图3-5　程序运行效果

　　景观基因符号库中，文化景观基因符号构造的依据是符号名、符号类、符号码（图3-6）和符号内涵等核心属性特征。符号名是文化景观基因的唯一识别码。符号类是文化景观基因的符号分类，包括图形、图片、文本和综合格局四类。符号码是文化景观基因的唯一编码，共有16编码，涵盖文化景观基因的地理空间位置特征和文化属性特征。符号内涵则是对符号的文化景观基因的社会文化意义和特征进行描述的内容。此外，景观基因符号库中的文化景观基因符号的属性特征还包括符号特征描述和典型案例聚落等。为了便于进行符号的创建与维护，程序将创建符号的各个属性整合到同一个界面（图3-7）。

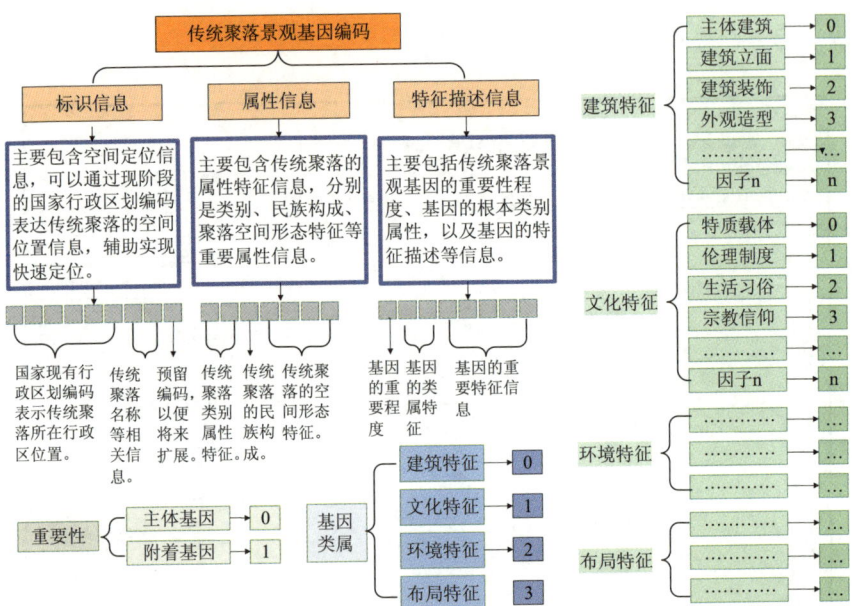

图 3-6　文化景观基因符号的编码

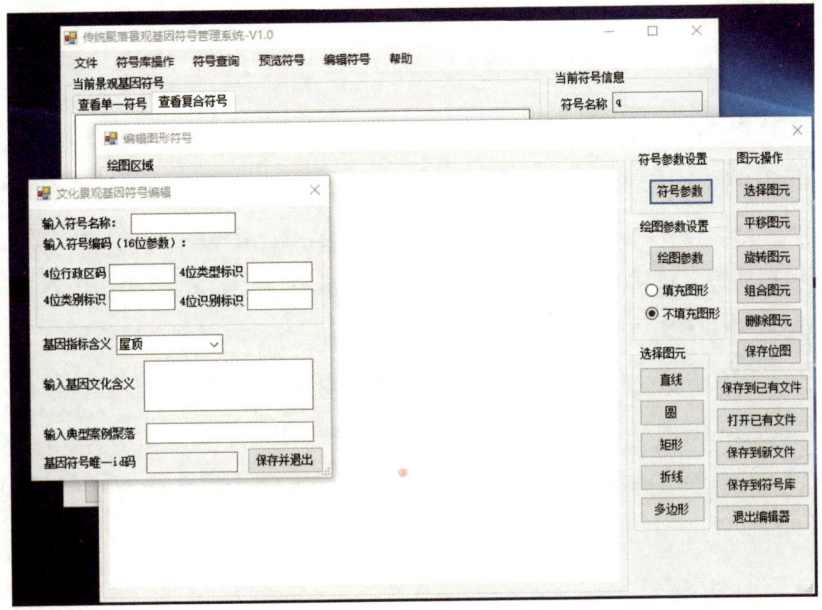

图 3-7　文化景观基因符号编辑工具

　　符号编辑是景观基因符号库中创建文化景观基因符号的核心环节。根据理论研究结果，景观基因符号库将景观基因符号定义为图形、图片、文本和综合格局符号等四类。这里，允许用户根据若干种基本图元自主对图形符号进行设计。图片符号允许用户上传实地考察等获取的一手图像资料作为其符号代表。文本符号直接保存用户定义的用于描述文化因子特征的文本。综合格局符号形式上以 AE 地图文档存在，实际则保存与传统聚落空间格局特征相关的自然地理环境特征资料。我国的传统聚落的布局特别讲究因地制宜，空间合理，其中体现了丰富的古代人地关系哲学思想。因此，在分析一个传统聚落的空间布局形态基因时，我们需要对聚落周边的地形、水系、地貌特征等地理环境特征以及传统风水地理知识等进行综合的研判。在程序设计时，景观基因符号库支持 AE 控件的地图功能，允许用户将传统聚落空间格局地图直接定义为相应的综合格局符号。

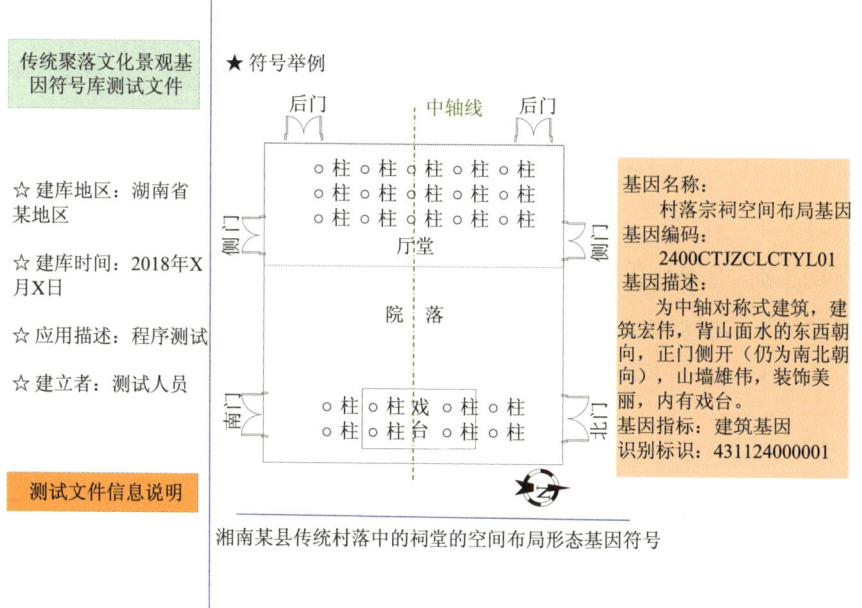

图 3-8　文化景观基因符号实例

　　景观基因符号库的主要功能还包括符号入库与查询功能。符号入库功能包括连接数据库、往数据库中添加符号、数据库更新操作。符号查询功能主要供用户通过符号名、符号码和案例等关键词查看已经存储在数据库中的符号。

　　景观基因符号库的其他文件存放、读取、符号图元设置等功能在这里不再赘述。运行测试结果表明，景观基因符号库运行稳定，可以满足特定地域范围的传统聚落文化景观基因数据建库的基本需要。

第三节　中国历史文化村镇景观基因的识别与区划

　　构建中国历史文化村镇景观基因区划是文化景观区划研究的重要课题之一。这项工作具有较强的理论性和实践性。基于中国传统聚落景观本身存在的地域性、系统性、稳定性、发展性、一致性、典型性和协调性等特点，我们以传统聚落景观"意象"的相似性为依据，以"相对一致性"原则作为景观区域划分的主导性原则，综合考虑其他因素。主要包括文化主导性、环境制约性、地域完整性原则、面的覆盖性原则、层次性原则和综合性原则等，将中国历史文化村镇初步划分为3个大景观大区系、14个大区和76个亚区。以往关于文化区的识别，主要从文化特征的角度进行的。关于传统聚落景观区的识别，主要是从景观基因的角度进行的。区域景观基因成为判断传统聚落景观区的核心要素。通常情况下，传统聚落景观基因的判别，可以重点从心理要素、生态要素、美学要素、环境要素、文化要素、时序要素等六方面入手。

一、中国传统聚落景观基因的识别

　　传统聚落的景观基因是存在于聚落空间中的文化因子，对其开展识别需要系统地方法。结合已有理论成果，本书仅阐述景观基因识别的基本方法。

（一）景观基因的类属特征

景观基因是解读传统聚落景观特征的重要参数。其一，我们认为景观是区域性的自然要素与人文要素综合作用形成的地域性单元，故景观基因实质上体现了对文化景观本质的深刻认知。其二，景观基因是对文化景观的空间意象特征在符号学层次上的抽象与表达。从文化景观的特质着手，景观基因着重开展对景观综合特征研究。其三，景观基因是对景观的物质载体与文化内涵的综合解读，景观基因通过解读文化景观的自然环境、文化要素、建筑形态等方面的特征，表达其内在的"形、数、理"特征。

中国现存的传统聚落主要分布在太湖流域、皖南、川黔渝湘交界地带、晋中南和粤中等地。这些聚落在建筑形制、选址、营造技艺、选材、聚居理念等方面存在着很大的差异。因此，从不同的角度对景观基因进行分类。如，景观基因的两分法分类精彩纷呈：根据重要性可以区分为主体基因与附着基因、混合基因与变异基因；依据外观可以分为显性和隐性基因。不过，依据两分法构建景观基因分类体系存在疏漏。一是缺乏适应性。从民居特征、图腾标志、主体性公共建筑、环境因子、布局形态等角度进行基因识别时，不同基因的重要性不容易区分和把握，容易引起混淆。二是缺乏可扩充性。传统聚落的选址布局模式与图腾信仰在中国传统文化中有着深厚的历史文化渊源，但在归类时理两者之间的关系处理较难。三是缺乏层次性。传统聚落的景观基因子存在着层次等级特征，两分法并不能有效地体现层次性特征。

因此，我们尝试从不同的角度重新思索景观基因的分类体系。从传统聚落景观特征解析的角度来看，可以分为建筑、文化、环境与布局。根据空间尺度，可以分为民居、街区、单一聚落、地方聚落、区域聚落、群系聚落。根据基因所包含的文化内涵，可以分为单一要素与复合要素。根据基因的表达与描述方式，可以分为符号、图形、文本。根据聚落单体的空间形态特征的表达方式，可以分为二维平面、三维正立面和三维侧立面。根据提取过程中的难易程度，可以分类直接提取基因和间接提取基因。

地域文化之间的内在差异，也造成传统聚落具有明显的群系特征。因此，传统聚落的景观基因之间存在内在的关联特征，如江南古村落在空间格局和选址上都有着某些共性特征。同时，在发展过程中，传统聚落中的部分文化要素又具有封闭性，在一定程度上排斥外来文化影响。这些通常表现为传统习俗与外来文化之间的冲突或对抗，传统聚落对外来信仰、外来语言等的排斥。

（二）景观基因的识别

传统聚落蕴含着丰富的制度、环境和艺术文化要素。不同文化载体所承载的信息与内涵也是不同的。识别景观基因就是从不同的载体中分析、发现或描述这些文化因子，并且保证它们能正确、完整地反映传统聚落景观的文化特征。从系统论的角度来看，构建景观基因的完整性的方法可以从点、线、网、面和体五个层次着手。这一点早在碛口等实际案例中得到了验证。景观基因的完整性决定了景观基因识别的基本要求。这是因为该概念定义了传统聚落中单个要素或对象所包含的基因的提取要求，即区分文化特征因子时要保证其完整性与典型性。由于影响传统聚落中的文化特征、文化现象、文化载体等的产生、形成与发展的因素多样，所以景观基因提取时需要注意完整性。在文化因子从发源、发展到传播的过程中，基因景观会发生一定程度的改变，因此，考察传统聚落中的文化特征因子的形成、发展与演变的时序特征时，需要运用多学科的理论与方法深入解读，做出综合判断。景观基因提取的典型性要求是由景观基因提取的根本目的所决定的。景观基因提取的目的是在传统聚落中的具有标志性意义或代表性特征的文化因子的基础上，深层次理解聚落景观特征，充分解读传统聚落的各文化因子在地理空间中的存在方式、分布规律与内在联系。如客家传统聚落的基本形态经历了由方变圆的过程。早期的土楼空间形态为方形。方形的土楼参考的是中原地区的四合院，最终慢慢演变为圆形。这是因为早在客家人南迁之前，我国北方四合院的建筑形制就已经成熟。客家移民来到南方后，由于建筑技术的传承，他们先营造出方形的土楼，之后便形成了圆形土楼，这种变化是南方的地形环境特征与地域文化所导致的。

从发生学的角度来看,传统聚落景观基因是地学对象中最基本的组成单元,具有不可再分性。如:在传统聚落景观基因信息图谱的实践中,景观基因被定义为基本信息单元。理论上,传统聚落中的任何要素或者特征因子都可以被识别为景观基因。实际上,这样往往会给景观基因的具体识别带来很大的困难。因此,景观基因的识别应该遵循"内在唯一性、外在唯一性、局部唯一性、总体优势性"的原则。申秀英等(2006)在前述基础上总结了景观基因的提取方法,具体提出了元素提取、图案提取、结构提取和含义提取等方法。并将这些方法应用在湖南省传统聚落景观基因识别的工作中,同时人们也发现了其具有一定的局限性。一是操作方法的普适性不强,即某种方法仅对某些类型的景观基因有效。如,图案提取法仅对具有鲜明特色和标志性意义的特征图案、图形或符号等基因有效,对于那些没有表现出鲜明图案的基因提取效果甚微。二是对某些较为特殊的文化因子不能进行有效的处理。如,有些民俗类非物质文化遗产中的场景、重现过程等就无法用前述方法进行有效的提取。三是某些文化特征因子的提取可以适用多种方法,但提取结果却存在较大差异。如,很多传统聚落中都存在马头墙,但是马头墙的外观造型与功能却存在很大差异;尽管含义提取法与图案提取法都可以得到马头墙基因,然而两者的结果却有差异。

二、中国传统聚落景观区划的原则及其技术问题

(一)中国传统聚落景观区划的目的和意义

中国幅员辽阔,地域差异显著,传统聚落发展的社会经济条件、历史基础和现有状况不尽相同。因此,中国传统聚落景观区划的研究更具现实意义,是一项理论性和实践性都很强的系统工程,更是我国人文地理文化区划研究的重要实践任务。在理论上,该区划是对中国地理区划的补充和丰富,是对文化地理学科体系的完善和加强。在实践上,该区划都是具有实质性的基础工作。内容包括对传统聚落景观区范围、界线的合理确定;对各聚落环境性质、特征、地位及其发展方向的明确等。此外,该区划研究也可以为客观地

了解不同聚落景观区的性质和特征，揭示聚落景观区的内在规律，在全国形成特色鲜明的人居环境体系，为开发、利用和保护传统聚落景观资源，制定人居环境建设和区域发展战略，提供科学依据。

（二）中国传统聚落景观的特点

中国传统聚落景观是中国区域文化与区域环境的综合体。中国传统聚落具有如下特点。其一是地域性。传统聚落景观以一定的地域空间为载体，聚落本身具有特定的自然和人文环境。其是一个结构有序且个性鲜明的地域综合开放体，具有特定的活动特征和特有的建筑用材、聚落造型，反映一定区域的文化基因。其二是系统性。传统聚落景观在职能上、地域上、美学艺术价值上和历史文化价值上都是完整的，它具有一套相互配合的社会历史自然组合功能，同时，聚落可以看成是一个具有不同大小功能层次的系统工程，其内部景观和外部景观联系错综复杂。其三是发展性。传统聚落是历史的继承，是传统文化的载体，是劳动和智慧的结晶，是社会发展的产物。在历史的发展中，形成了一定的变化规律。按其发展阶段，可分为原始型传统聚落、古代型传统聚落、近代型传统聚落等类型。其四是稳定性。一般的传统聚落景观历史悠久，对外部环境具有高的适应能力，稳定性强。在人类历史时期中可以看到，传统聚落景观的改造耗费时间长，人类对传统聚落景观的影响无论达到何种程度，仍很难改变其基本的属性。改变后的景观尽管可能具有某些新的属性，但其基本属性仍可在不同程度以不同的方式得到表现（即景观基因）。其五是一致性。传统聚落景观具有较好的区域一致性，内部差异很不明显，但存在一定的地方性分异（即地方差异性）。其六是协调性。传统聚落景观的形成受多种因素的综合影响，例如：地理环境和历史文化等。其分布区域与自然地理分区（气候区、地貌区、植被区等）和文化分区等区划界域大体吻合，这是自然属性和文化特质相互协调的结果。其七是典型性。传统聚落景观是集自然属性和文化属性于一体的地域单元，保存有区划单元的各种典型特征。它们能够提供对区域的典型自然特征和文化特征的全面认识，是聚落景观特征的概括，又可作为划分各级区划单位的标志之一。

（三）中国传统聚落景观区划的基本原则

综合考虑中国传统聚落景观的特点和区划的基本要求，在对中国传统聚落景观进行区划研究时，重点考虑以下基本原则。一是环境制约性原则。任何聚落文化景观区首先会打上地理环境的深深烙印，因为聚落的形成往往首先适应的是地理环境，以至南方与北方、东部与西部的聚落景观会明显不同。二是地域文化主导性原则。不同区域的地方文化往往存在较大的差异性，中原文化的厚重规整，南方文化的灵活多样，西部文化的粗犷独特，都对区域聚落景观产生明显影响。三是地域完整性原则。其一，传统聚落景观的形成、发展和开发利用，因受自然条件和人文因素的影响，空间分布上具有明显的地域性。其二，各个传统聚落景观区都是相对独立的地域综合体单元，都是独具一格的客观存在的景观区，在区划时应保持地域完整性。其三，传统聚落景观的保护和开发是一项系统工程，涉及不同的文化部门、经济部门和管理单位，在我国现行的行政管理体制条件下，应当尽量考虑保持原行政区划的区域完整性。四是相对一致性原则。传统聚落景观在地域空间上虽千差万别，但在某一范围内总可分出若干相似程度较大而差异较小的区域合并为一个景观区，以示与其他景观区的差别，相对一致性原则包括文化相对一致性、聚落形态相对一致性和自然地理环境相对一致性。五是面的覆盖性原则。传统聚落景观区划应同自然地理区划和经济区划一样，在地域上应该是连续的、完整的。各级景观区应覆盖全国，避免出现遗漏和重叠现象。六是层次性原则。为使传统聚落景观分区既具有严密的科学性，又具有实用性价值，每个层次采用不同的划分标准。这样根据行政区划完整性、文化分异性、地域临近性、资源近似性和管理规划方便性，可以大致地将全国的传统聚落景观按层次划分为若干个景观大区、景观区和景观亚区，从而使有些省、市、区聚落的地域归属问题迎刃而解。其七是综合性原则。传统聚落景观资源，实质上是自然地理各要素在人类经济活动中经过长期相互作用形成的，其区划就应综合分析自然和人文各要素间相互关系和组合结构，以进行合理分类和划分区域。传统聚落保护与景观塑造都是涉及面很广且复杂的社会系统工程。然而，开展相关区划工作的整体效益又是系统优化的主要目标。因此，也要求景观区划既要综合考虑历史基础、发展现状和长远目标，又要综合考虑景观类型、组合及其自然、社会、经济等多方面的条件。

（四）中国传统聚落景观区划的方法

关于聚落景观区域的划分，我们仍然需要借助地理学现有的区划理论与技术方法。从类型来讲，自然地理区划、综合自然区划、土地区划、农业区划、行政区划、经济区划等均是较为常见的地理学的区划。从原则来讲，相对一致性原则、景观同一性原则、文化主导原则、地域完整性原则、面的覆盖性原则、综合性原则等均在不同的地理区划工作中得到应用。此外，面的不连续性问题与实际操作的灵活性也需要兼顾。从方法来讲，类型制图法、顺序划分和合并法、部门区划叠置法、地理相关分析法、主导因子法、多因子综合法等均是常见的区划分析方法。总体而言，传统聚落景观的形成，主要受到地理环境、地方文化、建筑材质等因素的综合影响。但是，在划分聚落景观区时，地理环境特征并不能当作最直接的景观"识别"因子。它必须通过建筑景观或聚落景观来表达并建立相应的景观"意象"（image）。所以，我们在探讨聚落景观区划时认为聚落景观识别的直接因子是景观特征，而不是地理环境。地理环境只是聚落景观背后影响景观形成的主导因子，是不可忽视的内在要素，就像地方文化对聚落景观的影响也是一种内在的要素。其间的因果关系应区别清楚。同时，聚落景观区划必须保持区划结果的相对一致性。这是因为在一个聚落景观区域中不可能存在两个完全相同或者高度相似的聚落。因此，我们只能在多数聚落中寻找它们共同拥有的特性。这种一个区域所拥有的主体特性，必须是其他相邻区域所缺少的。所以，聚落景观的相对一致性，是划分聚落景观区域的重要原则。它渗透于环境制约性、文化主导性、地域完整性等原则之中。主导因子法、多因子综合法、地理相关分析法是本区划的基本方法。

（五）区划边界的约定与综合处理

地理边界问题一直是地理学的核心科学问题，也是各项区划研究的难题。第一，两个相邻景观区之间并没有明显的边界，找不到可以定量刻画或度量的梯度。第二，文化景观区的边界本身就很模糊，加之越是边界区受到文化交互作用的影响越强，其边界就越是模糊。第三，传统聚落景观不是均匀分布在地理空间中。有的地方集中一些，有的地方分散一些。有的地方典型一些，有的地方特色弱一些。总之，很难像自然地理区划那样形成较为完整的连续的甚至是均质的区域。

但是，构建中国传统聚落景观的区划，我们必须进行全面划分。这不容许我们留下区划体系难以覆盖的区域。所以，本区划像农业区划、旅游区划一样，虽然区域内某些地方景观特征并不明显，但参照其他相关因素，仍然可以确定其基本的景观区范围。在这里，常规的地理环境单元、文化区和行政区等相关因素，成为景观区划分时的重要参照因子。关于景观区划的基本层次问题主要遵循如下方法。第一，大景观区的划分主要以宏观地理环境单元为依据。第二，景观区的划分主要以地理区位、文化区位和相对完整的行政区为主导。第三，景观亚区的划分主要以地理环境（地貌类型、气候、水系、主要景观植被等）、文化背景（所属的典型历史文化区域）和传统建筑特色（屋顶形式、山墙造型、建筑总体样式及相关信息）等要素为基本参照因子，结合行政区范围来综合划分。其实，行政区的划分本身也建立在自然地理要素（如山脉、河流、地貌）、文化区背景等基础上。为了便于描述最终区划结果，我们通过"景观区"的概念来强调分区结果的相对性，同时注重区域环境的一致性和文化生境的相似性。比如，水乡聚落的亲水性，山地聚落的坡地性，海边聚落的避风性，等等。作为影响聚落景观形成的仅次于地理环境的文化因子，在区域景观形成中也有着深刻的影响。比如，传统聚落的山墙（又叫马头墙）造型的变化，由于受到不同地域不同文化的较大影响，从北往南逐渐表现出由规整厚重向生动活泼的造型变化。此外，中国传统文化区的构建方法与结果也是本区划所要参照的依据。

三、中国传统聚落景观区划初步方案

参考已有的关于区划的方法，本区划工作采用"大区—区—亚区"的三级划分法。首先，将全国聚落景观分为南方、北方和西部 3 大区。其次，往下再划分为 14 个景观区和 76 个景观亚区。第三，在命名上采用"三级多指标分类法"。

一方面，传统聚落景观的形成主要受到地理环境（气候、地貌、生态等）、地方文化（信仰、民俗、审美等）以及建筑材质等因素的影响。研究发现，地理环境在所有影响聚落景观形成的因子中的作用是最主要的。因为降水量的多少决定了建筑屋顶的形式（如单坡屋顶、双坡屋顶、平屋顶等），纬度的高低决定了不同地带聚落代表性景观植被的种类（如大榕树、大樟树、凤尾竹等），地貌差异导致了高原、山地、平原、水乡聚落景观的差异 （如吊脚楼、水街屋、梯形屋等），地势高低影响着聚落空间布局的形态 （如沿等高线布局、沿河流布局等）。可见，聚落所处地理环境成为影响聚落景观"意象"形成的关键因素。地方文化和重要历史事件以及建筑材质等则是影响聚落景观形成的辅助因子。当然，一定要善于发现：地理环境的重要影响往往是潜藏在聚落景观意象之后的。

另一方面，传统聚落景观是一种典型的文化景观。它是在自然地理环境上叠加人类各种活动的一种人文环境的综合体。在不同的文化影响下，其传统聚落景观的特征是显然不同的。比如，同为南方传统聚落景观，其地区特征也很明显。在皖赣一带，湿润多雨，山水相间，地形以丘陵为主。受徽商文化影响，皖赣一带建筑保留了较为传统的中原样式，多白墙灰瓦，马头墙厚重规范，防火功能明显。皖赣一带聚落的砖雕、石雕、木雕较为常见，石牌坊也很闻名，其聚落显现出"山深人不觉，仿佛'中国画里的乡村'"的意象。在闽粤赣交界地带，为南岭山区，崎岖多山，森林茂密，且丹霞地貌，加之受客家文化影响，建筑多为土楼，造型各异。如，方形、圆形、半圆形、马蹄形、八卦形和不规则形等多种造型。闽粤赣交界地带聚落景观给人以"大山里的堡垒，神秘而奇特的家园"的感觉。在云贵高原及黔西北地区，山地

高原，降水较多，景观多样，垂直变化明显，加之受多民族聚居文化影响，其聚落多为干栏式双层结构民居，吊脚楼常见。总体上，云贵高原及黔西北地区聚落景观给人以"多彩的人类家园，优美的山地文化生态景象"的感受。

以传统聚落景观"意象"的内部相似性为前提，以相对一致性原则作为景观区域划分的主导性原则，本方案综合考虑主导因子法、多因子综合法和地理相关分析法，将中国传统聚落景观初步划分为 3 个大尺度的景观大区、14 个景观区和76 个景观亚区。本方案的各级景观区的命名法则为"区域名+特征+通名"。各级景观区的划分是在遵循景观区划基本原则的基础上，主要考虑地域上的相邻性，环境上的一致性，文化上的传承性，民族文化的独特性，建筑样式的可识别性以及行政区上的相近性等因素形成的。这些聚落景观大区、景观区和景观亚区具有各自不同的环境特点和文化背景，其整体建筑景观表现出较强的"可识别性"和"可印象性"特点。

①本方案所划分的南方湿润性聚落景观大区包含：江浙水乡聚落景观区、皖赣徽商聚落景观区、闽粤赣边客家聚落景观区、浙南闽台沿海丘陵聚落景观区、岭南广府聚落景观区、湘鄂赣平原山地聚落景观区、云贵高原及桂西北多民族聚落景观区、四川盆地及周边巴蜀聚落景观区等八个景观地区。

②北方半湿润半干旱性聚落景观大区包含：黑吉辽林海雪原聚落景观区、京津冀华北平原聚落景观区、山东苏北徽北丘陵海滨聚落景观区、晋陕豫黄土聚落景观区等四个景观区。

③西部高原独特型聚落景观大区包含：西北丝路聚落景观区和青藏高原典型佛教文化聚落景观区等两个景观区，其中的西北丝路聚落景观区因涵盖了内蒙古整个区域 （内蒙古草原聚落景观亚区），在地域上有一定的跨越，这是由行政区和文化区的一致性原则决定的。

本方案所初步划分的14 个景观区（A, B……M, N）和76 个景观亚区（A1, A2……N1,N2）及其景观特征如表 3-3 所示，具体分区示意图见文献《中国传统聚落景观区划及其景观基因要素识别研究》[45]。

表 3-3 中国传统聚落景观区的初步划分及特征

景观区	景观亚区	环境特点	文化基因	建筑特点	建筑结构	景观意象
A 黑吉辽林海雪原聚落景观区	A1 兴安长白林海山地聚落景观亚区 A2 北大仓农垦平原聚落景观亚区 A3 吉中平原丘陵聚落景观亚区 A4 辽南江河湖海聚落景观亚区	地貌形态多样、冰雪景观壮丽奇特，林海茫茫，水系发达	关东文化	古建筑多体现清代合院建筑或当地方建筑风格，民居保暖防寒性能好	土木石结构兼备	林海雪原中的乡村、北大仓中的家园
B 京津冀华北平原聚落景观区	B1 北京都市聚落景观亚区 B2 天津古商埠聚落景观亚区 B3 冀北山地滨海聚落景观亚区 B4 冀南平原聚落景观亚区	平原为主，属太行山脉、燕山余脉，自然风光奇特壮观	燕赵文化、古都文化	布局规整、体现古都风格、高大雄伟派庄严，民居多四合院式的低矮平房	土木石结构兼备	皇家气派、王者之尊、典型的合院建筑体系
C 山东、苏北、徽北丘陵滨海聚落景观区	C1 鲁西丘陵运河聚落景观亚区 C2 胶东海滨聚落景观亚区 C3 鲁中齐鲁文化聚落景观亚区 C4 苏北滨海聚落景观亚区 C5 徽北聚落景观亚区	属暖温带半湿润气候，山地丘陵平原兼备	齐鲁文化、苏北文化	依山傍水、民居类型多样、山地平原滨海各异，多为因地制宜的单层平房	土木石结构兼备	山河湖海齐备、建筑因借自然、海天一色的滨海城市景观

续表

景观区	景观亚区	环境特点	文化基因	建筑特点	建筑结构	景观意象
D 晋陕豫黄土聚落景观区	D1 晋北山地聚落景观亚区	黄土分布广泛集中，极具原始美感，土壤松散肥沃，气候温暖湿润，河湖众多，河流泥沙多	黄土文化，中原文明	多窑洞建筑，或崖壁式，或下沉式，或半下沉式，地面建筑多四合院落，装饰精美	土木石结构兼备	建筑因借自然，冬暖夏凉，人与自然高度和谐
	D2 晋中晋南聚落景观亚区					
	D3 晋南河谷平原聚落景观亚区					
	D4 豫西窑洞聚落景观亚区					
	D5 豫北黄河文明聚落景观亚区					
	D6 豫南山地丘陵聚落景观亚区					
	D7 关中渭河平原聚落景观亚区					
	D8 陕北黄土高原聚落景观亚区					
E 西北丝路聚落景观区	E1 内蒙古草原聚落景观亚区	地处我国第二级阶梯面上，自然景观以大奇野为特征，气候以干旱半干旱为主，土地荒漠化程度高	丝路文化	多土房、毡房，也有花园式的庭院和陈设华丽的帐篷	土结构、毡结构	"天苍苍、野茫茫"，天高云淡，地广人稀，充满着浪漫神秘
	E2 宁夏回族聚落景观亚区					
	E3 陇东窑洞聚落景观亚区					
	E4 陇中高原草原聚落景观亚区					
	E5 陇西大漠聚落景观亚区					
	E6 天山农业聚落景观亚区					
	E7 北疆塞外江南聚落景观亚区					
	E8 南疆草原聚落景观亚区					

续表

景观区	景观亚区	环境特点	文化基因	建筑特点	建筑结构	景观意象
F 青藏高原典型宗教文化聚落景观区	F1 藏东河湟宗教聚落景观亚区 F2 藏中岛湖聚落景观亚区 F3 藏西盆地聚落景观亚区 F4 藏中宗教文化聚落景观亚区 F5 后藏河川谷地聚落景观亚区 F6 藏东高山聚落景观亚区 F7 藏西北雪域聚落景观亚区	高原风光，地理环境复杂，南部山川河谷发育，西北部多冰川积雪	高原文化，宗教文化	民居多为石砌碉房，多寺庙和宗教建筑，平顶为主，多石材构筑	石结构	藏乡民族风韵独特，宗教景观典型，高原气息浓郁
G 江浙水乡聚落景观区	G1 苏中洪泛区聚落景观亚区 G2 苏南环太湖地区聚落景观亚区 G3 浙北水乡聚落景观亚区 G4 上海近代都市聚落景观亚区	湿润多雨，水网发达，山水清丽，平原为主	吴越文化	多为双坡屋顶，临水而建，临水面为街面和水巷，水巷两边是优美的石拱桥相连。乌篷船常见。多私庭园林	砖木结构，房屋及石结构石拱桥	小桥、流水、人家，恬静、秀美的家园
H 皖赣徽商聚落景观区	H1 豫东南、徽北淮河沿岸聚落景观亚区 H2 淮北聚落景观亚区 H3 皖南赣北古徽州聚落景观亚区	湿润多雨，丘陵为主，山水相间，古樟常见	徽州文化	建筑保留了较为传统的中原样式，多白墙灰瓦，马头墙厚重规范，防火功能明显。砖雕、石雕、木雕常见。石牌坊闻名	砖木结构	山深人不觉，仿佛"中国画里的乡村"

续表

景观区	景观亚区	环境特点	文化基因	建筑特点	建筑结构	景观意象
I 闽粤赣边客家聚落景观区	I1 闽西北客家圆楼聚落景观亚区 I2 粤东北客家围垄屋聚落景观亚区 I3 赣南客家方楼聚落景观亚区 I4 湘粤赣客家土楼聚落景观亚区	南岭山区，崎岖多山，森林茂密，丹霞地貌	客家文化	客家特有建筑，形式独特，有方形、圆形、半圆形、马蹄形、八卦形和不规则形等多种造型	夯土结构	大山里的堡垒，神秘而奇特的家园
J 浙南闽台沿海丘陵聚落景观区	J1 浙南山地聚落景观亚区 J2 闽北丘陵聚落景观亚区 J3 闽南聚落景观亚区 J4 台湾西部聚落景观亚区 J5 台湾山地原住民聚落景观亚区	丘陵起伏，山水相映，海陆相连，古榕参天	闽台文化	以宗祠祠家为特色的聚落建筑风格明显，讲究山水朝向；马头墙呈波浪形，装饰性超过防火功能	砖木结构	田园山水与耕读文化完美结合，人文中国的一面镜子
K 岭南广府聚落景观区	K1 粤北山山地聚落景观亚区 K2 珠江三角洲广府聚落景观亚区 K3 粤西南山地聚落景观亚区 K4 广西盆地聚落景观亚区 K5 海南聚落景观亚区	山地平原，高温多雨，芭蕉常绿，古榕常见	岭南文化	宗族建筑，村口大树及庙宇建筑极具特色，双面陡坡屋顶，镬耳屋屋较典型，马头墙呈圆弧形或水波型，装饰性超过防火功能	砖木结构	亚热带风光与岭南风情的融合，充满情趣与自然的家园

续表

景观区	景观亚区	环境特点	文化基因	建筑特点	建筑结构	景观意象
L 湘鄂赣平原山地聚落景观区	L1 赣北环鄱阳湖平原聚落景观亚区 L2 赣中丘陵聚落景观亚区 L3 湘中南丘陵平原聚落景观亚区 L4 江汉洞庭平原聚落景观亚区 L5 湘鄂西土家族苗族为主体的聚落景观亚区 L6 鄂北山地聚落景观亚区	湿润多雨，地貌多样，江湖广阔，古樟常见	荆楚文化和赣文化	多为单层双坡屋顶民居，山区有少量双层干栏式民居；马头墙有一定的流线和动感	砖木结构但以木为主	集湖光山色于一域，典型的南方山水风光
M 云贵高原及桂西北苗族西南民族聚落景观区	M1 黔北苗族土家族为主体的聚落景观亚区 M2 黔西南布依族为主体的聚落景观亚区 M3 黔东南苗族侗族为主体的聚落景观亚区 M4 滇中东部彝族为主体的聚落景观亚区 M5 滇西北部纳西族西南民族白族为主体的聚落景观亚区 M6 滇西南傣族为主体的聚落景观亚区 M7 滇东南哈尼族为主体的聚落景观亚区 M8 桂西桂北聚落景观亚区	山地高原，降水较多，垂直变化，景观多样	滇黔桂少数民族文化	多为干栏式双层结构民居，吊脚楼常见。贵州多鼓楼和风雨桥；云南还有蘑菇房、土掌房，一颗印等多种形式	木结构、竹结构、石结构兼有	多彩的人类家园，优美的山地文化生态景象
N 四川盆地及周边巴蜀聚落景观区	N1 四川盆地聚落景观亚区 N2 渝东南山地土家族为主体的聚落景观亚区 N3 川西北高原藏族羌族为主体的聚落景观亚区 N4 川西南彝族为主体的聚落景观亚区 N5 川北陕南山地聚落景观亚区	盆地为主，水系发达，四周多山，植被多样	巴蜀文化	盆地内多为单层双坡屋顶瓦房，马头墙规整有一定的起伏；周边山地有双层干栏式民居，西部有少量石制碉房	砖木结构和少量石结构	因地制宜，与自然为伍的"天府"情怀

四、中国传统聚落景观区景观基因识别的基本影响要素

基因本是一个生物学的概念，它是指遗传信息的载体。生物基因可以通过复制把遗传信息传递给下一代，从而使后代表现出与亲代相同的性状。生物基因遗传信息作用的表现也离不开内在环境和外在环境的影响。一方面，每个基因都有自己特定的"座位"，它能忠实地复制自己，以保持生物的基本特征。另一方面，基因虽然十分稳定，能在细胞分裂时精确地复制自己，但这种稳定性是相对的。在一定的条件下，基因也可以从原来的存在形式突然改变成另一种新的存在形式。突然出现的新基因可以取代原有的基因，即所说的"基因突变"，从而使生物可以在自然选择中被选择出最适合自然的个体。

这里所指的景观是以人文地理学为范畴，以基因为视角来识别的。区域景观基因成为判断传统聚落景观区的核心要素。影响区域景观基因识别的基本要素主要表现在心理要素、生态要素、美学要素、环境要素、文化要素、时序要素等方面。

（一）心理要素

传统聚落景观区的形成深深地印记着人们的心理基因。人们在一定的地域生活，对该地域往往会形成一定的认同感。这种得到多数人认同的心理感觉就是一种"心理图像"或"大众意象"，也可以称作地域文化意象。比如，江南水乡聚落的"小桥、流水、人家"的灵动意象。客家土楼聚落奇特的堡垒式防御意象。皖南一带山村聚落的"全村同在画中居"的国画意象。闽台聚落天际线起伏有致的生动意象。云贵高原山地少数民族聚落的多姿多彩意象。南岭聚落景观的亚热带风情意象。湘鄂赣西聚落的山水湖沼的交织意象。四川重庆一带聚落的"山城"意象。这些都是各自聚落景观区所形成的一种得到多数人认可的"心理图像"。它对一个区域聚落景观的形成和划分有着深刻的影响。

（二）生态要素

从生态学角度讲究科学的规划布局是中国传统聚落的基本特点之一。从

高地聚落选址的驱旱特点到水乡聚落选址的避湿技巧；从湘西龙山古城的完备的功能布局到湘北张谷英古村排水系统的深奥学问；这都深刻地反映出中国传统聚落景观表现出明显的生态设计理念。这种理念年长日久，就转化为一种生态基因，融入传统聚落规划布局中。其中最重要的一点就是因借自然山水，营造良好的生态景观和人居环境，实现"人与自然和谐共生"。丽江古城把来自玉龙雪山的清澈之水引入整座城镇的每一条街巷，流经每一家门前，既提供了洗涤的方便，又调节了小气候，让整座小镇一年四季都保持着清爽的感觉，从而成为居民们修身养性、外来客流连忘返的地方。皖南宏村也是一个以水系设计闻名的古村，宏村中心的月塘和南面的南湖都是人工开挖的，而且"家家门前水流过"。因为古人把水看作是村落的血脉，而且还要是活水，没水就意味着没生气。俗话说"流水不腐"，流动的水、循环的水才是对环境有利的水，充分表达了古人朴素的生态学思想。江南水乡城镇以水为脉络和肌理设计而成的聚落景观，普遍地表达出一种生态学和环境学的设计构想。

（三）美学要素

总体来讲，从文化背景上看，中国聚落景观之美主要表现为一种"和谐之美"。因为中国人历来讲究"天人合一"的哲学，追求人与自然的和谐。中国聚落景观的美学价值主要包括对整体山水因素的因借、局部区域的合理组合、建筑风格和建筑群体的相互搭配、园林环境的营造特色、聚落景观天际线的处理技巧、与周边山水景观的有机融合、田园风光的特殊氛围、特定环境下的文化生态、朴实亲切的民居建筑、因地制宜的乡村园林、宛如画卷的山水组合等。欣赏中国传统聚落景观，更多的是欣赏她的诗画般的意境。唐代诗人王维的《田园乐》就表达了这种审美境界："采菱渡头风急，策杖林西日斜；杏树坛边渔父，桃花源里人家。"清代诗人曹文埴在《西递》中用独到的情感抒发与细腻的描绘对皖南西递村的美学意境进行了写实般的讲述（"青山云外深，白屋烟中出；双溪左右还，群木高下密。曲木如弯弓，连墙若比栉；自入桃源来，墟落此第一"）。置身于这种传统田园乡村，仿佛是进入了一种理想中的世外桃源。大凡看过云南丽江古城、哈尼梯田、广西龙脊梯田、湘西"百里侗文化长廊"以及凤凰古城的人，无不被其诗画般的"唯美人居意境"所折服。

（四）环境要素

任何文化景观无不打上环境的烙印。自然环境是文化发展的基础，它决定着聚落的形态和类型。对于中国传统聚落景观而言，均与所在的自然环境密切相关。从南往北，随着降水量的不断递减，民居屋顶的坡度变得越来越小。如，南方聚落多尖耸的屋顶景观，北方聚落多平屋顶景观。从平面形态来讲，南方湿润地区降水量大，水网发育，因此水网密布的水乡聚落景观常见，聚落形态呈树枝状或辐射状的多。相反，北方大部分地区因常年气候偏旱少雨，河流发育较弱，聚落形态相对规整，道路较直。这些聚落景观的形成，深深地受到了环境基因的影响。可见，自然地理环境是聚落景观中最为基本的一个方面，是景观的一种"基质"，是一种"底色"，是聚落整体景观风貌的骨架。比如，黑吉辽东北聚落景观区，地貌形态多样，冰雪景观壮丽奇特，林海莽莽，水系发达。晋陕豫黄土聚落景观区，黄土分布广泛集中、极具原始美感。西北丝路聚落景观区，地处中国第二级阶梯面上，自然景观以大奇野为特征。江浙水乡聚落景观区，水网发达，山水清丽，平原为主。

（五）文化要素

如果非要说自然环境是聚落景观的"底色"，那么文化传统和社会风情是影响聚落景观形成的主要内容，也是构成传统聚落非物质景观的标志。中原地区的人们由于受中原文化的深刻影响，文化以规范正统的典章文化为主，聚落景观表现出典型的规整有序意象。相反，越往南方，由于受中原文化的约束越来越小，同时受南方自由活泼、形式多样的地方文化的影响越来越大，南方聚落景观表现出更多的自由灵活度和地方个性与特色。也就是说，任何聚落都必定打上地域文化的烙印。比如，苗族是一个崇尚牛的民族，他们认为牛来自天上，降至人间助民耕田耙地是造福人类。因此，苗族每年都要给牛过生日，还要举行敬拜牛神的祭祀大礼。苗族常常会把牛头和牛角作为装饰。这也体现在聚落和建筑上。云南佤族也是一个崇尚牛的民族，佤族认为在远古洪水时期是牛救了他们的先祖，故在寨子的中心建有象征牛头的丫字寨桩。佤族房屋上装饰的牛头越多越吉祥。

（六）时序要素

事物都是逐渐发展的，在发展中总会有新的成分产生，新旧成分的相互对立推动了事物本身的发展。有学者指出，景观的"生日"应该是"各组成成分间相互关系继续在或大或小程度上类似于它们现代的相互关系的那一段时间"（B.B.索恰瓦，1958）。或者"在演化过程中代替属于另一类型的旧景观的那一景观出现的时刻"（伊萨钦科，1958）。中国历史悠久且地大物博。中国传统聚落景观的所有特征和成分不可能同时发生。每个传统聚落景观的"年龄"是不同的，每个景观都有自己的"生日"。比如，西北丝路聚落景观区的大致"生日"为丝绸之路的形成之时，即上古时期。豫北黄河文明聚落景观亚区的年龄与早期在黄土地区活动的先民的出现年代一致。不过，本方案的区划研究对中国传统聚落的时序要素考虑仍然希望以清代晚期和民国早期的聚落景观为主要断面，综合考虑其前后因素。我们希望尽可能客观的反映中国传统聚落景观的基本面貌。当然，在具体划分中国传统聚落景观区时，要完全按照上述要求开展工作并非易事。因为本方案目前掌握的传统聚落景观的资料无论在年份上还是在地区分布上，都存在着较大的差距，有待进一步搜集、整理和完善。

参考文献

[1] 胡最，邓运员，刘沛林等："传统聚落文化景观基因的符号机制"，《地理学报》，2020 年第 75 卷第 4 期：789—803。

[2] 刘沛林，刘春腊，邓运员等："我国古城镇景观基因'胞—链—形'的图示表达与区域差异研究"，《人文地理》，2011 年第 26 卷第 1 期：94—99。

[3] 刘沛林，刘春腊，邓运员等："中国传统聚落景观区划及景观基因识别要素研究"，《地理学报》，2010 年第 65 卷第 12 期：1496—1506。

[4] 胡最，邓运员，刘沛林等："传统聚落文化景观基因的符号机制"，《地理学报》，2020 年第 75 卷第 4 期：789—803。

[5] 曹正伟，邓宏，贾祺："观照欲望与图示概念——传统建筑图示中的视角分析"，《重庆建筑大学学报》，2007 年第 29 卷第 4 期：17—21。

[6] 海野一隆著，王妙发译：《地图的文化史》，北京：新星出版社，2005：5—21。

[7] 马耀峰："专题地图符号构成元素的研究"，《地理研究》，1997 年第 16 卷第 3 期：23—31。

[8] 高俊："地图·地图制图学：理论特点与科学结构"，《地理研究》，1986 年第 1 期：7—8。

[9] Robinson A. H.著，李道义，刘耀珍译：《地图学原理（第五版）》，北京：测绘出版社，1989：10—33。

[10] 申秀英，刘沛林，邓运员："景观'基因图谱'视角的聚落文化景观区系研究"，《人文地理》，2006 年第 21 卷第 4 期：109—112。

[11] 刘沛林："古村落文化景观的基因表达与景观识别"，《衡阳师范学院学报（社会科学）》，2003 年第 24 卷第 4 期：1—8。

[12] 申秀英，刘沛林，邓运员等："景观基因图谱：聚落文化景观区系研究的一种新视角"，《辽宁大学学报（哲学社会科学版）》，2006 年第 34 卷第 3 期：143—148。

[13] 田德森：《现代地图学理论》，北京：测绘出版社，1991：23—24。

[14] 马永立：《地图学教程》，南京：南京大学出版社，1998：50—62。

[15] 凌善金，黄淑玲："地图符号的视觉形态分类探讨"，《装饰》，2008 年第 5 期：86—87。

[16] 维基百科，基因，2010-12-17，http://baike.com/view/8563.htm。

[17] 谭纵波：《城市规划》，北京：清华大学出版社，2005：25—32。

[18] 贺业钜：《考工记营国制度研究》，北京：中国建筑工业出版社，1985：39—61。

[19] 许学强，周一星，宁越敏：《城市地理学》，北京：高等教育出版社，1997：6—28。

[20] 董鉴泓：《中国城市建设史（第二版）》，北京：中国建筑工业出版社，1989：50—120。

[21] 张驭寰：《中国古代县城规划详解》，北京：科学出版社，2007：5—60。

[22] 赫特纳著，王兰生译：《地理学：它的历史、性质和方法》，北京：商务印书馆，1986。

[23] 中国科学院《中国自然地理》编辑委员会：《中国自然地理：总论》，北京：科学出版社，1985。

[24] 濮静娟，朱晔："我国大陆地区旅游季节气候分区初探"，《旅游论丛》，1987 年第 4 期：65—67。

[25] 杨载田：《中国旅游地理（2 版）》，北京：科学出版社，2004。

[26] 蓝勇："对中国历史文化地理研究的思考"，《学术研究》，2002 年第 1 期：87—90。

[27] 周振鹤：《中国历史文化区域研究》，上海：复旦大学出版社，1997。

[28] 李旭旦：《人文地理学》，上海：中国大百科全书出版社，1984。

[29] 王恩涌等：《文化地理学》，北京：高等教育出版社，2001。

[30] 司徒尚纪：《广东文化地理》，广州：广东人民出版社，1993。

[31] 李孝聪：《中国区域历史地理》，北京：北京大学出版社，2004。

[32] 赵世瑜，周尚意：《中国文化地理概说》，太原：山西教育出版社，1991。

[33] 申秀英，刘沛林，邓运员等："中国南方传统聚落景观区划及其利用价值"，《地理研究》，2006 年第 25 卷第 3 期：485—494。

[34] 王文卿，陈烨："中国传统民居的人文背景区划探讨"，《建筑学报》，1994 年第 1 期：44。

[35] 朱光亚，"中国古代建筑区划与谱系研究初探"；陆元鼎，潘安，《中国传统民居营造与技术》，广州：华南理工大学出版社，2002：5—9。

[36] 余英：《中国东南系建筑区系类型研究》，北京：中国建筑工业出版社，2001。

[37] 翟礼生等：《中国省域村镇建筑综合自然区划与建筑体系研究：江苏、贵州和河北三省的理论与实践》，北京：地质出版社，2008。

[38] 陈传康，伍光和，李昌文：《综合自然地理学》，北京：高等教育出版社，1993。

[39] 刘沛林："古村落文化景观的基因表达与景观识别"，《衡阳师范学院学报》，2003 年第 24 卷第 4 期：1—8。

[40] 刘沛林：《古村落：和谐的人聚空间》，上海：上海三联书店，1997。

[41] 冯天瑜："中国文化的地域性展开"，《江汉论坛》，2002 年第 1 期：5—6。

[42] 周振鹤："中国历史上自然区域、行政区划与文化区域相互关系管窥"，《历史地理（第十九辑）》，上海：上海人民出版社，1—9。

[43] Enger E.D., Ross F. C.：《生物学原理》，北京：科学出版社，2004。

[44] 刘沛林：《中国古村落之旅》，长沙：湖南大学出版社，2007。

[45] 刘沛林，刘春腊，邓运员等："中国传统聚落景观区划及景观基因识别要素研究"，《地理学报》，2010 年第 65 卷第 12 期：1496—1506。

第四章 历史文化村镇数字化保护的功能价值与实现途径

历史文化村镇除了自身的历史文化价值、科学普及价值和艺术审美价值之外，通过数字化赋能，可以延伸其庞大的功能价值，如数字孪生体可以用来开设数字博物馆、开展网络虚拟旅游、进行网上文化传播、建立内容强大的云数据库，从而大大拓展了历史文化村镇的功能价值。

第一节 功能体系

历史文化村镇作为一种文物、遗址与遗存共存的历史与传统文化的物质载体，随着人们认知的深化和时代、技术进步可以挖掘更多的经济、社会、科研和资源价值。如，历史文化价值、社会经济价值和审美艺术价值[1]。如今，各行各业都在发展实践中寻求实现现代数字科学技术与传统文化资源深度融合的技术途径和方式，进而在数字经济时代抢占发展先机。在文化遗产保护与产业化应用领域，数字化技术应用延伸了历史文化村镇的功能价值。这为历史文化村镇资源利用拓宽了应用途径。

一、文化存在价值

传统的历史文化村镇保护方式逐渐受限，对其采取数字化保护具有显著的文化存在价值，表现在：

第一，构建传统村落的地理空间数据资源和历史文化信息的数字孪生体。如利用遥感和无人机航拍技术，获取传统村落及其周边区域的特征、空间形态等空间数据和相应信息资源。也可以通过三维扫描和实景 3D 建模等技术，对传统建筑、器物雕塑等进行精细的数字化信息提取与保存。这既可以满足历史文化村镇数字化保护对其整体风貌特征的数字存档需求，又可以满足很多重要的文物、遗存、文化景观节点的丰富细节信息的全景式存储，即建立全息式的历史文化村镇数字化档案。

第二，对传统村落中现存的、由于诸多原因导致破损且难于进行实体修复的部分传统建筑、文化、遗迹、遗存等进行虚拟修复。如，结合三维建模和 VR 技术，通过历史文献、走访调查、实物参照等对现存破损程度较高的传统建筑及其装饰性构件，以及不具有物质实体的非物质遗产进行信息采集、信息补全、信息有机更新等形式多样的数字化修复和过程模拟，提高历史文化村镇遗产的永续传承能力。

第三，历史文化村镇数字化保护还具有几个明显的优势。一是原真性强，即对特定的历史文化村镇对象，通过空间技术手段和数字档案等采集它们的基础信息数据，可以有效地保存它们最真实的风貌特征和状态。二是时效性强，能永久性地记录和保存历史文化村镇在不同时段采集得到的相关数据，同时还可以实时更新和补充数据。三是功能性强，数字化保护具备了数字化存储、信息化传播、网络化展示、虚拟化展示和虚拟交互等多项功能，如建立全息的数字虚拟传统村落。四是便于实际管理，强大的数据处理、信息展示和虚拟现实等功能可满足传统村落信息的智能化管理和监控，如结合国家关于数字乡村的技术标准与规范建立数字传统村落。数字化保护既可提高效率，又能节约管理成本。因此，数字化保护是实现历史文化村镇遗产永续传承的极佳途径。

二、公共服务价值

目前，历史文化村镇保护的根本目的在于让广大人民群众可以感受和理解、认知它们承载的丰富文化内涵，同时也提升历史文化村镇的经济社会发展价值。但是，历史文化村镇保护的成就仍然存在受众较小的问题。历史文化村镇保护并未在广泛公众群体中传播，这不利于历史文化村镇保护成果的共享和发扬。这些成果在传统村落管理、动态监测、文化传播、文化创意等方面的应用较少，不利于传统村落数字化保护工作的可持续发展[2]。与此同时，此前的历史文化村镇保护事业积累了大量宝贵的历史文化资料。

数字化保护在修复、监测和传播历史文化村镇的文化遗产价值方面可极大提升它们的公共服务属性。①数字修复。参考数字化档案，对因自然灾害或人为因素损毁的历史文化村镇进行修复，增强其面向社会公众的公共服务价值特征。②数字监测。利用多种空间观测技术对重点保护的传统村落及其传统建筑、具有重要价值的历史文物等进行实时监测，建立传统村镇的"健康状态"数字化监测技术体系，可以有效维护其公共服务价值。③数字传播。即采用多维途径实现传统村镇文化景观的数字化传播，从传播形式、传播范围和传播质量上提升其公共服务价值。如对不同时空的数据进行整合，借助虚拟现实技术形成高体验性的文化产品和全景式的传统村落数字博物馆，生动形象地展示传统村落的空间形态、建筑类型和非物质文化遗产。

三、商业应用价值

数字化技术还可以辅助人们创新历史文化村镇资源的利用方式。历史文化村镇是宝贵的文化遗产，可深入挖掘其传承的文化资源。利用虚拟现实、增强现实、动画、动态交互、自媒体、网络社会媒体等数字传播技术，辅助人们了解和提取历史文化村镇中具有独特艺术价值与商业价值的重要文化元素，从而促进这些文化元素在文化创意产业等领域的应用。这有利于文化创意产业与传统产业的深度融合，也在传统村落旅游产业的转型升级进程中发挥助力。如，利用3D建模、虚拟现实、动态交互和5G通信网络等模拟实现的传统特色小镇虚拟旅游，为未来旅游业态的培育开拓了新方向。

数字化保护有助于提升历史文化村镇的活态性。现今，我国部分地方的传统村落保护主要关注物质景观保护，忽视人的核心地位，文化传承流于形式、限于表面。如，较为常见的传统村落博物馆通过文字、图片和视频等方式展现传统村落文化景观的一般特征，没有全方位的、交互式的视、听、触、嗅等多维感官的参与，文化传承方式容易让游客产生审美疲劳，缺乏一种沉浸式的深度体验。相对而言，数字化保护具有丰富的形式和途径，不仅可以运用虚拟现实等数字化技术手段记录、展示和传播自然与文化遗产及旅游景区，还可以借助移动 APP 开发技术将多元化的主体与历史村镇实体在数字空间联系起来，进行交互式沉浸体验，刺激历史文化村镇的活态开发。

此外，数字化保护可以辅助传统村落创意产品设计开发。如，可以运用三维数字化和平面数字化技术以传统村落的典型建筑、工艺技术和绘画技艺为原型进行创新设计，生产出具有创意和个性的艺术品。数字化可以对传统文化进行艺术包装，体现传统文化价值，有助于传统文化的传承与发扬。

第二节　保护实践及其模式

一、碛口模式

碛口古镇位于晋陕两省交界处的山西省临县。碛口地处黄河与湫水河交汇处，为古代晋商黄河水运与陆路运输的结合点。碛口历史悠久，地域特色显著。现今，碛口古镇内的明清建筑数量丰富，类型多样且保存完好。除了建筑形态风貌古朴，碛口古镇居民的生活形态也证明其是一处"活着的古镇"。

2005 年，刘沛林根据达比（Darby）的"景观连续断面复原"理论提出了"景观信息链"。"景观信息链"在碛口古镇的文化旅游规划实践中显现了较好的理论和经济应用价值。"景观信息链"可以形象地描述为"一目标、三要素、两途径"。目标是厘清地方文化景观基因，这是营造识别性强的旅游目的地的根本目标。三要素包括景观信息元、景观信息点和景观信息廊道。三要素是构建旅游地游览路线的基本依据，是景观基因理论在实践应用中的基点。两途径意指将古镇文化景观的特色（即文化基因）呈现在游客眼光中的具体途径和方法，包括挖掘和恢复景观的历史文化记忆（信息元）并找准文化景观元素，同时构建景观信息载体（景观点和景观廊道）并彰显旅游地景观形象[3]。

碛口古镇文化旅游地规划项目以景观信息链为指导，结合该古镇的文化景观元素成功打造了识别性强的文化旅游地形象。首先，确定碛口古镇的景观信息元，具体包括水旱码头、九曲黄河、木船、羊皮筏、窑洞、商行、货栈、当铺、票号、镖局，等等。其次，确定碛口古镇景观"信息点"在旅游运营中的定位，具体归纳为古镇街市景观、古镇建筑景观、古镇商业运输景观、古镇商业经营景观、古镇商业管理。最后，根据碛口古镇的景观"信息元"和"信息点"的分析，构建一条"黄河古镇小都会"为主题的游客游览路线，即景观信息"总廊道"。在"总廊道"的明确主题下，规划多条不同主题的"次廊道"分步表达"总廊道"的景观信息。具体包括西市街景观"信息廊道"、中市街景观"信息廊道"、东市街景观"信息廊道"、黄河沿岸景观"信息廊道"和周边古村落景观"信息廊道"等丰富的游览路线。同时，可依据游客旅游时间和兴趣爱好，对碛口古镇的景观"信息廊道"进行多种不同的组合，形成景观"信息网络"，以服务于碛口古镇的旅游路线开发设计。碛口古镇文化旅游地规划项目充分把握"景观信息链"理论，将碛口古镇的旅游形象定位为"黄河小都会，晋西古商埠"，或者"黄河古镇小都会"。

二、张谷英模式

张谷英村位于湖南省岳阳县，始建于公元 1371 年，距今已有 600 多年的历史。张谷英村由当大门、王家塅和上新屋三大民居组群构成。其中，该村的"丰"字形建筑组群与村落的"龙"形空间布局非常具有特色。张谷英村的明清湘楚风貌显著，素来享有"明清湘楚民居的活化石"的美誉。

在宗法礼制和传统的内生型发展模式影响下，张谷英村保护模式几经周折，最后选择了以村民为核心主体的自下而上的自组织模式[4]。该自组织模式呈现出一定的规律性，表现为村民个体利益关联性越强、参与村落环境建设和保护行为程度越强，非物质文化修复效果较好。在张谷英村人居环境转型发展过程中，先对村落文化基因进行修复，然后再启动村落文化基因的修补工作。文化基因修复带动文化景观基因修补的发展，二者共同实现非物质文化遗产传承与物质文化遗产保护的动态平衡关系[5]。在张谷英村的文化景观基因修复工作中，当地立足于村内的传统美食、传统工艺、曲艺表演及家风民俗等传统习俗，整合并推陈出新。如，八大传统民俗项目，以推广传统家风民俗的"孝友"文化系列活动。村民参加学习班传承传统建筑技术，积极对传统手工艺品进行创新，开发文化周边产品。在这些措施下，文化基因修复成就显著，提高了村民对历史文化村镇保护的思想认识，从而带动张谷英村景观基因修补。村民通过对节点空间、线空间和面空间的各级空间关系梳理以及物质场所的保护与改造，推动村落景观风貌保护和空间逻辑的传承，从外在景观和内在逻辑上修补张谷英村的景观基因。比如加强建筑实体保护、改造传统功能，重点关注原始建筑风貌的恢复与保护、新建建筑风格的历史延续与空间组合。疏浚河道，维护水环境生态。同时修复村内桥梁、廊道等公共建筑空间等。

三、文旅特色小镇模式

近年来，我们承担了湖南省"湖湘风情旅游小镇"的遴选、咨询和建设指导工作。我们针对部分旅游小镇采用数字化技术进行三维虚拟呈现，并开发了湖南省旅游特色小镇 Web 系统，探索了基于通信网络技术开展虚拟辅助体验和虚拟式旅游的基本方式，拓展了旅游特色小镇的新业态。

这里主要介绍针对南岳古镇而设计开发的三维虚拟景观管理信息系统。该系统开发建设的总体目标是通过南岳古镇文化景观的三维虚拟，以实现景观保护、管理和网络虚拟辅助旅游。系统建设的基础是通过 GIS 平台对南岳古镇核心区的建筑物和其他文化遗产的三维模型，结合虚拟现实技术进行实景呈现及景区辅助管理。该系统整合了二维地图和三维模型两种展示方式，基于 Web 客户端口实现三维虚拟场景的管理，具体内容包括三维模型数据和建筑文化属性数据的整合。系统通过图形化交互界面，展现了场景内的文化遗产分布及其价值，并能通过对已改建、维修的建筑的模型和属性数据的更新历史，了解民居建筑的动态变化。同时，系统拓展 GIS 二维空间分析方法实现了古镇虚拟场景中景观要素的三维空间分析，从而方便用户从宏观上把握古镇要素的三维空间关系。如，用户可以查询传统聚落民居的分布与周边要素的空间关系，例如：水系、交通线、公共建筑和民居建筑等，以及建筑结构要素之间的三维空间关系[6]。

　　具体来说，湖南省旅游特色小镇 Web 系统的实现基于以下工作：①通过无人机倾斜摄影测量技术获取南岳古镇的高精度 DEM 数据和相关基础地理数据；②利用无人机和激光扫描仪等对南岳古镇建筑景观和旅游景观进行三维数据采集；③通过采集到的南岳古镇基础数据和街景数据对其进行整理、合成和三维建模；④古镇的三维场景构建，这是三维虚拟旅游的基础工作；⑤将场景嵌入湖南省旅游特色小镇 Web 系统，为网络虚拟旅游的开展提供统一平台；⑥利用百度地图等数据供应商的开放 API 提供南岳古镇的旅游交通、旅游气象、旅游食宿等服务信息。当然，在上述框架的基础上还要注入更多的内容，承载各种相关的旅游信息和服务信息，最终打造成一个便捷高效适用的旅游特色小镇网络虚拟旅游系统，实现旅游特色小镇新业态的拓展。

第三节　历史文化村镇文化遗产活态保护

一、历史文化村镇活态性

　　历史文化村镇的活态性是指它们发挥传统农耕的生产、聚族而居的生活、"天人合一"的生态和乡村农耕文化传承等功能的延续性、传承性和发展性的程度。通俗地讲，人气旺盛是传统村落活态存在的基本前提，传统生产、生活方式的延续、继承和发展是活态的基础，人地和谐是活态的外在表现，传统文化的有序传承是传统村落活态的根本特征[7]。传统村落失"活"

主要体现在居民、文化、景观和产业等方面，如人口空心化、村落文化遗失严重、村落物质景观破败、乡土特色产业活力不足。邹君等人研究了传统村落活态性的基本内涵和计算方法，开展了相关定量研究，从物质遗产、非物质遗产和村落居民三个方面构建传统村落活态性的评价指标体系。该项研究中关于传统村落活态性指数（Activity）的计算方法是综合指数加权求和模型。计算数值的范围是（0—100），数值越大说明活态性越大。根据活态性指数可以将传统村落活态程度分为极端失活、严重失活、微失活、活态五级，并定义失活贡献指数（指标最优得分−指标真实评价分）/指标最优得分）。某一指标对村落失活贡献越大，则失活贡献指数越大，以此挖掘历史文化村镇失活的主导因素[7]。

活态性可以用作衡量传统村落的文化保护与有效性传承的基本准则[8]。当前，传统村落保护片面强调村落中传统民居的保留和修缮，而忽略了其中活态要素的保护。如，传统村落中流行的各种传统习俗、传统曲艺等非物质文化要素具有典型的"活态性"。数字化技术对传统村落活态要素的保护，具有得天独厚的优势。例如，具有表演性的传统音乐、舞蹈、戏曲和体育杂技等非物质文化遗产缺失保护，可以将其融入到数字新媒体产品设计、游戏和音乐创造等方面，加强其活态性。这既能保证传统文化要素的活态记忆，也能推动数字化进程和数字化产品设计中的民众参与。

二、历史文化村镇活态性保护模式

江永女书是世界上唯一的女性专用文字，主要分布在湖南省永州市江永县一带。江永女书是包含女字、女歌、女红及女书习俗等文化体系的俗称，也是一项我国十分重要且独特的非物质文化遗产。女书不仅承载着江永女性的历史故事，还记录着江永地区少数民族历史文化村镇的基本风貌特征，为探知少数民族女性精神文化提供了重要依据。自周硕沂开始，中国女书得以发现和深入研究，同时也引起了国内外学者的广泛关注。近年来，受经济发展、全球化和现代化等的冲击，女书流传地区的少数民族民众外出打工，以及当地瑶族女子与外界通婚，等等，原生态女书文化的继承逐渐出现断层。加上原本女书的相关文献材料并不齐全，缺损严重，出现了较多的文字遗漏。还有诸多影响因素，诸如当地女书保护与文化资源开发的基本条件不够优越，当地民众对于女书文化保护的意识有待加强，商业资本对女书文化的表面操纵和歪曲体现，等等。前述因素进一步让女书文化的可靠性、原生性、齐备性和文化环境受到极大的破坏。总体而言，女书文化的传承形势不容乐观。

近年来，永州市相关部门开始重视并积极开展女书文化的抢救和保护工作。如，建立女书博物馆、女书文化村，组织开发设计女书工艺品等多种方式，以产业需求来推动女书文化资源的深度开发和保护。我们知道，结合数字化技术开展女书文化保护，是使得女书这一中华文明对全世界女性的特有原生文化贡献得以重新焕发活力并保持充盈的活态特征的不二选择[9]。

数字化技术是计算机技术、多媒体技术以及互联网技术的基础，是实现信息处理和可视化呈现的技术手段。数字化是一门综合技术，原理是把声音、文字、图像和活动影像等多种媒体信息通过计算机进行加工处理，再与通信技术相结合。数字化保护可以将非物质文化遗产以数字化的形式保存，便于后续的传播与应用[10]。借助多元的数字化技术让女书走出静态的文物状态，进入现代人的传播领域，让观众看到之前的"死"女书变成现在的"活"女书。如，胡最等人设计了文化景观基因图谱平台系统，以女书为例进行了文化景观基因图谱单元的信息提取，通过符号化图形的方式开展了女书文化元素的基因信息提取并标注相应女书文字的空间位置特征[11]。这一探索为女书文化的活态保护提供了数字化技术实践的宝贵经验。

值得指出的是，数字化技术不仅可以高质量地保护历史文化村镇的物质文化遗产，也能促进其非物质文化遗产的活态传承，是历史文化村镇保护的重要途径。

参考文献

[1] 赵勇，张捷，卢松等："历史文化村镇评价指标体系的再研究——以第二批中国历史文化名镇（名村）为例"，《建筑学报》，2008 年第 3 期：64—69。

[2] 刘沛林，李雪静，杨立国等："文旅融合视角下传统村落景观数字化监测预警模式"，《经济地理》，2022 年第 42 卷第 9 期：193—200+210。

[3] 刘沛林："'景观信息链'理论及其在文化旅游地规划中的运用"，《经济地理》，2008 年第 28 卷第 6 期：1035—1039。

[4] 李伯华，曾荣倩，刘沛林等："基于 CAS 理论的传统村落人居环境演化研究——以张谷英村为例"，《地理研究》，2018 年第 37 卷 10 期：1982—1996。

[5] 曾灿，李伯华，龚文静等："聚落'双修'视角下传统村落人居环境转型发展研究——以江永县兰溪村为例"，《华中师范大学学报（自然科学版）》，2021 年第 55 卷第 2 期：278—288。

[6] 邓运员，申秀英，刘沛林："GIS 支持下的传统聚落景观管理模式"，《经济地理》，2006 年第 4 期：693—697。

[7] 邹君，陈菡，黄文容等："传统村落活态性定量评价研究"，《地理科学》，2020 年第 40 卷第 6 期：908—917。

[8] 王淑佳，孙九霞："西南地区传统村落区域保护水平评价及影响因素"，《地理学报》，2022 年第 77 卷第 2 期：474—491。

[9] 夏三鳌："女书非物质文化遗产数字化研究"，《科学大众（科学教育）》，2017 年第 1 期：141，137。

[10] 张梦杰："中国传统村落的数字化保护"，《大众科学》，2020 年第 6 期：12—15。

[11] 胡最，刘沛林，陈影："传统聚落景观基因信息图谱单元研究"，《地理与地理信息科学》，2009 年第 25 卷第 5 期：79—83。

第五章　历史文化村镇数字化保护的主体与方式

开展历史文化村镇数字化保护，既涉及保护的主体、参与者和对象，也涉及数字化保护的内容、工程标准、技术规范、示范性应用、管理和工作机制，还涉及具体的理论体系和方法、技术流程和工作要求等，是一项异常复杂且规模宏大的社会系统工程[1]。因此面对如此宏大且复杂的问题，本书仅从历史文化村镇数字化保护的主体和主要方式等角度进行探讨，而对于技术体系、工程应用、标准、方法等技术实践领域的问题，则留待下一阶段的工作开展探索。

第一节　数字化保护的主体

历史文化村镇数字化保护是一项复杂的社会系统工程，绝不仅仅只是一个单纯的工程技术或者科学研究问题。更重要的是，我们需要厘清历史文化村镇数字化保护的主体是谁[2]。只有这样，才有利于今后从全社会范围内系统开展并科学统筹历史文化村镇数字化保护这一系统工程。

我们认为，凡是参加到历史文化村镇数字化保护的个人、群团组织、企业、机构、部门等都可以被视为数字化保护的主体，主要包括政府、村民或社区居民、企业以及公共服务组织等[3]。其中，政府和相关部门、机构等可以统筹谋划并科学实施不同区域和不同历史文化背景的历史文化村镇数字化保护，如制订具体的保护规划、开展专门的保护工程等。企业可以通过提供技术服务或者开发相关产品、实施技术攻关等为单个的历史文化村镇数字化保护提供实现。生活在历史文化村镇中的居民既是实施的主体，同时也是参与历史文化村镇数字化保护过程的对象和亲身参与者。历史文化村镇数字化保护是涉及多方主体的复杂体系的构建过程，对其主体多元化探讨，分析各个主体作用有利于推进村镇数字化保护工作的协调发展。

一、政府

政府是历史文化村镇数字化保护活动开展以及得以持续的最重要的主体，可以保障数字化保护工作的正常有序开展[4]。政府通过制定相关政策或者法规或实施扶持策略，出台促进文物数字化采集、数字化展示和数字化交易相关项目的扶持和优惠政策，鼓励社会力量参与到村镇文物数字化和产业化项目中。在政府带动下，地方开展关于历史文化村镇景观的文字、图片等资料的收集，公开招标企业开发历史文化村镇的数字化保护系统。此外，立法是保护的关键。政府需在现有历史文化村镇保护法上加强立法，重视数字化保护取得的知识成果的版权和使用权问题，减少保护过程阻力。

二、村民或社区居民

村民或社区居民长期生活在历史文化村镇或者街区中，对其历史文化有着一定程度的了解，是历史文化村镇的传统文化得以传承的关键，更是传统文化保护最为关键的行为主体之一[5]。村民对历史文化村镇的发展历史、民俗、传说、宗族变迁过程、宗教信仰等有着深入了解，有的甚至是很多非遗项目的传承者。因此，对当地村民进行访谈，可以将前述内容整理成为数字化保护的重要数据来源。如，引导村民自发整理相关史料或传说等，再通过政府、企业构建平台进行保护。另外，在长期的保护过程中，村民是数字化保护的重要主体。

三、企业

从现有的文化遗产数字化保护的工程实践和数据成果来看，企业是历史文化村镇数字化取得的知识产权成果保护最为关键的主体[6]。企业针对历史文化村镇的传统文化基因设计或开发相应的数字创意产品，以此吸引群体注意。产品的形式多种多样，如数字手办、民风民俗猜谜、观光游览卡牌、卡通绘本、漫画读本、数字化游戏互动产品等。游客可以通过这些产品在古村落文化旅游中深度体验乡村的传统民族文化与民俗文化，同时也可以提高古村落文化旅游产业的品牌附加值和经济收益。古村落微电影和创意动画等形式可以生动展示古村落传统文化，使旅游开发商、城市游览者从真实的影像中，感受到文化传承和资源保护的紧迫性，继而以实际行动来保护古村落文化遗产。比如，敦煌动画《谁才是乐队 C 位》以幽默而接地气的语气将敦煌壁画的乐器知识娓娓道来，还增加配音这一创新性功能，用户可以选择角色配音。创意性文化产品吸引了更多年轻人，成为文化的传播者和创新者，让传统文化释放出新的活力。

此外，也可以让企业以出资人或者投资主体参与到历史文化村镇的数字化保护工作，在实现历史文化村镇保护的基础上寻求商业利润，协调历史文化村镇的传统文化资源的商业价值开发与文化保护的关系，以良好的商业运营业态促进历史文化村镇的保护与传承[7]。

四、公共服务组织

公共服务组织可以通过非营利机构或组织的身份主动承担历史文化村镇的公共事务和公共福利事业或公益性活动，它们在历史文化村镇的可持续发展中起到了极其重要的作用[8]。公共服务组织由于自身的公益属性，也可以从居民的立场监督政府，还可以筹措一定的资金和技术资源用于历史文化村镇的保护工作，因而在历史文化村镇数字化保护中具有较大的凝聚力和活力。在历史文化村镇的数字化保护实践中，公共服务组织的主要职责是宣传历史文化村镇数字化保护的理念、举办活动增强民众保护意识、接受村民或者热心人士的有关重要文化物品的馈赠、对数字化保护场所以及物品进行保护和管理、监督数字化保护计划实施以及促进政府数字化保护相关政策与法规的完善[1]。

第二节 村镇数字博物馆

目前，住建部对历史文化村镇数字化保护的内容框架、技术标准与资源建设规程等提出了专门的标准与实施规范[2]。其中，历史文化村镇数字博物馆成为核心内容和关键技术指标[9]。可见，建设数字博物馆是现阶段历史文化村镇数字化保护的重要实施途径[10]。

数字博物馆是指运用网络技术、信息技术、多媒体技术来实现"数字文物"的永续保存、研究、虚拟陈列与展示、教育等功能，是以图像、文本、视频、交互式音频等多种形式展示文博产品的专门系统[11]。通过数字博物馆这一技术手段将重要文物（如族谱、地域服饰、图腾装饰等）或历史文化村镇景观的物质载体（如特色建筑、环境格局等）以及非物质文化遗产项目（如民俗活动、节庆等）等构建完整的数字档案。其次对文物图像进行专门处理，使文物的丰富细节可以通过网络实现浏览。与此同时，利用 AutoCAD、Adobe Photoshop、3DMAX 等软件构建历史文化村镇传统建筑的精细三维模型，并进行细节贴图和立体仿真模拟，然后投射于网络信息控制面板界面。其中，GIS 虚拟仿真界面可以包含历史文化村镇的多种属性信息，如：地理空间位置、自然景观概况、人文景观介绍、文物保护和开发现状等[12]。通过 360 度全景展示、三视图展示、对象电影展示、VRML 三维实体展示、Cult3D 虚拟展示和流媒体展示等方式，使用户群体可以直观感受到历史文化村镇丰富的人文、动态文化和非物质文化景观等。当然，数字博物馆建设的有益之处更在于扩展村镇历史文化的传播范围，让一些感兴趣但又无法亲临现场的用户足不出户也可以体会到民俗文化的乐趣，利于历史文化村镇珍贵文化遗产的保护与传承。

第三节　在线服务系统

利用网络通信技术,实时地为各级各类用户提供历史文化村镇传统文化资源的在线服务也是历史文化村镇数字化保护的重要目标。其中,协调高校、科研机构、企业、政府部门等共同创建历史文化村镇数字化保护网络平台不失为一种有效方式。

高校可以通过与科研院所、行业企业、地方政府以及国外科研机构等创新主体,以人才培养、学科建设和科研发展为目标,通过多种主体之间的人力、技术、基础设施、资本、信息及政策等资源的互动,从而构建历史文化村镇数字化保护网络,形成具有专业性、开放性和稳定性的组织系统。这可以有效展示并传播历史文化村镇数字化保护的重要成果。

高校是村镇历史文化教育协同传承保护的教育主体。具体来说,高校要在教学中结合村镇历史文化教育协同传承保护意识,开设相关课程;积极开展各种形式的学术研究活动,加强历史文化村镇传统文化数字化保护研究,为各个主体提供保护资料和参考意见;围绕历史文化村镇数字化保护设立为资金需求者和潜在投资者提供在线服务的"公众集资服务平台",拓宽资金筹措渠道,以此加大并维持数字化保护力度;设立可供文化遗产传承人或文物所有者等进行交流的平台,提供文化素材补充的渠道。总而言之,在历史文化村镇数字化保护网络平台上各个主体可以发挥自身作用为村镇历史文化教育协同传承保护做出自己的贡献。

基于前述理念,我们开发并建设了中国历史文化名镇名村 Web 展示平台,对目前已经发布的国家传统村落进行集成显示与查询定位,可以为广大古村落爱好者和专家学者等提供数据下载、浏览等网络在线服务。

第四节　移动 APP 开发

不同于传统的媒体与资讯传播手段,随着移动通信与互联网的融合,多媒体资讯可以在普通大众中迅速传播。同时，技术引发的革新也变革了人们的观念。在移动通信极为发达的现今，人人都可以成为媒体的主导者，自媒体也应运而生。在此背景下，基于移动通信终端平台设计和开发的 APP 应用更是释放了资讯、业务、办公、金融、应用、传播等众多领域的潜能。因此，依托移动通信技术和设备平台，开发历史文化村镇数字化保护相关的 APP 也成为时代潮流下的必然选择。

新媒体已经成为重要的社交方式。当前越来越多新媒体在与大众的互动之间起到了传播文化的作用，实现了文化产业的传统运营模式与移动网络应用的紧密结合[13]。历史文化村镇保护与传承结合新媒体技术是一种文化传播方式，具有直观性、便捷性和可操作性。

随着 5G 等新一代移动通信技术的普及与推广应用，在移动 GIS 框架下构建历史文化村镇景观数字化展示系统或者基于云端的村落数字博物馆，具有显著的技术优势、经济优势和应用优势。换句话说，构建历史文化村镇景观 APP 系统具有良好的可行性和应用前景。图 5-1、图 5-2 为课题组成员指导学生在开展国家级大学生创新创业项目训练的过程中，以国家传统村落

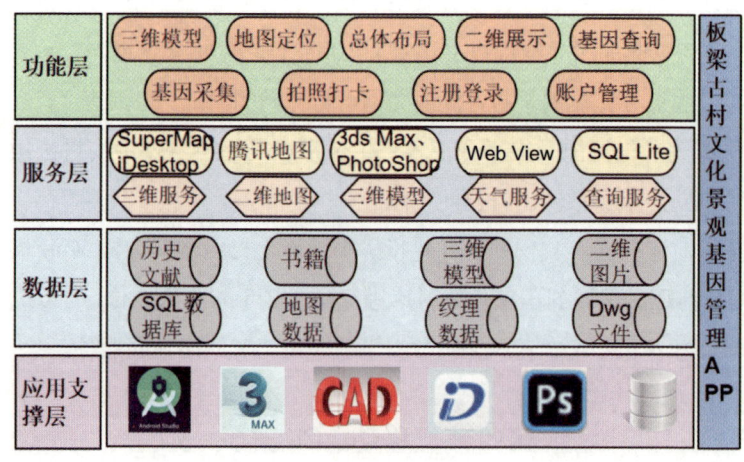

图 5-1　板梁古村文化景观基因管理 APP 图

图 5-2 板梁古村文化景观基因管理展示图

板梁古村为例，设计并开发的板梁古村文化景观基因 APP 应用系统，该 APP 软件可以允许用户录入、查询和记录位于村落内的文化景观基因，对于部分特别重要的文化景观基因还可以结合 3D 模型进行虚拟展示。

通过实地调研和文献资料等途径搜集村镇需保护的物质文化景观以及非物质文化景观，汇总分类普查成果后进行数字化处理、记录和保存，搭建交互式移动 APP。一方面设计实景再现，展现文化遗产资源的制作或以应用场景为界面交互表现传统元素[14]。实景是虚拟现实的延伸和发展，具有全新的体验感，它在虚拟现实的基础上增加了真实环境。APP 页面将还原村镇居民生活场景、街巷或建筑三维格局等，营造出历史文化村镇实景氛围。设计者必须通过文化遗产保护对象的历史由来、制作流程等来设计和重构模拟情景，使观看者身临其境并激发其强烈的民族情感共鸣。另一方面，实景虚拟展示能够进行全方位的细节展示，使观看者仿佛置身于历史文化村镇实际生活状态展示的现场。村镇历史文化内容通过 APP 虚拟再现，受众不由自主进入村镇生活情境中。在体验过程中提高其参观主动性以及保护意识。360度旋转展示技术可以实现交互，受众可以拖动文化展品观看不同角度的细节，增强感官体验和参与感，激发了用户对传统文化的兴趣。360 度立体展示部分功能可以对展品进行局部放大，细节一览无余，文化遗产的逼真性大幅度提高。

第五节　5D GIS 与地图智能服务

国外理论界和产业界较早开展文化遗产数字化相关工作。目前，欧美先进国家在文化遗产数字化保护方面已经形成了产业优势。此外，日本学者开始尝试结合 GIS 研究传统聚落的时空演化特征。国外的相关经验已经充分证明，地理空间信息技术是历史文化村镇数字化保护的核心技术。国内学者在文化遗产数字化领域也取得了一大批重要的标志性成果，如武汉大学和深圳大学关于数字敦煌的工作、清华大学构建的数字颐和园，等等。总体上，综合国内外相关经验来看，GIS 无疑已经在历史文化村镇数字化保护中占据了最重要的位置。

由于历史文化村镇本身跨越较长的历史时空，同时又保存和传承了类型丰富多样的历史文化因子，因而开展历史文化村镇数字化保护需要对现有GIS 进行有效扩展。目前，GIS 技术已经演进迭代到了第四代，即已经具备了空间、位置、时间、事件、过程等的建模与表达能力。但是，现有的 GIS技术体系与架构仍然不能直接迁移或者应用到历史文化村镇数字化相关工作。这是由文化因子的特殊性决定的。因此，我们需要从文化遗产数字化保存与虚拟展示的视角构建 5D GIS 系统，同时集成人工智能领域的最新技术成果，真正解决历史文化村镇数字化面临的难题。

参考文献

[1] 潘盈，罗雪，冷泠等：“历史文化村镇外部空间保护预警系统研究——以历史文化名镇李庄为例”，《西安建筑科技大学学报（自然科学版）》，2012 年第 44卷第 5 期：657—664。

[2] 刘沛林，邓运员："数字化保护：'历史文化村镇保护的新途径'，《北京大学学报（哲学社会科学版）》，2017 年第 54 卷第 6 期：104—110。

[3] 刘沛林，李伯华："传统村落数字化保护的缘起、误区及应对"，《首都师范大学学报（社会科学版）》，2018 年第 5 期：140—146。

[4] 周乾松："历史村镇文化遗产保护利用研究"，《理论探索》，2011 年第 4 期：86—90。

[5] 刘艳丽，陈芳，张金荃："历史文化村镇的保护途径探讨——参与式社区规划途径的适用性"，《城市发展研究》，2010 年第 17 卷第 1 期：148—153。

[6] 王勇，熊惠，李广斌："社会资本视角下历史文化名镇保护困境研究——基于苏州周庄、锦溪、黎里 3 镇调研"，《地理科学》，2021 年第 41 卷第 7 期：1219—1226。

[7] 李艳中，张万玲："历史文化村镇旅游产业发展步骤要义"，《哈尔滨工业大学学报（社会科学版）》，2017 年第 19 卷第 4 期：98—104。

[8] 李宣范，左琰："政策导向下的上海历史文化村镇特色研究"，《城市发展研究》，2021 年第 28 卷第 11 期：85—91+103。

[9] 祁天娇，马林青："历史文化村镇活态保护的新模式——基于数字资源构建的视角"，《档案学研究》，2018 年第 3 期：44—50。

[10] 詹琳，黄佳，王春等："基于景观基因理论的红色旅游资源三维数字化呈现——以清水塘毛泽东杨开慧故居为例"，《旅游学刊》，2022 年第 37 卷第 7 期：54—64。

[11] 孙媛，佘高红，张纯："数字博物馆在传统村落文化遗产保护中的应用——以安徽歙县瞻淇村为例"，《新建筑》，2019 年第 3 期：97—99。

[12] 刘沛林，邓运员："数字化保护：历史文化村镇保护的新途径"，《北京大学学报（哲学社会科学版）》，2017 年第 54 卷第 6 期：104—110。

[13] 顾大治，徐益娟，洪百舸："新媒体融合下乡村公共文化空间的传承与重构"，《现代城市研究》，2021 年第 12 期：40—47+55。

[14] 黄永林，谈国新："中国非物质文化遗产数字化保护与开发研究"，《华中师范大学学报（人文社会科学版）》，2012 年第 51 卷第 2 期：49—55。

第六章　GeoDesign 与传统聚落景观基因框架的整合及其数字化实现

　　近年来，围绕构建人与自然和谐共存的空间规划理论框架，西方学者在跨学科探索的基础上提出了 GeoDesign，实现 GIS 与地理规划的紧密结合。与此同时，刘沛林教授提出的传统聚落景观基因理论，结合自然科学领域的研究方法，以新一代地理学语言作为基本工具，系统地构筑了从历史文化村镇中提取古代空间规划模型、理念与生态哲学等重要传统文化精髓的方法体系，是我国学者对现代规划领域的重要探索。因而，从理论基础、支持技术和应用领域将两者进行比较，并探讨相应的整合途径，具有重要的理论与实践意义。结果表明，两者有着异曲同工之妙，天生就具有发展互补性。结合相应案例，本章论证两者可行的整合途径，即可以在历史文化村镇规划的过程、要素和方案评价方面进行结合，也可以在数字化中得到应用。

第一节　前　　言

　　人地关系地域系统的特征探索及其机理解析是地理学的永恒主题[1]。自然地理环境是一个复杂的巨系统[2]。在"数字化生存"时代，信息技术以前所未有的广度和深度渗透到地理学的各个领域，人们拥有更多的技术和方法来认知地理环境的科学特征。如：全空间地理信息技术、全息地图、虚拟现实、空间大数据等[3—8]。这深刻地影响和改变着地理学的科学思维与研究范式[5]，同样也使得地理学服务于资源短缺、生态环境恶化、气候变化、可持续发展等人类共同面临问题的能力得到持续增强[9]。

　　伴随着地理学的嬗变，致力于构筑人与自然相互协调的地理规划也面临着来自 GIS 领域的深刻影响[10]。如，麦克哈格（McHarg）在《设计结合自然》（*Design With Nature*）中倡导"规划应帮助人类与自然共存"[11]，施泰尼茨（Steinitz）提出了"景观变化模型"[12]。人们认识到 GIS 已经成为解决地学问题的基本工具[13]和语言[14—15]。显然，信息时代对地理规划框架重构的挑战已不可避免。在丹杰蒙德（Dangermond）、施泰尼茨等人的共同推动下，来自地理学、GIS、RS、城市规划、景观设计、环境科学等领域的学者组成的工作小组开始思考如何构建以 GIS 为核心的空间规划工作框架，在2010 年提出了 GeoDesign 的概念[17]。自此，在 ESRI 公司等产业界的支持下，每年一届的 GeoDesign 峰会得以顺利举行，这也给予了众多学者和产业界人士一个共同探讨 GeoDesign 的概念、框架、技术、案例等的平台。

　　欧美发达国家自 GeoDesign 诞生伊始便高度重视，成立了专门的学术组织并定期举办相应的国际学术会议，部分高校开设了 GeoDesign 专业和相关课程[15]。GeoDesign 已经由最初的构想发展出了成熟的概念、框架、技术体系和专门的学术团体[17]。我国学者也对 GeoDesign 给予了充分的关注[16—22]。但是，我国在 GeoDesign 领域的相关工作与国际同行之间存在着较大的差距。随着现阶段发展加速、经济体量跃升，以及新型城镇化加速推进等，我国在国土空间规划、生态功能区划以及众多行业领域的地理规划需求是巨大且迫切的。因此，探讨 GeoDesign 的内涵、关键技术及其在我国社会发展中的应用等具有积极意义。

　　在文明进程中，中国形成了具有特色的民族传统建筑和相应的建筑哲学。这些传统文化遗产至今仍较完好地保存在众多的传统聚落中[23—26]。如，传统哲学中的"人法地、地法天、天法自然"精辟地概括了古代人地关系模型的核心理念[27]，这与 GeoDesign 的"解决人类活动与自然环境之间的矛盾、以最小的环境代价实现最佳的环境效益"相吻合。我国传统聚落的空间形态与结构、布局、建筑、营造理念、装饰艺术等保存了古代人地和谐共存的生态智慧。这些远古的人地关系知识对于现今仍然具有积极的意义。近年来，中国学者根据"文化景观""文化基因"等理论与生物学方法，创立了传统聚落景观基因理论（以下简称景观基因）[26]，在文化景观特征的提取、聚落区划等领域得到了广泛应用[23—26]，旅游规划实践[28—29]表明该理论在城乡建设工作中具有良好的前景。因此，辨明 GeoDesign 与景观基因之间的科学关系，探索两者的融合途径，有利于发掘传统聚落的古代规划经验和构建新型城镇化背景下的规划模式。

第二节　GeoDesign 的基本特征

一、概述

人类开展系统的地理规划已有数百年的历史。GIS 自其诞生起即作为一种重要工具而广泛应用于规划活动[22]。2001 年，景观、规划与 GIS 学者在美国圣塔巴巴拉成立了景观变化工作组；2008 年，另一个关于 GIS 与规划的空间概念工作组在加州成立。2010 年，在加州雷德兰兹（Redlands）召开了第一届 GeoDesign 峰会。不同学科的学者们纷纷探讨了 GeoDesign 的概念：施泰尼茨认为 GeoDesign 是用设计来改造地理环境[30]；厄文（Ervin）认为 GeoDesign 是在地理空间中创建地理实体的思维过程[31]；丹杰蒙德认为 GeoDesign 是随心所欲的设计自然[12]。尽管理论界对于 GeoDesign 的概念尚未取得一致，但是，人们认为 GeoDesign 是由 GIS、CAD、BIM（建筑信息模型）、新地理技术（neogeography）、可视化技术、GeoWeb 等整合形成的一种规划框架[32]。麦克哈格认为规划与 GIS 有着密不可分的联系[33—34]，这对 GeoDesign 的形成具有积极意义。在此基础上，施泰尼茨提出了一种由六个阶段组成的 GeoDesign 基本框架[30]（图 6-1）。厄文则结合语法、语义与动态建立了 GeoDesign 的研究范式[31]（图 6-2），这使得 GeoDesign 作为一种新兴的规划模式迅速发展出了专门的工具[33]。如，ArcSketch、CityEngine 和 INDEX 都是 GeoDesign 工具，清华大学开发的 THGeoDesign 也是较为典型的工具[35]。

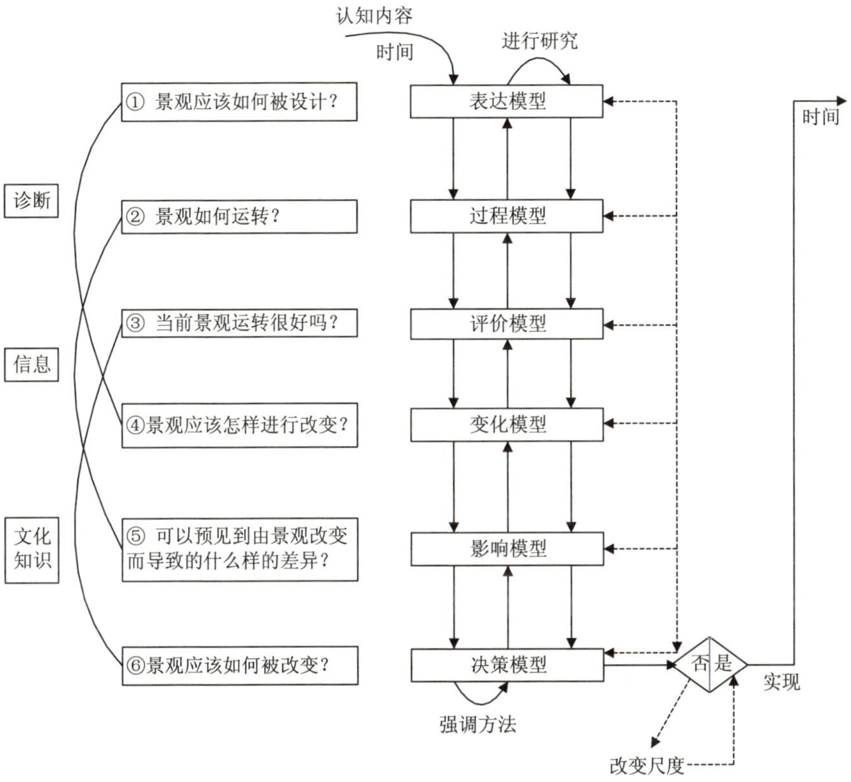

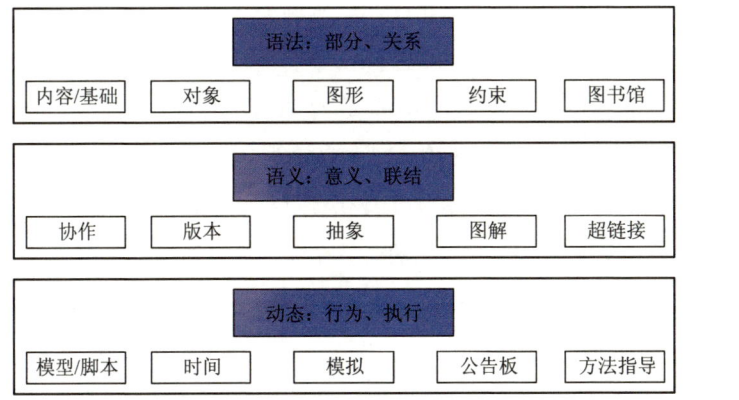

认知内容

时间　　　　进行研究

诊断
信息
文化知识

① 景观应该如何被设计？
② 景观如何运转？
③ 当前景观运转很好吗？
④ 景观应该怎样进行改变？
⑤ 可以预见到由景观改变而导致的什么样的差异？
⑥ 景观应该如何被改变？

表达模型
过程模型
评价模型
变化模型
影响模型
决策模型

时间

否　是
实现

强调方法

改变尺度

图 6-1　施泰尼茨提出的 GeoDesgin 框架

语法：部分、关系

| 内容/基础 | 对象 | 图形 | 约束 | 图书馆 |

语义：意义、联结

| 协作 | 版本 | 抽象 | 图解 | 超链接 |

动态：行为、执行

| 模型/脚本 | 时间 | 模拟 | 公告板 | 方法指导 |

图 6-2　厄文提出的 GeoDesign 框架

二、基本特征

与传统规划不同，GeoDesign 强调公众对于整个规划过程的参与。首先，规划是开放性的公众参与行为。GeoDesign 允许不同领域的用户或者公众参与到规划过程中，并提出自己的见解。传统规划过程仅由规划人员掌握，从方案的制订到预期结果的评价等都不公开，不允许公众参与规划方案的制订。传统的规划模式下，人们认为整个规划过程都是规划人员的专业工作，公众对于相关规划方案可能引发的自然环境的不良影响没有决策的权力。GeoDesign 强调公众的参与，即由规划人员提出初步的方案并对社会公开，允许不同领域的专家、学者与公众提出各自的看法，规划人员在收集相关意见的基础上对方案不断优化，最终形成对自然环境的不利影响最小的规划方案。

第二，规划过程的协同性。在规划过程中，GeoDesign 允许不同领域的专家或用户群体根据各自不同的专业知识和兴趣爱好、特长以及共同感兴趣的某些问题或环节等组成虚拟团体（virtual community），然后就相关细节、潜在的解决方法等开展探讨。特别地，GeoDesign 允许不同领域的专家用户将其提出的优化方法加入到现有的规划方案中，从而形成新的规划方案。显然，在这种规划方案不断得以改进或优化的过程中，规划人员除了具备必需的专业知识与技能外，还须具备组织或协调不同专家、用户群体共同参与规划的协调能力。

相对于传统的规划模式，GeoDesign 具有广泛性和社会性。GeoDesign 充分结合了 GIS 的分析、模拟、预测和决策功能来对不同的规划方案进行科学评估，从而为最终的规划决策提供依据。GeoDesign 的过程可进行定量评价。GeoDesign 是 GIS 社会化的必然产物，是规划在高性能地学计算、空间大数据和人工智能等综合影响下的结果。可以预见，GeoDesign 必将随着新兴信息技术的渗透催生更多的新模式。如，强交互式地图[4]可以极大地增强公众对规划的兴趣。

三、核心理念

规划是评估预期实施的人类活动对自然环境的潜在影响,从而对拟实施的人类活动进行相应干预,以期达到优化和调控的过程。规划的根本目标是实现人类的可持续发展。在可持续发展观念的影响下,GeoDesign 强调以最小的环境代价来实现人类活动的最佳环境效益,即在有限的资源环境承载能力下不破坏或损害自然环境的可持续供给能力,不影响未来人类社会的发展能力。

第三节　传统聚落景观基因理论分析框架

我国数量众多的传统聚落是宝贵的文化遗产,对经济结构调整、产业升级和社会转型等具有重要意义。有鉴于此,2003 年,我国学者刘沛林提出了文化景观基因的概念[25]。现今,景观基因理论的研究分析框架已经形成[26](图 6-3)。

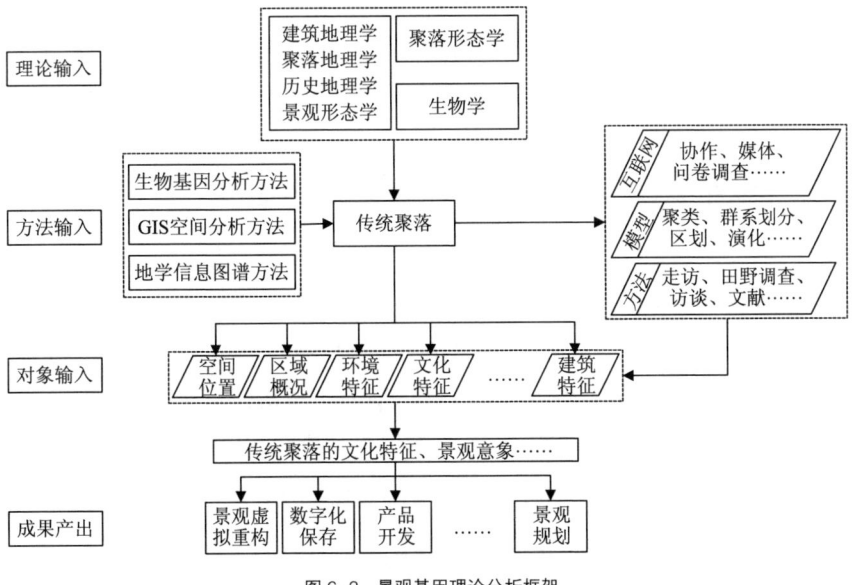

图 6-3　景观基因理论分析框架

景观基因理论分析框架运用自然科学的分析方法和 GIS 开展传统聚落文化景观的特征研究，结合地学信息图谱，通过虚拟/增强现实、3D 建模与数字新媒体等探索传统聚落文化景观的数字化传承。景观基因结合信息技术构建识别指标体系、提取方法和技术流程，实现文化景观的定量分析，进而建立某些特定文化因子的量化分析模型。这为研究传统聚落文化景观提供了独特的视角，为揭示其现代价值提供了定量方法。传统聚落凝聚了数千年的传统文化精华，也展示着古代规划的特征[27]。结合景观基因理论，建立我国不同地区不同风格和不同民族文化特征的景观基因组图谱，对当今的规划工作有着重要的意义。

第四节　GeoDesign 与景观基因分析框架的整合

古代倡导的人地和谐共存的思想深刻地浸润了传统文化遗产，并通过大量的古村古镇、传统建筑、文物古迹等传承至今。换句话说，我国古代倡导和构建的"人与自然协调""和谐共存"的人地哲学以文化基因的形式存续至今。景观基因理论本质上是一种分析和提取蕴藏于传统聚落中的文化因子的方法，其显著特征在于结合 GIS 与生物信息学绘制不同传统聚落的文化景观基因组图谱。景观基因作为一种文化景观特征分析方法，其核心可以归结为揭示传统聚落隐藏的古代人地关系知识及其内涵。

一、两者整合的缘由

当今，以 GIS 为代表的信息技术对传统规划的渗透和影响日益加剧，直接促成了 GeoDesign 的形成。GIS 既是 GeoDesign 的技术支撑和基本工具，也是连接不同学科领域的理论、方法与模型并整合成为地理规划功能的平台。可以说，没有 GIS 的快速发展及其在规划领域的广泛应用就不会有 GeoDesign 的出现。

在景观基因领域，GIS 同样是基本的分析工具，可辅助研究人员分析、归纳并提炼聚落景观的重要传统文化特征。从该理论发展与应用的进程来看，GIS 在聚落区划、景观特征提取、景观基因组图谱构建、旅游规划等实践中均起着技术支撑的作用，是连接地理学与其他学科的平台。

从核心理念上看，GeoDesign 与景观基因都是为了深入理解和分析人类活动与自然环境之间的相互关系而提出的方法论。二者既有所区别又有着很多相似之处（表 6-1）。

表 6-1　GeoDesign 与景观基因理论分析框架的对比

	GeoDesign	传统聚落景观基因理论分析框架
基本目标/内涵	对即将进行的人类活动可能产生的潜在影响进行评估，吸引领域专家、普通公众等参与以获得具有最佳环境与生态效益的规划方案	提取传统聚落中蕴含的传统文化因子，归纳和总结其中的地学规律与知识，为现阶段的城镇建设、旅游开发等人类活动提供借鉴或参考，为规划活动决策提供参考
方法意义	在 GIS 支持下构建的一种开放式的空间规划工作模式	在 GIS 与生物学等自然科学的研究方法支持下提出的文化景观特征分析方法
关键支撑技术	GIS、网络通信技术、AR/VR、3D 建模、数字媒体	GIS、文化基因组计算技术、空间数据挖掘、人工智能、地理计算、地学信息图谱
核心特征	结合现有的生态环境理论和空间分析环境评价模型等评估人类活动可能对环境产生的潜在影响，优化现有的或即将发生的规划工作	综合地理、历史、建筑、聚落等学科的知识，以 GIS 为基本工具揭示传统聚落景观的重要文化特征，从而为当今的城镇建设、旅游发展等规划工作提供借鉴或决策参考
理论框架	尚未形成较为一致的概念与理论体系	提出了文化景观基因的概念，初步形成了理论体系
应用现状	有数量较多的专门研究团体、学术组织和国际会议等，开发了专门的软件工具或理论模型，广泛用于解决与地理空间规划相关的实际问题	初步形成了稳定的研究团体，尚未形成专门的学术组织和相关会议，研究成果已经在传统聚落保护、旅游规划等领域得到应用但还不太广泛

从两者的特征来看，GeoDesign 与景观基因在一定程度上可以互补：①GeoDesign 的根本目标是促进和实现人类的可持续发展，景观基因的核心理念是促进人地相互协调发展。值得注意的是：可持续发展理论将人类发展的空间与时间耦合特征相互割裂开来，从而使得自身存在悖论。GeoDesign

在其哲学基础上存在的这种先天不足正好可以用我国古代的生态哲学智慧加以完善[27]。②GIS 对两者的形成和发展都具有主导作用。GIS 对于 GeoDesign 的形成起到了决定性的作用。对于景观基因来说，GIS 是从传统聚落的知识宝库中挖掘古代生态哲学、规划思想与应用模式等传统文化精华的基本工具。从根本上说，这是由 GIS 作为新一代地理学语言[14—15]的特殊地位所决定的。GIS 是地学知识发现必不可少的基本工具，是 GeoDesign 与景观基因两者进行科学沟通的天然桥梁。③GeoDesign 是传统规划进入信息时代的必然产物；景观基因则通过 GIS 从传统聚落中发现地理知识，从而服务于我国经济社会建设进程中迫切的规划需求。两者具有发展目标和应用领域的一致性，产生交集是科学领域的必然趋势。

尽管 GeoDesign 是由西方学者倡导和推动，景观基因由中国学者创立并发展，但两者最终目的都是服务于现代规划工作的需要。这表明它们具有融合发展的内在动因。

二、两者整合的基础

不同于传统规划模式，GeoDesign 凭借通信、网络与 GIS 等多项技术可以将多种规划方案的预期效果进行可视化呈现，并对可能产生的结果进行模拟。这可以有效地吸引更多公众参与规划过程，从而将科学知识与社会价值融入到改变未来的设计活动中[31]。GeoDesign 让规划成为一项公众广泛关注和参与的设计未来的活动。"人与自然共存的规划设计活动"是 GeoDesign 的目标。科学知识、领域专家知识和图书馆等对 GeoDesign 具有重要影响。相应地，传统聚落的选址、布局、形态、建筑技艺、美学与传统文化价值等知识可以成为 GeoDesign 领域专家知识库的重要组成部分和基本素材。

景观基因借鉴自然科学的研究方法，在 GIS 的支持下能够有效地实现传统聚落的数字化保护并服务于相应的规划实践，促进优秀民族传统文化的传承。从实践来看，结合 GIS 构建区域性的传统聚落景观基因组图谱[35]，可以从微观到宏观的多粒度视角揭示不同传统聚落景观的传统文化特征。

这也是实现传统聚落景观及其文化遗产的数字化传承与相关规划的重要实践[36]。此外，景观基因可以直接通过构建图谱数据库实现传统聚落蕴藏的地学知识的管理。

GeoDesign 和景观基因二者之间具有相互融合的理论与方法基础（图6-4）：①前者需要充足的案例、丰富的经验和系统的专家知识，后者恰好可以通过构建景观基因组图谱数据库积累丰富的研究案例并进行系统的知识挖掘；②前者可以为后者提供传统聚落价值特征评价的理论与方法，促进后者在传统聚落保护、城镇建设、旅游发展等领域的规划应用；③后者可以通过现存传统聚落案例等为前者的规划方案潜在影响评价效果提供对比并进行相应的原因分析或者相关优化方案分析；④在 GIS 和网络通信、新媒体等技术的支撑下，两者都可以充分地获取环境、地理、生物、历史、建筑等多学科的支持。

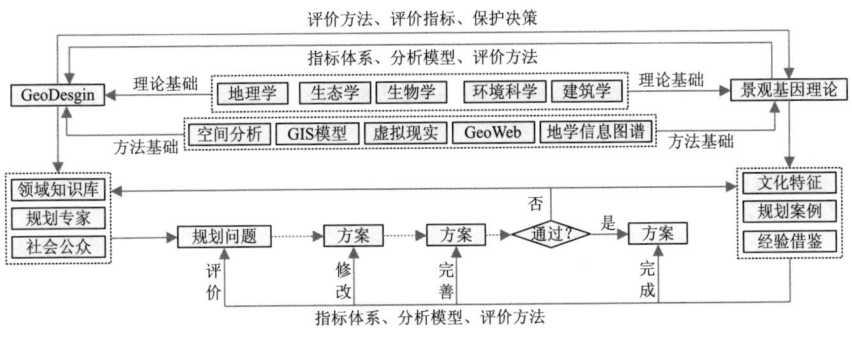

图6-4 GeoDesign 与景观基因的整合

三、两者整合的途径

GeoDesign 突破了传统规划模式的局限，将其由行业领域专家主导的活动转变为可以吸引公众广泛参与的社会化、大众化行为。相应地，最终规划方案在最大限度地满足公众的社会价值取向的同时又具有充分的科学性。特别是在网络通信、可视化、GIS 和 GeoWeb 等[31]的支持下，各种可能的规划方案都可以直观地呈现给公众。人们可以通过一定的空间分析模型或者评价方法对不同的规划方案进行评价与改进，进而形成最佳的方案。

景观基因结合 GIS 和地学信息图谱，通过构建识别指标体系[37]实现传统聚落的文化特征、建筑特征、环境特征和布局特征等文化因子的提取与管理。结合 GIS、VR/AR、移动互联、全息制图、众源空间信息处理等技术，景观基因在可以预见的未来有望实现传统聚落的多维时空场景重构。此外，随着全信息空间信息系统、全息地图制图、地理时空场景的瞬间实时响应等GIS 领域的新兴成果走向实用，结合景观基因理论重构、模拟并评估远古时期的传统聚落对环境产生的影响也将成为可能。因此，动态展现传统聚落在地理空间中的布局与形态特征[38]、意象特征[39]，构建相应的传统聚落生态环境影响评价模型，可以为城市规划、传统聚落保护规划、旅游规划等提供支持。

总之，GeoDesign 和景观基因理论在理论基础、支撑技术和应用领域等方面具有较好的互补性，这可以为规划提供支持与借鉴。总体上，这是由两者的核心理念以及共同依赖的支撑技术因素决定的，而不是由人的主观意愿决定的。因此，探索两者的整合具有重要的意义：①GeoDesign 是一个紧耦合的技术系统[31]，目前已经形成了专门的软件工具和丰富的应用成果，这为两者的整合提供了技术基础；②景观基因可以丰富 GeoDesign 的专家知识库；③景观基因在实践中取得了丰富的应用成果，这些都可以直接作为GeoDesign 研究过程中的输入要素并直接运用到规划实践。GeoDesign 和景观基因可以在过程评价、要素评估、方案评估等方面进行结合，从而促进两者的共同发展。

第五节　研　究　案　例

一、高椅村空间规划特征提取

聚落是人类对自然环境的影响最为剧烈和改造最为集中的地方。自古代存续至今的传统聚落通过多种形式呈现古人的生态智慧与生存哲学。笔者在开展景观基因的研究过程中探索并总结了一种以 GIS 软件平台为基本工具提取传统聚落空间规划特征的方法，现以湖南省会同县高椅村为例进行简要介绍，包括空间数据、文化景观等基础数据与图件录入，然后对景观基因、文化要素、历史、地理等分析，再围绕未来发展目标进行规划设计，提出建议对策。

高椅村坐落于一个三面环山、一面临水的敞口盆地中，村前为巫水河。盆地和河流共同构成了高椅村封闭的地理空间。建村初期，高椅村在规划上取梅花的吉祥寓意，以位于村落中心的五通神庙为核心，规划了"五通—梅花阵"的村落形态格局。高椅村自建村至今的数百年间，形成了五个空间上相互分散的自然村落。根据这一特征，综合村落的基本街区数据、遥感影像数据以及实地走访获取的数据资料，将其输入到 ArcGIS 软件，然后通过选取、合并等制图综合处理，可得到村落空间形态与格局的抽象示意图（图6-5）。

图 6-5　高椅村的空间规划特征

根据图 6-5，结合村落的核心与各个组团之间的空间距离和分布特征，综合判定得出高椅村的空间形态和整体空间格局为同心圆[38]。高椅村结合周边地形、河流等自然环境特征，将村落规划成五个相互独立又有一定空间距离的组团，有利于当时生产力水平下发展耕种。同时，这也考虑了村落在发展过程中因人口增加需要预留充分的发展空间。高椅村这种在古代即已经形成的空间规划理念对现今的村镇建设规划具有很好的借鉴意义，其特有的村落空间规划模型可以作为 GeoDesign 的研究案例。

二、萱洲古镇旅游规划中的文化景观特征分析

湖南省衡山县萱洲古镇位于湘江沿岸低丘地带，北依南岳衡山，为湖南历史文化名镇与中国旅游文化名镇。萱洲历史悠久，扼衡山古驿道与湘江航道接合处，商贸繁荣，早在明朝洪武年间即置为建制镇。萱洲现今较完好地保存了沿河商贸古街、古码头和渡口、祠堂等古迹和历史建筑。

我们研究团队在参与萱洲古镇创建"湖湘风情文化旅游小镇"的过程中收集了《衡阳市萱洲古镇旅游详细规划》《衡山县萱洲镇土地利用总体规划（2006—2020）》等资料与相关的基础地理数据，同时调研了其文化景观现状。本案例还收集了《衡山县志》《衡山地方志》《衡山县统计年鉴》等文献资料。

我们结合 ArcGIS 及其插件 Auxman 6.0，计算了萱洲古镇文化景观基因的集中度（表 6-2）和空间整合度（图 6-6），相应的计算结果为该镇确定文化景观基因信息链（图 6-7）提供了科学依据[40]。这项研究成果也为萱洲相关部门和旅游企业开展旅游规划提供了重要参考。

表 6-2 萱洲古镇景观要素在街巷的分布

序号	街巷	景观基因信息点数量（个）	所占百分比（%）	累计百分比（%）
1	下河街	20	51.28	51.28
2	上河街	7	17.95	41.03
3	过江码头巷	9	23.08	92.31
4	大码头巷	3	7.69	100.00

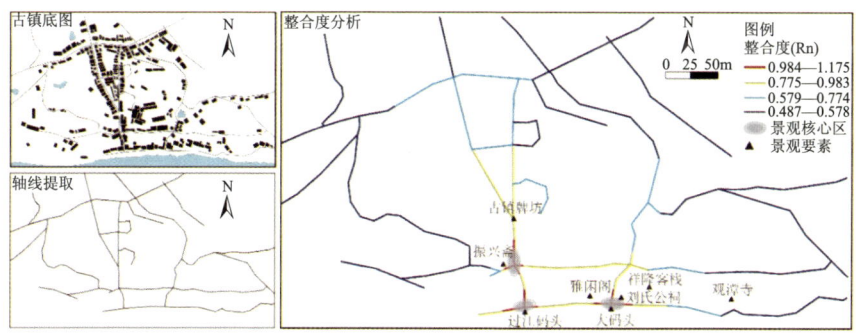

图6-6　萱洲古镇文化景观基因的空间整合度分布

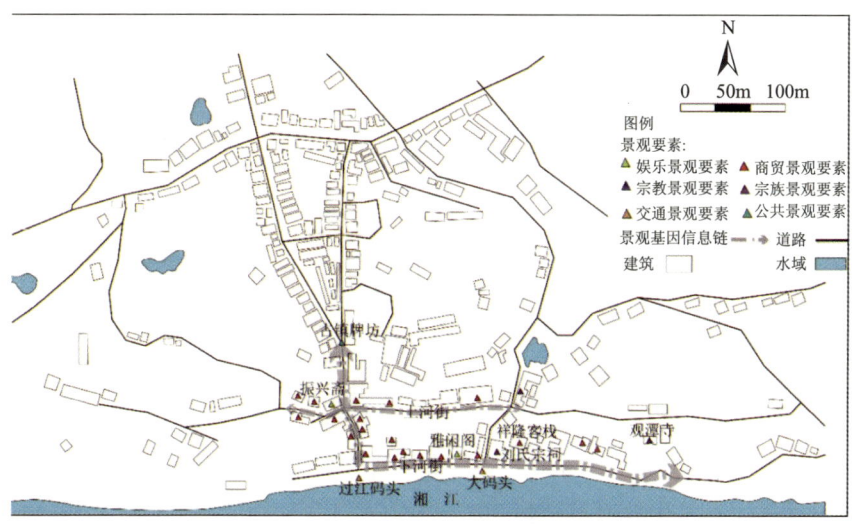

图6-7　萱洲古镇的文化景观基因信息链分布图[40]

　　自提出至今，GeoDesign 呈现出良好的发展态势，在规划实践中得到了广泛应用。这说明 GeoDesign 代表着未来规划领域的主流。景观基因根植于中国丰富的传统聚落，吸收了自然科学和 GIS、历史、建筑等多学科的方法，在解决我国传统聚落保护、发展与乡村地区建设等问题中显现了良好的前景。但是，景观基因理论还处于初级阶段，急需引入新的研究思路和方法以完善其理论框架。本章深入考察两者的基本特征、核心理念和方法基础，认为两者的整合具有重要的意义，可以拓展景观基因的研究领域，为传统聚落面临的数字化保护与发展等急需解决的大量规划问题提供借鉴。

GeoDesign 与景观基因理论具有理论基础、方法和技术层面的互补性。这里初步探讨了两者整合的基础与途径。在下一步历史文化村镇数字化研究工作中，应该结合两者的特点，在现有 GIS 软件平台的基础上尝试开发专门的软件工具以实现两者在技术层面上的融合。

参考文献

[1] 陆大道，郭来喜："地理学的研究核心：人地关系地域系统"，《地理学报》，1998年第 53 卷第 2 期：97—105。

[2] 李双成，王羊，蔡运龙："复杂性科学视角下的地理学研究范式转型"，《地理学报》，2010 年第 65 卷第 11 期：1315—1332。

[3] 江南，方成，陈敏颉："全空间信息系统认知与表达初探"，《地球信息科学学报》，2017 年第 19 卷第 9 期：1150—1157。

[4] 齐清文，姜莉莉，张岸等："全息地图建模与多重表达"，《测绘科学》，2018 年第 43 卷第 7 期：7—14。

[5] 甄峰，王波："'大数据'热潮下人文地理学研究的再思考"，《地理研究》，2015 年第 34 卷第 5 期：803—811。

[6] 吴志峰，柴彦威，党安荣等："地理学碰上'大数据'热反应与冷思考"，《地理研究》，2015 年第 34 卷第 12 期：2207—2221。

[7] 陆锋，张恒才："大数据与广义 GIS"，《武汉大学学报（信息科学版）》，2014 年第 39 卷第 6 期：645—654。

[8] 李清泉，李德仁："大数据 GIS"，《武汉大学学报（信息科学版）》，2014 年第 39 卷第 6 期：641—644。

[9] 党安荣，李娟，陈介山："地理设计理念在规划中的应用研究进展"，《中国园林》，2014 年第 30 卷第 10 期：5—8。

[10] Tomić Reljic D., Miočič-Stošić V. K., Butula S., et al. An overview of GIS application in landscape planning, *Journal of the Croatian Cartographic Society*, 2017,16（27）: 26-43.

[11] Angelides D.GIS-Designing Our Future，2009，www.arc-data.cz/digitalAssets/

112979_Angelides.pdf.

[12] Jack D. "GIS:Designing Our Future" Redlands: ESRI, 2009，https://www. taodocs. com/p-343763234.html.

[13] 林珲，黄凤茹，闾国年："虚拟地理环境研究的兴起与实验地理学新方向"，《地理学报》，2009 年第 64 卷第 1 期：7—20。

[14] 胡最，汤国安，闾国年："GIS 作为新一代地理学语言的特征"，《地理学报》，2012 年第 67 卷第 7 期：867—877。

[15] Hu Z., Tang G. A., Lu G. N. A new geographical language：a perspective of GIS, *Journal of Geographical Sciences*, 2014, 24（3）：560-576.

[16] 胡最，刘沛林，邓运员等："从 GeoDesign 视角对地理专业环境教育改革的探索"，《衡阳师范学院学报》，2013 年第 34 卷第 3 期：134—138。

[17] 马劲武："GeoDesign 导读"，《中国园林》，2010 年第 26 卷第 4 期：17。

[18] 唐艳红："地理设计：新思维与新手法"，《中国园林》，2010 年第 26 卷第 4 期：35—36。

[19] 李莉，袁超："地理设计的思想、方法和工具"，《地理空间信息》，2011 年第 9 卷第 6 期：42—44。

[20] 罗灵军，邓仕虎，金贤锋："从地理信息服务到地理设计服务"，《地理信息世界》，2012 年第 10 卷第 6 期：40—46。

[21] 蒋波涛："地理设计漫谈"，《中国测绘报》，2011 年第 4 期：19。

[22] Artz M. Changing Geography by Design, 2012, https://www.esri.com/library/ ebooks/GeoDesign.pdf.

[23] 刘沛林，刘春腊，邓运员等："中国传统聚落景观区划及景观基因识别要素研究"，《地理学报》，2010 年第 65 卷第 12 期：1496—1506。

[24] 刘沛林：《家园的景观与基因：传统聚落景观基因图谱的深层次解读》，北京：商务印书馆，2014。

[25] 刘沛林："古村落文化景观的基因表达与景观识别"，《衡阳师范学院学报（社会科学）》，2003 年第 24 卷第 4 期：1—8。

[26] 胡最，刘春腊，邓运员等："传统聚落景观基因及其研究进展"，《地理科学进展》，2012 年第 31 卷第 12 期：1620—1627。

[27] 周晓芳："基于易经阴阳的人地关系地域系统模型"，《地理研究》，2015 年第 34 卷第 2 期：225—233。

[28] 刘沛林："'景观信息链'理论及其在文化旅游地规划中的运用"，《经济地理》，2008 年第 28 卷第 6 期：1035—1039。

[29] 罗一墩，肖洒，胡最等："文化景观基因理论对耒阳'江头贡茶文化园'的规划探索"，《经济地理》，2016 年第 36 卷第 8 期：202—208。

[30] Steinitz C. *A Framework for GeoDesign: Changing Geography by Design.* New York：Esri Press，2012.

[31] Stephen M. Ervin. A system for GeoDesign. Digital landscape architecture conference. *Dessau Germany*，2011.

[32] Huang L., Xiang W., Wu J., et al. Integrating GeoDesign with landscape sustainability science, *Sustainability*, 2019.

[33] Michael F. Goodchild towards GeoDesign：repurposing cartography and GIS？ *Cartographic Perspectives*, 2010, 66: 7-22.

[34] 周文生，杨旭彤，苏文松："地理设计平台的研发及其在城市规划中的应用探索"，《中国园林》，2014 年第 30 卷第 10 期：12—17。

[35] 胡最，刘沛林："中国传统聚落景观基因组图谱特征"，《地理学报》，2015 年第 70 卷第 10 期：1592—1605。

[36] 刘沛林，邓运员："数字化保护：历史文化村镇保护的新途径"，《北京大学学报（哲学社会科学版），2017 年第 54 卷第 6 期：104—110。

[37] 胡最，刘沛林，曹帅强："湖南省传统聚落景观基因的空间特征"，《地理学报》，2013 年第 68 卷第 2 期：219—231。

[38] 胡最，郑文武，刘沛林等："湖南省传统聚落景观基因组图谱的空间形态与结构特征"，《地理学报》，2018 年第 73 卷第 2 期：317—332。

[39] 刘沛林，董双双："中国古村落景观的空间意象研究"，《地理研究》，1998 年第 17 卷第 1 期：31—38。

[40] 胡慧，胡最，王帆等："传统聚落景观基因信息链的特征及其识别"，《经济地理》，2019 年第 39 卷第 8 期：216—223。

第七章　基于无人机影像密集匹配点云的历史文化村镇地面点提取及 DEM 生成——以湘西德夯村为例

数字高程模型简称 DEM（Digital Elevation Model），是通过有限的地形高程数据实现对地面地形的数字化模拟，即地形地表形态的数字化表达，是历史文化村镇数字化工作的基础，有必要开展理论和实践的研究。

针对目前利用无人机技术在山地起伏大、山体植被密集区域，难以获取地面点及 DEM 等问题，这里探讨了一种结合布料模拟算法和改进的局部最大值算法，利用树顶点、树高等植被信息，提取地面点，进而生成整个区域的 DEM 的方法。具体以中国传统村落德夯村为例，首先利用植被系数和高程信息将点云分割为植被密集区和非植被密集区两个部分。在非植被密集区，通过布料模拟算法和改进的局部最大值算法分别提取地面点和树顶点，计算平均树高；在植被密集区，通过该区域的树顶点推算得到植被密集区的近似地面点，最终将两部分的地面点云进行 TIN 插值得到该地区的 DEM。实验结果表明，利用此方法生成的 DEM 均方根误差，在非植被密集区达到了 0.037m，植被密集区可达到 1.606m，整体平均误差达到了 1.492m。

第一节　前　　言

近年来，随着无人机倾斜摄影技术的快速发展，无人机影像密集匹配生成的点云（DIM）精度不断提高，在测绘[1—2]、林业[3—4]、三维重建[5—6]、灾害模拟[7—9]等领域发挥了重要作用。数字高程模型（DEM）是一种重要的地形数据，如何通过点云滤波将地面点与非地面点准确、快速、高效地分离一直是国内外众多学者的研究热点和难点。

在过去的几十年里，滤波算法大多是围绕机载激光雷达（LiDAR）点云数据而展开。根据不同的原理及方法，大致可分为以下三类：基于坡度的[5—6]、基于数学形态学的[7—8]、基于插值的[9]。上述所有的滤波算法各有优缺，对于算法描述的特定情况、特定地形具有较好的滤波效果，但不适用于植被密集、地形陡峭等复杂地形，且参数设置较为复杂。

相比于具有穿透性、精度较高的 LiDAR 点云，学者们对于 DIM 点云研究较少。但是随着影像密集匹配技术的提高，DIM 点云因其获取数据方便、成本低廉等优点在近几年广受关注。林鑫比较了 DIM 点云和 LiDAR 点云，发现 DIM 点云虽然无法在密集林分中获取冠层内部和地面信息，但可直接用于稀疏林分和未成林地的森林参数估测[10]；张震超探究了激光雷达滤波对于 DIM 的适用性，发现激光雷达滤波对随机噪声具有较好的鲁棒性，在草地地区生成的数字地面模型（DTM）高程偏高[11]；马瑞峰提出一种融合 DOM 的 DIM 点云滤波算法，该算法影像和 DIM 点云高程多源信息进行融合，经过 SVM 算法的影像分类，结果表明该算法生成的 DEM 与参考 DEM 呈高度相关性，具有较高的精度[12]。Ressl 在不同植被密度的区域研究了 DIM 点云在产生地形数据的性能，研究发现 DIM 只能在没有植被或植被非常松散的地区提供地形数据[13]。

上述研究中，大多学者发现 DIM 点云在植被密集的区域是难以获取地面点的，也正因为如此，大部分针对 DIM 点云滤波研究都是集中在城区等一些植被较少的区域。在此类区域，DIM 点云虽然无法穿透植被，但是利用植被四周的地面点进行插值拟合，最终还是可以得到完整的地面点数据，且效果较好；而在植被密集区域，DIM 点云无法穿透植被获取地面点信息，从而导致大片区域只包含植被冠层点云而无地面点云，如果依旧沿用传统的点云滤波进行试验，势必将导致该地区 DEM 升高，误差增大。基于此，本章以湘西传统村落德夯村为例,利用植被系数和高程信息将点云分为植被密集区和非植被密集区两个部分。通过布料模拟算法和改进的局部最大值算法,提取树顶点及树高信息,分别得到两个部分的地面点,最终将两部分的地面点云进行不规则三角网（TIN）插值得到该地区的 DEM。

第二节　研　究　方　法

一、数据预处理

无人机倾斜摄影获取的影像首先经过 Context Capture 处理,生成高精度的点云数据,根据实验范围,裁剪点云,导出 las 格式的点云数据。其次利用高斯滤波对点云进行预处理,剔除粗差,去除极高极低点。根据植被系数和高程信息,将点云划分为植被密集区和非植被密集区。图 7-1 为技术路线。

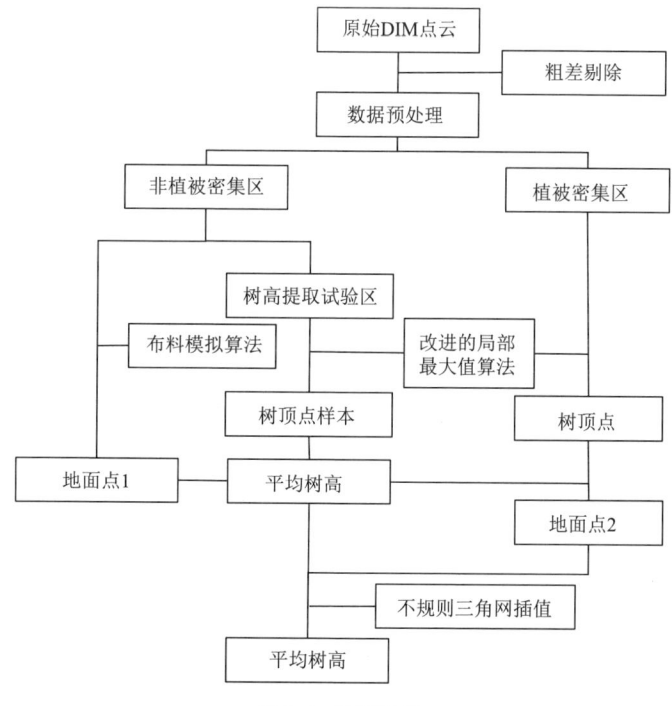

图 7-1　技术路线图

二、布料模拟算法

布料模拟算法（CSF）由张吴明教授团队于 2016 年提出，其基本原理为将点云倒置，在点云表面覆一层布，布由于重力作用而下降，若布料足够软，则可完全粘附于倒置的点云表面，最终形成 DSM；若布料较硬，则形成 DTM[14]。因布料模拟算法在平地地区具有较好的滤波效果，且参数设置较少，较之传统点云滤波具有明显的优势[15—16]。故这里选用布料模拟算法对非植被密集区进行点云滤波。

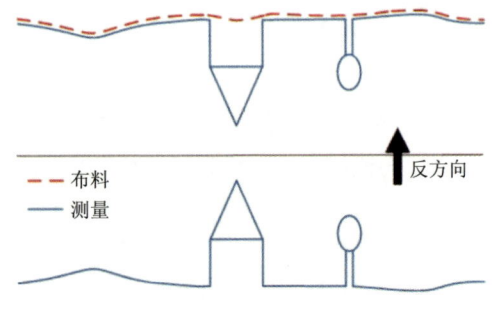

图 7-2 布料模拟算法示意图

资料来源：Zhang W. M., QI J. B., WAN P., et al. An easy to use airborne Li DAR data filtering method based on cloth simulation. *Remote Sensing*, 2016, 8（6）：501.

三、改进的局部最大值算法

这里以预处理后的点云为对象，对局部最大值进行改进，具体如下：

① 根据点云的 X、Y 的最大/最小坐标，找到点云的最小外接矩形；

② 根据外接矩形的长、宽距离，将整个点云按照行列进行 m、n 窗口划分、编号，判断各个点的 Z 值，寻找窗口内最高点；

③ 设置最低阈值 D1 和剔除阈值 D2。比较所有窗口最高点的 Z 值和最低阈值，若 Z 值低于最低阈值，则舍去，反之则保留；比较最高点之间的相邻距离，若相邻距离小于剔除阈值，则剔除 Z 值较低点，保留 Z 值较高点。最终可得到树顶点。

在本处方法中，窗口的大小应根据案例地植被分布、长势等实际情况灵活调整，寻找最合适的窗口大小；剔除阈值的设置可以有效避免一棵树因树冠过大、树高过高而横跨了两个窗口，从而导致一棵树有两个树顶点的情况。

第三节　实验及结果分析

一、实验数据

德夯村为苗族聚居的自然村落，是首批中国传统村落。村落处于盘古峰、迎客峰、驷马峰与孔雀开屏峰的峡谷地带，村落周围群山逶迤，植被茂密，地势起伏较大。其 DIM 点云于 2019 年 8 月实地飞行获得。所使用的无人机为中海达 iFly D6 四旋翼无人机，该无人机最大载重 2kg，最大飞行高度 5000m，最大飞行速度 15m/s，标载作业时间为 60min。无人机搭载 iCam Q5mini 五镜头倾斜摄影相机和 UAV-PPK 接收机，相机有效像素达到 1.2 亿（24 000 000×5）。实验先经过测区勘探、航线规划，使用中海达 UAV-PPK 数据处理软件，对中海达 iFly D6 获取的差分 POS 观测数据进行融合差分 GPS 解算，得到五组相机的精确定位数据；最后在 Context Capture 软件依据多视影像的联合平差与多视影像的密集匹配的计算方法对影像数据进行空三加密，得到初始 DIM 点云数据，总点数为 17 766 393 个，试验区面积约 5.04km²（图7-3）。

图7-3　德夯村三维点云

二、基于植被、高程的点云分割

基于 NDVI 归一化植被指数和高程信息，将点云分割成植被密集区和非植被密集区。植被密集区主要为山地陡坡地区，地势起伏较大，植被密集，地面基本被遮挡；非植被密集区主要为德夯村居住区、草地、道路、河流等区域，同时还包括居住内的少部分树木，地势相对平缓，遮挡较少（图 7-4）。

植被密集区   非植被密集区

图 7-4 点云分割结果

三、非植被密集区的地面点提取

根据实验区域地形起伏情况，选择合适的布料模拟算法参数。经过多次实验，地形场景选择缓坡，布料分辨率为 1，最大迭代次数默认为 500，分类阈值为 0.5 时，效果最好。滤波结果如图 7-5。

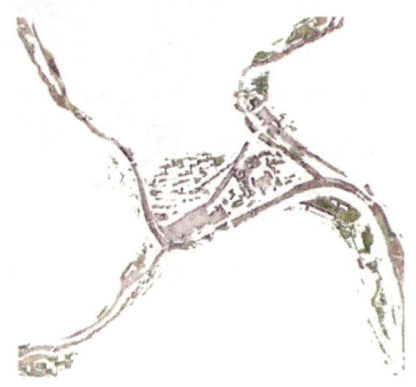

图 7-5 非植被密集区地面点云

四、植被密集区的地面点提取

基于无人机影像的树高提取方法有很多，这里选取应用较多且方法简单有效的局部最大值算法。与其他研究不同的是，这里抛弃以往的利用冠层高度模型（CHM）提取树顶点，直接对去噪后的点云进行树顶点提取，采用不同大小的窗口对点云进行遍历，多次实验得出最合适的窗口大小。根据地理学第一定律，任何事物都是具有关系的，相近的事物关联更紧密。由于这里的试验样本区域较小，植被密集区和非植被密集区气温、降水等自然条件几乎一样，所以认为两个区域的树高近似相等。根据试验区的树高和植被密集区的树顶点，推算得到植被密集区的近似地面点。

（一）树高提取

在植被非密集区选择一块树高提取试验区，采用改进的局部最大值算法，得到该区域和植被密集区的树顶点，图 7-6 中红点为树顶点。

根据得到的非植被密集区的地面点，通过 TIN 插值生成树高提取试验区的DEM，从而最终得到每棵树的高度和平均树高。结合试验区的树冠直径，经过多次实验，当行数 m=13，列数

图 7-6　树高提取试验区点云及树顶点

n=13，最低阈值 D1=266，剔除阈值 D2=4 时，提取的树顶点精度最高。通过人工判读结果来看，该试验区共有树木 40 棵，根据公式 7-1、7-2、7-3，FP=5，TP=38，FN=2，总体精度 F 可达到 91%。如正确提取的树高见表 7-1，平均树高为 13.9m。

$$R = \frac{TP}{TP + FN} \times 100\% \qquad （公式 7-1）$$

$$P = \frac{TP}{TP + FP} \times 100\% \qquad （公式 7-2）$$

$$F = \frac{2RP}{R + P} \times 100\% \qquad （公式 7-3）$$

其中，TP 为正确提取的树顶点个数，FN 为遗漏的树顶点个数，FP 为错误提取的树顶点个数。R 为召回率，P 为准确率，F 为测度。

表 7-1　树高提取试验区准确树高表　　（单位：m）

序号	树高	序号	树高	序号	树高	序号	树高
1	15.45	11	15.32	21	13.42	31	10.48
2	15.39	12	10.48	22	13.38	32	15.43
3	15.69	13	10.72	23	11.11	33	14.87
4	14.97	14	12.89	24	8.33	34	13.53
5	13.16	15	15.79	25	14.35	35	12.26
6	13.01	16	14.66	26	14.99	36	13.87
7	8.47	17	17.31	27	14.89	37	17.24
8	13.08	18	17.36	28	15.03	38	14.15
9	12.08	19	14.98	29	14.29		
10	15.45	20	14.24	30	13.50		

表 7-2　DEM 精度评价　　（单位：m）

序号	RTK 高程	DEM 高程	高差
1	255.463	255.607	-0.144
2	267.086	266.967	0.119
3	259.707	260.050	-0.343
4	275.209	275.063	0.146
5	273.427	275.079	-1.652
6	255.304	255.164	0.140

续表

序号	RTK 高程	DEM 高程	高差
7	271.597	273.855	−2.258
8	274.692	274.331	0.361
9	255.942	255.677	0.265
10	281.391	281.317	0.074

（二）植被密集区地面点生成

由树高提取试验区的窗口大小，推断得出当窗口边长约为 8m 时，树顶点的提取效果最好。据此同样利用局部最大值算法，统计得到植被密集区的树顶点，与平均树高值相减，得到植被密集区的地面点，如图 7-7 左所示。

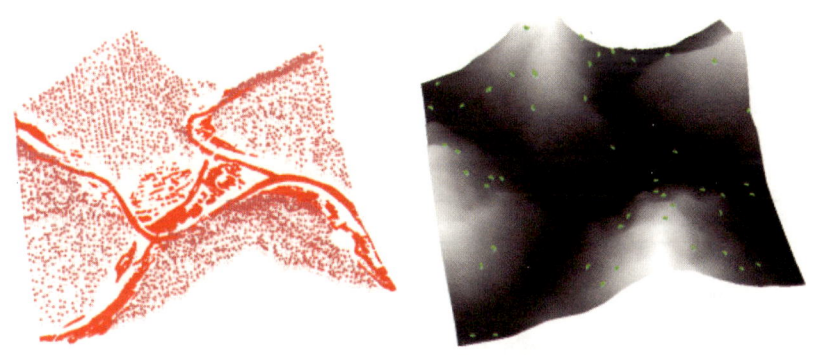

图 7-7　测试区地面点云数据及其 DEM 数据合成

注：德夯村地面点云（左）和 DEM（右），绿色点为高程控制点。

五、DEM 生成与精度评价

根据上述得到的德夯村地面点云，通过 TIN 插值成 1∶10000 的 DEM，如图 7-7 右所示。为评价生成的 DEM 精度，根据网络 RTK 随机采集的 50 个控制点高程数据，比较在植被密集区和非植被密集区里，RTK 实测点高程与对应点的 DEM 高程的平均误差、标准误差和均方根误差，如表 7-2 所示。平均误差（ME）表征 DEM 中的系统误差，标准误差（STD）表示 DEM

的随机误差，均方根误差（RMSE）反应整体上真实地形与 DEM 数据高程值的离散程度。

从表 7-2、7-3 中可以看出，非植被密集区平均误差较之植被密集区偏大，平均误差和均方根误差较小，这是因为在非植被密集区与植被密集区相连处，经过树高推算地面点和 TIN 插值后，高程变化剧烈，位于非植被密集区内的 10 个点有 2 个点位于连接区域，误差达到了–1.652m 和 2.258m，极大地影响了在非植被密集区的整体效果，扣除这两个异常值，非植被密集区的精度可达到 0.07m。结合 DEM 坡度图来看，非植被密集区坡度都在 30% 以内，说明 CSF 滤波在平坦、无较多遮挡区域效果还是比较好的。植被密集区因山势陡峭、树木高度等原因，在利用树高推算地面点方法时，虽然可以大致得到地面点信息，没有明显的 DEM 逻辑错误，平均误差也仅为–0.404m，但是标准误差较大，说明虽然高差整体较好，但是依旧在部分区域存在较大差异。

表 7-3 非植被密集区随机点高差　　　（单位：m）

区域	点数	ME	STD	RMSE
植被密集区	40	-0.404	1.574	1.606
非植被密集区	10	0.89	-0.329	0.037
整体	50	-0.389	1.455	1.492

山势陡峭、山体常年绿树覆被，这里仅认为山体表面树木种类相同、树高近似相等，但是在实际考察中发现，依旧存在不同种类的植被，且小部分区域树高差异较大，这是导致误差较大的根本原因。在以后的研究中，如果充分考虑不同树种、不同树高等特点，进一步挖掘山体植被包含的各项信息，再结合本章利用局部最大值等方法提取树顶点、树高等山区植被信息，结合 CSF 算法，得到了精度约 1.5m 的德夯村 DEM。对于包含大面积植被密集区域的传统村落 DEM 的提取提供了一种思路，同时也再次验证了 CSF 算法对

于平坦区域提取地面点的优势。考虑到湘西地区历史文化村镇的地域特征——激光雷达等其他数据源信息，对历史文化村镇精确 DEM 的提取必将有所帮助，这也是历史文化村镇数字化的基础工作。

参考文献

[1] 魏国忠："农村区域房地一体化高精度测绘方法研究"，《测绘科学》，2020 年第 45 卷第 2 期：98—103。

[2] 于东海，冯仲科："基于无人机倾斜航空影像的树冠体积测算方法"，《农业工程学报》，2019 年第 35 卷第 1 期：90—97。

[3] 马东岭，王晓坤，李广云："利用图割算法进行城市密集点云表面模型重建"，《测绘通报》，2019 年第 2 期：45—48。

[4] 刘斌，唐雅玲，马晨燕等："无人机倾斜摄影三维模型在城市雨洪风险评估中的应用"，《测绘通报》，2019 年第 10 期：46—50，66。

[5] Vosselman G. Slope based filtering of laser altimetry data. *International Archives of Photogrammetry and Remote Sensing*, 2000, 33（B3）：935–942.

[6] Liu J., shen J., zhao R., et al. Extraction of individual tree crowns from airborne LiDAR data in human settlements. *Mathematical & Computer Modelling*, 2013, 58（3-4）：524-535.

[7] Chen Q., Gong P., baldocchi D.，et al. Filtering airborne laser scanning data with morphological methods. *Photogrammetric Engineering and Remote Sensing*, 2007,73: 175–85.

[8] Yang B. S., Huang R. G., Dong Z., et al. Two-step adaptive extraction method for ground points and break lines from lidar point clouds, *ISPRS Journal of Photogrammetry and Remote Sensing*, 2016,119: 373-389.

[9] Axelsson P. E. DEM generation from laser scanner data using adaptive TIN models. *International Archives of Photogrammetry and Remote Sensing*, 2000, 33（4）：110-117.

[10] 林鑫，庞勇，李春干："无人机密集匹配点云与机载激光雷达点云的差异分析"，《林业资源管理》，2020 年第 3 期：58—62。

[11] Zhang Z., Gerke M., Vosselman G., et al. Filtering photogrammetric point clouds using standard lidar filters towards DTM generation. ISPRS Annals of

Photogrammetry, *Remote Sensing and Spatial Information Sciences,* 2018，2: 319-326.

[12] 马瑞峰，张力，杜全叶等："多源数据融合的 DIM 点云滤波及 DEM 生成"，《测绘科学》，2020 年第 45 卷第 1 期：31—137。

[13] Ressl C., Brockmann H., Mandlburger G., et al. Dense image matching vs. Airborne laser scanning-Comparison of two methods for deriving terrain models. *Photogrammetrie-Fernerkundung - Geoinformation*, 2016, 2016（2）: 57-73.

[14] Zhang W. M., Qi J. B., Wan P., et al. An easy to use airborne Li DAR data filtering method based on cloth simulation. *Remote Sensing*, 2016, 8（6）: 501.

[15] 张继贤，林祥国，梁欣廉："点云信息提取研究进展和展望"，《测绘学报》，2017 年第 46 卷第 10 期：1460—1469。

[16] 张昌赛，刘正军，杨树文等："基于 LiDAR 数据的布料模拟滤波算法的适用性分析"，《激光技术》，2018 年第 42 卷第 3 期：410—419。

第八章　一种历史文化村镇传统民居遥感提取方法

为了实现历史文化村镇传统民居的遥感自动提取，本章提出了一种基于形态学建筑物指数并顾及纹理特征的遥感提取方法。该方法综合考虑了传统民居的光谱、形态和纹理特征，首先利用形态学建筑物指数法提取建筑，并使用最小矩形长宽比和像元个数区分道路和零星地物，而后利用 Contourlet 变换和谱直方图相似性计算进行纹理甄别，以从建筑物中识别和提取传统民居。为了验证该方法，选取湖南省常宁市庙前镇中田村 QuickBird 影像进行了试验，结果表明该方法能够获得较高精度的提取结果，整体精度为71.54%，影响提取精度的关键原因为损毁严重的建筑物光谱特征与目标图像纹理相差较大导致的漏分。

第一节　前　　言

传统村落作为宝贵的历史遗存，蕴含有丰富的历史和文化价值，是乡土地理学、聚落地理学、建筑学、艺术学和历史学等多个学科领域的研究热点[1]，由于所采用的研究方法多为田野调查，大区域获取传统民居分布的难度大。在文化与科技融合的大背景下，加强人文科学领域中现代技术方法的应用是大势所趋，而在传统村落中传统民居的调查和研究中应用遥感技术，无论对遥感科学，还是对聚落地理学、乡土地理学都是值得关注的研究领域。

遥感影像含有丰富的几何、纹理和光谱信息，基于遥感影像的地表信息的精确提取是遥感图像处理领域的研究内容[2]。随着遥感影像空间分辨率的提高，基于高分辨率遥感影像的地表建筑物精确提取成为了可能。基于遥感的建筑物提取研究开始于 20 世纪 80 年代，在检测建筑物过程中，主要基于地物光谱统计特征，由于建筑物地物存在较大的同物异谱问题，这类方法并不能够获得满意的提取结果[3]。近年来，学者们针对上述问题，提出了结合空间形态特征和光谱特征的建筑物提取方法，如：金（Jin）和戴维斯（Davis）提出了整合结构、上下文和光谱信息的建筑物提取方法[4]，谭衢霖结合光谱、空间、纹理和上下文特征提出了新型的提取方法[5]，李（Lee）等将面向对象方法应用于 IKONOS 遥感影像的建筑物提取[6]，黄（Huang）等尝试集成 SVM 分类器，实现了一种综合考虑光谱、结构、语义的地物提取方法[7,8]，还有很多学者从城市地物的形态差异，提出了地物空间结构计算方法，如形态序列[9,10]、形状指数[8]、复杂度指数[11,12]、形态学建筑物指数等[13]，其中，形态学建筑物指数法在城市区高分辨率遥感影像的建筑物提取中取得了较高的精度，但在算法复杂度、同质区域噪声处理方面存在问题，胡荣亮提出改进型的形态学建筑物指数，进一步提高了提取精度[2]。在高分辨率遥感影像上，由于乡村地区的民居建筑主要表现为瓦盖屋顶，光谱特征明显，形态规整，可以应用形态学建筑指数法进行提取，但要把传统民居与具有同样光谱和形态的现代民居区分开来，还需要考虑传统民居特殊的纹理特征。因此，本章提出了一种基于形态学建筑指数并顾及纹理的传统民居提取算法，综合考虑了传统民居的光谱、形态和纹理特征，利用形态学建筑指数法提取建筑，利用纹理识别方法进行传统民居甄别，实现了传统民居建筑的较高精度提取。

第二节　顾及纹理的建筑物形态指数算法

数学形态学通过一些形态学运算，如开运算、闭运算，在保证图像整体特征相对稳定的同时，分离亮或暗的细节特征，而形态学重建被当成另一种运算，具有减少形状损失的优点，已经被应用于影像分割与特征提取。建筑物形态指数是将数学形态学引入到遥感影像分类时产生的一种检测建筑物分布的有效工具，本章内容在胡荣明等提出的增强型形态学建筑物指数的基础上，在形态学指数后处理过程中增加了基于纹理特征的传统民居甄别环节，具体过程可以包括基于形态学建筑指数的建筑物提取和基于纹理特征的传统民居检测。

一、基于形态学建筑指数的建筑物提取

（一）建筑指数计算

为了综合利用遥感影像的多光谱信息，强调建筑物不透水的物理属性，提高建筑物提取精度，本文采用基于 VIS（Vegetation-Impervious-Soil）模型的线性光谱分解算法，以不透水表面分量表示建筑物指数。建筑物指数计算过程包括：①利用凸几何端元选取方法，并结合 PPI 影像，选取不透水地物、植被、土壤、水体和阴影等五种端元，获取端元的波谱；②基于最小二乘原理，采用线性光谱分解算法，计算不透水表面的组分值，获得建筑物指数影像。

（二）结构体定义

建筑和道路光谱特征相似，影响了建筑物提取精度。考虑到道路与建筑物的光谱存在空间差异，道路具有各向异性特征，而建筑物趋于各向同性特征，因此，可以线性结构元素来定义结构体。线性结构体元素可以表示为：$S = strel('line', d, s)$，其中 d 和 s 分别表示方向和大小。

（三）形态学开闭运算和白帽变换

形态学开启和闭合运算能够在保证图像整体特征稳定的条件实现对图像平滑，其中开运算依次通过腐蚀和膨胀运算，平滑图像中明亮的细节特征，闭合运算则是依次通过膨胀和腐蚀运算，平滑图像中的较暗的细节特征。形态学开闭运算算子为：

$$OFC(d,s) = r(\phi(d,s)) \qquad （公式 8\text{-}1）$$

公式中，$\phi(d,s)$ 为不透水表面图像经闭合重建后的图像，$OFC(d,s)$ 为对 $\phi(d,s)$ 进行开启运算的图像。经过上述算子的计算，图像上建筑物为明亮的结构，其他地物为黑暗的结构。

根据经过开闭运算的图像上建筑物为明亮结构的特征，采用白帽变换进一步对图像增强，变换的方法为：

$$W-TH(d,s)=\phi(d,s)-OFC(d,s) \qquad （公式 8-2）$$

$W-TH(d,s)$ 为白帽变化获得的图像，经过白帽变换可以得到比所定义的结构小且相比于周围区域明亮的特征。

（四）多尺度形态学序列构建

考虑到图像中特征的尺度差异，需要构建多尺度的形态序列。根据本尼迪克森（Benediktsson）提出的一种多尺度差分形态序列的构建方法（differential morphological profiles，DMP），基于形态学算子的多尺度差分形态学序列定义为：

$$DMP(d,s)=|MP(d,s+\Delta s)-MP(d,s)| \qquad （公式 8-3）$$

其中，$MP(d,s)=W-TH(d,s)$，Δs 为尺度间隔。

（五）形态学建筑物指数的定义

建筑物识别中易与道路和噪声发生混淆，因此构建形态学建筑物指数时，应重点考虑建筑物与道路和噪声的形态学差异。由于道路狭长、噪声不连续，在不同尺度和方向差分形态学特征不明显，而建筑物能够保持显著地差分形态学特征。因此，可以根据差分形态学特征、结构元素方向个数和尺寸个数，构建形态学建筑物指数。

$$BI=\frac{\sum_{i}^{N}\sum_{j}^{N}DMP(d_i,s_j)}{D\times S} \qquad （公式 8-4）$$

上式中，$DMP(d_i,s_j)$ 为结构体大小为 d_i 且方向为 s_j 的差分形态学特征，D 和 S 分别为结构体方向个数和尺寸个数。通过设置 BI 的阈值，就可以实现图像的分割，得到建筑提取的初步结果。为了提出建筑物指数值较大的非建筑物地物，如部分道路和类噪声斑块，引入另外两个参数，包括连通区域最小矩形长宽比和像元个数，以进一步提高建筑物提取精度。

二、顾及纹理特征的传统民居识别

小波变换是图像纹理特征分析的常用方法，但由于基函数的各项同性特征导致方向选择性差，在图像边缘轮廓信息提取时存在缺陷，邵振峰等提出了一种利用 Contourlet 变换和谱直方图相似性进行纹理特征检索分析的方法，相比于小波变换法，其精度和效率有明显改进，这里将该算法应用与传统民居的识别，识别过程包括 Contoulet 变换、对低频系数和高频系数的归一化处理、构造谱直方图。

（一）Contourlet 变换

Contourlet 变换用拉普拉斯金字塔分解算法（Laplacian Pyramid，PD）实现图像的多尺度分析，用方向滤波器组滤波（Directional Filter Bank，DFB）实现图像的多方向分析[14-16]。LP 算法采用低通滤波和抽取法获得原图像的粗略估计，并通过插值和滤波估计原图像，而后计算估计图像与原图像的差异图像。通过 LP 算法的迭代运算实现图像的低通部分和差异部分的多级分解。DFB 通过树型分解实现，n 级树型结构分解产生 2^n 个具有楔形频率划分的子带，其中楔形区域代表图像的方向分量，不同分解尺度的高频和低频子带可以选择不同树型结构级数，经过 DFB 算法可以实现图像的多分辨率、多方向分解。

（二）谱直方图及相似性计算

谱直方图实际为滤波器响应在边缘上的向量组成，能够用于表现图像纹理特征。表述图像 W 的 Contourlet 变换的子带 $W^{(\alpha)}$ 谱直方图计算公式为：

$$H_W^{(\alpha)} = \frac{1}{|W|} \sum_v \delta(z - W^{(\alpha)}(v)) \qquad （公式 8\text{-}5）$$

式中 δ 是狄拉克函数，v 为像素矢量，选择 N 个子带直方图构成谱直方

图矢量 H_W，

$$H_W = | H_W^{(1)} \ H_W^{(2)} \ H_W^{(3)} ...... H_W^{(N)} | \qquad （公式 8-6）$$

两个谱直方图的距离 $x^2(H_{w1}, H_{w1})$ 定义为：

$$x^2(H_{w1}, H_{w1}) = \sum_{\alpha=1}^{N} \sum_{z} \frac{(H_{W_1}^{(\alpha)}(z) - H_{W_2}^{(\alpha)}(z))^2}{H_{W_1}^{(\alpha)}(z) + H_{W_2}^{(\alpha)}(z)} \qquad （公式 8-7）$$

式中，x^2 统计量为 Kullback-Leibler 散度的最佳近似值，可以用于表示谱直方图相似性。

（三）传统民居识别流程

传统民居的识别分四步：①选取具有不同传统民居纹理的图像建立目标图像库，通过对纹理图像进行放大、缩小、旋转变换，进一步扩充目标图像库；②对目标图像库中的所有图像进行 Contourlet 变换，并基于 Contourlet 变换系数进一步构建谱直方图特征库；③使用低频谱直方图实现传统民居的粗略识别，具体过程包括从建筑物提取图像上分割提取待识别图像，计算带识别图像与目标图像的低频谱直方图之间的阈值，设定阈值，进行传统民居的初步识别；④通过计算带识别图像与目标图像的高频谱直方图的加权距离，并使用阈值法实现传统民居的精确识别。

第三节　传统民居提取试验

一、试验数据

试验中使用的数据为湖南省常宁市中田村 Quickbird 影像，见图 8-1（a）。中田村是第一批中国传统村落，是湖南省的历史文化名村。中田村传统民居主要建于明清时期，建筑多有天井，布局规整，在遥感影像上形态特征和纹理特征明显。试验影像上的土地覆盖类型包括：林地、耕地、现代民居、传统民居、道路、水体。

为了分析提取结果的精度，采用目视解译的方法初步获得影像上传统民居分布，提取了传统民居图斑 41 个，而后，通过实地调查方法，对错分或漏分的传统民居进行进一步确认，最后得到影像上传统民居图斑为 39 个，见图 8-1（b）。

 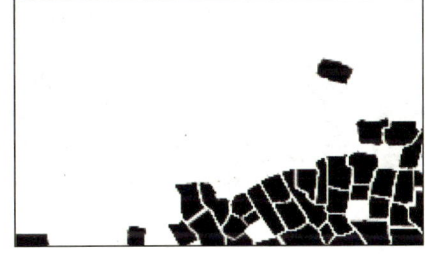

（a）试验影像　　　　　　　　　　　（b）精度检验影像

图 8-1　试验影像

二、传统民居提取参数

形态学运算结构体尺寸的变化序列设定为{3，8，13，18，23，28}，方向的变化序列为{15，30，45，60，75，90，105，120，135，150，165，180}，建筑物提取多层决策参数分别为 0.1、7.0、100，NDVI 阈值设定为 0.06，长宽比阈值设定为 4.5，像元个数阈值设定为 100，低频谱直方图的相似性阈值设定为 0.5，高频谱直方图相似性阈值设定为 0.7。从试验影像中截取了 20 个传统民居纹理图像作为目标图像，构建了研究区传统民居甄别目标图像库。

三、提取结果精度分析

传统民居提取结果见图 8-2，其中图 8-2（a）为建筑物体提取结果，图 8-2（b）为传统民居提取结果。

通过图 8-2（a）与试验影像的对比，建筑物提取结果精度较高，对于条带状和零星地物具有很好的剔除能力，但对连片分布的建筑物，特别是排列紧凑，边界光谱特征不明显的建筑，并不能很好地分割导致一些建筑边界错误。但在传统民居分布区，民居之间的边界特征明显，建筑识别结果相对规整。

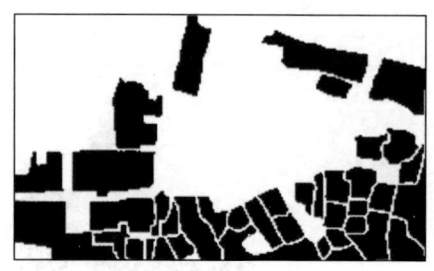
（a）建筑物提取结果

（b）传统民居提取结果

图 8-2　传统民居提取结果

对比传统民居提取结果影像与精度检验影像，总体精度为 71.54%，kappa 系数为 66.81%，说明所用的算法能够将传统民居与不具有传统民居纹理特征的建筑区分开，整体精度较高。错分像元和漏分像元占精度检验影像上传统民居像元总数的 30.32%，其中漏分像元较多，占传统民居像元的28.70%，这也是影响分类结果整体精度的主要原因。根据漏分像元的分布特征，和实地对漏分像元区的考察，造成漏分的原因建筑阴影、植被覆盖和建筑损毁等，但主要原因为漏分像元所在传统民居损毁原因，导致了纹理与选取的传统民居目标图像纹理特征相差较大，这也为传统民居损毁情况的遥感识别提供了可能。

总体而言，为了高分辨率影像上传统民居的识别和提取，这里提出了一种基于形态学建筑指数并顾及纹理的传统民居提取算法。该算法综合考虑了传统民居的光谱、形态和纹理特征，基于形态学建筑指数法提取建筑，利用纹理识别方法进行传统民居甄别，通过试验研究发现该算法总体精度能够达到 71.54%，说明该算法能够获得较高精度的提取结果。在试验中发现目标影像库的丰富程度对该算法的精度有直接的影响，另外，试验中阈值是按照经验设置的，影响了算法的普适性。在后续研究中应着重目标影像库的构建，按照传统民居的区域差异，构造更为丰富目标图像，在更大的研究区开展试验研究，并进一步加强参数的自适应设置研究，以推动该算法在我国传统民居全面普查实践中的应用。

参考文献

[1] 刘沛林，刘春腊，邓运员等："中国传统聚落景观区划及景观基因识别要素研究"，《地理学报》，2010 年第 65 卷第 12 期：1496—1506。

[2] Fualvel M., Tarabalka Y., Bennediktsson J. A., et al. Advances in spectral-spatial classification of hyper-spectral images. *Proceedings of IEEE*, 2013,101（3）:652-675.

[3] 胡荣明，黄小兵，黄远程："增强形态学建筑物指数应用于高分辨率遥感影像中建筑物提取"，《测绘学报》，2014 年第 43 卷第 5 期：512—520。

[4] Jin X., Davis C. H. Automated building extraction from high-resolution satellite imagery in urban areas using structural, contextual, and spectral information. *EURASIP Journal on Applied Signal Processing*，2005，（14）:2196-2206.

[5] 谭衢霖："高分辨率多光谱影像城区建筑物提取研究"，《测绘学报》，2010 年第 39 卷第 6 期：618—623。

[6] Lee D. S., Shan J., Bethel J. S. Class-guided building extraction from IKONOS imagery. *Photogrammetric Engineering & Remote Sensing*, 2003, 69（2）:153-150.

[7] Huang X, Zhang L. An SVM ensemble approach combing spectral, structural, and semantic features for the classification of high-resolution remotely sensed imagery. *IEEE Transaction on Geoscience and Remote Sensing*, 2013, 51（1）:257-272.

[8] Huang X., Zhang L., Li P. Classification and extraction of spatial features in urban areas using high resolution multispectral imagery. *IEEE GeoScience Remote Sensing Letter*, 2007, 4（2）:260-264.

[9] 张志伟，刘志刚："利用既有知识渐近数学形态学提取 LiDAR 数据中道路信息方法研究"，《测绘科学》，2010 年第 35 卷第 4 期：154—156。

[10] Fauvel M., Benediktsson J. A., Chanussot J., et al. Spectral and spatial classification of hyperspectral data using SVMs and morphological profiles. *IEEE Transaction on GeoScience and Remote Sensing*, 2008, 46（11）:3804-3814.

[11] Huang X., Zhang L. A multiscale urban complexity index-based on 3D wavelet transform for spectral-spatial features extraction and classification: An evaluation on

the 8-channel worldview-2 imagery. *International Journal of Remote Sensing*, 2012, 33（8）:2641-2656.

[12] Ouma Y. O., Ngigi T. G., Tateishi R. On the optimization and selection of wavelet texture for feature extraction from high-resolution satellite imagery with application towards urban: Tree delineation. *International Journal of Remote Sensing*, 2006, 27（1）:73-104.

[13] Huang X., Zhang L. A multidirectional and multiscale morphological index for automatic building extraction from multispectral GeoEye-1 imagery. *Photogrammetric Engineering and Remote Sensing*, 2011, 77（7）:721-732.

[14] 邵振峰，朱先强，张斯斯："利用 Contourlet 变换和谱直方图进行多源遥感影像纹理特征检索"，《武汉大学学报（信息科学版）》，2010 年第 35 卷第 6 期：723—726。

[15] 倪伟，郭宝龙，杨镠："图像多尺度几何分析新进展：Contourlet"，《计算机科学》，2006 年第 33 卷第 2 期：234—237。

[16] 程起敏，杨崇俊，邵振峰："基于多进制小波变换的渐进式纹理图像检索"，《武汉大学学报（信息科学版）》，2005 年第 30 卷第 5 期：421—524。

第九章　历史文化村镇数字化记录与保存方法体系

历史文化村镇是华夏民族五千年文明孕育出的文化遗产，作为传统文化的综合载体，是国家文化的瑰宝，是中华文明薪火相传的重要组成部分，也是世界上最大规模的文化遗产类型。但是经过了历史长河的洗礼，以及当今社会城镇化的高速发展，历史文化村镇正在不同程度的遭受到人为或者自然因素的破坏，对其进行抢救保护、发掘和传承一直都是社会关注的焦点。然而，对历史文化村镇的保护往往与经济发展相冲突，或者有限的资金无法解决大规模文化遗产的抢救与保护问题，并且这种实物保护有其固有的生命周期的限制，特别是对于南方湿热多雨地区多半由木构建筑组成的历史文化村镇来说，更是不可能长久保存。因此，数字化保护就成为文化遗产永续传承的不二选择。

所谓数字化保护，即综合运用测绘遥感等地理信息技术、虚拟现实与互联网等计算机技术以及多媒体与物理化学手段获取文化遗产的现状数据，对其进行数字化记录、监测、修复或重建，再现其原有形态，实现数字化存档和再利用[1]。相较于历史文化村镇的传统保护手段，数字化保护具有保存完整、存储时间长、可备份、易传播、传播范围广等优点。

第一节　数字化采集与处理技术

互联网时代，随着科学技术的高速发展，科技可以让各种事物数字化，数字化技术被运用于各个领域，历史文化村镇的保护与传承更离不开技术的支撑。

历史文化村镇经过历史的洗礼，除了遗存下来的建筑，还有看不见的风俗文化。前者如世界文化遗产安徽省西递宏村；后者如湖南省勾蓝瑶寨的洗泥节。西递村完好地保存着明清时期典型的古建筑，有"活的古民居博物馆"之称，是保存以及传承较为完好的历史文化村镇。洗泥节是勾蓝瑶寨传承千年的节日，此节寓意为瑶胞们庆祝夫妻团聚的节日。这些看得见的看不见的文化遗产是华夏民族悠长而光辉的文明，是一个民族的精神积淀，承载着历史与文化知识，历史文化村镇作为其现实载体，其物质环境与非物质文化都是数字化保护的核心。

一、物质环境的数字化

历史文化村镇的物质环境即历史文化村镇旧有的建成环境，例如历史文化村镇一直留存下来的古建筑、古河流、古道路、古广场以及周边的山水等。目前，历史文化村镇物质环境的数字化保护技术日趋成熟，现代数字化技术的发展为历史文化村镇的保护提供了许多新的采集和记录手段，包括近景摄影测量、三维激光扫描、卫星遥感与无人机倾斜摄影等空天地一体化测量技术等。

（一）近景摄影测量

摄影测量是从影像中提取目标对象三维信息的一门测量技术[2]，通俗地说，即通过摄影完成测量，其任务是由二维的像片点坐标得到对应目标的实际三维坐标，完成测量。它是测量领域非常成熟的技术，广泛应用于地理制图、城市规划、动漫制作与可视化、逆向工程、监测与形变分析等工程测量以及数字化复原等文物保护领域[3]；近景摄影测量是指对距离不超过 300m 的目标进行摄影，并对多个角度摄取的不同影像进行拼接，形成一定重叠度的立体像对，再对其进行信息提取的摄影测量。近景摄影测量外业的仪器主要是相机，就相机的拍摄位置而言分为地面摄影测量和低空无人机摄影测量[4]。地面摄影测量是在地面上通过手持或搭载支架进行摄影测量，而低空无人机摄影测量则是在无人机上搭载多个传感器进行摄影测量。无人机摄影测量可以从垂直、倾斜等多个角度拍摄地物照片，并记录高度、速度、航向、坐标、侧重叠等参数，然后对倾斜影像进行排序分析。同时结合地面摄影测量可以使获取的信息更加真实、完整、全面[5]。

目前近景摄影测量也应用在了历史文化村镇的数字化保护上，其中，无人机摄影测量技术为主要应用技术；主要内容为村镇物质环境信息的采集及村镇的三维虚拟重建。无人机摄影测量在对历史文化村镇进行数据采集的系统包含五个方面的内容：无人机飞行器、地面站系统、遥控系统、机载设备以及软件系统[6]。

对于村镇数据的采集分为外业和内业的处理，大致流程为无人机飞行器搭载传感器依据提前设置的航线和高度在村落的上空进行拍照，同时，对飞行高度、速度、航向、坐标、侧重叠度等参数进行记录，然后对倾斜图像进行排序保存，并将照片数据上传至照片建模软件，例如 smart 3D、Photoscan。最后进行村镇的三维建模，实现历史文化村镇数据的采集和重建。

无人机

无人机地面站

无人机遥控

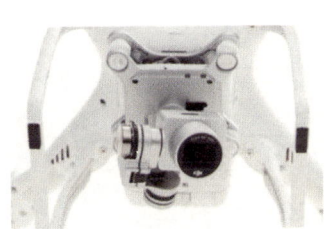
无人机机载相机

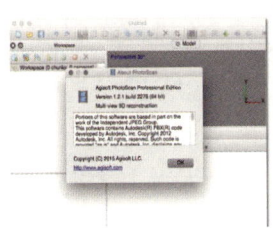
照片建模软件photoscan

三维激光扫描仪

图 9-1　摄影测量技术

（二）三维激光扫描

三维激光扫描是 20 世纪 90 年代中期发展起来并逐渐成熟的一种技术。它采用非接触测量的方式，通过高速激光扫描测量的方法，全自动、大面积、高分辨率地快速获取物体表面各个点的空间坐标（x，y，z）、反射率以及颜色（R，G，B）等光谱信息，由这些大量、密集的点云信息，不仅可以提取物体的二维平面信息，还可以快速复建真彩色三维模型[7]，因此，它又被称为"实景复制技术"。

由于历史文化村落的宅子建筑不似现代化城市建筑形状规则并且每一栋都大体一致，历史悠久的中国式村落建筑一般内外部结构比较复杂，内部有例如外大门、三进门、厢房、廊道、书房、庭院，等等，外部例如各式各样的屋檐、窗户雕花、墙面等；如果使用传统的尺子丈量会导致丈量精度不高，如果使用全站仪测量会导致会有很多方面缺漏的情况，从而采集效果欠佳。而三维激光扫描具有全自动、高精度的特点，能够快速扫描获取建筑点云信息，采集结构复杂的建筑物。并且三维激光扫描采集的点云可以与摄影测量采集的点云进行融合重建，为村落后期的建模提供支持。所以将其应用于历史文化村镇物质环境信息采集具有非常大的优势。

三维激光扫描技术被应用于历史文化村镇物质环境信息的采集，其施测流程主要分为两个步骤：外业数据采集、内业数据处理，其流程如图 9-2 所示[8]。

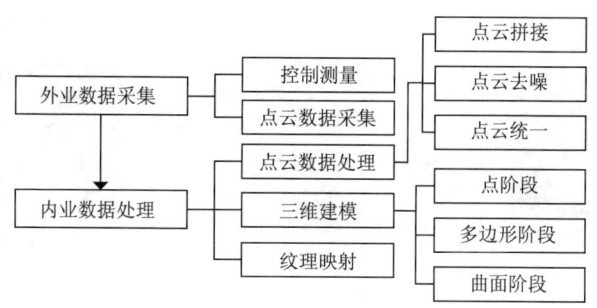

图 9-2　三维激光扫描技术作业流程图

（三）多技术综合测绘

近景摄影测量和三维激光扫描测量技术各有所长，也有不足，若将两者结合起来，利用不同平台、多种传感器对目标对象进行综合测绘，可克服单一平台、单一数据源的局限，消除数据盲区，提高数据采集精度，这种综合测绘方式是当今历史文化村镇遗产数字化的热点技术[9]。

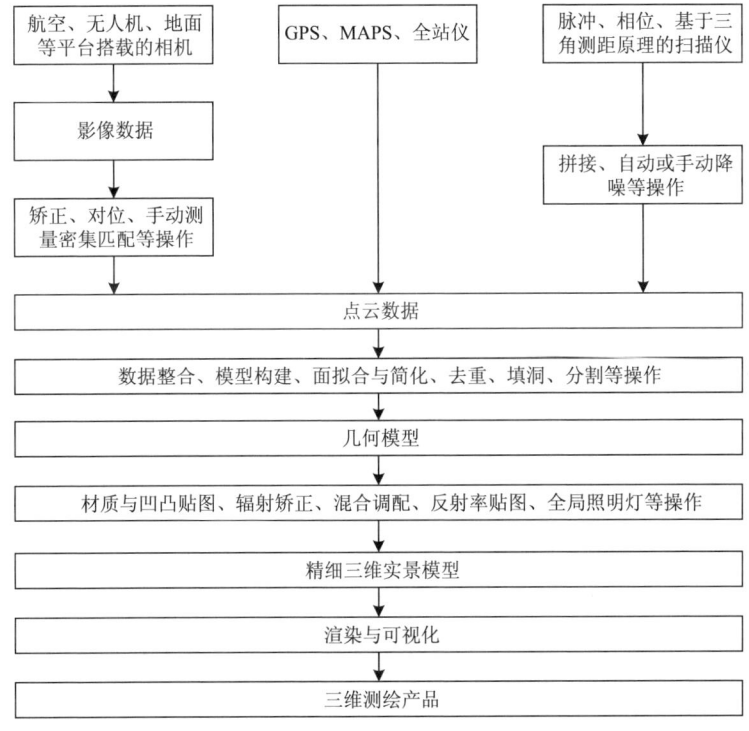

图9-3　多技术综合测绘流程图

多技术综合测绘主要集中在地面测绘技术的继承运用，运用的每个测量技术优点和侧重点各不相同，首先是利用无人机搭载摄像头进行村落整个大场景的影像获取并进行处理获得点云数据，再是运用全站仪进行点云数据的补充，最后利用三维激光扫描的优势，获取建筑复杂结构的点云。

多技术综合测绘村镇物质环境的关键在于不同来源点云数据的融合。对于各平台搭载相机所拍摄的村镇照片进行空间位置的严格配准、几何矫正以及密集匹配点云生成，得到这一部分的村镇点云数据；再对三维激光扫描得到的点云数据进行降噪处理并拼接。然后将通过这两种技术得到的村镇点云数据进行统一坐标系、位置矫正等操作得到最终的融合数据，再去进行三维建模，得到村镇的三维实景模型。多技术综合测绘的流程如图 9-3 所示[10]。

二、非物质文化的数字化

作为中华文化的重要组成部分，非物质文化遗产蕴含着丰富的历史文化信息。历史文化村镇承载着大量的非物质文化遗产，然而其现状不容乐观，保护和传承非物质文化遗产刻不容缓。数字化技术的出现及其大量应用，为非物质文化遗产的保护和传承带来了新的希望。在既有的实践案例中，采用数字化保护技术，不但丰富了非物质文化遗产的文化生态，带来了全新的体验，而且通过数字化传播进一步强化了人们保护非物质文化遗产的观念和意识。非物质文化遗产的数字化，一方面为其保护和展示提供了新的技术手段，另一方面也改变了传统的保护方式，进而使非物质文化遗产得以长久保存和传承。

根据非物质文化遗产的自身情况，工作人员在进行文物保护的过程中，需要具有针对性地选择相对应的保护方式和传承条件，同时，在进行数字化活化的过程中，也需要辨清文化遗产类型，选取更加贴切的数字化技术，以此进行多样化的展示和传播。

按照《中华人民共和国非物质文化遗产法》，我国的非物质文化遗产主要分为六大类：传统口头文学以及作为其载体的语言；传统美术、书法、音乐、舞蹈、戏剧、曲艺和杂技；传统技艺、医药和历法；传统礼仪、节庆等民俗；传统体育和游艺；其他非物质文化遗产（表 9-1）。

表 9-1　非物质文化遗产的数字化方法

	分类	数字化方法
非物质文化遗产	传统口头文学以及作为其载体的语言	音视频采集及多模态系统
	传统美术、书法、音乐、舞蹈、戏剧、曲艺和杂技	图文扫描、音视频采集及多模态系统、全息拍摄与运动捕捉
	传统技艺、医药和历法	图文扫描、音视频采集及多模态系统
	传统礼仪、节庆等民俗	音视频采集及多模态系统
	传统体育和游艺	音视频采集及多模态系统、全息拍摄与运动捕捉
	其他非物质文化遗产	图文扫描、音视频采集及多模态系统、全息拍摄与运动捕捉（视情况而定）

（一）图文扫描

传统美术、书法、历法、医药等非遗不仅是中华文明与民族智慧的结晶，也是文化资源中的瑰宝，该种类型的传统文化多以文字、图画为载体，主呈静态，适合通过图文扫描的方法进行数字化。

1. 平面扫描

使用高清数码相机或高分辨率平面扫描仪等现代数字化技术对非物质文化遗产如书法、绘画、古书等文物进行数字图像采集，获得的高分辨率图像可以被多倍放大并反复查看、仔细把玩，文物的细节一览无遗[11]。

2. 三维扫描

三维扫描技术，是通过扫描物体的外部形态、空间结构及色彩，以非接触的测量形式获取如壁画、雕塑等文物表面的空间坐标，获得的测量结果经过计算和处理可以形成空间点云数据。其优点是在不破坏文物的前提下，快速而便捷地采集和保存文物高精度的三维数据，为 3D 建模和数字化展示提供大量有效数据。三维扫描技术已广泛应用于龙门石窟、敦煌莫高窟等石窟的研究中[11]。

3. 图像在线识别

① 在线识别系统是通过智能设备的摄像头采集所需图像的图像特征，

将其转换为特征字符后再与服务器中的相关数据库进行检索匹配，从而实现图像的在线识别。在线识别系统有着不错的应变能力，具有可移植性、可扩展性等优势，对硬件条件不高的设备也十分友好，是一种比较常用的技术。

河南浚县的泥塑类非物质文化遗产——泥咕咕，则是运用了尤素科·乌契达（Yusuke Uchida）、萨克扎瓦（Sakazawa S.）[32]等学者提出的 ORB-FV 算法，该算法得到的费舍尔（Fisher）向量能够包含整幅图像的特征信息，采用这个向量所代表的图像可大大减少匹配时间，实现系统在线识别。

② Google Lens 是谷歌公司推出的一款依赖于图像识别和光学字符识别技术的人工智能应用程序，它可令设备实现图像模态和文字模态信息的转换，也可进行信息检索，如扫描古书、雕塑等文物的外观，能够调出其详细信息甚至评价。

③ WaveNet 是 DeepMind 开发的一种新型深度神经网络，它根据文本生成的音频质量高于所有的文本转语音系统。如谷歌翻译软件可提供 80 多种语言之间的在线即时翻译，也可支持两种语言之间的字词、语句和网页翻译，谷歌翻译手机 APP 更是支持相机拍摄翻译和 11 种手写语言的翻译，实现了图像和文字、语言和语言模态的信息流动[12—13]。

（二）音视频采集及多模态系统

非物质文化遗产不仅仅是历史发展的见证，也是中华传统文化的重要体现，一直以来深受政府、高校研究机构和民间社会团体的重视。对于呈动态的或以声音、肢体动作为载体的非物质文化遗产，主要依托于采集音视频的形式进行数字化，可应用如录音机/笔、基于 CNN+MFCC 的复杂声音识别、高清/家用摄像机、手机、多模态系统等方法。

1. 录音设备

录音设备按其实现的功能可划分为拾音设备、调音设备和记录设备，分别对应三个阶段。在室内等比较安静的场所进行采集时多采用专业型拾音设备（如桌面界面式话筒拾音），控制台用于调音，非线性编辑系统用于记录。在室外采集期间，通常使用无线麦克风或指向性长话筒进行拾音，并使用便携式专业录音机（录音笔）进行调音和录音，但要注意录音机（笔）的调音台、音频声卡等模块会影响音质的高低。除此之外，还可携带录音笔进行补充录音，一方面可对声音采集做备份处理，另一方面也利于后期听打、速录等工作的开展[14]。

2. 基于 CNN+MFCC 的复杂声音识别

相较于传统的高斯混合模型方法（GMM）以及近期被提出的 MFCC（梅尔频率倒谱系数）+GMM 方法，CNN（卷积神经网络）+MFCC 模型方法无论是在无噪音环境，抑或是在不同信噪比环境，识别能力都更为出色，对复杂声音的识别精度也更高[15]。

3. 摄像设备

随着科技的进步与发展，高清相机、家用摄像机、手机等非专业设备也具有较高的画面分辨率，但由于非专业摄像机不具备专业主机所拥有的各项高级操作功能和特殊情况的处理能力，一般则选择高清专业摄像机作为拍摄工作的主机，若条件允许，还可配备 4K 高清摄像机作为拍摄主机[14]。

4. 多模态系统

多模态深度学习在语音识别和生成、图像识别、生物识别、事件监测、情感分析及跨媒体检索等方面均有所应用，它可使设备拥有理解和融合图像、文字、语言、音频等模态所包含信息的能力，具有很强的应用价值。如 Google Assistant 是一款融合了 Google Lens、WaveNet、谷歌翻译等谷歌公司前沿机器学习技术的十分强大的人工智能助手，有着领先的自然语言处理能力，可以与用户实现对话、文字交流等信息交互，并理解用户指令调用其他软件或硬件，也可以理解用户输入的图像或视频，识别并分析该图像或视频的内容，帮助用户了解其中的各种信息[16]。

（三）全息拍摄与运动捕捉

表演艺术类的非物质文化遗产如传统音乐、传统戏剧、传统曲艺、传统舞蹈、传统技艺以及传统游艺等，可以通过曼妙的舞姿、悦耳的声音与动人的故事、精彩绝伦的表演等形式传达给后人。如此复杂的表现形式，除了可通过录音录像保存下来，还可采用全息拍摄、运动捕捉等方法进行数字化，从而更好地促进该类非物质文化遗产的保护与传承。

1. 全息拍摄

普通照相技术，是所拍摄物体反射或发出的光，通过透镜成像系统，再利用感光材料将物体的像记录下来而成像。但由于普通照相只记录了被摄物体反射（或透射）光波的振幅而无其位相信息，故所成的像只能为二维（平面）图像。

全息拍摄技术又称全息摄影或全息照相技术，能够记录被摄物体反射（或透射）光波的振幅、相位等所有信息，所成的像可具有立体感。全息拍摄利用激光作为照明光源，光源发出的光一束直接射向感光片，另一束光经过被拍摄物反射后再射向感光片，最终两束光在感光片上叠加并相互干涉。

全息照相技术与普通照相技术相比要更为高端。全息照相在底片上记录的是光场本身，致使全息图像的每一部分都记录着被拍摄物体上各点的光波信息，原则上来说，一张全息图像即使只剩下一小部分信息，依然可以重现全部景物。图像通过多次曝光，还可以在同一感光底片上记录多个不同的图像，且能够单独显示而不受干扰。

例如杨丽萍等舞者出演的《平潭映象》，该文化演艺便运用了全息投影技术，表演中形成的一些空中幻象甚至可以与真实的物体或人物相结合，实现虚拟影像与真实物体的互动，让观众更为清晰、更为深刻地了解当地民俗文化，身临其境的感受传统文化所蕴含的意与理。

"360 度幻影成像"也称虚拟成像，它以全息成像技术为基础，由立体模型场景、造型灯光系统、光学成像系统（应用幻影成像膜作为成像介质）、影视播放系统、计算机多媒体系统、音响系统及控制系统组成，在真实场景的半空中生成虚拟的三维影像，是目前较为常见的全息投影技术。

在该种成像技术下，观众无需佩戴任何设备，只需用肉眼就能 360 度全方位浏览、观看，效果奇特，真假难辨，可应用于信号记录、军事技术、生物学和医学研究、科博馆、企业馆、规划馆等领域，一些古老的、传统的艺术形式也能通过该技术更好地展现出来[17—18]。

2. 运动捕捉

运动捕捉系统是一种用于精确测量运动物体在三维空间中的运动状况的技术，能较为精准快速获取数据，生成的动画十分逼真。典型的运动捕捉设备通常由信号捕捉设备、传感器、数据传输设备和数据处理设备组成。运动捕捉系统依靠在三维空间中布设的若干视频捕捉设备，以图像的形式记录观测对象的运动状况，处理图像数据后可以得到不同时间不同物体的空间坐标（x,y,z）。

运动捕捉系统不仅在舞蹈、体育、杂技等动作识别方面有着十分重要的应用开发价值，在医疗、生物力学、工程与研究虚拟现实、影视动画、机器人控制等多个领域也大有可为。按照工作原理可将三维运动捕捉系统分为机械式运动捕捉、声学式运动捕捉、光学式运作捕捉和电磁式运动捕捉[19—20]。

（1）机械式运动捕捉技术

机械式运动捕捉是一种利用机械装置来跟踪和测量物体运动轨迹的技术。相比于其他类型，它出现得比较早，主要由多个"关节"和刚性连杆组成，依靠安装有角度传感器的"关节"来测量它转动的角度。在根据"关节"角度的变化数据和模型的尺寸计算出模型姿态后，系统会将姿态数据传送到软件中，然后使其中的角色模型也做出一样的姿势，则动作捕捉完成。机械式运动捕捉具有成本低、精度较高、容易解算、能实时测量物体运动、容许多个角色同时表演等优点，但该捕捉设备的装置结构较为复杂，难以捕捉表演者的精细动作，也难于实时捕捉其连续动作，所以它更适合应用于静态造型的捕捉。

（2）声学式运动捕捉技术

声学式运动捕捉装置主要由发送系统、接收系统和处理系统三部分组成。发送系统为固定的超声波发生器；接收系统一般由三个超声探头组成，探头固定在运动物体上、呈三角形排列。声学式运动捕捉系统虽然技术成本不高，也无需表演者穿着动作捕捉服，但对运动的捕捉有较大的延时和滞后问题，精度较差，价格昂贵，而且其声波在不同气压、湿度、温度环境中的传播速度很容易受到介质、噪音的影响，不能很好地进行实时测量。

（3）光学式运动捕捉技术

光学式动作捕捉系统根据运动物体的发光方式可分为主动式光学捕捉系统和被动式光学捕捉系统。光学式运动捕捉系统是基于高速摄像机接收被观测物体的光信号，从而跟踪和检测该物体的运动轨迹，获取运动数据需经历静态数据采集和动态数据采集两个阶段。例如，要获得某技艺动作的三维运动数据，则需要在技艺表演者的身上粘贴多个反光点（称为"Marker"），然后使用光学相机来采集所有运动数据。

光学式运动捕捉系统拥有采样快，无电缆、机械装置的限制，被记录物体活动范围大，可满足多数高速运动测量的需要等优势，但这种系统价格很高，后期工作量较大，对于表演场地的要求较高，装置定标也较为繁琐。

（4）电磁式运动捕捉技术

电磁式运动捕捉系统由发射源、接收器和数据处理器组成。发射源发射电磁波，接收器接收到被记录物体所产生的信号后传输给数据处理器，根据这些信号就可解算出每个传感器的空间方位。电磁式运动捕捉系统发展较为成熟，捕捉速度快，实时性好，无遮挡问题，表演范围大，位置排布也较为简易，成本相对较低，还可以同时获得空间位置和方向信息。但电磁式运动捕捉系统的表演场地不能靠近金属物体，否则会形成畸变磁场使系统产生误差，影像精度，因此对表演环境有着严格的要求。

（四）其他非物质文化遗产

对于其他类型的非物质文化遗产，要以实际为准，酌情选用合适的数字化方法，若遇特殊情况则需采取其他方法。就拿文化空间来说，既是非物质文化遗产必不可少的一种类型，又是其他非物质文化遗产生存发展的空间载体，促进着非物质文化遗产的传承、保护和发展，因此，其重要性不言而喻。

以孔府饮食为例，其中的一餐一饮、一言一行，甚至一菜一点、一碗一瓢，都蕴含着"礼"文化。诞生于"衍圣公府"的孔府菜便是孔府这一"文化空间"最好的注解：正是依赖于"衍圣公府"这一生存载体，才产生了如此雅俗共赏、名扬天下的孔府菜；也正是因为"衍圣公府"留存完好，瓜瓞绵绵，才能保障孔府菜的烹饪技艺薪火相传，发展创新。

"文化空间"这一类的非物质文化遗产，除了可以通过拍照记录保存下来，还可采用三维激光扫描、音视频采集，甚至全息拍摄与运动捕捉等方法对其进行数字化，充分发挥好现代信息技术优势，把其中所有的非物质文化遗产作为一个整体施以保护，进而对该种文化资源的文化含义进行更深的了解和研究[21]。

第二节　数字化存储与管理方法

数字化存储与管理是历史文化村镇的数字化保护中继数字化采集和处理后不可或缺的一步。长久的存储和广泛的传播有利于将历史村镇文化的外在形式和精神内核永恒继承与流传。数字化存储技术，包括光盘塔、磁盘阵列、网络存储和云存储等界质以及一系列相关协议、标准进行数据库建构，实现对各种历史文化村镇的数据资源进行全息采录、安全存储、分类管理和便捷访问等功能。应用到历史文化村镇保护上的数字化存储与管理方法主要有文件型存储、数据库存储、三维地理信息系统（3D GIS）以及建筑（园林）信息模型（BIM）。

一、文件型存储

文件型存储即通过文件系统直接存储在文件服务器中。历史文化村镇的数据资源以文件的形式存储在计算机的特定文件夹中，该文件夹及其内部文件的命名非标准化，且只是简单的进行了手工分类，因此被收录保存的数据资源基本都是无序的，一般来说，应用程序只要通过文件存储路径即可查询到数据，存取文件。文件型存储方式的优点是可以跳过底层数据结构创建、数据规范化和其他使用传统数据库时需要做的工作，直接存储数据。

但是如果村落中存储数据的类型和容量过多，文件系统存储方式将难以按照属性去引得、检索、排序数据，文件型数据存储能力则无法满足历史文化村镇数字化存储的需求[22]。

二、数据库存储

数据库是为了便于访问、高效管理和数据更新而组织起来的数据集合。数据库建设是历史文化村镇数字化最基础的工作，也是实现历史文化遗产抢救的有效门径。对于历史文化村镇遗产的存储与保护，基于数字化存储和网络化呈现技术的网络数据库存储及其查询技术可以提供很好的帮助，基本解决了传统修护手段在整合这些类型多样、结构复杂、分散存在的文化构件时所出现的信息易损毁、保真度低、无法交流共享等问题，能够令一个完整的文化空间以原貌长久的保存在数字媒体中，并在数字媒体中得以再现，支持全息存取[23]。

数据库存储包括关系型数据库（SQL）和非关系型数据库（No SQL）两种。关系型数据库使用识别码作为属性数据和空间数据的连接纽带，可支持多用户并发访问、一致性检查、安全空间等功能，并为大规模数据的分布式访问提供统一接口。然而，空间信息和属性信息的分离使得空间数据访问效率低下，存储显得吃力，不利于空间信息的进一步应用。

非关系型数据库则没有关系型数据库的关系特性，其数据之间没有直接关联，数据信息很容易得到扩展，因此也间接增强了架构层面可扩展的能力。具体包括键值存储数据库、列存储数据库、文档型数据库和图形数据库等。

历史文化村镇数字化保护技术规范和数据标准主要包括：数字化技术规程、元数据标准、数据入库规范、数据库架构等方面，而数字化技术流程主要体现为数据库建库。历史文化村镇数据库建库流程如图 9-4 所示。

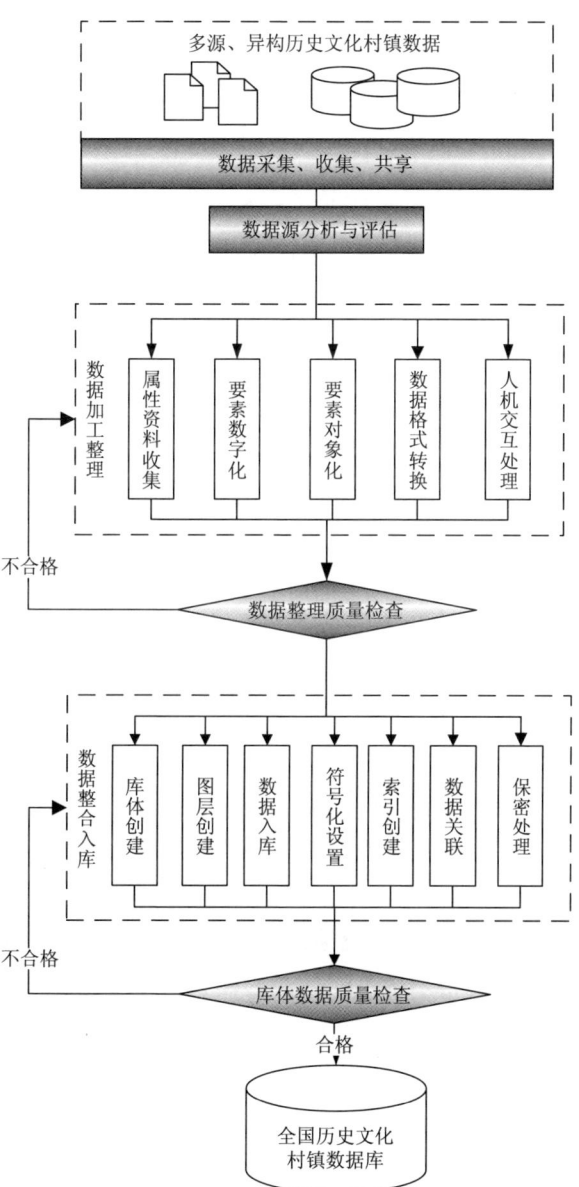

图9-4　全国历史文化村镇建库流程

三、三维地理信息系统

20 世纪 60 年代初，地理信息系统技术肇始于加拿大，它是集地理学和计算机技术于一体的空间信息科学。三维地理信息系统（3D GIS）是基于三维数据模型的地理信息系统。

国外主流的 3D GIS 软件有美国谷歌公司的 Google Earth、美国微软公司的 virtual Earth、美国天际展览有限公司的 skyline globe 和美国环境系统研究所（ESRI）的 ArcGIS 系列产品等；国内优秀的 3D GIS 软件平台有北京国遥的 EV-Globe、武大吉奥的 Geo Globe、伟景行数字城市科技的 City Maker、北京超图的 Super Map 以及中地数码的 Map GIS 等[24]。

3D GIS 技术在历史文化村镇的数字化中应用广泛。例如村镇的建筑物的建模、数字村镇的三维虚拟实现。

3D GIS 技术在村镇的建模上的应用流程主要为[25]：采集 GIS 集成数据、表达三维几何实体形位、组合拼装体元、划分建筑物构模体、实现建筑物建模。数字村镇的三维虚拟实现的流程如图 9-5 所示[24]：

四、建筑（园林）信息模型（BIM）

建筑信息模型技术是一种基于三维数字技术的工程数据模型，它集成了建筑工程项目的各种相关信息，具有可视化、模拟性、协调性、优化性和可出图等特点。同时 BIM 的信息互通性极高，应用极为广泛。如 BIM 的核心建模软件：Bently、Autodesk CAD 系列软件等；经典 BIM 方案设计软件：Onuma planning system、Affinity 等软件；与 BIM 接口的几何建模软件：SketchUp、FormZ 和 Rhino 是最流行的三种；BIM 可视化软件：在建立 BIM 模型的基础上使用可视化软件可以带来以下优势：可视化建模的重复劳动大大减少、模型与实际设计对象基本相符合、可视化效果的生成无时空限制，能满足项目不同参与方在项目各个阶段的需求。

3DMAX、AccuRender、Artlantis、Lightscape 等是目前市场上主流的几款可视化软件[26]。

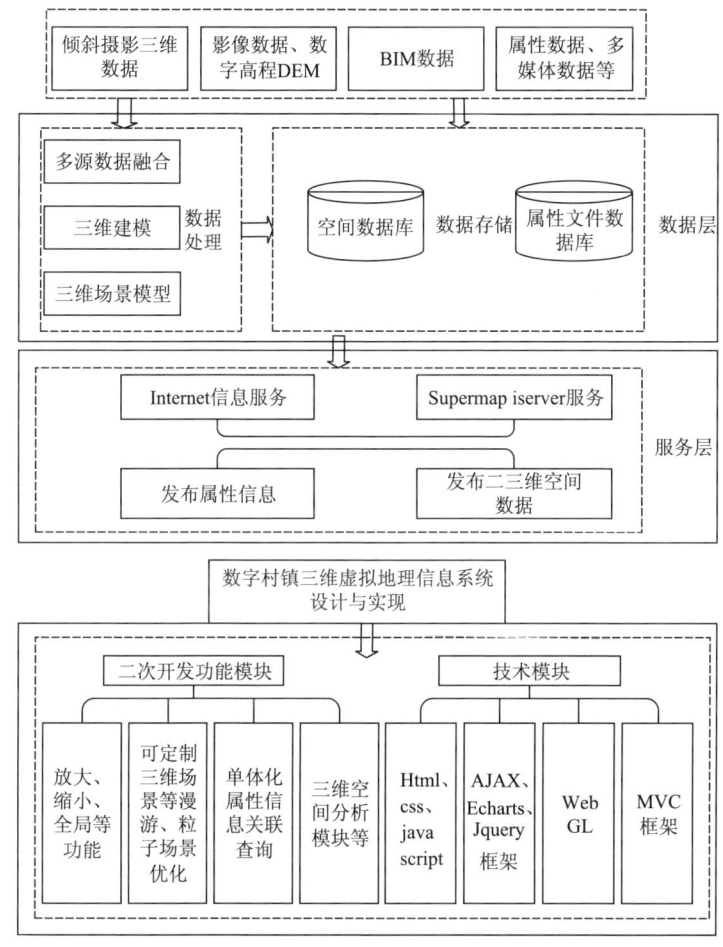

图 9-5 数字村镇的三维虚拟实现的流程图

BIM 主要结合可视化软件以及三维 GIS 平台形成完整的闭环达到对历史文化村镇的数字化存储。BIM 技术可以用模型描述历史文化村镇建筑的生长和演变，并利用三维和四维 BIM 工具和方法对不同的保护与利用的规划设计的方案进行衡量、模拟、想象和预测，从而生成科学的成熟方案[27]，为村镇数字化和可持续发展提供技术支持。

第三节　数字化记录与保存案例

一、基于计算机软件的手动建模

SketchUp，又称草图设计大师，是一款经典的计算机辅助设计工具，它能够快速构建、显示和编辑三维模型，其排版精简，指令少，效率高，完全面向设计过程，可为设计对象标注精确尺寸，建模思路清晰明了，也是建筑行业最常用的建模软件之一。

Lumion3D 是 ACT-3D 公司于 2010 年 11 月份发布的一款实时的 3D 可视化工具，建筑、规划、设计等领域均有涉及，可用来制作电影和静帧作品，也可传递现场演示。该工具本身就含有建筑，汽车，人物，动物，街道，街饰，地表，石头等内容，能通过 GPU 高速渲染的方式，提供出色的图像效果，并提供众多的格式接口如 SKP、DAE、FBX、MAX、3DS、OBJ、DXF等，可以方便的结合 GIS、AutoCAD、SketchUp、3DMAX 等软件在短时间内创造较强表现力的三维可视化效果[28]。

传统村落应用 SketchUp 建模与 Lumion 渲染选取案例有湖南省郴州市板梁村、湖南省永州市干岩头村、湖南省永州市龙溪村，主要包括以下几个技术流程（图 9-6）：

（一）数据采集

从村落实际情况出发，利用多种数据采集手段全面获取村落三位空间数据。通过测绘地形图、航拍照片与卫星影像等方式获得整体地理信息数据；通过无人机摄影与实地测量等方式获取建筑三维数据；通过高分辨率数码相机拍摄和实地观测记录等方式取得图像数据细节。将二维图像数据作为光栅图加载到 AutoCAD 中，再依照实地测量的数据信息，绘制包括整体布局图、单体建筑正测立面图等二维矢量图形[28]。

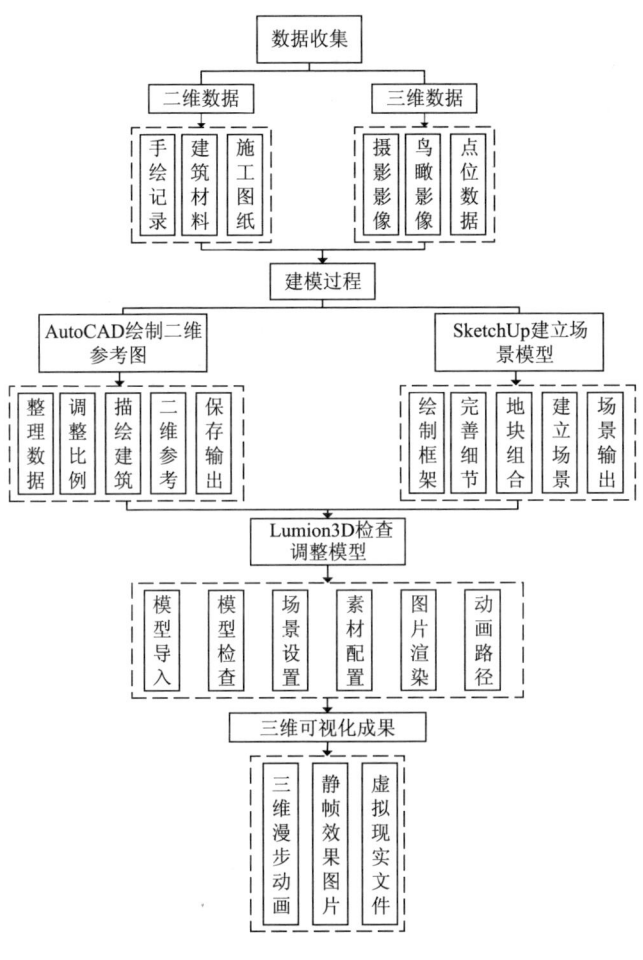

图9-6 技术流程

（二）村落传统建筑模型

将 AutoCAD 绘制的 DXF 文件导入到 SketchUp 中，利用轮廓线图绘制建筑模型。首先从底层开始绘制建筑基座与梁架结构，其次绘制墙体和屋檐完成建筑主体结构，通过与实地照片对比，添加窗雕、水龙头、屋脊线、瓦片、滴水等细节，以还原建筑原貌。

图 9-7　传统建筑建模过程[28]

（三）村落整体场景模型

结合相关矢量数据，按照 1 ∶ 1 的比例在 SketchUp 中生成村落整体地形模型，其次绘制街巷机理、水体、景观小品，最后结合地形图放置建筑单体模型完成村落整体三维场景模型（图 9-7）。

（四）渲染场景与输出

将传统村落三维模型进形面域检查，根据三维渲染软件算法特征对模型进行面量调整，优化材质贴图后导入 Lumion3D 等渲染软件，在其中添加植物水体等自然要素，调节虚拟大气环境参数，设置镜头参数后渲染导出静帧图片、三维动画等三维展示作品[29]。具体村落建模后的成果，如图 9-8 所示。

二、基于构件模型库的半自动批量建模

CityEngine 是批量参数化自动建模软件的主流代表。该软件以二维 GIS 数据为基础，通过编写一系列指令和代码以提取各个模型的基本信息，例如建筑的层数、层高、屋顶样式等。编写程序后，将程序批量化地应用于整个场景，通过自动运行程序以生成和表现不同的模型。该方法适用于大规模场景的搭建[30]。

板梁村全景　　　　　　　　板梁村局部

板梁村全景　　　　　　　　板梁村局部

图 9-8　建模后的成果图

中田村古民居始建于明朝永乐二年（1404），距今 600 余年，地处于湖南省衡阳市常宁市庙前镇，是衡阳市保存完好、规模最大的明清古建筑群，现遗存着 100 多栋古建筑、200 多个天井和 108 条巷道，建筑面积可达 38000 平方米，已被选入中国第一批传统村落和第八批全国重点文物保护单位。中田村的传统民居不仅具有湘南民居的建筑特色，而且具有独特的军事防御风格。

利用 CityEngine 的规则建模语言能够批量生成模型，同时保留原有 GIS 数据的位置和属性信息，修改模型属性便可改变建筑的外形特征，从而得以快速建模。中田村建模作品利用 ArcGIS for Desktop、MapGIS 和南方 Cass 等软件在常宁市旅游局获取的 CAD 数据的高程记录在高程线上，用克里金插值获取 DEM 1∶5000 数据。通过实地调查和遥感影像做成了中田村的基础矢量数据。通过 CityEngine 软件通过几种方式对中田村建模，可以通过三维系统雏形对三维模型进行查询、浏览等。图 9-9 为中田村建模的整体风貌图。

图9-9　中田村整体风貌图

三、基于低空无人机的倾斜摄影测量

　　低空无人机摄影测量主要用于获取、处理基础地理数据，依靠带有高分辨率传感器的小型低空无人机获取高分辨率数字影像，通过高精度实时动态定位技术（GNSS RTK）在系统中集成应用，所获得的航测遥感数据具有面积小、比例尺大、彩色真、现势性强等优点，为制作正射影像、地面模型或基于影像的区域测绘提供便捷、准确和直观的应用数据。低空无人机摄影测量能够在短时间内收集大量村落建模照片，效率相对较高。

　　基于低空无人机的倾斜摄影测量选取的案例村落有湖南省岳阳市张谷英村、湖南省永州市上甘棠村、湖南省荆坪村、芙蓉镇、边城镇等。这里使用的无人机为中海达 iflyD6 四旋翼无人机，主要的工作流程分为相片采集和相片建模两部分，如果有需要还包括后期的补拍融合步骤。具体流程为首先在村落地面布设控制点，然后将无人机设置好高度和航线采集村落照片，将采集的村落照片整理好后，导入建模软件 smart 3D 中（图9-10）。

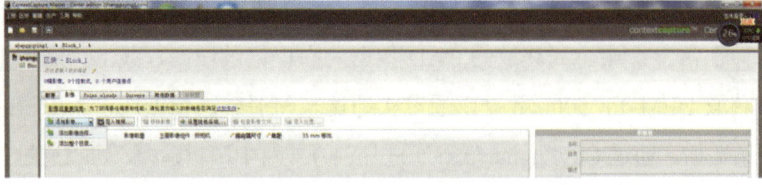

图9-10　建模操作界面

Smart 3D 即实景建模大师，它的作业过程包括空三解算和三维重建。空三解算是根据测定的少量野外控制点，通过空中三角测量平差模型进行计算，以此获得或恢复外方位元素。三维重建即在空中三角测量的基础上对点云进行三维建模。空三测量是整个建模过程中至关重要的一步。它的计算效果直接影响建模精度。具体建模操作流程有如下几个步骤（图9-11）。

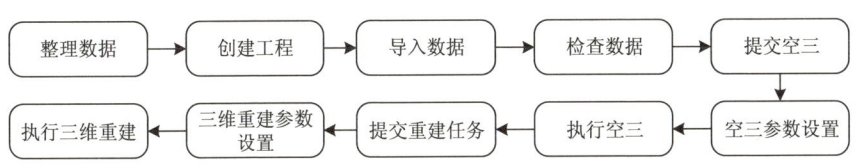

图9-11　建模操作流程

德夯村

德夯村局部近景

荆坪村

荆坪村局部近景

图9-12　村镇与局部近景对比

四、基于多源数据和综合测绘技术的大场景建模

岁月漫长，文化遗产不断遭受着自然侵蚀和人为破坏，要对其进行数字化保护必然是一个多学科、多领域交叉融合的庞杂过程[31]，基于多源数据和综合测绘技术的大场景建模则是当前文化遗产数字化保护的重要手段。世界文化遗产老司城遗址位于中国传统村落老司城村内（图 9-13），受地理环境制约，老司城遗址自废弃后便深埋地下，直至 21 世纪，随着考古的发掘，人们才逐渐认识到老司城遗址的价值。为进一步展示老司城的核心价值和内涵，本研究特基于多源数据和综合测绘技术对老司城遗址进行大场景建模。

图 9-13　老司城遗址航拍图

对比研究目前的一些常规建模方法以期发现一种快速、精细且更适合老司城遗址建模的三维建模手段。目前建模较为常用的方法有：①1∶500 比例尺地形图+高分辨率 DOM（数字正射影像）+航测地物主体顶部精准高程+外业手工采集地物纹理照片+3DMAX 或其他高精度三维建模软件；②定点三维激光扫描技术（点云数据（如法如）+外业控制点+纹理照片+专业软件（RARO）+配合 3DMAX 等建模软件）；③车载激光扫描技术（点云数据+POS 数据+纹理照片+专业软件）；④倾斜摄影（照片+POS 数据+专业软件 smart3D+其他建模软件）。对以上四种常规三维建模方法及优缺点进行对比研究，结果表明：方法①的优点是模型精度高，场景逼真，对象已单体化；缺点是建模速度慢，人力成本高，难以供应紧急需求。方法②具有数据采集

速度较快，精度高的优点；缺点是数据处理难度较大，难以获取建筑物顶面及死角数据。方法③具有数据采集速度快，精度高的优点；缺点是数据处理工作大，不能获取建筑物顶面及不便行车的区域数据，一般用于城市街道两旁三维建模。方法④的优点是数据采集速度快，建模周期短，现实感强，成本低；缺点是难以获取狭窄区域的数据，对象单体化困难，数据编辑难度大，一般适用于浏览需求，只可"远观"，不可"近看"。

　　基于以上结论，对多传感器、跨平台快速高精度三维建模方法进行了初探。平台高，如高空航测、倾斜摄影，一般采用无人机等低空平台，但数据采集速度快，成本低，且无法获取狭窄区域及地物表面以下的数据；平台低，如地面，三维激光扫描仪，数据采集速度相对慢，成本高，但采集数据精度高，可以构建超精细三维模型。因此，对平台高与平台低进行取长补短，高空平台采用无人机，传感器为相机，地面设备的传感器为激光扫描仪和高清数码相机。该方法可以实现快速、可粗可细的三维模型，但后期数据处理难度较大，目前没有非常成熟的技术方案，尚处于探索实验阶段。

　　目前我们基于多传感器、跨平台快速高精度三维建模方法已完成部分建模工作，主要是借助 ArcGIS10.8 和 CityEngine 2019 等软件，构建了老司城遗址部分遗产的模型。首先，基于 ArcGIS 10.8 对老司城遗址进行地形矫正以得到准确的三维地形（图 9-14），对遥感影像、拍摄的照片以及考古图

图 9-14　老司城遗址地形矫正图

片进行地图匹配，矫正后获得的地形图主要用于对老司城遗址周边的山水地貌进行建模时作为参考。然后，利用 CityEngine 2019 软件，以地形矫正结果作为建模的三维底图。最后，在 CityEngine 2019 软件里编写规则代码，根据实地调研拍摄的老司城遗址高清照片进行手动建模（图 9-15）。

（上）城墙三维模型

（中）土王祠三维模型

（下）传统建筑三维模型

图9-15 老司城遗址三维模型

参考文献

[1] 马宏斌，郑海晨，赵文玉："我国建筑学领域历史文化村镇研究综述"，《西北民族大学学报（自然科学版）》，2020 年第 41 卷第 3 期：67—72。

[2] Toschi I., Capra A., De Luca L., et al. On the evaluation of photogrammetric methods for dense 3D surface reconstruction in a metrological context. *ISPRS Annals of the Photogrammetry, Remote Sensing and Spatial Information Sciences*, 2014, 2（5）：371.

[3] Megahed N. A. Towards a theoretical framework for HBIM approach in historic preservation and management. *International Journal of Architectural Research*, 2015, 9（3）：130-147.

[4] 李哲："建筑领域低空信息采集技术基础性研究"（博士论文），天津大学，2009。

[5] 梁慧琳："苏州环秀山庄园林三维数字化信息研究"（博士论文），南京林业大学，2018。

[6] 王维洋："无人机摄影测量快速建模技术及其工程应用"（硕士论文），华北水利水电大学，2017。

[7] 廖中平，余泽彬，刘科等："三维激光扫描技术在建筑建模中的应用"，《北京测绘》，2017 年第 2 期：84—87。

[8] 蔡锐："三维激光扫描技术在古建筑测绘中的应用"，《技术与市场》，2020 年第 27 卷第 11 期：89，91。

[9] 梁慧琳，张青萍："园林文化遗产三维数字化测绘与信息管理研究进展"，《南京林业大学学报（自然科学版）》，2020 年第 44 卷第 5 期：9—16。

[10] REMONDINO F., RIZZI A. Reality-based 3D documentation of natural and cultural heritage sites: techniques, problems, and examples. *Appl Geomat*，2010，2（3）:85-100.

[11] 胡雯彧："基于 AR 技术的文化遗产数字化展示设计研究——以山东博物馆为例"（硕士论文），山东大学，2020。

[12] 侯守明，葛倩，刘彦彦："基于 MAR 的非物质文化遗产数字化保护系统研究"，《系统仿真学报》，2021 年第 33 卷第 6 期：1334—1341。

[13] 刘建伟，丁熙浩，罗雄麟："多模态深度学习综述"，《计算机应用研究》，2020 年第 37 卷第 6 期：1601—1614。

[14] 陶冶："以声音和影像记录少数民族珍贵记忆——云南少数民族音视频档案采集工作方法研究"，《云南档案（业务探索）》，2019 年第 3 期：58—60。

[15] 俞颂华，王汝凉："基于 CNN 与 MFCC 的城市场景声音识别"，《广西师范学院学报（自然科学版）》，2019 年第 36 卷第 1 期：50—56。

[16] 刘建伟，丁熙浩，罗雄麟："多模态深度学习综述"，《计算机应用研究》，2020 年第 37 期第 6 期：1601—1614。

[17] 高薇华，白秋霞："'非遗'语境下傩文化的立体化产业与全息技术应用"，《文化遗产》，2015 年第 5 期：39—44。

[18] 沈家栋，王健，金芮："交互技术在数字化普及非物质文化遗产中的应用"，《科技传播》，2021 年第 1 期：81—83。

[19] 安邦，张提："基于运动捕捉技术的藏族舞蹈保护"，《西北民族大学学报（自然科学版）》，2015 年第 36 卷第 3 期：51—54。

[20] 张天良，王晓华："运动捕捉技术在体育运动中的应用"，《电子测试》，2015 年第 24 期：103—104。

[21] 杨宪武："对非物质文化遗产中'文化空间'的认识以孔府饮食为例"，《山西师大学报（社会科学版）》，2011 年第 38 卷第 S4 期：42—44。

[22] 石径："面向云存储的非结构化数据存储研究"，《信息与电脑（理论版）》，2018 第 24 期：36—37。

[23] 倪通："基于 JSP 的非物质文化遗产系统的研究与开发"（硕士论文），郑州大学，2012。

[24] 杜鹏飞："数字乡村三维虚拟地理信息系统设计与实现"（硕士论文），北华航天工业学院，2021。

[25] 蔡应心："三维 GIS 技术在建筑物建模中的应用"（2021 年创新人才培养与可持续发展国际学术会议论文集（中文）），2021。

[26] 杨璞："建筑信息模型应用研究"（硕士论文），合肥工业大学，2013。

[27] 罗智星，谢栋："基于 BIM 技术的建筑可持续性设计应用研究"，《建筑与文化》，2010 年第 2 期：100—103。

[28] 陈驰，章天成，袁佳利等："基于 Lumion3D 的传统建筑景观空间三维可视化表现——以石鼓书院为例"，《城市建筑》，2017 年第 14 期：73—75。

[29] 陈驰，晏薇，李伯华等："基于景观基因理论的传统聚落数字化保护与开发利用——以板梁古村为例"，《城市建筑》，2021 年第 18 卷第 6 期：48—51。

[30] 陈敏捷："基于 CityEngine 的城市三维建模及应用研究"（硕士论文），江西理工大学，2016。

[31] 林珲，胡明远，陈富龙："文化遗产多源探测技术与环境重建展望"，《地球信息科学学报》，2014 年第 16 卷第 5 期：673—680。

[32] 侯守明，葛倩，刘彦彦：基于 MAR 的非物质文化遗产数字化保护系统研究，《系统仿真学报》，2021 年第 6 期：1334—1341。

第十章　历史文化村镇数据库的数字化技术规范与数据标准

数字化采集和存储技术在文化遗产的保护中极其重要[1]，针对目前我国文化遗产资源数据库建设技术标准不统一这一现状，本项目深入研究符合我国历史文化村镇特点的数据库构建相关技术标准，包括数据采集与入库技术规范、元数据标准以及检索体系标准等。

第一节　数据采集与入库技术规范

利用数字化技术保护历史文化村镇的前提在于数据的采集与入库，而制定相关的技术规范是实现数字化保护的关键所在。

一、信息数据指标著录规范

历史文化村镇信息数据指标体系反映了历史文化村镇数字化保护所涉及的要素对象，也决定着历史文化村镇数据库的结构组织。从指标构成上历史文化村镇信息数据大致分为基础信息数据指标与专项信息数据指标[2]。基础信息数据指标包括基础地理信息、基础行政信息以及基础市政信息数据等。而基础地理信息数据包括地形数据、高程数据、土地利用、水系等，基础行政信息数据包括行政区域边界、居民区、交通网络等，基础市政信息数据包括公共设施站点、管线网路等。

历史文化村镇专项信息数据指标的选取参考《传统村落评价认定指标体

系（试行）》与《中国历史文化名镇（名村）评价指标体系》，将指标体系内能够进行识别与获取的指标概括归纳为历史文化村镇信息数据库的专项指标。专项信息数据指标大致分为建筑要素指标、街巷要素指标、家族院落指标、历史信息指标以及社会经济信息数据指标。这四类信息数据指标整体上能够反映历史文化村镇的空间结构、历史底蕴以及社会经济信息等。

　　针对历史文化村镇的物质文化遗产以极具考古价值的传统建筑为代表这一情况，把建筑要素指标分为建筑信息、建筑整治对策两类，建筑信息包括建筑属性类信息（年代、结构、功能、高度、屋顶形式）和建筑评定类信息（质量、风貌、产权、规模）等；建筑整治对策包括历史遗留建筑修缮、违和建筑整改、违规建筑拆除以及损毁建筑复原等。街巷要素指标包括街巷等级以及街巷长度等。家族院落指标包括院落边界以及家族公共空间。历史信息指标包括历史行政边界、文保单位点、三普文物点以及历史环境要素等。社会经济信息数据指标包括人口信息、家庭结构等。

　　建立历史文化村镇数据库，即历史文化村镇基本数据库和专项数据库，需要明确历史文化村落包含要素的数据类型及其属性信息，其中专项数据库应涵盖历史文化村镇所特有的物质与非物质文化信息，以供建立历史文化村镇数据模型。同时，基于历史文化村镇数据库，需借助一定的手段与工具对要素属性进行符号化处理以达到可视化效果，在历史文化村镇数据模型中既要有保护和利用的要素也要有规划设计的要素，拟还原历史文化村镇的历史风貌并使其现有风貌得到可持续发展。

　　历史文化村镇数据库的建立基于 GIS，以 ArcGIS 软件中的 ArcCatalog 为系统平台，将信息数据存储到 Geodatabase 数据库中。Geodatabase 数据库最大的优点是可以将空间几何数据和属性数据保存在同一要素类下，以实现空间数据和属性数据的联动。Geodatabase 数据库以矢量数据和栅格数据两种类型存储信息，其中矢量数据以要素类形式存在，包括点状要素、线状要素和面状要素，每类要素都包含了属性信息、几何信息和时间信息等；栅格数据通常指图像数据和遥感影像数据等。

二、三维数据存储技术规范

三维基础数据的采集包括远距离获取数据以及近距离获取数据[3]。远距离获取的数据主要包括卫星遥感影像、航空遥感影像、机载激光雷达扫描等。近距离获取的数据有建筑实体测绘、数字摄影测量（主要是贴图照片）、全站仪采集、点云数据（机载 LIDAR、三维激光扫描）等。

（一）图像、音视频数据指标体系及技术规范

对传统建筑进行拍照，对于历史文化村镇的数字化保护具有重要意义。现场照片能够清晰直观地反映传统建筑发生的任何细微变化，既可为数字化复原和再现提供参照的基础资料，也可为后期施工修复做参考，如立面汇编资料。通过对比照片可以发现传统建筑的损毁情况，也能还原大量建筑结构的细节。在拍摄的过程中，一要保证拍摄图像清晰且拍摄内容有序归类存储；二是拍摄建筑要素内容要全面，包括以全景或是远景拍摄记录建筑轮廓信息，多个角度拍摄确保建筑立面信息记录完整，近距离拍摄建筑的装饰、构件连接处等细节，可分主次依次从远到近进行拍摄，确保建筑记录完整；三是补充对于建筑石刻、木雕、彩绘等纹样的拍摄收集，且需记录拍摄点位置信息，以便于在三维建模贴图中应用。

我们在对历史文化村镇进行实地调研的过程中，采用大疆精灵无人机产品，采集历史文化村镇文化遗产数字资源航拍图以及航拍视频，如图 10-1、10-2 所示。

（二）测绘数据指标体系及技术规范

通过传统的手工测绘仍是目前获取数据主要的手段之一，相关工作人员需亲自参与实地考察和数据测量，对历史文化村镇传统建筑的平面、立面、剖面等进行数据的测量，以制作传统建筑模型以及为传统建筑数字化做准备。

我们对永州地区传统村落与传统民居进行专题调研与数据采集，分别对永州市新田县龙家大院村、蓝山县虎溪村、道县楼田村、江永县上甘棠村和兰溪村等五个国家历史文化名村进行现场实地踏勘和数据采集，对建筑进行

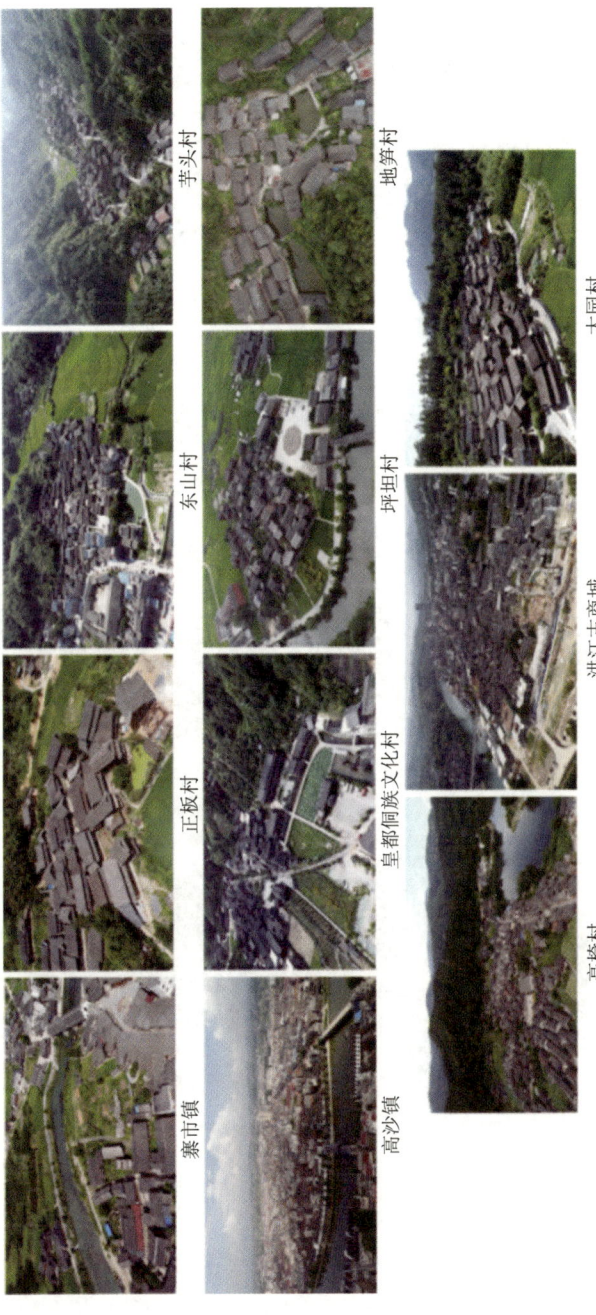

图 10-1　历史文化村镇无人机航拍图

图 10-2　大园村历史文化村镇无人机拍摄

测量及相关民居资料的收集。根据实地调研观测所整理的建筑信息资料，分别对永州地区传统村落进行模型制作，图 10-3 是制作的永州市新田县龙家大院村三维模型。

（上）农家大院游客中心模型

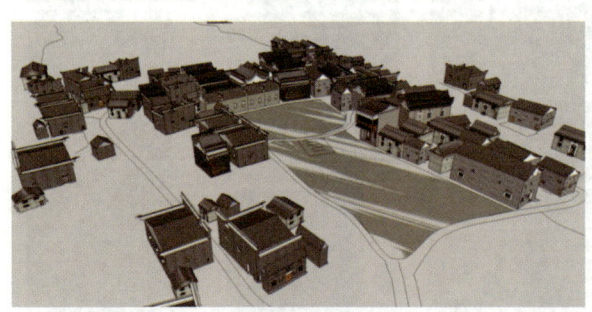

（下）龙家大院村模型

图 10-3　永州市新田县龙家大院村三维模型

（三）点云数据存储技术规范

历史文化村镇强调"天人合一"，重视与周围自然环境和谐共生。除了对传统建筑进行拍摄外还需要对建筑周边自然景观进行拍摄记录，以收集历史文化村镇整个地形地貌数据以及周边绿地信息。为了获得精确的测量数据，可以采用三维激光扫描技术，这项技术可以快速便捷地采集到传统建筑及其周边空间信息数据等。三维激光扫描技术获取的历史文化村镇的测绘数据是以"点云"的方式存储在计算机中，三维扫描时会形成大量的点云，这些点云的组合可以形成历史文化村落街区的数字化模型。这些三维数字模型能够精确地展示历史文化村镇的街区现状，原真性强，有极高的数据价值。对湖南省传统村落用无人机获取点云数据后，得到图 10-4 处理后的点云数据模型。

（上）德夯村点云模型

（下）荆坪村局部点云模型

图 10-4　处理后的点云数据模型

第二节　历史文化村镇数据库元数据标准

通过实地调查、二手资料法和实地访谈法，获取历史文化村镇文化遗产相关信息。参照《世界遗产公约》和《中华人民共和国文物保护法（2017年修订本）》，将历史文化村镇文化遗产根据内容进行"物质"与"非物质"鉴定。基于 Dublin Core（都柏林核心元数据集）、VRA Core（Visual Resources Association Core Data，视觉资源委员会核心元数据）、CDWA（Categories for the Description of Works of Art，艺术作品描述类目）等国际规范化的元数据标准[4]，设计了一套历史文化村镇文化遗产信息资源元数据标准，对历史文化村镇文化遗产数字资源的实体进行描述，以期在一定程度上促进历史文化村镇文化遗产资源的数字化。

一、元素项分类系统（历史文化村镇文化遗产的分类）

本研究采用文献调研、二手资料法与实地考察等方法，通过访问历史文化村镇物质与非物质文化遗产名录，将历史文化村镇涉及的相关文化遗产分为物质文化遗产与非物质文化遗产。根据《世界遗产公约》[5]对文化遗产的定义，物质文化遗产分为历史文物、历史建筑和人类文化遗址[6]，包括古遗址、古寺庙、古坛、古建筑、古墓葬、古桥、石刻、历史古籍等。按照非物质文化遗产库的分类，历史文化村镇的非物质文化遗产分为传统戏剧、曲艺、传统美术、传统技艺、民俗、传统医药等。

二、各元素及修饰词项的语义定义（历史文化村镇文化遗产数字资源的元数据描述）

元数据（Metadata）是记录数据的数据，由一定的编写规范和顺序逻辑记录各项数据的内容信息，通过元数据可快速了解各组成数据的组织方式以及来源、获取时间等基础信息[7]。元数据可以识别、评价资源以及追踪资源的变化以及简单高效管理、一体化组织、查找信息资源等[8]。元数据描述就

是对元数据所记载内容的表述以及数据之间关系揭示，常以资源描述框架
（Resource Description Frame，RDF）的形式来表示[9]。

　　对于历史文化村镇文化遗产的数字化保护，利用元数据等技术可以更全
面地展示历史文化村镇复杂的文化遗产。元数据可通过 RDF 对历史文化村
镇数字资源进行表述与展示。基于历史文化村镇文化遗产的 RDF 关系描述
可以通过三元组 "资源—属性—属性值" 的形式，对历史文化村镇文化遗
产特定资源的属性及其相应属性值进行描述，以较为完整地反映信息资源全
貌，并建立起特定的语义关联。利用语义网和关联数据等技术来揭示各个历
史文化村镇之间的联系，可实现对历史文化村镇的文化遗产数字资源的有效
组织和高效管理，以促进历史文化村镇文化遗产的保护、传承与开发利用[10]。
实现关联数据在历史文化村镇文化遗产数字化保护中的应用，准确地描述历
史文化村镇文化遗产数字资源，构建历史文化村镇文化遗产数字资源的元数
据集是首要的任务[11]。

三、著录规则和计算机应用语法规定

　　由于数据类别偏差以及使用需求的差异，学者们分别制定了针对自己领
域的资源组织和管理的元数据规范。就历史文化村镇文化遗产保护工作而
言，有都柏林核心元数据集、VRA Core 以及 CDWA（Categories for the
Description of Works of Art，艺术作品描述类目）等几类元数据规范标准[12]。

　　历史文化村镇文化遗产数字资源的类型参考遗产分类，分为 "物质"、
"非物质" 两种类别的文化遗产数字资源形式。鉴于历史文化村镇文化遗产
信息资源涵盖了大量的古建筑、古遗址、古桥梁等可视化实体资源，在数字
化保护历史文化村镇物质文化遗产数字资源过程中通常都是以照片、视频以
及三维模型等可视化的形式进行展示。基于此，选择了适合描述可视化资源
的 VRA 视觉资源核心类目对历史文化村镇物质文化遗产数字资源进行描
述。基于我们对历史文化村镇物质文化遗产的实地调研情况，本研究构建元
数据标准时参照现有文化遗产资源管理案例，依据历史文化村镇物质文化遗

产的属性特征信息，将数据类别分为基础信息（遗产名称、类型样式、尺寸规模、建筑用料、所处位置）、内含信息（所有者/建造者、营建技术、风貌特征）、时间信息（建成时间、修缮时间、保存时长）。在针对不同类型村落，可依照需求侧重，对内容进行增删调整。

　　历史文化村镇非物质文化遗产的数字化保护一般采用描述性文字进行记录和保存。综合考虑历史文化村镇非物质文化遗产特征，选用资源标识名、创建或所有者、资源内容主题描述、资源内容解释、时间信息、资源所属、语种类别、资源来源和涉及领域/覆盖范围，作为通用元数据。具体参照"潇贺古道"元数据标准[13]。本研究设计的历史文化村镇文化遗产信息资源元数据标准，如表 10-1 所示。

表 10-1　历史文化村镇文化遗产信息资源元数据标准

元素	元素定义	元素复用标准	元素限定词	元素限定词复用标准
Type	对象所属类型	VRA：Work Type		
Title	对象名称	VRA：Title		
Agent	对象所有者或建造者	VRA：Agent		
Date	相关时间信息，如对象建造或修缮时间等	VRA：Date		
Culture	对象代表或归属的文化背景	VRA：Cultural Context		
Relation	对象所有权归属变更	VRA：Relation		
Description	对对象的描述或解释	VRA：Description		
Record type	对象记录类型	VRA：Collection or image		
Measurements	对象尺寸大小	VRA：Measurements		
Material	对象组成材料	VRA：Material		
Technique	对象采用技术	VRA：Technique		
Location	对象所处位置	VRA：Location		
Style	对象体现风格	VRA：Style Period		
Period	时代信息，如对象出现或消失时期	VRA：State Edition		

元素	元素定义	元素复用标准	元素限定词	元素限定词复用标准
Title	题名，资源标识名	DC: Title	Alternative	DCTERM: Alternative
Creator	创建或所有者	DC: Creator		
Subject	资源内容主题描述	DC: Subject		
Description	资源内容解释	DC: Description	Contents	DCTERM: Contents
			Abstract	DCTERM: Abstract
Date	时间信息	DC: Date		
Type	资源所属	DC: Type		
Language	语种类别	DC: Language		
Source	资源来源	DC: Source		
Coverage	涉及领域/覆盖范围	DC: Coverage		

第三节 历史文化村镇数据库检索体系

历史文化村镇数据检索系统是能够收集、编辑、管理和检索历史文化村镇所有相关数据的自动化系统，它由软件、数据库和数据库管理员组成。软件主要包括语言环境、操作系统、实用程序和数据管理系统。数据库是数据管理的高级阶段，其数据的载入、修改和查询需在数据库管理系统中进行。数据库管理员一般资历较深，业务能力较强，主要负责创建、监控、备份、修改密码、深层次管理和维护整个数据库，以保障数据的有效使用。

"数据检索"即根据用户需求从某数据集合（如关系型数据库、非关系型数据库、非结构化数据库）中搜索出回答较为准确的数据的过程或技术[14]，基于应用性能可分为广义检索和狭义检索。广义检索是将数据按一定方式组织和存储起来，并根据用户需求搜索出相关数据的过程；狭义检索是从数据集合中找出所需数据的过程，也就是我们常说的搜索过程。在历史文化村镇数据库检索系统中，主要分为基于文本、语义、内容、图像和视频等数据资源检索方式。

一、基于文本的资源检索

文本检索是对文本要素集合中的文本在无标引前提下，按照机器自然语言对文本内容进行词语匹配的一种信息检索方式。根据用户所输入的关键词或句子以一定逻辑的检索算法从文本中检索相关内容，再根据用户所需的方式组织输入到用户[15]。它是目前最基本、最常用的一种信息检索方式，其本质是关键词的逐个匹配，以关键词匹配为主，将关键词作为检索的重点。用户查询和文档之间的相似度越高，该文档越有可能成为用户的关注热点文档。但基于文本的资源检测只能检索出与输入词语严格匹配的资料，检索效率较低，对于文献中潜在的语义关联有所忽视[16]。

二、基于语义的资源检索

语义检索是在原有文本检索方式上的改进，使用自然语言统计模型进行对语句进行分词处理，形成索引词。通过比较用户检索输入词与各个索引词之间的相关度，获得数据库中与之相关的内容[17]。利用语义分析法来拓展检索序列词，能够将成串汉字拆解重组为符合语义逻辑的词，搜索结构更能贴近用户的真实搜索意图，对于文本检测中所出现的漏检以及排序不合理的现象有较好的改善效果。

三、基于内容的资源检索

基于内容的检索通过对内容的分析，自动或半自动地从内容中提取特征，并根据所提取特征定义的相似度度量函数计算特征之间的相似度[18]，从而将与之最为相似的内容资源反馈到用户端。由于内容表达的不精确性，基于内容的检索必然是近似检索，并且结果中经常存在错误检索和遗漏。在历史文化村镇数据库检索系统中，一方面需要实现快速检索；另一方面，又要求很强的交互性，实时将反馈结果作为一种有效的检索手段，也即通过用户对相关反馈的反馈，检索系统可以了解用户更明确的意图，从而有效提高检索效率。

四、基于图像的资源检索

图像检索是从数据图像库中查找内容相似的图像，它主要分为基于文本的图像检索和基于内容的图像检索技术。基于文本的图像检索是以文本标注方式对图像中包含的的内容进行描述，再根据描述内容形成图像内容的关键词。此方式目前有人工标注和图像识别半自动标注两种。在实际检索时，检索系统将根据用户所提供查询关键字进行自动匹配，提取出与该关键字相应的图片资料，再将查询结果反馈给用户。基于内容的图像检索主要基于图像的固有特征——颜色、纹理（图案）和形状特征。用户通过选择一幅或多幅图像来进行查询，然后系统查找与该图像在视觉内容（颜色、纹理和形状等）上相似的图像，并根据相似性大小将其返回给用户。

五、基于视频的资源检索

视频检索的检索技术主要有两种形式：一是基于视频文本；二是基于视频内容。在以文本形式的视频检索中，涉及对于视频进行大量的手工注释，这种方法的视频检索依赖于与每个视频相关的元数据，如标签、标题、描述和关键字，缺点是需要手动标注。基于内容的视频检索相关技术的研究和开发是为了弥补以文本形式的视频检索技术缺陷，该技术可以自动识别视频内容的特征，例如颜色、纹理、形状等，然后根据所提取的特征做进一步的处理，包括关键帧检测提取、聚类和建立索引等工作[19]。

第四节　历史文化村镇数据库建设案例

中国传统村落数字博物馆建设，旨在向世界宣传中国传统村落风貌，展示中国典型传统村落的数字化保护成果，让世界了解中华农耕文明、领略古老东方营建之美。数字博物馆利用网络媒体技术、虚拟现实技术、3D 打印技术、计算机数据库与互联网技术等，以多形态、多维度在网络上全方位地呈现真实的传统村落。中国传统村落数字博物馆包括总展馆和村落单馆。总展馆汇集中国传统村落的概要信息，从整体上反映其历史、文化、艺术、科学等价值，村落博物馆对内容记载更为详实，展示更为全面。

一、入馆要求

中国传统村落总量达到了 8171 个，在全国范围内选取若干个地域性、民族性风格突出、保护成果较为显著的传统村落案例进入中国传统村落数字博物馆。选取标准主要考虑村落选址与格局、建筑存留品质以及非物质文化丰富程度。入馆数据主要包括九个方面[20]，如表 10-2 所示：

表 10-2　村落数据库构建基础信息表

序号	类别	内容
1	村落概况	村落基本信息、村史、重要历史人物、历史事件等。
2	自然地理	涉及村落环境、名胜、古迹等方面，村貌图片、1∶5000 地形图、航拍视频。
3	格局选址	村庄位置、布局、风格和建村智慧，不同历史时期可以反映村落的变化的图文数据。
4	传统建筑	村落单体传统建筑的基本信息、建造特征、保护和维修情况等。传统建筑各级文物保护单位、历史建筑以及具有重要保护和欣赏价值的民居、祠堂、庙宇、戏台、书院、亭台楼阁等。单体建筑内部和外部照片、360 度环视照片、测绘平面立面和剖面图纸、内部结构和细节图片。
5	历史环境要素	历史环境要素的类型（如古树、古井、古桥、围墙等）、规模、反映村落历史风貌、构成村落特征的各历史环境要素等的分布情况和功能用途。
6	生产生活	富有地域和民族特色的物产、集市商业、生产工具、食品、服饰、交通工具等，以及描述以上信息的文本和图片或视频记录。

续表

序号	类别	内容
7	民俗文化	非遗代表性项目、节庆、祭祀、婚姻丧葬礼仪、方言等。
8	历史典籍	村志、族谱、口述史、村规民约等。
9	交通导览	入村路线、村内导览等

二、总展馆

　　总展馆主要展示中国传统村落整体历史、文化、艺术、科学等价值，包含村落全景图像、三维虚拟模型、航拍记录视频、遗迹和景点图片、相关文章、口述历史等信息，由传统村落数据检索；（建筑、选址、非遗）专题；特展；活动；文创；关于（总说、合作）共六个板块专馆组成[21]。

图 10-5　总展馆界面

三、村落单馆

　　村落单体博物馆是指单个传统村落的数字博物馆。包括村落历史、文化、环境、建筑、民俗、美食、旅游等栏目，展示形式包括文字、图片、视频、VR 全景信息、实景三维（无人机倾斜摄影的三维模型）等，是对一个传统村落更为全面、深入的挖掘、建档和展示。

图 10-6　村落单馆界面

以湖南省道县楼田村为例，介绍了楼田村博物馆的基本建设内容，主要包括八大板块，涉及村落概况、全景、历史、环境、建筑、民俗、美食、旅游等方面。

（一）村落概况

楼田村位于湖南省南部的永州市道县清塘镇境内，其东面紧邻营江街道，西抵塘枧村，南接下汶村，北临室家村、岗下村、陈熊村。楼田村传统村落坐落于楼田村村域中北部，道山山脚下，村落北部面临濂溪大洞，濂溪河从都庞岭流经此地。

（二）全景展示

图 10-7　楼田村鸟瞰图

（三）历史文化

楼田村因"楼田"而得名。"楼田"是一种独特造田技术，是由楼田村祖先于沼泽地中打桩、覆板、填土形成可供耕作的田地，由此可见该地区水稻种植水平之高。楼田村，古时候名为楼田堡，于北宋初年开始修建，距今有 1000 多年历史。据历史考证，宋代理学大师周敦颐的祖父智强公于北宋建隆元年（960）迁居道州楼田，周氏家族从此于楼田村发展传承至今。享有周敦颐故里（濂溪故里）之称。

1. 历史变迁

清顺治十三年（1656）知州高攀龙重修正祠、礼厅。

清康熙二十六年（1687）御赐"学达性天""万世师表"匾额。

康熙三十年（1691）重修御碑亭。

乾隆八年（1743）赐币重修濂溪祠，乾隆六十年（1795）复修御碑亭。

嘉庆二年（1797）知州龙舜耕修谏议祠。

光绪二十六年（1900），濂溪故里子孙重修周辅成墓和周敦颐兄嫂墓。

1995 年，故里子孙集资重建濂溪祠。

2000 年，道县人民政府拨专款维修濂溪祠。

2010 年，湖南省文物局拨款 1000 万余元对该村古民居进行大规模修缮。

2013 年，道县人民政府筹措近 3000 万元对该村进行了环境整治并修建了占地 100 亩荷花池。

2014 年，国家文物局拨专款 500 万元对该村古民居进行修缮和保护。

2. 历史人物

周敦颐（1017—1073），原名敦实，字茂叔，号濂溪，人称濂溪先生，谥号元公，道州营道县（今湖南道县）人，是中国宋代著名的思想家、理学家。周敦颐宋天禧元年（1017）于楼村诞生，天圣十年（1032）因其父周辅去世，遂与母投奔汴京开封的兄长郑向，19 岁时由吏部调任洪州分宁县（今江西修水）主簿，正式步入仕途。共为官三十余载，乐于济世，廉洁奉公。

黄庭坚称其"薄于徼福，而厚于得民"。

周敦颐是中国理学的创始人，他的理学思想在中国哲学史上起到了承前启后的作用，著有《太极图说》《爱莲说》等。以儒家思想为基，吸纳道家、佛教两家先进观点汇于自身学术思想，强调德治，立人之极，提倡正直，主张廉洁，强调官德。以"天人合一"为论证的主题，求圣道，推进儒家学说发展。由于学术上的巨大成就，先生被尊为"孔孟后一人"和"理学鼻祖"。

他提出的无极、太极、阴阳、五行、动静、性命、善恶等哲学范畴，在学术界产生了广泛影响，成为后来理学研究的主题。

周焘，周敦颐之子，字季老。宋元祐三年（1088）中进士。初任黄池（今河南封丘）令，累迁至两浙（今江苏省长江以南及浙江省全境）转运使，官终宝文阁待制。诗作天赋甚高，在浙江时常与苏轼以诗相会，著有传世之作《爱莲堂集》。

3. 历史事件

1944 年日寇发动"豫湘桂战役"，道县因处于"大陆交通线"上，先后两次落入日寇的魔掌。期间，日军纵火道岩、烧死躲避在内的村民 568 人，其中绝户 31 户，制造了震惊中外的"楼田惨案"[22]。

1983 年，县人民政府公布周敦颐故里的道山、圣脉泉为县级文物保护单位。

2003 年，周敦颐故里被列为永州市重点文物保护单位、永州市爱国主义教育基地、永州市国防教育基地、永州市廉政文化教育基地。

2004 年，湖南省成立"湖南省濂溪学研究会"。

2006 年，楼田村传统村落所在的"月岩-周敦颐故里风景名胜区"被评为湖南省风景名胜区。

2008 年，楼田村被评为湖南省级历史文化名村；濂溪故里被公布为湖南省爱国主义教育基地，湖南省廉政文化教育基地。

2009 年，被列为湖南省廉政文化教育基地，同年成立了"月岩-周敦颐故里风景名胜区"管理处（副县级）。

2010 年，湖南省纪委公布该村为"省级廉政教育基地"，被列为湖南省爱国主义教育基地。

2011 年，湖南省人民政府公布"濂溪故里古建筑群"为第九批省级文物保护单位。

2013 年，濂溪故里古建筑群被国务院公布为第七批全国重点文物保护单位，遗产类型为"古建筑"。

2014 年，湖南省旅游局公布该村为"AAA 景区"。

4. 环境格局

楼田村落是典型的传统村落格局——"岗陇丘阜，拱揖环合，古风蕴藉，文气沛然"，背靠道山，东临村级环村公路，形成了倒葫芦状布局，北大南小。村内保存较为完好的主要街道和小巷为"五横（东西向）和一纵（南北向）"，是村民日常活动的主要通道。楼田村民居的形式、朝向、布局和相互关系都深刻地受到传统风水观念的影响。

（1）山形地貌

楼田村传统村落东侧为龙山，西侧为道山和豸岭，周边山林植被茂盛。

（2）河流水系

濂溪河。楼田村传统村落北部有濂溪河。濂溪河发源于都庞岭，长 41 千米，因良好的生态环境、澄澈的水质而被称为秀水；河岸绿树成荫，四季常青；竹木茂密成林，隐秘幽静。水中游鱼、水底河石，皆清晰可见；人与自然和谐统一，宛如世外桃源。

池塘。村落东侧有荷花池一处，池内夏有莲花，有"接天莲叶无穷碧"的景观效果。

圣脉泉。圣脉泉位于村落南端，道山脚下一处石窦中，在其左右两侧的岩石上分别刻有"圣脉"和"寻源"字样。泉水清澈，大旱不涸，积雨不溢。周敦颐从小就在家乡濂溪泉玩，他深爱其出自山窦，泉水涌入其中。圣脉泉晶莹剔透，没有在大旱中干涸，也没有在积雨中溢出或浑浊，一年四季都潺潺不绝，孕育着万灵，滋润着万物，所以得号濂溪。因此，拜谒濂溪泉已成为历代学者的追求和心愿。此外，泉水中还有一种神秘感——"横看成岭侧成峰"。正视泉眼，泉水池被若现若隐的一条分水线分解成太极图案。侧看泉池，犹如一条金线将泉水自出口到岸划成两块不同的饮水区域。另外，泉水之功能按泉水流程分三段用水区，第一段靠近源头为村民日常饮水所用。第二段供村民洗涤食品。第三段为村民洗涤日用品专用。然后泉水流出泉池，灌溉农田。此方式与周敦颐将人定格为"圣人""贤人""士子""平民"四类的思想如出一辙。后人于泉边建濯缨亭，纪念周敦颐。

（3）植被动物

楼田村周边自然植被丰富，植被类型可分为山地草甸和灌木草丛两类，覆盖率高，野生植物 160 多种，并以盛产中药材著名。亚热带野生动物中的哺乳动物、鸟类、爬行动物、两栖动物、鱼类以及贝类极其丰富。

（4）耕作农田

楼田村传统村落前面，有大片山间盆地平原，土地肥沃，绵延数十里。稻田、湖泊和村舍交错其间。濂溪中流，阡陌交通，鸡犬相闻，系道县西南部的主要粮仓。尤其是在春秋两季，这里有肥沃的土地，有雾蒙蒙的泉水；秋色涂抹，硕果累累，金光灿灿。骏马飞奔沃野，资源丰富，人丁兴旺，令人流连忘返、叹为观止。

5. 传统建筑

（1）上门楼

上门楼始建为清代。"特恩堂"是与上门楼相连的大厅屋，在建筑平面布局上，它与门楼屋与大厅屋前后紧密连接。上门楼为"中门型"建筑，即在中轴上开中门进出。上面楼为清水墙出脊，上盖小青瓦。

（2）众人门楼

众人门楼始建为清代，为单体式门庭式建筑，不附带其他建筑，是全村周姓族人都可以享用的，真正意义上的公共建筑。众门楼与上下门楼相仿，抬梁造结构，青砖清水墙出脊，小盖小青瓦，门楼前为用河卵石砌成的小坪。

（3）爱莲堂

爱莲堂始建于清代，至今仍使用覆莲，仰覆莲或覆式石柱础，主木架构，用材规格高，相对于民居要粗大，并采用抬梁与穿斗式相结合的梁架结构，梁架上使用大量驼峰与宝瓶等构件。前檐廊上做轩莲，并在主体木梁上直接雕刻纹饰，爱莲堂分前廊，天井，大厅，爱莲堂后为神堂。爱莲堂前有用河卵石和青石板砌成的半圆形小坪。爱莲堂门前对应的是下门楼。

（4）神堂

神堂始建于明代，沿爱莲堂中轴线后延伸，隔一堵墙建有五开间的神堂屋，神堂为供奉先祖房祠建筑中，宅的地位是最高，在建造时间上，爱莲堂与神堂有前后续建的关系，而神堂始建时间要早于爱莲堂。神堂为抬梁造结构、木柱及木梁用材标准硕大、木雕有龙凤及莲花、仙草等，为栅栏式门。

（5）特恩堂

特恩堂始建于清代，位于上门楼后方，现在是后辈举办会议和庆典的场所。堂内为传统一开间一进样式，砖-木混合结构，其中外围是青砖灰墙，内部为木结构，建筑的层数为一层。

6. 民俗文化

（1）非物质文化遗产

道州龙船赛。2006 年道州的传统活动龙船赛被列入湖南省非物质文化遗产名录。每年的五月端午节前，会有龙舟竞赛，而且一比就是从初一到初五。因此，端午佳节，城郊盛行龙舟竞赛的村子里，必定是家家宾客满座，餐餐推杯换盏。在道州历史文化长河中，几经演变保留至今规模宏大且独具特色的道州龙船赛活动，是记录道州优秀民族历史文化的活标本，是寄托道州人图腾的特别方式，更是体现道州人民保护这一传统优秀文化的智慧和艺术结晶。

道州调子戏。道州调子戏 2012 年入选湖南省非物质文化遗产名录，是乡村民众喜闻乐见并具有鲜明地方特色的剧种。道州素传："北有二人转，南有调子戏"。

草台戏。草台戏是道州古代流传的一种独具特色的唱戏舞台。它是用杉木扎作骨架，以稻草为主要原料，用稻草覆盖整个台面，并利用扎竹篾、扎纸马、纸花、雕塑、写字、绘画、装饰等多种技艺有机地融合为一体的综合艺术品。

祁剧。2008 年，祁剧入选第二批国家级非物质文化遗产名录。祁剧又名祁阳戏和楚南戏，是由清末传入祁阳的"弋阳腔"与当地民歌、小调结合，所形成的具有地方性特色的戏剧剧种。其代表剧目有《目连转》《琵琶记》等。

（2）节日庆典

端午节。每年的五月端午节前，会有龙舟竞赛，而且一比就是从初一到初五。因此，端午佳节，城郊盛行龙舟竞赛的村子里，必定是家家宾客满座，餐餐推杯换盏。

理学文化节。每年六月份会举办理学文化节，全国各地周氏后裔代表与世界各地的理学文化研究学者会齐聚楼田村，通过各种形式、规模的活动，纪念濂溪先生周敦颐。

中和节。作为传承良好的乡民风俗，二月初一的中和节是引领全县人民耍的盛大载体，不仅边吃边耍，边喝边耍，边唱边耍，边跳边耍，边劳动边耍，而且最吸引后生伢的是边耍边相好了对象。

（3）特色文化

摩崖石刻。作为传承千年的传统美术形式，摩崖石刻依托楼田村发展壮大。圣脉泉边石头上有"圣脉""寻源"两处明代石刻；不远处道山石壁有黄焯所作"濂溪"石刻，另有古刻"道山"二字工整而蜿劲，疑为宋人之作。

理学文化。村落内建设有周敦颐廉政展览馆、濂溪博物馆，以展示周敦颐理学文化在内的各类要素。村落内还举办有周敦颐国际理学文化节，旨在传播周敦颐廉政思想，弘扬廉政文化，促进和谐社会发展建设。

谚语、歇后语。民间流传有"荷叶塘、荷叶塘，半年李子半年粮"等与当地生活息息相关的谚语，还有"木棍当吹火筒——一窍不通"，"道州俫崽

（俫崽：道州话，指年轻的男孩）喊生意——半价钱"等歇后语。

耕读文化。当地荷池百亩、良田连片。廉溪书院坐落在农田边缘，"读"与"耕"紧密相连，种田读书是他们的主要生活方式。将我国传统"以农为本""以学立身"的耕读文化思想体现得淋漓尽致。

7. 美食物产

（1）特色物产

凉粉籽。凉粉籽学名为薜荔，又有木馒头、木莲之称，其形状与无花果相似。瘦果水洗可作凉粉，藤叶具有药用价值。是楼田手工凉粉的主要材料，具体制作时将凉粉籽倒入布袋，置于清水中揉搓，挤出胶质物，进行过滤，加入适量石膏水搅拌均匀，最后静置 10 分钟左右凝结成形。

红瓜子。其片大而厚，籽仁饱满，色泽红润，色彩鲜艳宜人，被誉为全国第一，享誉海外。受技术局限以及水土气候差异的影响，楼田红瓜子是仅楼田所独有的土特产。经过精细加工成咸、甜或五香味，味道极佳。因其外表鲜红艳丽，所以有理解为"福星降临"的寓意；因其产籽较多，故又包含"人丁兴旺"之意。因其味美寓意佳，故成为馈赠宾友之上选。

道州灰鹅。灰鹅饲养已有 400 多年的历史，因原产于道州（即道县），又名"道州灰鹅"。清嘉庆《道州志·物产》记载："催妆启用二鹅以代雁，鼓乐彩送至女家。"鹅成为婚礼必备礼品。道州灰鹅，有铁嘴、铜脚、黑趾、灰背、白肚五大特征，体型"三短一圆"即颈短、脚短、体短、屁股圆。

冬笋。冬笋一般长于海拔 1000 米以下，朝南或东南的山中竹林地。立秋后由楠竹的地下竹鞭侧芽发育而成，人们在冬季进行采挖，故名为冬笋。冬笋体型肥大，肉质脆嫩、爽口，素有"尝鲜无不道冬笋"之说，有"素食第一品"的美誉。冬笋含有多种氨基酸、维生素以及各种微量元素，对于高血压、糖尿病、动脉硬化等病患有一定的食疗效果。

（2）生产工艺

雕刻、彩绘、造房技术。村落内传承有传统雕刻、彩绘等技能，因此村落内部木雕、石雕、彩绘建筑装饰种类繁多。雕刻多以浮雕同镂空技术相结合，刀法精妙、形态逼真；彩绘多由红、绿、蓝、黄、黑几种色调组成，质感鲜明、形神兼备。题材主要是历史典故、生活情节、花鸟虫鱼等吉祥物，寓意丰富。尤其是在建筑的门窗、梁柱、藻井和墙上有广泛的运用这些装饰，从而为建筑增添一分灵动之美，凸显建筑文化底蕴之深厚，体现出较高的历史文化价值和文物保护价值。

图 10-8　石雕木雕

（3）生产工具

风车。风车（风骨车）是过去的一种农用农具，用来去除所收获谷粒中的杂质，由风箱、摇手、车斗等部件组成。在实际操作中，通过转动外侧把手，带动内部扇叶旋转，产生风场，将谷粒与秕谷、糠皮等杂质分离并从漏斗口垂直滚下。此时会在下边放置一个箩筐进行收集。

米筛子。竹子制成的有孔器具，可以漏出细的东西，留下粗的东西，用来过滤稻米。

8. 旅游导览

（1）入村路线

交通区位。楼田村距道县约 8 千米，距厦蓉高速公路道县互通口约 10 千米、洛湛铁路道县站约 11 千米。村落距月岩风景区 10 千米，距何绍基故里 15 千米，距何宝珍故里约 20 千米。距白马渡万亩脐橙园 25 千米，距道县香园温泉景区约 70 千米。该村与全国重点文物保护单位：玉蝉岩和石像群鬼崽岭的距离分别为 17 千米和 20 千米。

交通路线。城际铁路出行：从长沙站到达永州站（高铁早上 07：00 开始，平均一小时一班）—前往永州汽车站—乘坐前往道县的班车（早上 07：00 开始，平均半小时一班）—下车需打车进入楼田村，全程票价约 180 元。

自驾游：长沙出发—经由许广高速—厦蓉高速—道州南路—县道 068；或者由长沙出发—经京港澳高速—泉南高速—乌海线路—双牌大道—乌海线—道州北路—县道 068，导航至楼田村即可。

旅游线路。风景区主入口—周敦颐故里—道山—濂溪河—小坪村—月岩—玉蟾岩遗址公园—寿雁镇；玉蟾岩景区入口—玉蟾岩遗址公园—芽洞水库—月岩—小坪村—周敦颐故里。

（2）村内浏览

村内道路通行路线。村落内有一条环村公路与道清公路相连，环村路长 960 米，路面为水泥硬化路面，硬化宽度为 4 米，为村落内部主要交通干道，环村公路连接北部的道清公路，东可至道县县城，西可达清塘镇镇区。

村内游赏路线。该传统村落观光区（古民居）—农业观光区（大棚蔬菜、百亩良田、优质烤烟）—百亩荷花池（莲花霁月）—农事体验（农耕体验、烤烟收割）—林果采摘（畅游百果园）。具体农事体验时间会根据不同农事季节进行调整，其中大棚蔬菜为全年，百亩良田春、夏、秋三季，烤烟收割体验为 6 月初到 7 月初，荷花花期为 6 月到 9 月份，林果采摘主要是秋季。

主要景点。游客服务中心—五星墩—文塔—大富桥—濂溪书院—星阜春耕—百亩荷花池—周敦颐故居、古民居、祠堂—宋墓、周敦颐廉政展览馆—博物馆—望月亭—安心古寨—道山、楼田惨案展览馆—圣脉清泉—摩崖石刻—风月亭—乡恋会所。

参考文献

[1] 黄永林，谈国新："中国非物质文化遗产数字化保护与开发研究"，《华中师范大学学报（人文社会科学版）》，2012 年第 51 卷第 2 期：49—55。

[2] 牛海沣，何侬："古村落地理信息系统构建及规划应用——以宁波韩岭历史文化名村为例"，2015 中国城市规划年会论文集，2015。

[3] 段林峰："虚拟现实技术在古村落保护中的应用"（硕士论文），江西师范大学，2016。

[4] 张勇，蔡璐，李月明："非物质文化遗产数字资源元数据标准应用的研究和思考"，《图书馆》，2016 年第 2 期：38—42。

[5] Cave C, Negussie E. World heritage conservation. *Taylor and Francis,*2016:10-31。

[6] 沈蕾，曹闻，白巍："简议实物档案的归档范围"，《北京档案》，2012 年第 9 期：19—20。

[7] 肖珑，陈凌，冯项云等："中文元数据标准框架及其应用"，《大学图书馆学报》，2001 年第 5 期：29—35，91。

[8] 张敏，张晓林："元数据（Metadata）的发展和相关格式"，《四川图书馆学报》，2000 年第 2 期：63-70。

[9] 杜方，陈跃国，杜小勇："RDF 数据查询处理技术综述"，《软件学报》，2013 年第 24 卷第 6 期：1222—1242。

[10] 侯西龙，谈国新，庄文杰等："基于关联数据的非物质文化遗产知识管理研究"，《中国图书馆学报》，2019 年第 45 卷第 2 期：88—108。

[11] 徐芳，李亚宁："大运河线性文化遗产数字资源的元数据集设计与实现"，《图书馆学研究》，2021 年第 14 期：45—51。

[12] 熊拥军，陈湘，彭维："非物质文化遗产相关资源元数据标准比较研究"，《图书馆》，2016 年第 2 期：33—37。

[13] 刘美杏，徐芳："古道文化遗产信息资源元数据标准制定——以潇贺古道为例"，《情报资料工作》，2019 年第 40 卷第 4 期：77—83。

[14] 吴广印："分布式检索系统架构及核心技术研究"，《情报学报》，2013 年第 32 卷第 6 期：601—609。

[15] 汤州林："基于深度学习的文本检索系统的设计与实现"（硕士论文），北京邮电大学，2019。

[16] 付艳："基于内容的古籍检索技术研究"，第二届中国古籍数字化国际学术研讨

会论文集，2009。

[17] 曹倩："利用语义检索提高检索效率研究"，《中国发明与专利》，2021 年第 18 卷第 10 期：74—77。

[18] 张银霞，邓文新："基于支持向量机的局域线性嵌入算法在图像检索中的应用"，《齐齐哈尔大学学报（自然科学版）》，2009 年第 25 卷第 4 期：14—17。

[19] 黄立，朱定局："基于语义的视频检索技术综述"，《计算机系统应用》，2021 年第 30 卷第 8 期：14—21。

[20] 袁圆："中国传统村落数字博物馆建设研究"，《兰州教育学院学报》，2017 年第 33 卷第 7 期：69—71。

[21] 史英静："建设有价值的'中国传统村落数字博物馆'"，《中国建设信息化》，2021 年第 5 期：42—47。

[22] 唐国政，范俊芳："周敦颐故里人文景观资源的分类评级与保护"，《湖南农业大学学报（自然科学版）》，2012 年第 38 卷第 S1 期：86—89。

第十一章　历史文化村镇文化遗产数字化传播的关键技术

历史文化村镇文化遗产在进行三维数字化采集、呈现之后，不能躺在数据库中歇息，应该充分发挥其数字化的优势，尽可能多地让更多的人观赏、使用和受益，因此，必须做好数字化传播的相关技术准备。

第一节　虚拟展示技术

一、基于三维 GIS 的历史文化村镇数字化场景设计

三维 GIS 的发展是基于"数字地球"概念提出的基础上而来的，相对传统的二维 GIS，三维 GIS 具有不可比拟的优点：三维 GIS 可以将地理空间现象以立体的造型进行展示，能够更真实地感受现实世界；三维 GIS 能够提供分享和操作空间对象的能力，具有独特的管理复杂空间对象能力和空间分析能力[1]。基于三维 GIS 对历史文化村镇进行数字化场景设计，可以将遭受到破坏的历史文化村镇以生动形象的方式复刻，在一定程度上可以实现对历史文化村镇进行保护的目的，有利于传统文化的延续以及传播[2]。

（一）三维建模平台

目前，主流的建模方式有四种：ArcGIS 建模，遥感影像建模，三维建模软件建模和三维激光扫描建模。由于 ArcGIS 建模只能创建地表建筑物的模糊轮廓，无法表达建筑物的纹理特征，遥感影像建模对计算机的硬件配置提出了很高的要求，三维激光扫描建模的价格则十分昂贵，所以三维建模软

件成为了目前较为常用的建模方式。

主流的三维建模软件有 3DMAX，MAYA，CityEngine，SketchUp 等。3DMAX 是三维建模、渲染与动画设计软件，多用于电脑游戏产业和影视片的特效设计领域，在国内也多应用于建筑效果图和建筑动画展示中。3DMAX 还提供了丰富的角色动画设计功能，通过丰富的插件扩展动画设计能力，拥有具有庞大的用户群。

Maya 是当前主要的三维动画设计软件之一，主要应用于专业的影视广告、角色动画、电影特技等的设计领域。因为 Maya 功能完备，操作简单，与主要三维软件兼容性高，特别是渲染能力强，能够实现电影级别的动画效果。

CityEngine 是三维城市建模的软件，应用于数字城市、城市规划、轨道交通、电力、管线、建筑、国防、仿真、游戏开发和电影制作等领域，它可以利用二维数据快速创建三维场景，并能高效地进行规划设计。CityEngine 最大的特点是对 ArcGIS 的完美支持，还具有批量建模、提供交互式规则生成工具和支持多平台操作系统等优点，是三维 GIS 数字化场景设计的最优选择。

SketchUp 是一个极受欢迎并且易于使用的 3D 设计软件，具有使用简便的特点。

（二）数字化场景设计技术路线

历史文化村镇数字化场景设计的两大核心是三维建模和数据发布，技术路线为是基于 CityEngine 实现对某一个村镇的建筑物、植被等地物进行三维场景建模，利用 ArcGIS 组件开发包进行二次开发，创建三维场景，通过链接历史文化村镇的属性数据，实现查询、漫游等功能。具体的技术路线如图 11-1 所示。

地形建模。地形是构建三维数字化场景的基础，所有地物都是以地形为基础再进行构建的，尤其是部分历史文化村镇位于地形起伏较大的山区，地形的三维构建则显得尤为重要。三维数字化场景中的地形可以通过叠加数字高程模型和数字正射影像相生成三维地形模型，这二者叠加可以更好地表示地形的起伏，也更容易满足表达的精度要求，使得生成三维数据更具有真实感。

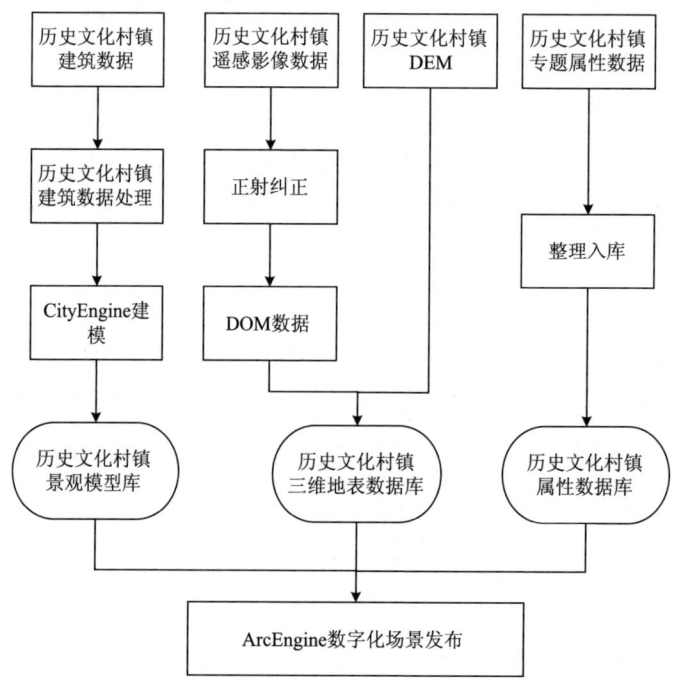

图 11-1　基于三维 GIS 的数字化场景构建技术路线图

地物建模。地物要素的表现形式多种多样，总的来说可以分为规则地物要素和不规则地物要素，规则地物要素主要指建筑，不规则地物要素包括树木、道路和池塘等。

点要素建模。点要素分为几何形状规则点要素和几何形状不规则点要素，对几何形状规则点要素，建模技术与面状要素的建模类似。对于几何形状不规则点要素，如树木的建模，相对来讲比较困难，在 CityEngine 中，可以采用规则代码进行植被表达，另外，网络上有丰富的树模型资源，常见的植被模型可以免费直接下载或稍加编辑后使用。

　　线要素建模。线要素主要表现为具有一定宽度的三维线，如管道、通信线路等，可以分解为三维点序列构成的线段，分别建模。

　　面要素建模。面要素主要是具有面积属性的立体面，如湖泊、水塘等，一般需要依据实际宽度在线要素的基础上扩展。因此，矢量数据采集时，分为边线和中心线分别采集，再到 CityEngine 中进行扩充，并将其与起伏的地形进行叠加，使其更具有真实性。

　　体要素建模。地理要素中的建筑物、山体等通常以体要素表示，体要素在历史文化村镇数字化场景三维建模中占有大部分比重，建筑物更是其主体内容，它具有多样性的可视外观和纹理，反映了不同历史文化村镇的文化特色。历史文化村镇的建筑物类型多样，结构复杂，不同类型的建筑物可以采用不同的方式或函数在 CityEngine 中进行构建。主要建模流程为：在 ArcGIS 中绘制出建筑物的 shp 底面；在 CityEngine 规则建造祠堂、房屋、檐廊的初步建模；使用第三方软件导入柱子、祠堂佛像等精细模型；在 CityEngine 中制作不同样式的精细模型，如大门、雕花窗户等；将所有模型进行结合组装。

　　纹理映射技术。纹理映射技术能增强模型的逼真度，也便于模型的简化。最常用的是使用图片贴图，CityEngine 中自带纹理图片库，也可使用自己进行拍摄的图片进行贴图。

　　空间数据库。Geodatabase 是基于关系数据库构建的，在关系数据库中，空间数据和属性数据几乎同时存在，具有存储量大、支持多个用户一起进行访问、支持智能化要素等优势。构建空间数据库时，主要是通过概念设计和逻辑设计将实体地物以及其相应的信息和相互关系转换为三维数据模型，建立可以表示一个历史文化村镇内所有地物的数据库，包括数据集、要素类、关系表和关系类等部分。

　　（三）基于三维 GIS 的数字化场景实现

　　ArcGIS 平台提供了显示三维模型和进行二次开发的良好环境。首先，一般可以选择将 ArcGlobe 作为三维显示平台；再通过 ArcEngine 中的

GlobeControl 控件进行二次开发，实现三维数据高效可视化和空间分析；最后，通过 ArcGIS Server 发布，然后在 ArcGIS Explorer 中查看。

三维场景的构建与显示。完整的历史文化村镇三维场景的可视化包含许多要素模型，主要可以分为两部分，一部分作为可视化的数据，另一部分作为属性数据，在可视化的环境下进行查询，并可进行三维空间分析应用。将可视化数据和实现数据进行不同的组合，可以将历史文化村镇三维模型数据的可视化结构分为两大类：一类是以 DEM、DOM 和三维注记为主的地形景观；另一类是以建筑物、植被为主的三维矢量模型。

二、基于增强现实技术的历史文化村镇数字化展示设计

增强现实（AR）技术在历史文化村镇数字化建设中扮演着重要角色，对实现文化遗产的可持续发展有积极作用。它能将现实环境数字化设计，从历史文化村镇遗址复原、场景虚拟浏览等方面，通过设计友好交互方式，通过虚拟的方式尽量缩短与历史文化的距离，激发出体验者强烈的在场感和参与感，让文化遗产焕发新的生命力，从而真切地感受历史文化村镇的文化景观[1-3]。

关于增强现实技术在历史文化村镇数字化的展示，其具体流程是首先通过摄像机和传感器获取历史文化村镇真实环境中的图像及视频信息，将其存入计算机中进行分析和预处理，然后根据摄像机识别出的真实环境计算虚拟对象的位置并姿态评估，从而对虚拟对象进行相应空间透视形态的渲染和坐标转换，合成真实环境与虚拟对象后通过显示设备输出，最后用户在显示设备中看到已经增强后的场景内容[1]。主要的展示设计路线如图 11-2 所示。

实现增强现实的历史文化村镇数字化展示，主要的关键技术有显示技术、识别与跟踪技术和人机交互技术。

（一）显示技术

可用于增强现实的显示技术有三种，包括移动手持显示、视频空间增强显示、可穿戴式显示[4-5]。而对于历史文化村镇数字化展示来说，大多通过利用智能手机等移动手持装备显示，由于平板电脑相比于比智能手机处理更强、功能更多、显示面积更大，也使其日益流行。

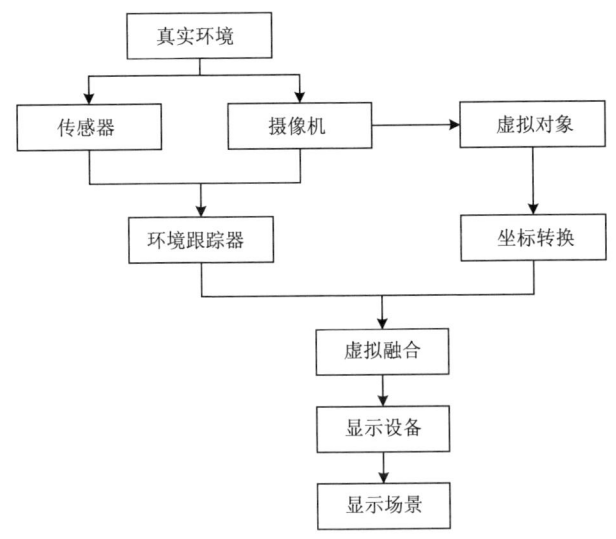

图 11-2　AR 技术实现场景展示的基本工作流程

（二）识别与跟踪技术

增强现实的实现过程包括分析真实的场景信息和生成虚拟场景两个步骤。在实际实现过程中，需要将获取的历史文化村镇真实场景视频流转化成数字图像，并采用图像处理技术，识别出主要标志物，而后以主要标志物作为空间参考，确定需要添加的三维虚拟物体在现实视频场景中的方位，并计算明确数字模板方向[6]。匹配主要标志物的标识符号和数字模板镜像，明确参与增强现实的三维虚拟要素的基本信息。最后，创建虚拟要素，并依据主要标识物的空间位置，放置虚拟要素。上述过程的关键技术环节在于识别跟踪和准确定位，需要结合图像检测技术和全球卫星定位技术。

图像检测法。图像检测法的基本原理为先使用模型匹配和边缘检测等技术进行模式识别技术，识别真实图像中的主要标志物，然后计算偏移距离、偏转角度和转化矩阵，并以此确定虚拟要素的方位[7]。该方法主要优势在于跟踪定位不需要专用定位设备，精确度也比较高，因此最为常用。在实际的模板匹配时，可以通过预先设置多种模板，通过和图像中检测到的标志物匹配，以优化计算定位。由于简单模板匹配往往能够提高检测效率，能够保证增强现实的实时性。对于任何的历史文化村镇的场景图片，可以用模板匹配来进行增强现实，为了实现历史文化村镇场景参观，摄像机可以通过跟踪用户身体的运动方向来调整参观虚拟村镇场景的方位。

图形检测法简单高效，多用于能够获取清晰视频流和图像的近距离环境，但对室外环境，由于光的明暗不均，物体相互遮挡，以及聚焦不准等问题，导致图像标志物识别障碍，需要结合其他定位方法。

全球卫星定位系统。全球卫星定位系统是基于准确的 GPS 信息进行跟踪和确定用户的地理位置信息的技术，多用于这种智能移动设备上[8]。增强现实浏览器就是应用这种方法，增强现实浏览器运行于智能终端，与互联网相连，共享互联网上的相关信息，整合显示真实的环境和互联网信息。

（三）人机交互技术

查看虚拟数据是最基础的增强现实人机交互功能。通过手机、电脑或者其他设备进行虚拟场景的查看，例如一些虚拟的历史文化村镇三维场景等。除此之外还有手势点击，用户可通过点击的方式，与虚拟模型进行互动，可以通过手指控制模型在屏幕上的移动与拖拽和双指缩放，通过双指控制模型的放大与缩小这三种交互形式[2]。例如 AR 技术在秦始皇陵的应用，游客通过触发 AR 功能，可近距离观察兵马俑，还可以看见会动的兵马俑与彩色的兵马俑[3]。

基于 AR 技术的历史文化村镇数字化展示形式主要有以下几个方式。

方式一：基础 3D 模型

3D 模型是 AR 展示的最基本单元，主要包括人物、民居、遗址景观等。目前，国内 AR 行业正处于快速发展时期，相关产业还没有发展成熟，3D 模型显示仍然以 AR 初级移动 APP 类产品为主[9]。基本 3D 模型展示虽然是最基础的，但由于其应用广、成本低、市场好等优势，有着广阔的应用前景。

方式二：场景展现

场景展现形式上是基础 3D 模型叠加，但相比基础 3D 模型展示，场景里内容多样且复杂，应用更广。许多传统古村古镇的数字化展示、三维修复以及景区的虚拟旅游都会需要场景展现，例如我们团队创作的关于湖南省传统古镇中田村、石鼓书院的数字化展示、永州干岩头村数字三维修复以及衡阳市古建筑数字景区虚拟旅游等成果，该类场景的设计更多地需要相关数字化内容的支撑。不同于虚拟显示场景的构建，AR 场景展示主要利用现实视频流或图片与虚拟模型交互融合，这也正是 AR 展示的独特特征[10]。

方式三：AR 视频

相对于简单的 3D 模型，AR 视频展示无疑更有吸引力[11]。比如，针对普通的产品说明、讲解、导游等传统内容，在 AR 技术支持下，形式将发生根本变化，而表现出立体形象了，表述也变得准确生动起来，有一种魔幻的感觉。

第二节　虚拟体验技术

一、历史文化村镇文化景观虚拟现实技术

（一）虚拟现实技术简介

虚拟现实技术（Virtual Reality，简称 VR），是一种以计算机技术为基础，创建和体验虚拟世界的技术。其基本原理是在计算机世界中虚拟出模拟环境，通过包括视觉、听觉、嗅觉和触觉等多种感官，营造出一种沉浸于环境的感觉，以实现身临其境的体验[12]。

虚拟现实技术的核心在于多感官仿真系统的构建，当然，当前主要为视觉仿真，虚拟现实的技术重点在于人机交互技术，良好的人机交互方式能够保证操作的自由便利性，也能够得到真实的感官反馈。虚拟现实技术的沉浸性、多感知性、交互性等方面的特性使其成为未来数据展示的发展方向。

（二）虚拟现实技术的分类

虚拟现实技术已广泛于应用地理、文化和建筑等多学科和领域，根据应用需求、应用目标、应用对象的不同，可以从体验方式、系统功能角度进行分类。

从体验角度分类：分为非交互式体验、人与虚拟环境交互式体验以及多人与虚拟环境交互式体验等几类。虚拟现实技术强调用户与设备的交互体验，上述分类中，非交互式体验方式中用户被动体验，缺少实质性人机交互行为，一般需先规划好的场景和路线，体验过程不能自由选择，如同播放视频。而人与虚拟环境交互式体验方式借助专用交互设备，当前主要有数据手套、数字操作杆、动作捕捉等技术，通过交互体验的方式参与到虚拟活动中，如模拟手术、解剖人体等，在体验过程中还能够感知到环境变化的反馈[13]。

从系统功能角度分类：根据虚拟现实技术系统所提供的功能，分为规划设计、展示娱乐、训练演练等三种基本类型。规划设计类虚拟现实系统主要提供设施的实验验证，能够大幅度的大幅缩短研发时长，降低设计成本，提高设计效率[14]。展示娱乐类主要用于给用户高质量的观赏体验，例如某些大型 3D 游戏，数字博物馆等[15]。训练演练类则主要用于各种危险环境及一些难以获得操作对象或实操成本极高的领域，例如某些飞行演练、外科手术训练等。

（三）虚拟旅游

随着虚拟现实技术逐渐发展成熟，其应用也越来越广，包括航天、城市管理、教育、游戏和建筑等各种领域。而在历史文化村镇中的应用则主要包括虚拟旅游和文化景观的数字化保护等[16]。

虚拟旅游这一概念最早是在 20 世纪 90 年代被提出，那时候人们认为这一项新技术的出现，不仅会满足消费者对网络的需求，也能够满足消费者对于旅游的需求，由此基于网络的虚拟旅游其潜力显而易见。如今，虚拟旅游在这样一个网络化的时代早已成为了一种很普遍的旅游方式，它不仅能够满足"宅男宅女"们足不出户地"游山玩水"的需求，还能够帮助到那些因时间、经济或身体条件而无法实地旅游的消费者们。

虚拟旅游综合应用了计算机仿真技术、VR 技术、AR 技术和多媒体技术,通过在计算机世界虚拟重现逼真的虚拟旅游景点,实现虚拟性质的在线旅游体验[17]。通常需要先将所要模拟的历史文化村镇的街巷、房屋和植物等进行数字化重建,然后利用虚拟现实技术将其制成一种虚拟漫游场景,在场景的设计和实现中应尽可能地展示文化村镇的历史风貌和民俗风情,以体现文化的原真性和完整性。基于在线虚拟旅游平台,用户开展虚拟旅游体验,足不出户地感受这种虚拟文化景观,同时还能够提前了解该古村落的最佳游览路线,为线下旅游地发展提供助力。

虚拟现实技术的发展为历史文化村镇文化景观的数字化保护提供了新的方法与契机。利用先进的 VR 技术、计算机技术以及信息技术,我们可以在保护现有文化景观的同时,去修复还原那些已经损坏或消失的景观。

1. 获取精准三维数据

为了在虚拟场景中准确而真实地展现文化景观的风貌,我们必须要尽量获取精确的三维数据。通常需要借助无人机、激光扫描仪等设备和技术,对文化景观的空间分布、外观形状、节点连接以及周围环境等进行精确测量,并对采集得到的数据进行筛选,该数据要用于后续的 VR 模型构建。这些数据信息不仅是后续建模和场景制作的前提,而且也是影响最终结果质量的关键因素。

2. 虚拟模型的搭建

在获取精准的三维数据之后,一般要使用 CAD、MAYA、3DMAX 等建模软件建立一个完整的三维模型。首先,对三维数据进行配准处理,并导入相关软件平台,实现建模的初步展示和应用,也可以根据应用需要,对三维模型进行调整和修正,保证基本模型数据的一致性和有效性。然后要将生成的文化景观模型与现实中的文化景观进行科学对比,寻找差异和欠缺,再逐步完善细节和内容。尤其需要注意某些模型的内部结构需要同步结合现实景观的结构和内部信息,一些内部装饰的纹理和结构也要处理得当,这样才能够将文化景观准确而真实地展现出来。对较大型地复杂建筑群,需应用自动化的建模技术，以提高建模效率和质量。

虚拟模型的动态展示还可以帮助定向修复相关建筑，能够有效减少修复工作中存在的不确定因素，降低其中的风险和危机，实现历史文化景观的有效保护和科学管理。

3. 属性信息的录入

录入属性信息并生成三维图像是文化景观数字化保护的关键步骤。在建立好三维模型之后，需要将文化景观的内容进一步表达出来，在这里就需要将建筑材料、建筑工艺、景观特征等相关内容输入属性数据管理系统，用不同的软件同步构建景观内容，以实现整个系统有效的表达，同时结合输出重点，达到内容的清晰、准确、高效。后期的渲染和制作要用到 3DMAX 来进行，可以用来改善和调整外在的图像色彩失真等问题。但为了获得更好的展示效果，还需保证图片绘制的高帧率。

4. 虚拟环境的显示

在完成三维图片的生成之后，接下来就是虚拟环境的显示和用户的体验了。虚拟环境中的三维虚拟景观是完全参照真实景观来建立的，此时用户可以使用相关的传感器设备进入虚拟环境进行体验，传感器的使用可以让用户更加有身临其境的感觉。用户在虚拟环境中，通过视觉、触觉、听觉等对模拟出来的景观进行全方位感受，能够获得更加立体的体验。

在现实生活中，历史文化景观会因为一些人为或非人为的因素遭受到破坏，仅凭现在的一些保护技术也很难做到全面的保护，特别是在一些旅游地，游客们大大增加了保护的压力，因为这些文化景观一旦遭到破坏，就难以在现实中重现它本来的样子。通过虚拟现实技术，对文化景观进行一比一的模拟和创建，几乎完全还原了他们本来的模样，甚至可以对一些信息进行更直观的感受。所以在虚拟旅游和文化景观的数字化保护方面，虚拟现实技术发挥了不可替代的作用。

二、历史文化村镇数字场景多模式人机交互技术

（一）人机交互技术简介

人机交互技术（Human-Computer Interaction Techniques），是一种整合优化计算机输入设备和输出设备，以一种有效的方式实现人与计算机交互的技术。它能够在人与计算机之间创造一个联系的纽带和桥梁，彼此给予反馈并交换信息，实现人和机器的"交流"[18]。

原则上，人机交互应不依赖相关设备和平台系统，人与计算机能够顺畅交流，进一步实现物理世界和虚拟世界的融合，但这仅是理想状态下，现实还不能达到这样的状态。

在虚拟场景中想要做到人机交互，一方面需要用户从他的动作、语言、手势等多感官输入信息；另一方面也需要从人类的听觉、视觉、嗅觉等多感官模拟其在真实世界中的感受，从而传达给用户。还可以根据用户对应的姿势变化、力度变化和视点变化等，迅速提供相应感官的不同反馈。因此，虚拟现实实际上是一种新的人机交互方式。

（二）虚拟现实的交互设备

在虚拟现实的人机交互中，想要实现用户和系统之间的信息反馈，这就需要借助到一些交互设备。虚拟现实中的人机交互并不像传统计算机的那样简单，二维图像的显示并不能满足虚拟现实的需要，往往要更为高级的显示器来提供三维立体的现实。而且在虚拟环境中还需要用到一些非视觉的显示器，向用户的其他感觉器官提供信息，以提高用户的感受效果。在信息的输入方面，传统计算机的键盘、鼠标等也无法满足虚拟现实的要求，因为要根据用户的手势、语言、方位等动作行为来完成复杂的交互任务[18]。

1. 输入设备

在虚拟现实的人机交互中选择到一组合适的输入设备是非常重要的，和输出设备一样，输入设备的类型很多，它们的作用各不相同，一般要应用到不同交互的任务中，往往某些设备对一些特定的任务要比其他的设备更加合适。所以合理利用这些交互设备很关键。相关输入设备主要包括：

离散输入设备。该设备会根据用户的动作来生成相应数值，一般一次产生一个事件，可以用于模式改变或者开始某个进程。

连续输入设备。该设备通常是利用某些传感器（如感热传感器、感光传感器、声音监测传感器等），检测连续动作信息，主要收集位置、方向或加速度等数据。典型的设备主要有数据手套、摄像机、3D 摄像头等。

生理信号感知设备。该设备主要是用来采集生理信号信息，如语言信息，代表性的产品有语音助手、智能音箱等。

脑电波输入设备。该设备主要基于脑电图 EEG 信号等设备监视脑电波的活动，代表性产品有意念耳机、能操控无人机的 Emotiv Insight 等设备。这些直接人体输入设备可以作为其他输入通道的补充，是理想的虚拟现实交互必不可少的部分。

2. 输出设备

在虚拟现实系统中，用户通过输出设备来接收几种不同的器官信息，主要是刺激听觉、触觉和视觉，在某些情况下也可以传达信息给嗅觉和味觉。当进行人机交互的时候，输出设备的选择极其重要，不同的交互技术对某一特定的输出设备适用度不同，为了用户的体验效果，需要认真选择搭配，突出特点。虚拟现实的输出设备主要包括显示设备、听觉输出设备和力/触觉输出设备。

显示设备。显示设备是主要的视觉输出设备，其属性主要包含可视域、设备形态、分辨率和刷新率等属性。应用于虚拟现实交互的显示设备还需根据用户的感觉设计，主要功能包括眼睛状态、眼球运动、运动视觉差和双眼立体成像等。该类设备主要包括显示头盔、球幕显示器、环屏显示器等。

听觉输出设备。听觉输出设备也可称为声音显示设备，该类设备根据听觉定位能力设计构建空间三维声场，功能主要包括声时差、声强差、回声和头部运动感知等。听觉输出内容包括简单声音、图标式声音和自然声音。声音在虚拟现实人机交互中是往往作为视觉场景反馈的辅助形式，也可以作为其他感官通道的辅助和替代形式，常见的形式是通过声音输出设备，输出立体声或 3D 音频等。

触觉输出显示器。虚拟现实的交互中，触觉输出设备的设计主要是根据体验者的触摸线索、肌肉运动知觉线索和运动神经子系统，往往还需要搭配用到数据手套、力反馈操作杆、力反馈方向盘等设备。这些输出设备能大幅增强用户在虚拟环境中的真实性体验感，但是触觉的模拟还是有一定困难的，甚至会让体验者产生恐惧感，所以一般需要制作一些特定的机械设备。

输入设备和输出设备的选择往往受很多因素的制约，在虚拟现实人机交互的设计之中，需要考虑到具体技术需求、设备之间的相互约束和多通道交互的互补等。在现实实践中，还需要考虑到经济问题，以及为满足交互技术的设计，是否需要购买或制作新的设备等问题。

第三节　数字化成果知识产权保护与网络安全技术

一、保护技术

（一）知识产权保护问题

目前，我国历史文化村镇数字化的技术发展较快，但相关法律制度极不完善，有关历史文化村镇数字化成果的知识产权保护的法规十分零散甚至空白[19]。历史文化村镇数字化发展过程中暴露了知识产权相关立法缺失、数字化权利主体范围不明确、数字化作品著作权权利内容不完善和利益分配不清晰等问题，这些问题严重制约了历史文化村镇数字化的发展。

知识产权相关立法缺失。我国历史文化村镇数字化成果的知识产权相关立法很不完善。第一，缺乏直接针对历史文化村镇数字化的法律法规，其相关法律规定零散分布于《非物质文化遗产法》《著作权法》等部门法中，相关法条数量较少且针对性不强，这使得历史文化村镇数字化很难得到有效的法律保护。第二，历史文化村镇数字化成果的知识产权相关法律规定过于笼统，而且数字化成果的保护主要以著作权为主，遗憾的是《著作权法》针对历史文化村镇数字化成果的保护并没有明确。针对数字化成果的知识产权保护的个性化需求，应与普通形式知识产权成果进行区分，明确数字化成果的著作权权力的内容、权利主体、数字化作品的商业利用形式、权益分割方式等内容。第三，历史文化村镇数字化成果知识产权法律责任体系还不够完善，《著作权法》《最高法关于审理著作权民事纠纷案件适用法律若干问题的解释》和《刑法》等法律法规对侵犯著作权的民事责任、刑事责任与行政责任的具体承担和发生的赔偿金额以及定罪量刑并没有具体规定，较为粗略笼统。

数字化权利主体范围不明确。我国历史文化村镇数字化成果权力主体呈现多样化的趋势，但具体的法律规定仍存在主题不明确的问题，这对历史文化村镇数字化成果知识产权保护的工作开展造成了困难。首先，我国法律和地方性法规缺乏对原始历史文化村镇数字化成果制作主体的明确认定。我国法律规定的历史文化村镇数字化制作保护主体以二次整理汇编过的非物质文化遗产数字化成果为主，对于原始的历史文化村镇图片、音频、视频的制作主体，相关法律及地方性法规均未提及。其次，我国法律法规对于二次整理汇编的历史文化村镇数字化成果制作主体的规定不全面，均只考虑数据库的构建主体，而对其他数字化成果的主体没有明确约定，特别是没有涉及数字图书馆和数字博物馆的约定。

数字化成果权利内容不完善。《著作权法》《非物质文化遗产法》及各地方条例中对于历史文化村镇数字化成果的权利内容的相关规定不够完善。具体体现在以下几方面：

第一，作品认定方面。我国知识产权法缺乏对数字化成果是否可为作品的明确判断和具体列举，并非所有历史文化村镇数字化成果都可被称为作品，只有具有独创性的数字化成果才可作为作品享有著作权。现行《著作权法》中未将非物质文化遗产数字化作品与普通作品区分开，其规定的作品类型也无法涵盖所有数字化作品，对于通过数字化技术修复得来的音视频、二次编制成的数字动画和数据库、数字图书馆、数字博物馆等整理汇编的作品的性质和是否可作为作品等问题，《著作权法》中都无明确规定。

第二，著作权归属方面。《著作权法》约定了著作权的归属，即著作权属于作者主体，相应地，历史文化村镇数字化成果的著作权也应当属于权利主体，也就是成果的制作者，但还及两个具体问题。其一，原始的非物质文化遗产数字化作品是否为职务作品？其二，历史文化村镇数据库、数字化图书馆和数字博物馆等形式的作品可否作为汇编作品？

第三，著作权具体权利方面。数字化成果自身在复制、传播方面具有特殊性，对于其而言，互联网是最主要的复制和传播方式，同时也包括复制链接、转发转载、链接下载等形式，《著作权法》仅规定了"印刷、复印、拓印、录音、录像、翻录、翻拍""以有线或无线的方式向公众提供作品"，对于下载、转发、转载等复制和传播方式并未提及。同时，也并未涉及允许改编的范围、编排的程度和原作品著作权发生冲突时的解决方式。

第四，保护期限方面。我国历史文化村镇数字化作品的保护期限缺少明确规定。《著作权法》对作品的保护期限通常为50年，但历史文化村镇作为历史悠久的物质财产，50年的保护期限似乎过于短暂；由于数字技术的迅速发展，数字化成果的更新换代越来越快，50年的保护期限又过长。

利益分配不清晰。历史文化村镇数字化分为采集、处理、制作、展示与传播五个过程，在数字化成果制作阶段和数字化成果传播阶段最易出现利益分配问题，这两个阶段涉及的知识产权利益相关者较多，而我国相关法律法规对权利相关者的利益分配不够清晰。

第一，数字化成果制作阶段。对于原始数字化成果而言，利益相关者分别为其传承人和数字化成果的制作主体。当前，还没有法律对历史文化村镇传承人在数字化成果设计和制作阶段的知情权和许可权以及传承人的权益进行具体约定。对于汇编数字化成果，也没有法律也未规定成果制作主体在制作数据库、数字图书馆、数字博物馆时的相关权益。

第二，数字化成果传播阶段。这一阶段涉及利益分配的情况主要为历史文化村镇数字化成果的利用，具体分为非商业利用和商业利用。在两种用途中，涉及数字化成果制作主体、群众、投资企业、政府部门等利益相关者，我国法律并没有明确规定这些利益相关者在数字化成果利用过程中的应有的利益与知情权和许可权等相关权力。

（二）数字化成果知识产权保护的方法

在信息技术和数字技术高速发展的今天，法律对数字化成果的保护迟迟未定，数字或成果权利人逐渐感受到网络时代带来的不安全感和危机感，如何从法律和技术方面实现对历史文化村镇数字化成果的保护成为了亟待解决的问题。

《著作权法》需要完善具体法律规定，主要包括：

界定数字化权利主体范围。对数字化成果权利主体范围进行明确界定，是我国历史文化村镇数字化作品著作权保护的基础。我国《著作权法》的立法中界定其权利主体可分为界定历史文化村镇数字化成果制作主体范围、明确数字化作品的种类、界定数字化著作权权利主体范围三个步骤。

完善数字化作品权利内容。根据数字化作品知识产权保护的具体需求，重点完善两个方面的内容，包括数字化作品著作权具体权利内容、著作权保护期限。数字化作品著作权权利内容方面，主要完善数字化作品的复制权、信息网络传播权以及汇编权，特别是针对数字化作品特有的权益进行约定，如转发权、转载权、下载权等相关权益的补充，在数字化作品的汇编形式、汇编成果独创性的认定、与原作品著作权人的权利关系等方面也需要明确规定。 鉴于历史文化村镇数字化作品的特殊性，在确定其保护期限时，应综合考量历史文化村镇的性质、数字化技术更新换代周期、制作主体的积极性等因素，寻求历史文化村镇与数字化技术在保护期限上的平衡点，确定合适的历史文化村镇数字化作品著作权保护期限。

制定利益分享机制。我国知识产权保护体系应当制定并完善历史文化村镇数字化作品知识产权的权利相关者的权利保护和限制制度，建立利益分享机制。明确汇编历史文化村镇数字化作品著作权人和传承人之间的利益关系，严格限制政府部门的权力，防止形成权力垄断，充分保障数字化作品制作主体的知识产权权益。

（三）数字化成果知识产权保护技术措施

认证技术：利用认证技术可以建立起历史文化村镇数字化成果权利人和其使用者之间的信任关系，从而确保其数字化成果的合法使用。一般来说，应用于数字化成果知识产权保护的认证技术主要有口令认证、智能卡认证、密码认证和生物特征识别认证等4种技术。

加密技术：信息加密技术是保护网络环境下数字化作品的一种有效的保护手段，是一种主动的信息安全防范措施，主要分为对称性加密和非对称性加密。加密技术包括密文和密钥两个部分，在很大程度上增加了数字作品在传输过程中的安全性。

数字水印：相对于认证技术和加密技术而言，数字水印可以用来对历史文化村镇数字化成果中多媒体内容（三维场景中的模型、宣传视频等）进行知识产权保护，主要包括用于出版权益保护和内容真实性检验和鉴定。数字水印具有不易察觉、安全可靠和抗攻击性等特性，很好地解决了数字化成果拷贝、修改非常容易等问题。这类能够通过判别对象是否受到保护，从而识别保护技术识别盗版行为。

历史文化村镇的数字化成果具有精度高、数据量大和结构复杂等特征，且形式多种多样，包括数据库、数字图像、三维模型、数字视频等。数字水印技术在这些成果中应用的过程主要包括两个步骤：数字水生成和数字水印嵌入。其中常用的嵌入算法包括空间域水印算法和变化域算法（图11-3）。

数字水印技术的功能包括以下三个方面：①添加数字水印对企图非法盗用历史文化村镇的人和行为起到了一定的震慑作用，保证了历史文化村镇数字化作品原创者的合法权益；②数字水印嵌入历史文化村镇数字化成果中，具有隐藏性，不仅可以保护其版权，还可以保护其元数据；③对历史文化村镇数字化成果作品内容的保护与认证。在网络技术和数字化成果蓬勃涌现的时代，数字水印技术的发展具有重要意义，但数字水印技术并不能应付所有知识产权保护问题，与其他知识产权保护技术联合，如认证技术和加密技术，是实现合理知识产权保护的必要路径。

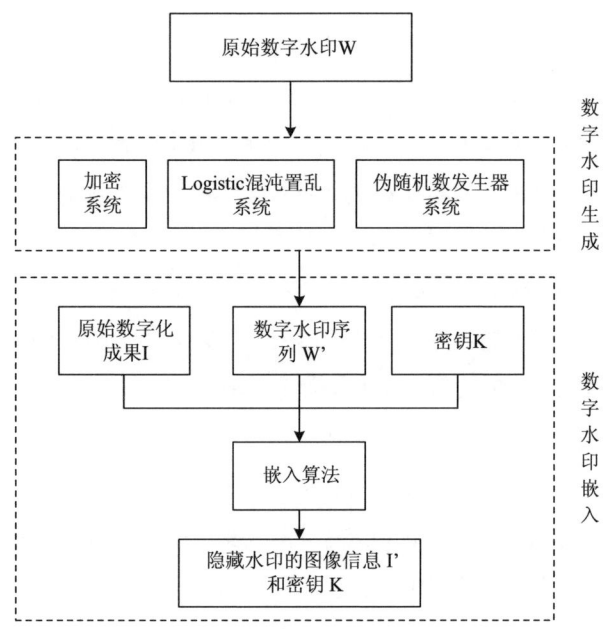

图 11-3　数字水印作用框架图

数字指纹：数字指纹是一种易操作的、轻量级的、有效保护数字化成果的手段，它与数字水印技术相似，都是在历史文化村镇数字作品中嵌入可以识别的信息，主要不同体现在数字指纹嵌入的是数字化成果传播者和使用者的相关信息。数字指纹技术涉及嵌入指纹、分发体制和跟踪机制等部分。数字指纹在数字化成果版权保护中前景大好，随着其技术的日渐成熟，数字指纹技术将是数字化成果保护的新方向。

数字权利管理（Digital Rights Management，DRM）：是数字化内容知识产权保护和管理的系统工具，相关技术主要包括：信用管理系统、数字化对象标识技术、自我保护文献技术和信息与内容的交换格式。数字权利管理对历史文化村镇数字化成果保护中可以起到重要作用，主要包括以下六种功能：

①历史文化村镇数字化成果构造数字指纹；

②用户数据甄别，主要进行真实性检验，判别请求是否合法；

③用户身份识别，确认用户的合法性和权限；用户权限授予与管理，对于用户的使用权限进行限定和管理；

④版权保护商业化信息内容的个性化发布，保证授权用户之外的群体无法获取经版权保护处理的商业化信息内容；

⑤对抗"机器人"类工具：公众信息版权标识及内容版权保护技术有效防范了自动化的信息获取工具；

⑥版权保护的时限管理。

二、网络传播安全技术

随着 Internet 飞速的发展，信息网络已经成为社会发展的重要保证。其中，资源共享是计算机网络的重要功能之一，成为历史文化村镇数字化成果的传播的主要途径之一，随着应用的扩展，安全问题也变得逐渐突出，成为人们关注的热点问题。

网络安全主要指网络系统中的数据安全，实际上是数据在计算机通信网络中传播的安全。网络安全隐患多数存在于网络系统本身安全问题，即网络系统自身的脆弱性，同时，还会受到网络外部因素的威胁，如用户不正确或不合理的使用习惯[20]。近年来，关于网络安全技术以及网络信息安全措施主要包括物理安全、网络结构安全、系统安全、管理安全及其他的安全服务和安全机制策略等，其中物理安全分析技术与系统安全分析技术对历史文化村镇数字化成果的安全传播起着至关重要的作用。

（一）物理安全分析技术

对于历史文化村镇数字化成果传播来说,物理安全是保证安全传播过程中最首要的保证,主要包括机房环境的安全、物理设备安全和人员安全三个方面。

机房环境安全。存放资料的机房应该按照相关标准设计,具体包括消防报警、不间断供电和防盗报警等措施,有助于数字化成果更好地安全存储,这也是数字化成果传播的第一步。

物理设备安全。主要受移动设备（如移动硬盘、U 盘）的安全性影响，由于移动设备体积太小，很容易出现丢失，导致资料文件的外泄，且在使用过程中如果忽视了杀毒工作，很有可能感染外部计算机的病毒，使得设备内的文件染毒，进而导致了病毒的传播。因此，物理设备的安全也是数字化成果传播过程中至关重要的一步。

人员安全。计算机操作人员需要经过专业的技术培训，专业能力强，技术过硬，可识别大部分的病毒，具有高度警惕性，提高自身的防范意识，做好安全防范工作。

以上三种安全情况是历史文化村镇数字化成果在网络中传播容易出现的安全问题，为了实现成果传播的安全性，针对以上问题，应该利用杀毒软件技术、移动存储设备的安全管理技术，并强化用户安全防范意识，保障网络安全。

（二）系统安全分析技术

系统安全分析技术主要应用于分析网络操作系统和相关硬件的可靠性和安全性。由于计算机网络系统往往比较庞大而复杂，常常存在一些可被攻击的漏洞，成为恶意窃取用户信息和数据的主要入口，因此，需要从整个系统的角度，分析系统安全隐患，堵住安全漏洞，保证系统安全。针对网络系统安全问题，可用的技术主要有：防火墙技术、身份认证技术和数据加密技术等。

第四节　女书文化遗产数字化传播平台建设案例

在全球化浪潮的推动下，我国许多地区的传统文化都在外来文化入侵的形势下遭到了不同程度的破坏。作为"全世界最具有性别特征文字"的女书文化，不仅是湖湘文化的瑰宝，而且在中华文化中占据了独特的艺术魅力。但目前打造的女书文化品牌价值和资源能力并没有得到充分的挖掘，基于女书文化元素的旅游景区萧条，景点简单，产品单一，市场影响小，与女书的国际声誉极不匹配。因此，在做好女书文化的保护和传承工作前提下，开发和推动以女书为地方创意文化的特色旅游产业，向外界传播和展示具有鲜明女性特征的创意地方文化，是目前我们最值得思考的问题。非物质文化遗产以人为主体，具有无形特征，体现文化"活态"的文化遗产，强调的是技术、知识技能的传承，是活的宝藏。在信息和互联网技术高速发展的时代，突破传统对有关女书文化的书信、绘本、字扇、歌曲、舞蹈、刺绣以及传统习俗等实物保护和传播，充分利用数字媒体艺术和数字化展示技术，设计开发出基于"互联网+"的女书文化遗产数字化传播平台，不仅能将这种宝贵的非物质文化遗产以最真实的形式保存下来，还能以多角度、多层次、多形式的方式进行文化的还原保护和传承传播。

一、女书的虚拟展示

如何将实物载体的女书文化转化为数字信息的文化，首先需要实现女书文化的数字化。女书的数字化，就是充分利用摄像机、扫描仪、阅读机、声卡等计算机输入设备将有关女书文化的文字、图片、音频和影像等历史文献资料真实完整地记录下来，并将其转化为计算机可以识别和处理的机器语言，即二进制代码"0"和"1"，形成可识别、可传输、可存储、可计算的文化数字或数据，再通过建立数据模型进行数据的统一分析、处理和应用的一种技术。女书文化的虚拟展示主要是利用虚拟现实技术、增强现实技术、计算机视觉技术、人机交互技术、互联网技术和三维扫描技术将数字化后的女书文化信息，通过计算机建立一种虚拟的女书文化地理环境，并充分调动人的感觉器官，使人们不受时间和空间限制能与之交互，以一种沉浸式的体验，融入到女书的文化的交流之中。

女书文化的数字化不仅要对具有独特女性特征的女字的矢量化，也要通过多样的数字化形式来展示女歌、女红、女书习俗和处于女书文化中的人的生活环境。女字的数字化可以挣脱桎梏解决传统容易损坏的纸质书卷文字的还原和保存，设计和丰富女字的数字化字典库，不仅可以实现女字和汉字相互识别，还可以创新丰富女字的使用方法。女歌、女红、女书习俗和居住环境等更多的是需要的人的互动来综合实现，而在数字信息的世界里，三维动态设计传播技术，不仅可以从视觉印象上准确还原女人们生活居住的场景和生活环境，艺术性地描述当地女人们的传奇故事，还可以聆听体会女歌和女书作品的吟诵。通过图像、声音的结合，人物、场景的互动，能更加生动表达女书文化的独特艺术魅力，从而使女书文化在给人们带来深刻的艺术体验的同时，还能有效的还原传播原始风情的女书文化风俗和在那个年代被社会伦理道德束缚的社会底层妇女们的情感世界。女书三维动态设计可以用生动有趣的视觉动画为我们讲解许多女书文化中女人们的故事，例如江永妇女的一生，从出生—少年—婚嫁—人妇—暮年，可分别对应儿时缠足—闺中秘语—出阁哭嫁—读扇寄思—死后焚书。而这些故事都可以通过三维动画技术来实现，利用美化修饰后的女歌作为背景音效，人物的衣着、场景布设等都可加入江永女红的经典女书文化刺绣图案和特征性较强的女用配饰。还原展示女书文化的同时，给观众更多情感和艺术带入感，以达到深刻展示女书文化精髓的目的，如图 11-4 为女书文化数字虚拟技术路线图。

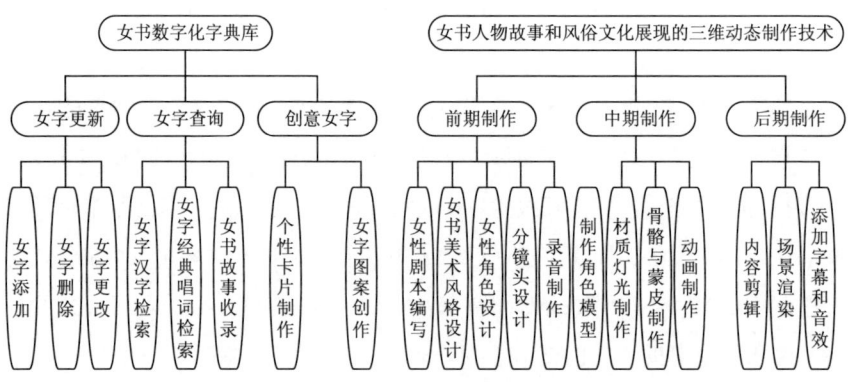

图 11-4 女书文化数字虚拟技术路线图

（一）女书的平面/三维扫描

平面扫描主要是利用超清数码相机或者扫描仪对女字记载的信件、唱本、字扇、书籍等进行数字图像采集，得到的高分辨率图像图片可以实现无级缩放，反复查阅，上传至互联网站则可以进行网络平台的传播展示。三维扫描，则主要是根据三维激光扫描技术，采用非接触主动获取物体表面高精度的点位信息和表面纹理信息，并通过计算处理得到空间点云数据。该方法可以用于女书文物和居民环境的还原，保证了在不伤害文物的前提下，快速大范围高精度地采集和保存三维空间数据，特别为 3D 建模提供了大量的空间数字信息。

（二）女书的虚拟三维动画及视频

虚拟三维动画一般是通过视频动画的专业制作软件，将女书文化的表现方式浓缩到一个具体的人物，并赋予场景式的故事进行讲述，以"耳濡目染"式的视频，让观众潜移默化地接收文化的熏陶，从而达到展示传播文化的目的。如前文提到的女书文化中女性角色故事的三维动画展示，给观众带来视觉上的享受。其次利用视频记录和采访揭开江永一代女书文化村落的神秘面纱，用视频和影像记录女书传统节日，如斗牛节、唱歌堂等女书风俗也是向大众展示女书文化的一种有效方式。

（三）女书的虚拟现实漫游

虚拟现实漫游是指参与者可以通过特定的设备进入到由计算机技术所还原真实女书村落三维模拟环境，依靠手指在虚拟空间中的挥动触发基于先进的计算机视觉技术开发的互动触摸屏幕，通过投影屏幕，参与者可以选择感兴趣的女书村落或者女书民俗，作为旁观者近距离的参与其中。除此之外，参与者可以与虚拟场景和虚拟人物进行互动，查阅欣赏虚拟的女书文物和工艺品。如图 11-5 为虚拟展示的技术路线图：

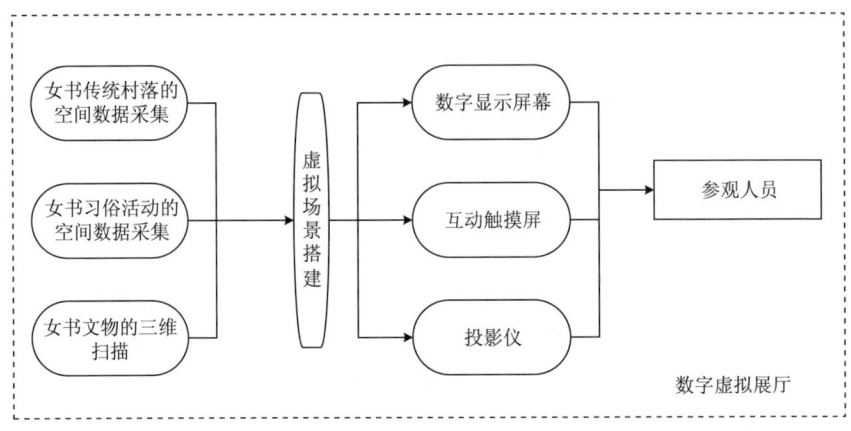

图 11-5　女书虚拟展示的技术路线图

（四）女书的 AR 展示技术

在展示女书文化文物的博物馆或女书村落，如图 11-6 所示，首先可以通过摄像机和传感器获取真实环境中女书文物的图像和视频，并将其传入计算机进行计算处理，一方面识别需要增强的现实世界的文物的特征点和三维坐标，另一方面对摄像机获取的文物快速构建虚拟对象，并在是现实环境中进

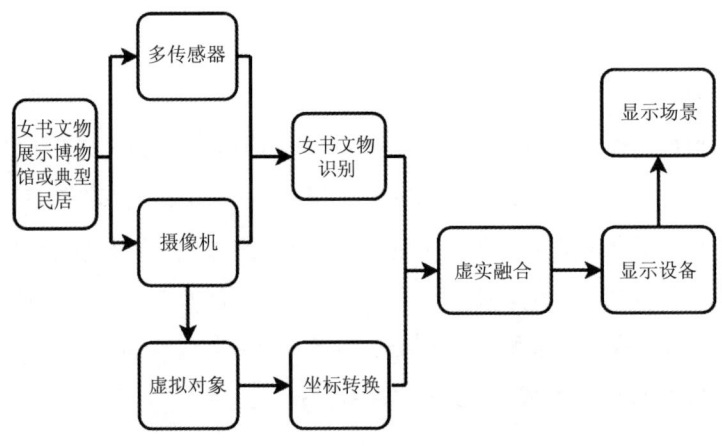

图 11-6　女书的 AR 展示技术路线图

行空间定位和添加跟踪注册，实现与现实坐标向匹配。其次将虚拟对象和需要增强的现实世界文物进行合成处理，最后通过显示设备展现给参观者增强后的场景内容。

二、女书多平台网络传播

信息的传播过程是指传播者通过多种传播途径将信息传递给受传播者。其中传播途径可以是单向的也可以是双向的，同时传播者和被传播者并不是固定不变的。但是传统的传播模式，一般是"一对多"的单向传播，数字化传播则可形成"多对多"的多向相互传播模式。以传统的博物馆和现代的数字博物馆为例，传统博物馆一般是通过展览物质形式的文化遗产，向大众传播文化信息，观众在接收文化熏陶的过程，因为没有专业的知识基础，非常容易对物质文化的制作工艺以及传播的文化理念产生极大的认知偏差。此外，在这样被动的文化吸收过程中，观众并不能正确地认识和理解文化的内涵和深度欣赏这种文化的独特魅力，大多都只能比较肤浅地停留在欣赏物质文化带来的直观艺术美感，而对于非物质的、无形的、口头相传的文化一般受制于地理环境因素，不能被大众所知，因而在文化传播中成为最容易失传的文化。女书文化具备了无形文化的特征，其一是女书作为当地女性特有的传统文化、具备独特的文字、读法和传承方式；其二是当地女性在节日活动、文化习俗活动等都以这样文字作为社会交流方式；其三口头性是女书文化重要的无形文化特征，女书作品几乎都是唱本，这种无形特征无疑给女书文化的传播带来了巨大的挑战。如今的信息技术日新月异，文化传播的模式和介质业随着互联网时代的发展发生了巨大改变，数字化、多平台、网络的文化传播应该成为传播文化和文化精神的主流方式。女书文化遗产数字化过程中，传播作为其重要的一环，可以借助于网络技术、移动通信技术、计算机视觉技术等的数字化技术通过数字博物馆网站、移动端 APP、网络电视节目、女书文化网站等新兴媒介，向公众进行女书文化信息的传递。

（一）女书数字博物馆网站

数字博物馆网站建设是一种帮助非物质文化保护和传播突破时间和空间限制的新型文化展示和传播方式，它依靠强大的互联网不仅突破了传统"信息单一化传播"的壁垒，而且扩宽了文化传播的渠道和地域广度。建设高质量的女书数字博物馆网站，可以利用图片、音频、视频和解说文字，向各个地区和国家的网民宣传介绍女书书法作品、女书传人、女书工艺品和女书习俗等，不仅可以将散落的文化碎片整合起来，还可以使这种文化得到有效传播。例如目前正在运营的女书数字博物馆，该数字博物馆共有 36 份真实女书古老原件，女书书法作品和女书工艺品的展示主要为高清照片，女歌以歌词展示。该网站大多以文字描述为主，缺乏音频和视频的介绍，总体缺乏灵动性。

（二）移动端 APP

在目前信息发达的智能媒体时代，智能手机已经成为人们获取信息的主要渠道，尤其使得年轻人不仅是智能媒体下被动接收信息的受众，也成为主动参与、生产和分享信息的主体[4]。移动端 APP 如微博、知乎、抖音、快手、微信以及其程序内的订阅推送文章等，均可以作为女书文化知识传播的有效渠道。例如公众号"祥樂文化"系统地介绍了女字，女歌，女红绣品，女书习俗和女书作品欣赏，还通过视频和音频等进行女字发音和女歌传唱的网络教学。公众号"传奇女书"为潇湘爱莲女书文化研究院所属，致力于通过宣传女书文化和女书书法艺术交流创作来推广永州美丽的地域文化和旅游资源。公众号"北方女书书院"推出了该院院长女书传承人王国声一系列的女书作品和北方女书书院展厅的各种女书文化工艺品。

（三）网络电视节目

利用网络电视揭示探究女书的纪录片质量较高，到目前已经有了许多成果。2020 年央视 4 套制作播出《中国缘——爱上中国城·永州篇》寻找江永女书，2002 年制作播出的《深闺里的话语——女书》（一、二、三），央视9 套为海外观众制作的英语节目《永州江永女书》，纪录片类高清视频《大揭秘之传奇女书》和《大揭秘·传奇女书》，东方电视台的《秘境鬼域系列之传奇中国：神秘的"性别文字"》，湖南经视《博物馆翻箱底》栏目的《江永女书：她们的密电码》等是这一方面的代表作。此外，由李冰冰和全智贤主演的电影《雪花秘扇》，以女书文化为背景，演绎了老同深厚的姐妹情谊。

（四）女书文化网站

女书的文化网站建设初见成果，例如女书（北京）国际文化交流中心是在"一带一路"倡议下，以女书文化为载体，以女性文化为思源，专注于保护、传承、传播江永女书文化和焕发新时代女性文化价值，致力于打造世界级的女书文化传播大本营，向世界展示中国女性智慧和女书文化的独特魅力，但就其网页设置和展示内容来说，还缺乏许多实质性成果，内容少而单一，距离世界级女书文化网站还差距较远。

国内相关网站有女书（北京）国际文化交流中心网站（http://www.nvshuchina.com/about/about.html）和清华大学中国古文字艺术研究的网站（http://www.thurcacca.org/indexbook.html）。传奇女书作为后者研究内容的重要模块之一，其可查询的内容丰富，包括对女书的简介，女书研究研究成果，最早研究者和已经出版的女书研究合集等记录，除此还配置有女字的在线查询功能，相对更加全面，内容更加丰富。

三、数字女书文化遗产的知识产权保护

在网络发达的信息化时代，数字化的女书更宜向世界展示这种作为世界上唯一的妇女自创使用的一种性别文字。同时，由于女书自然传承形式的失传，女书文化土壤的流失，利用网络传播的假劣伪造的数字女字，女书文化的纯正性逐渐受到污染。因此，有必要运用法律手段对数字女书文化遗产进行保护，综合考量下将非物质文化遗产数字化纳入知识产权保护范畴是最佳选择[19]。我国现阶段数字女书文化遗产主要表现为数字书籍、数字图片、数字音频和数字视频四大类，数字女书文化作品的制作过程中主要涉及女书文

化传承人、女书原始著作人或传承人、女书汇编权利人和女书数字化产品制作主体，因此从数字女书文化遗产知识产权保护法的角度可以从以下几条路径进行保护。

（一）完善知识产权立法

对我国出台的非遗文化遗产数字化产权保护法，需作进一步的完善。由于我国知识产权立法的目的之一就在于保护智力的独创性，但是对于像女书这样的非物质文化遗产既存在有独创性的成果和作品，也存在没有独创性的数字化成果。对于有独创性的女书文化数字成果，我们应当遵从现行的知识产权保护法律法规，而对于无独创性的女书数字化成果，可以从邻接权的角度制定补充相关规定，形成双轨制保护模式。由于邻接权是保护作品传播过程中产生的劳动成果，其保护对象与对非物资文化遗产进行二次复制传播的无独创性数字化女书作品的保护对象相似，因此完善建立双规知识产权保护制具有可行性。

（二）完善《著作权法》具体法律法规

我国非物质文化遗产数字化权利主体应当明确界定范围，这是保护我国非物质文化遗产数字作品著作的基础。该权利主体的界定主要包括三个，第一是著作数字化成果的制作主体要明确界定；第二是对非物质文化遗产数字化作品的种类要有明确界定；第三对非物质文化遗产数字化著作权的权利主体要有明确界定。目前对女书的数字化作品大多还暂时停留在女书作品原件扫描拍摄的图片合集，属于二次复制传播的作品。该图片合集在网络上的传播、转发、下载等则涉及了复制权、汇编权和信息网络传播权，应当在现有规定基础上对其合法使用女书数字化著作进行相关规定的补充，避免数字成果知识产权纠纷。其次需要规定著作权保护期限，因为像数字女书类的非物质文化遗产特殊性质和数字技术更新换代周期、制作成果量等都是影响非物质文化遗产知识产权保护周期重要的影响因素。因此，必须综合考量各方面的影响因子，寻求合适衡量机制，为各类文化按需制定释义的保护期限。

（三）建立利益平衡机制

需要构建知识产权保护体系，包括制定完善的非物质文化遗产数字化成果知识产权权利相关者的权利保护和限制制度，构建合理的利益分享机制，实现创造者和创造利益的相关贡献者共享知识产权权益。以女书数字文化遗产为例，在数字化作品制作和传播阶段，我们应该分别建立"女书文化传承人—女书数字化作品制作主体"的利益分享机制和"投资方—政府/非遗女书保护协会—制作主体"的利益分享机制。在女书文化遗产数字产品制作阶段，按照我国相关法律法规的约定，对传承人的各项权益进行具体明确，并制定合理的补偿标准，并规定补偿程序，实现传承人和制作主体之间的利益平衡，进而也可促进女书文化遗产的数字化进程。在制作之前，应当建立"传承人—原始著作权人或其继承人—汇编作品权利人"的利益平衡机制。我国知识产权相关法律法规应明确界定原始著作权利人和汇编权利人的关系，对汇编制作程序、汇编权利人与原著作权人的利益分配、著作权发生冲突时的救济途径等应作严格规定，同时，在规定时应避免传承人的补偿权的重复使用，建立更趋公平合理的利益分享机制，形成非物质文化数字化产业的健康发展的制度环境，保证女书文化的传播发展。

参考文献

[1] 张凤军，戴国忠，彭晓兰："虚拟现实的人机交互综"，《中国科学·信息科学》，2016 年第 46 卷第 2 期：1711—1736。

[2] 褚佳星："我国非物质文化遗产数字化的知识产权保护研究"（硕士论文），东北农业大学，2019。

[3] 史晓刚，薛正辉，李会会等："增强现实显示技术综述"，《中国光学》，2021 年第 14 卷第 5 期：1146—1161。

[4] Zhan T., Xiong J.H., Zou J.Y., et al. Multifocal displays: review and prospect. *Photonix*, 2020,1（1）:87-115.

[5] Luo G., Cheng D., Wang Q., et al. Design of a two-dimensional stray-light-free

geometrical waveguide head-up display. *Applied Optics*, 2018,57（31）:9246.

[6] 严雷，杨晓刚，郭鸿飞等："结合图像识别的移动增强现实系统设计与应用"，《中国图象图形学报》，2016 年第 21 卷第 2 期：184—191。

[7] 何云峰，周玲，于俊清等："基于局部特征聚合的图像检索方法"，《计算机学报》，2011 年第 34 卷第 11 期：2224—2233。

[8] 杨子辉，薛彬："北斗卫星导航系统的发展历程及其发展趋势"，《导航定位学报》，2022 年第 1 期：1—21。

[9] 陈娟娟，周玉婷，翟俊卿："虚拟现实技术和增强现实技术在博物馆学习中的应用"，《现代教育技术》，2021 年第 31 卷第 10 期：5—13。

[10] 汤安，樊海玮："基于三目立体的场馆数字再现增强现实技术"，《计算机仿真》，2021 年第 38 卷第 10 期：258—262。

[11] 史晓刚，薛正辉，李会会等："增强现实显示技术综述"，《中国光学》，2021 年第 14 卷第 5 期：1146—1161。

[12] 王磊，张天恒，郭苗苗等："虚拟现实沉浸式视觉体验引起脑疲劳的脑电信号分析"，《中国生物医学工程学报》，2020 年第 39 卷第 2 期：160—169。

[13] 赵江阳，张德富："基于虚拟现实的人体时空域运动信息捕捉仿真"，《计算机仿真》，2021 年第 38 卷第 8 期：391—39。

[14] 赵沁平："虚拟现实综述"，《中国科学（F 辑:信息科学）》，2009 年第 39 卷第 1 期：2—46。

[15] 陆颖隽："虚拟现实技术在数字图书馆的应用研究"（博士论文），武汉大学，2013。

[16] 蒋文燕，栾汝朋，朱晓华："基于 VRML_ArcGIS 的虚拟旅游景观设计与实现"，《地理研究》，2010 年第 29 卷第 9 期：1715—1723。

[17] 张松涛，程军生："基于机载激光雷达的三维景观模拟设计系统研究"，《激光杂志》，2021 年第 42 卷第 5 期：181—186。

[18] 任海兵，祝远新，徐光等："基于视觉手势识别的研究综述"，《电子学报》，2000 年第 2 期：118—121。

[19] 俞银燕，汤帜："数字版权保护技术研究综述"，《计算机学报》，2005 年第 12 期：1957—1968。

[20] 王世伟："论信息安全、网络安全、网络空间安全"，《中国图书馆学报》，2015 年第 41 卷第 2 期：72—84。

第十二章　历史文化村镇数字化内容在城乡规划与管理中的应用

第一节　历史文化村镇数字化内容在传统村镇保护规划中的应用

一、传统村镇保护对象的确定

传统村镇由自然、社会、经济系统组成，系统之间有机结合，各子系统包含的要素内容丰富，要素组成的系统具有单个要素本身没有的属性和特征，对传统村镇的整体保护研究不能将各要素各子系统割裂开来，其保护对象是蕴含于村镇各系统中的。所以说，传统村镇中的文化景观是天、地、人三者结合、物质与非物质相结合的产物，每个村镇中都有其最具代表性的文化景观基因，尤其以建筑单体作为核心文化景观基因最为突出，如侗寨的鼓楼、苗寨的牛角桩、客家村庄的土楼等，都具有很高的研究和保护价值。

传统村镇保护经历了从物质层面到非物质层面的转变，呈现多元化、系统化的特点[1]。传统村镇的景观基因包括物质景观基因和非物质景观基因两大类。物质景观基因将传统村镇视为自然遗产和文化遗产的综合体，关注村镇内的景观实体和公共交往空间，包括传统建筑、村镇选址、街巷肌理和基础设施等[2]；非物质景观基因包括宗族信仰、传统技艺、节庆习俗、布局理念、图腾标志等。由此可见，我国传统村镇的保护经历从微观的建筑单体向建筑群体到宏观的村镇系统，呈现综合性、系统性的整体保护特点[2]。

因此，利用景观基因理论找到一个传统村镇之所以区别于其他村镇的特质，从子系统中蕴含的要素入手，通过主体性公共建筑、图腾标志、民居特征、参照性环境因子、布局形态等[3]方面建立历史文化村镇建筑基因库，对传统村镇保护对象进行确定。通过景观基因分尺度的研究可以探讨不同尺度的村镇景观基因对地方认同的建构作用，以及同尺度景观基因在地方认同不同维度建构中的差异[4]，这样既保护了传统村镇的景观基因，又增强了村镇居民的"归属感"和"认同感"。

二、传统村镇空间格局形态的修复

我国传统村镇与传统城市一样受"天人合一"、宗族礼制、防御意识等的影响。同时，传统村镇由于散落于我国广阔的土地上，受地形地貌的影响，空间格局形态变得更加灵活；受地方文化的影响，空间格局形态变得更加丰富。传统村镇空间格局形态修复过程中所面临的问题，借鉴"城市双修"的理念，界定村镇"双修"的内涵，对传统村镇空间格局形态的显性基因进行修补，隐性基因进行修复[5]，努力保持传统村镇的完整性、真实性和延续性。

从整体上看，传统村镇的空间格局形态是一个复杂的巨系统，包含了自然生态格局、社会文化格局和地域空间格局等子系统，也是当地居民生产生活的生存空间。实行村镇"双修"，一方面是调控传统村镇格局形态整体运行系统的过程，另一方面是适应其内在条件与外在条件的过程[5]。从整体上关注传统村镇空间格局形态的系统动向，满足新时代社会经济发展，灵活调适村镇空间格局形态，保证传统村镇空间格局形态的健康发展[5]。从局部上来看，传统村镇空间格局形态系统也包含几个子系统，各系统有其自身的发展规律与运行机制，根据其系统特征[5]可将传统村镇空间格局形态系统分为显性基因系统（自然生态格局、地域空间格局）和隐性基因系统（社会文化格局）两类。在两类系统内运用区块分析技术捕捉其缺失与错乱部分，分析其产生原因，有计划、有步骤地采取针对性修补与修复，避免盲目"双修"，因地制宜的促成分块活化[5]。从联动性来看，转型与更新伴随着传统村镇空间格局形态发展的整个过程，整体与局部的有效统一是实现其有序发展的重要保证[5]。通过不断提高居民生活水平，达到居民与自然、社会和文化的和谐相处，实现传统村镇空间格局形态修复以及传统村镇的持续发展[5]。因此，在传统村镇"双修"的过程中，要弄清格局形态系统与其子系统的关联性，查明各个部分的联结状况，找到村镇空间格局形态的更新动力，实现其空间格局形态的整体与局部的协调[5]。

　　结合湖南省张谷英村具体例证来看，显性基因包含布局形态、民居特征、主体性公共建筑、环境因子等方面；隐性基因主要指文化标志[5]。显性和隐形景观基因又可以细分为15小类，其中显性基因占12小类，即布局形态包括整体布局、形态结构、街巷格局等；民居特征包括平面结构、建材原料、局部装饰等[5]；主体性公共建筑包括广场、墓地、宗祠等；环境因子包括地形地貌、水系格局、自然风貌等；隐性基因共三小类，即文化标志分为家风信仰、民俗礼仪、原始图腾等[5]。通过对村落景观的详细解读，从显隐性的角度获取张谷英村景观基因特征[5]。总结发现：①显性基因特征表现为空间布局有空心化趋势，街巷系统衰损严重；民居建筑杂乱无序，功能利用主体两极分化；主体建筑链条节点断折，文明载体内涵挖掘不足[5]；山川地势脉络根基平稳，水系网络线条单一。②隐性基因特征表现为：家风信仰保持代际传承，图腾标志与民族特色呼应；民俗文化受现代文化冲击，传统礼仪濒临消亡[5]。

　　传统村镇空间格局形态是显性基因和隐性基因的综合体，通过利益主体的分工合作，完成对两种类型基因的修补和修复，是实现传统村镇格局形态修复的有效创新路径之一。基于此，在传统村镇景观基因识别结果基础上，从村镇"双修"视角，构建了张谷英村格局形态修复的路径机制[5]（图12-1）。从张谷英村的显性、隐性景观基因特征出发，提出了空间格局形态修复的"双修"方案，主要包括：①显性基因修补措施：基因建库，恢复原始形态，完善基础系统；微创修补，保留原始功能[5]，再现原真风貌；隐身挖掘，重接本土链条，夯实建筑内涵；"低+高"干预，维持稳定脉络，调适单一线条。②隐性基因修复措施：内外熏陶，营造传承氛围，完善解说系统；置身其中，增强居民参与，再现特色场景[5]。

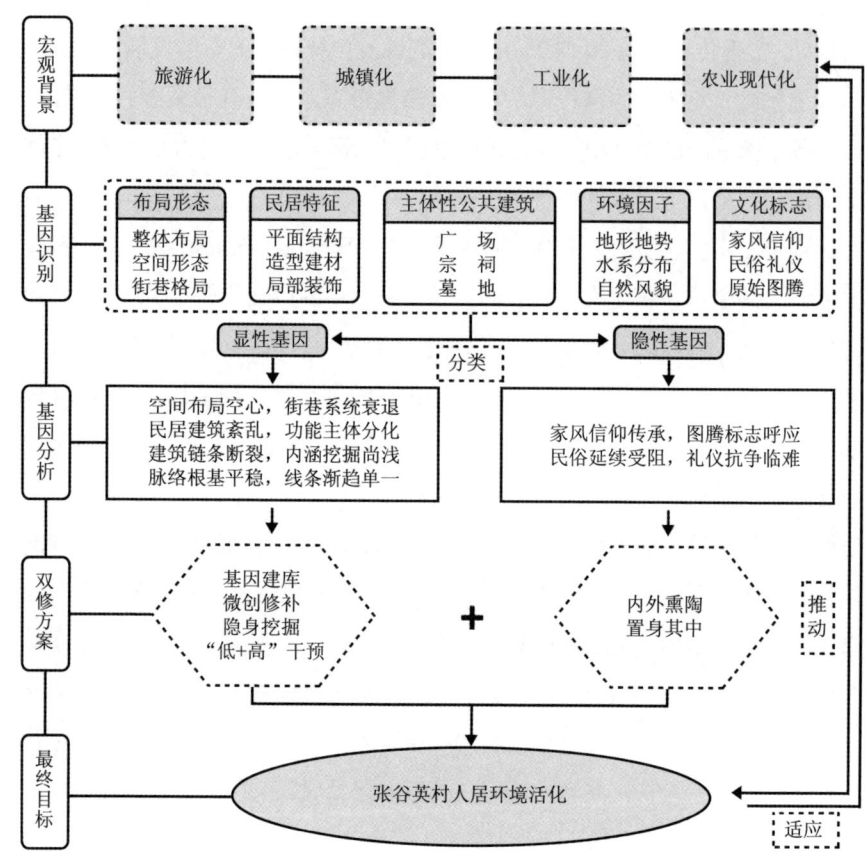

图 12-1　张谷英村空间格局形态修复机制

　　因此，传统村镇格局形态的修复，不能按照规则化、城市化的式样来进行，但可以借鉴其理念，从"双修"的视角对传统村镇空间格局形态的修复提供指导，提出村镇空间格局形态修复方案，在保有原真性村落景观的同时进行有机更新，相应对物质和非物质文化保护的号召，促使传统村镇空间格局形态朝可持续的方向发展[5]。

三、传统村镇生态环境的维护

　　传统村镇生态环境是村镇环境系统的物质基础，生态环境的布置受地处的地形地貌、气候条件的限制，也受风水观念、造园思想的深刻影响（如八卦村、文房四宝村、龙椅村等），村镇生态环境营造各具特色。因为传统村镇选址和营建极其考究，特别注重与周边生态环境和谐共处，深刻体现了先民们的生态智慧[6—7]。传统村镇生态环境受到了儒教和佛教文化的影响，利用山水作为天然的屏障，人类完美地融入自然环境，体现了人与自然完美交融、天人合一[8]的智慧理念。

因此传统村镇生态环境的维护可以从古人善用自然环境躲避灾害和因地制宜的思想中汲取智慧，在保护生态环境多样性的同时顺应自然生态环境规律[8]。如秦岭北麓的传统村镇的形成是因为周边的冲洪积扇独特的地质构造影响了区域水系布局和气候环境，创造了宜居的天然环境[7,9]，自然环境基因影响了传统村镇的主要分布；徽州古村镇的形成也和环境基因有关，因为黄山、天目山和白际山脉环绕徽州四周，山脉间穿插着小盆地，形成了相对封闭的、气候宜人的生态环境[7,10]，促进了传统村镇的形成。环境基因中的水系格局也是传统村镇生态环境可持续发展的重要因子，传统村镇在生态适应的环节中对水的适应非常重要，在村镇选址、布局、生产生活与自然水体的生态交融等方面都有不同程度的反映[7,11,12]，传统村镇水适应性的生态智慧在美化环境、景观营造和规划设计等领域有较大的应用空间[7,13]。

传统村镇良好的生态环境是当地发展旅游的重要吸引物之一，但随着乡村旅游的快速发展，旅游的负面效应日益严重[7]。越来越多的人开始关注传统村镇旅游发展的环境效应，利用 GIS 数据和统计资料，对传统村镇的生态环境进行了定量评价[7,14,15]。但值得注意的是，传统村镇生态环境的维护不能同城市生态环境的维护简单等同，因为传统村镇有着它自身的脆弱性，生态环境的破坏在脆弱性传统村镇中往往是不可逆的，所以要尊重传统村镇景观基因的环境适应性和环境伦理性，主张尊重自然环境价值，培养文化生态性格，从技术层面和规划层面构建历史文化村镇数字化环境基因库，以期实现传统村镇生态环境的可持续性维护[7]。

四、传统村镇文化载体的活化

我国传统村镇居民在生产和生活的过程中创造了丰富的民间文化（如山歌戏曲、舞狮舞龙、织锦蜡染等），这些民俗文化使每个传统村镇富有灵气。虽然近年来传统村镇保护研究得到越来越多的关注，但是传统村镇空间格局变化、社会文化流失、景观生态恶化、人口空心化等均呈现出日益严重的趋势，如何活化和再生传统村镇成为重要议题[16]。

传统村镇失"活"主要体现在居民、文化、景观和产业等方面。首先，当地居民逃离村镇导致"人去楼空"是村镇失"活"的首要特征和表现[16]。拥挤的村镇空间、残破的建筑、低矮的住房、陈旧落后的生活设施等因素推动居民寻求居住条件的改善[16]。城市化浪潮下，居民要么彻底抛弃祖屋，定居城镇，要么在周边另择宅基地，修建小洋楼，人口空心化问题日趋严重。村镇缺少"人气"，自然没有活力[16]。其次，人口空心化导致文化传承陷入"皮之不存，毛将焉附"的窘境；而且，居民对传统农耕文化的认同度不断下降，特别是年轻人，参与传统文化传承活动的热情大大降低[16]，导致许多传统技艺和传统民俗活动面临失传的境地。由此可见，村镇的文化传承堪忧。再次，村镇物质景观破败也是其失"活"的重要表现[16]。非物质文化遗产作为传统村镇活态文化的重要载体，在村民对村落文化遗产保护方面有重要意义，对非物质文化遗产的保护不仅是文化的多样性的保存，更是人类创造力发展的见证[16]。

乡土文化的传承受阻导致传统村镇失活，村镇"人去楼空"导致的"人气"缺乏、传统技能技艺传承后继乏人、民俗文化活动衰落、传统服饰和方言等的冷落等，都是导致传统村镇失活的重要因素。非物质文化遗产活态保护涵盖载体存续和环境存续两方面，具体分为载体活态、空间活态和生产活态三种类型[17]。活态保护一般会经历原生型、现代型和复合型三个阶段，在共时性和历时性上都会呈现不同的传承状态[17]。非物质文化遗产往往在延续原真性文化的基础上会融入现代化的特质，从单一化朝多元动态的方向发展，其活态状况可以通过多元指标体系进行评价分析，最终能得到活态度的具体数值评价结果[17]。

物质遗产是影响传统村镇活态性的重要因素，保持村镇中历史建筑、街巷肌理、人文环境等要素功能的延续和发展是维持其活态性的重要手段[16]。如，历史建筑物保存和修缮完好且使用率高，则活态性较好[16]；自然生态环境良好，说明人与自然和谐相处，村镇生态功能发挥正常，活态性较好。村镇居民是影响活态性的极为重要的因素，是村镇物质和非物质遗产功能延续和传承的基础，与人口数量关联的村镇"人气"以及与人口年龄和属地关联的人口结构对传统村镇活态性影响至关重要[16]。一般来说，人口越多村镇就越有生机和活力，其活态性越好。

因此，传统村镇文化载体的活化，不能够仅仅保护传统村镇的物质本体，更应该注重传统习俗的传承，历史文化村镇数字化文化基因库就为传统村镇文化载体的活化提供了指导。特别从重点保护对象确定、建筑风貌设计、环境设计等方面着手，能有效弘扬优秀传统文化、引领乡村道德风尚的思想传承，为乡村振兴战略的实施提供精神动力来源和文化支撑[16]。

第二节 历史文化村镇数字化内容在现代村镇建设规划中的应用

一、现代村镇的地方主体定位

现代村镇建设规划制定的首要问题就是主体定位，它关系到村镇建设发展的方向，现代村镇建设主题定位综合化、模糊化和趋同化是导致现代村镇发展趋同的主要原因，利用历史文化村镇数字化数据库，从区域和地方两个层面找到所在村镇的地方特色"文化基因"，进行村镇发展主体定位，如湖湘风情文化旅游小镇的创建就是有益探索。

旅游小镇是旅游城镇化的结果，近年来随着我国城镇化战略的实施，旅游小镇建设成为云南、海南、贵州等地方政府热衷的工作，其依托丰厚的旅游资源[18]，在全国范围内推进旅游小镇的开发，对民族文化传承、历史遗迹保护、生态环境维护、特色经济扶持、多样化开发都有重要意义[19—21]。旅游小镇不是一个行政意义上的城镇，而是一个在空间上相对独立发展的，以旅游产业为主导的地域综合体，既可以是建制镇或集镇，也可以是依托其建立起来的具有观赏价值和文化内涵，能够提供吃、住、行、游、购、娱等配套服务的规模性旅游地产项目或历史文化村镇[18]。旅游小镇的发展既是一个旅游产业发展的生命周期过程，又是旅游引导的乡村地域城镇化的过程[18]，主要包括旅游资源产业开发、城镇空间结构完善、城镇用地扩张、人口异地化及三产化、基础设施完善[18]。旅游资源开发是从景观化到商业化再到适度保护和控制的过程，通过开发核心产品实现旅游产业的集群发展，其用地景观经历了自然保护为主向旅游开发为主再到适度开发的过程，可以看到，对旅游小镇的规划设计不是简单做参与规划，而是从宏观尺度做整合性的设计，从单一的旅社化变成区域风格化[18]。

2015 年，湖南省旅游局、受本研究团队文化景观基因理论的影响，湖南省文产办启动了"湖湘风情文化旅游小镇"创建工作[18]。其基本概念是指独具浓厚湖湘文化特色和地域风情，拥有较强旅游吸引力和接待能力的文化旅游地域综合体[18]。既可以是建制镇、集镇或相对独立的部分区块，也可以是具有独特文化内涵和旅游价值，能提供吃、住、行、游、购、娱配套服务的规模性旅游地产、度假村、主题文化园区、历史文化村镇或街区[18]。其建设目标是通过充分挖掘文化内涵、科学确立风情特色，合理开发旅游资源，完善旅游服务设施，打造满足游客 1—2 日游需求的旅游产品，建设成一镇一主题"一镇一基因"的"宜居、宜游、宜业、宜文"的风情文化旅游小镇[18]。于是湖南省 2015 年公布了安化县黄沙坪镇（黑茶小镇）、醴陵市陶瓷艺术城（陶瓷小镇）和通道县皇都侗文化村（侗歌小镇）等 12 个首批湖湘风情文化旅游小镇[18]；2016 年公布了湘江古镇群、苗侗小镇和青铜小镇等 16 个湖湘风情文化旅游小镇[22]；2017 年公布了 18 个湖湘风情文化旅游小镇[23]；2018 年公布了 16 个湖湘风情文化旅游小镇[23]；2019 年公布了通道县坪坦乡（皇都侗歌文旅小镇）包括在内的首批十大特色文旅小镇[24]；2020 年又公布了第二批十大特色文旅小镇[25]。几年来，依据每个传统村镇文化景观基因的个性化定位，共创建近百个旅游小镇，增强了传统村镇的地方发展特色定位，促进了当地的经济、社会和文化发展。

可见，湖湘风情文化旅游小镇的创建凝炼了当地核心的文化景观基因，依据实际情况对地方主体采取特色定位，有效推动文化资源通过旅游产品实现产业化，探索文化旅游深度融合发展的路子，促进新型城镇化和美丽乡村建设，丰富文化旅游休闲产品，加快湖南文化强省与旅游强省的建设[18]。这样的地方化实践有效增强了村镇发展的实操性，为新型城镇化的建设提供了一种新的解决蓝图。

二、现代村镇建设的风貌设计

在 1978 年改革开放政策颁布后，我国经济迈向了快车道发展的历程，村镇的住房建设也经历两次转化，20 世纪 80 年代的红砖化替换和当前的混凝土化替换。建筑风貌千村（镇）一面的背后是面对全球化和标准化的同时地方文化自觉不够。利用历史文化村镇数字化数据库，从区域和地方两个层面找到所在村镇的地方特色的建筑"文化基因"，设计符合现代村镇个性的建筑风貌[23]。

为了解决村镇地方特色资源挖掘不充分的问题，近几年，本研究团队先后对山西碛口古镇、衡阳市萱洲镇、常宁市庙前镇中田村、桑植县洪家关乡、溆浦县坪溪村等地进行了总体发展规划编制[23]，对这几个小镇的民居特色、地方认同、建筑风貌、产业发展作了详细的探讨，以期通过规划在村镇建设中的示范作用，引导和带动特色旅游小镇的建设与发展[23]。以下主要概述桑植县洪家关乡的村镇建设风貌设计：

（一）桑植县洪家关乡村镇建设风貌设计

1. 地方文化基因的概念

文化能够将一个民族活动蕴含的思维方式和行为方式表达出来，传递着国家自我认同的历史证据[23]。民族的连续性和民族发展的基础会保留在物质和非物质形式上，从国家和民族的制度主流文化和含有风土人情特色的地方文化可以体现[23]。基因是指染色体作为遗传信息的载体或遗传单元，通过复制将遗传信息代代相传，让后代表现出与父母相同的性状[26]。地方文化能够反映区域内的群体在社会不同发展时期中形成的有地方特色的成果，在一定程度上涵盖了当时的经济、社会发展、精神价值、文化习俗、宗教信仰、伦理结构、情感认同、生活方式、行为准则等方面[27]。受生物学基因遗传特性的启发，社科领域开始将基因引入文化传承的探索中来，认为文化基因是用于研究文化系统的一种新的思维模式[28]，它蕴含的结构形态和思维模式能对民族文化和民族历史产生核心影响。在文化传递过程中，文化基因与生物学意义上的基因有着相似的作用，它能作为一个基本的遗传单位，传达某一种文化最为核心的特质，在其传播扩散的过程中，对文化基因的模仿异常重要。放置在不同的村镇环境来看，会出现代表各地不同特色的地方文化基因，它是地域文化遗产景观的基本遗传单位，有符合人地观的地理风水文化遗产和有地方特色的聚落文化遗产[29]。因此，地方文化基因可以理解为一个地区人类历史的根源，是一个地方区别于其他地方的独特因子[23]。

2. 地方文化基因的识别

关于地方文化基因的识别，国外学者从建筑学、形态学、规划学等方面提出了自己的见解。鲁道夫斯基从聚落形态、土地利用类型上找寻乡土建筑的建造智慧，阿莫斯·拉普卜特从建造方式归纳不同类型的地方基因，昆西从平面和立面的角度找建筑的类型基因[23]，阿尔多罗西从人类心理共鸣中提炼建筑的原型基因[30]，康泽恩从城市市镇形态找寻形态基因，理查德·道金斯和他的学生苏珊·布莱克摩尔从文化传承的基本单元中寻找"Meme"基因（即文化基因）[23]。针对国外的研究，国内学者有效结合了中国传统文化的根源寻找文化基因，何镜堂从传统中发掘有益处的"基因"，杨大禹从文化建筑中寻找有特色的符号、色彩、材料和结构，刘沛林从原始图腾、民间傩戏、风水环境中识别隐含的文化基因，申秀英从村镇中突出的元素、图案、和结构中提取文化基因[31]。

3. 地方文化基因与村镇建设风貌设计的关系

提炼历史街区的地方文化基因，我们可以了解原街区的建筑思路，并获得旧城区的保护理念，来指导更新规划设计的实践。例如，在文创产品的设计过程中，可以提取半坡彩陶的图案、颜色和形状，也就是提取文化景观基因的特质，以用来构建基因库辅助设计[32]；提取现在的陕西皮影戏的时空要素，从文化基因库找到原有模型，分析产生异变的特质，从而改善地方文化基因的设计内容；或者是在华侨大学新校区主校门这类现实设计中，找到有代表性的地方建筑文化进行辅助设计[32]。

（二）桑植县洪家关乡地方文化基因的提取

1. 地方自然环境基因

桑植县位于湖南省西北部，武陵山脉北麓，鄂西山南端。其构造结构属于新华夏构造体系，地势北高南低，属中亚内陆季风气候，年平均气温 17℃[23]，拥有八大公山原始森林国家级自然保护区，森林覆盖率达 70%以上。它是中国九大生态健康区之一，世界重要生态区前两百强、中国"17 个具有全球意义的生物多样性重点地区之一"。可以看出，良好的生态环境和青山绿水是桑植县永恒的自然背景基因[23]。

2. 地方历史传统基因

桑植县一直以来都流传有工艺美术的传统，织锦、剪纸、蜡染、绘画等艺术行为一直吸引众多游客前来旅游观光，其中有桑植特色的民歌、仗鼓舞都被选入了国家级非物质文化遗产[23]。在中国共产党发展的历程中，桑植县也留下了浓墨重彩的一笔，是红军创建湘鄂边、湘鄂西、湘鄂川黔革命根据地的重要组成部分，是红二方面军的长征出发地，更是贺龙、韦绍坤、廖汉生等革命先辈的故乡。于是桑植人敢闯敢拼、轻歌妙舞、不怕艰险的民族精神深深烙印在了这片土地上，岁月洪流沉淀下众多优秀的历史文化基因[23]。

3. 地方民族文化基因

桑植县有 28 个民族，其中土家族、白族和苗族占总人口的 92.6%，是中国第二大白族聚居区。桑植白族的语言融合了相当多的汉语和土家语元素，房屋建筑相较于云南大理白族建筑更简单些。在桑植县，土家族、白族、苗族和汉族长期秉持着和睦相处、相互包容、勤劳朴素的理念，这是数千年民族文化积淀下来的文化基因[23]。

（三）基于地方文化基因的洪家关村镇建设风貌设计

1. 总体设计思路

从以上对桑植县地方文化基因的识别可以看出，绿色的生态环境、红色的革命历史、和谐的民族精神和多彩的风情习俗是这片土地永恒的地方基因[23]。那么桑植县洪家关村的村镇风貌建设，必须要以地方文化基因为基底，宏观上遵循湖南省国土空间规划中的主体功能区定位，严格按照限制开发区和禁止开发区的限定范围进行规划。同时为了村镇产业的可持续发展，第一产业和第三产业的发展要纳入统筹考虑的范围。农业是一个民族发展的基础产业，在绿色生态的号召下第一产业应以发展休闲农业为主，这样能够延伸传统农业的经济附加值，吸引更多的游客前来娱乐休闲。第三产业一般指代的是服务业，结合桑植县的实际情况来看，当地可以充分利用自然环境和人文风情开发旅游业[23]。自然环境方面，响应新型城镇化和美丽乡村建设的要求，所以可以把绿水青山中蕴含的绿色基因设计为地方风格的底色。人文风情方面，该地的红色革命历史可以打造爱国主义教育和革命传统教育宣传阵地，用红色景观基因突出当地的品牌竞争优势[23]。因此，桑植县发展第三产业的切入点应该把旅游业作为核心对象。但是在发展过程中要引起注意的是，自然环境绿色风貌的保持非常重要，要坚信"绿水青山就是金山银山"，红色旅游的发展有很强的季节性和周期性，在特定的时间节点要做好充分的对策[23]。由于桑植白族是我国第二大白族聚居区，他们的日常生活与周边的民族交往甚是频繁，导致桑植白族与大理白族的民族文化特质有些许差异，而与湘西土家族、苗族等其他民族的文化有些相融，形成了独具特色的白族文化[33]，如桑植白族风情、桑植民歌等[34]。因此，除了从外界因素挖掘桑植县洪家关村的基因外，还可以从内力因素，即人的角度挖掘地方文化基因，例如以白族为主的民族风情就能够有效代表桑植县打造旅游发展的核心吸引物。

综上所述，桑植县洪家关村的总体风貌可以结合其绿色优质的生态环境、革命历史传统的红色基因和白族文化特质进行设计，把"红、白、绿"三种颜色定义为主题色，建筑总体风格以白族民居风格为主，同时搭配汉族、土家族、苗族等民居元素[23]。

2. 新建项目设计思路

游客中心风貌设计。在现有游客中心选址的基础上，建设具有民俗特色的游客中心，体现红色革命文化与桑植白族风情的融合[23]。根据大理白族对于建筑格局是设计理念，遵循"三坊一照壁"的要求，并把民居安置在坐北朝南的方位。"三坊"指的是把三栋建筑放置在北、西、东三个方向，"照壁"就依据三滴水的形式放置在南部[23]，"三坊"之间要设置一条 5 米宽的过道，这样就形成了一个半封闭式院落，照壁上可以设置一些关于洪家关村、白族文化和当地名人的介绍性文字[23]。有两个方案供选择：

方案一："三坊"作为主体建筑，每栋修两层，然后在"三坊"两侧分别修一栋辅助建筑，层数为一层，屋顶的风格统一修为硬山顶的式样，建筑主体的支柱用土红色柱子作为支撑，全部放置在前置走廊，然后东西两侧的檐顶门用一些装饰物进行装潢，建筑整体的外墙、内墙、屋顶、檐顶等都根据白族传统民居建筑的风格进行装饰[23]，整个建筑空间的布局形态则可以借鉴汉族、土家族建筑布局，在地面用大理石进行铺设[23]。

方案二："三坊"建筑的层数都设置为两层，中心的主体建筑都要比周围的辅助建筑层数高，屋顶的风格依旧按照硬山顶的式样来进行设计，并在两侧加上龙纹形状的封火墙，同样东西两侧的辅助建筑也设置为硬山顶屋顶[23]，主体建筑和辅助建筑之间用一层连廊连接，在东西两侧的檐顶门放置两层装饰物，门框和窗框在颜色上使用土红色，建筑整体的外墙、内墙、屋顶、檐顶等都根据白族传统民居建筑的风格进行装饰，其余部分可综合汉族、土家族等民族建筑的风格[23]。

玉泉河廊桥风貌设计。玉泉河廊桥的选址可以考虑安置在贺龙中学北侧的开阔地，也就是贺龙生态公园环路往左的拐弯处[23]。选择在这一处的原因有：从自然防洪的视角考虑[23]，玉泉河的河道和两侧河岸都增加了石块起到加固作用，河流抵抗洪水期大流量的能力得到了提高，洪水对贺龙桥和居民日常生活的影响都会减小，以往特大洪灾时出现的巨大损毁将一去不复返[23]；从游客观光旅游的视角考虑，他们进入贺龙生态公园后，就可以远远地观望到廊桥通向河流对岸开阔地，景区的观赏性和游玩性得到很大的提升。

玉泉河廊桥的风格建议采用单拱横跨河道，架高高于最大洪水位，桥面微拱。把白族的装饰风格定位为廊桥风格的主基调[23]，材料上选择麻石作为装饰石材，桥的护栏上可以雕刻一些富有祥瑞之意的民族图腾。桥身上可以加盖一个桥顶，檐角做成飞翘的形状，样式为卷棚顶。河流对岸布置可供行人散步的游步道，按一定间隔设置小走廊和台阶，台阶下设亲水平台[23]。

3. 改建项目设计思路

红军桥改建风貌设计。公路入口处的跨海大桥可以结合红军真实革命事迹改名为"红军桥"。桑植县原是红二方面长征军的起点，在革命斗争中桑植有5万多人加入了游击队和地方红色政权组织[35]，其中5000多人为革命献出了自己的生命。根据白族筑桥文化的特色，可将红军桥的桥面改造成微拱形的状态，路面铺上麻石，桥身外侧栏杆的颜色赋以土黄色，桥身内侧栏杆的颜色赋以土红色，与国旗颜色相呼应。在桥头入口的左侧放置一块大石头，书"红军桥"三字，右侧放置一块石牌介绍红军桥的历史渊源[23]。

民居建筑风貌改造设计。美丽村镇建设的建设不应营造出一种千村一面、千镇一面的格局，每个地方都有专属于自己独一无二的文化景观基因，能代表这个地方的唯一性、真实性和原生性[36]。桑植县位于湖南省张家界市，常住人口有37万，拥有28个民族，其中土家族、白族、苗族为主的少数民族占总人口的92.6%，桑植白族还是我国第二大白族聚居区[35]。桑植白族大概从宋末元初时期迁入，迄今为止大概有700年历史，桑植白族与大理白族的文化略有不同，原因是在很大程度上受到了周边土家族、苗族文化的影响，从而在漫漫的历史长河中形成了专属桑植的白族文化特色[35]。桑植县有 7 个白族乡，洪家关就是其中一个，当地白族人口的数量超过总人口的 70%，其中贺姓家族在洪家关占有重要地位，他们当中的大多数人都有白族血统或与白族通婚[23]。因此，桑植县洪家关村建筑风貌主要以传统民居的形式呈现，民居风格多参考白族建筑的文化特征，部分地方融合土家族、苗族的民族风格特色（图 12-2）。

式样一：民居层数为三层并夹带阳台。民居的屋顶设为悬山顶（中间压覆山字形瓦片），墙体颜色铺满白色，两侧的墙边用蓝色描绘边框，民居的一层和三层的檐口加上一些彩绘图案，门和窗用"回"字形的款式并辅以木纹格装饰，并把框的颜色设置为褐色，玻璃的颜色设置为蓝色，栏杆的颜色设置为褐色并竖形排列，民居一层的檐口加垂莲柱装饰[23]（图 12-2（a））。

式样二：民居层数为两层并有附楼。民居的屋顶设为悬山顶，墙体为白色，两侧的墙边用蓝色描绘边框，民居的一层和二层的檐口加上一些彩绘图案，门和窗用密"回"字形的款式，并把框的颜色设置为褐色，玻璃的颜色设置为蓝色，栏杆和空调箱的颜色设置为褐色并竖形排列，民居一层的檐口加屋檐，两侧加上封火墙进行装饰[23]（图 12-2（b））。

式样三：民居层数为三层，底层为门面。民居的屋顶设为悬山顶，墙体颜色铺满白色，两侧的墙边用蓝色描绘边框，民居的一层和三层的檐口加上一些彩绘图案，门和窗用大"回"字形的款式，并把框的颜色设置为褐色，玻璃的颜色设置为蓝色，民居一层的正面檐口加屋檐，两端加上灯箱进行装饰[23]（图 12-2（c））。

式样四：民居层数为四层，底层为门面。民居的屋顶设为悬山顶，墙体颜色铺满白色，两侧的墙边用蓝色描绘边框，民居的一层的檐口加上一些彩绘图案，门和窗用大"回"字形的款式，并把框的颜色设置为褐色，玻璃的颜色设置为蓝色，民居一层的檐口加屋檐[23]（图 12-2（d））。

图 12-2　基于地方文化基因的民居建筑改建风貌设计方案

4. 特色旅游小镇打造

结合湖南省正在实施的"湖湘风情文化旅游小镇"项目，积极打造以白族为主、结合土家族、苗族风情的，集住宿、餐饮、旅游为一体的特色风情小镇[23]。其中必须有一条 200 米以上的特色街，靠近河流，入口处建有拱门并有牌楼坐落，两侧有白族院落式民居（供游客使用）和商业建筑（出售当地特色）[23]；临河的一侧可以布局土家族吊脚楼传递民族特色，或者是打造桑植民歌体验一条街，让游客利用现代科技设备点播和与少数民族群众对唱桑植民歌；沿河的一侧可以设置多个亲水平台，能够满足不同类型游客观鱼、喂鱼、抓鱼的需求，也能有足够多的平台让游客进行体验活动[23]；风情街内的民族文化基因设置可以在不同的地方放置有地方特色建筑的故事，如用小品形式展现红军当年的英勇事迹；风情街的尽头还需要建一个风情广场，方便日后大型活动的开幕，还能让游客参与民歌对唱、表演杖鼓舞等。风情街的开发并不完全靠政府投资，可以适当引入市场资本入驻，经营者的经营方式也可以进行灵活多样化的处理，但是在政策上要注意优先满足当地民众进行创业和就业[23]。

截至目前，村镇建筑风格设计还没有形成一套完整、成熟的系统理论，其设计大多还是借鉴或是照搬城市设计，在一定程度上导致了许多村镇建筑风格设计中存在千镇一面、村镇气息不足、水土不服等现象[23]，主要原因是对地方文化基因的特质把握不够准确、挖掘不够深入。其实可以从挖掘村镇的地方文化基因入手，首先提取村镇的地方文化基因，再按总体设计理念融入景观基因特色，最后探讨村镇建设的风格的有效实施性[23]。这一理论在桑植县洪家关村镇规划中得到了较为充分的运用。

三、现代村镇建设规划辅助设计

将历史文化村镇数字化综合数据库的村镇位置、空间分布、民族民系、地形地貌、地域文化等内容和历史文化村镇地方特色"文化基因"数据库进行关联，在历史文化村镇数字化云平台上开发设计一个现代村镇规划设计辅助系统，即进行传统村镇景观基因数字化采集，用数字化工具将识别出来的景观基因进行数字采集，将现实景观要素转换成为数字要素，以便于保存、处理、展示与传播。

（一）传统村镇景观基因数字化采集

1. 物质类景观基因数字化采集

传统村镇物质类景观基因是指具有物质实体的景观基因，包括自然实体景观与人造实体景观两部分，具有静态性的特征。对于传统村镇而言，其中最为主要的景观基因为传统建筑。在数字化采集的过程主要应用无人机、三维激光扫描仪等工具，结合倾斜摄影技术、近景摄影测量技术、三维激光扫描技术等对物质类景观基因的整体特征与细部特征进行等进行数字提取，形成数据集、影像集、图样集。如传统建筑可采集其形态特征、空间布局、建筑格局、细部雕刻、纹理样式等信息。

2. 非物质类景观基因数字化采集

传统村镇非物质类景观基因是指传统故事、名人事迹、家谱族谱、内涵寓意等文化要素，具有静态性特征。在数字化采集的过程中主要利用摄像摄影、扫描、录音、文档录入的方式对此类景观基因进行记录。为了保证数字采集的真实性和完整性，除采集现有资料外，可邀请此传统村镇的传承人对传统故事、名人事迹以及历史图腾等景观背后的文化内涵进行详细口述，并进行数字化建档。

3. 时空类景观基因数字化采集

传统村镇时空类景观基因是指涉及特定空间要素，并具备时间连续性的景观基因，可简述为过程类景观基因，具有动态性特征。主要包括传统工艺、传统习俗、传统演艺等文化要素。时空类景观基因数字化采集工作应是一种从头到尾的完整记录，不仅包括环境特征、物质载体、制作/演绎过程，还包括其蕴含的文化意义。采用摄影摄像方式对整个过程以及环境特征进行数字化记录。对于舞蹈等较为复杂的演艺形式还可以对其场景进行还原再现，利用动作捕捉技术将真人动作进行动态捕捉，形成数字运动轨迹。

（二）传统村镇景观基因数字化处理

针对于物质类景观基因的数字化处理，可以采用 3D 建模等技术将物质类景观基因虚拟构建出来，形成与原有景观比例一致、形态一致、颜色一致的三维场景模型，使传播对象更加具象、立体，其中高分辨率的模型也可以用于传统村镇后期的保护与利用。针对于非物质类景观基因和时空类景观基因，在完成数字化采集的基础上，利用场景搭建、真实感角色生成等技术，将以文字、图像记录的传说故事、名人事迹虚拟重建出来，包括场景虚拟重建、人物虚拟重建、服饰虚拟重建和动作过程虚拟重建，再现其历史面貌。

利用动作捕捉技术提炼时空类景观基因过程展示中的关键动作，利用 3D 建模技术、动作绑定技术、三维动画技术将其场景及过程虚拟再现。最终再进行数字化的展示，向传播受众进行有效呈现，达到良好的传播效果。

（三）传统村镇景观基因数字化体验

传统村镇景观基因数字化体验分为传播受众的体验过程与体验结果两部分。传播受众通过视、听、触、嗅、感来对构建的数字化传播方式进行体验，并在体验过程中形成该传统村镇的心理图像。对传播受众而言，不同数字化展示方式体验过程不同，侧重展示的景观基因也不同，因此体验过程中产生的结果也会有所不同。传播受众在体验过程中，可以根据设立的民居建筑景观基因数据专区和宗族文化景观基因数据专区，进行系统查看了解传统村镇的景观基因特征。也根据可以根据分类，利用图像检索等技术进行数据库资料查找，选择自己感兴趣的内容进行深入查看。

通过以上步骤过程，能有效利用规划对象村镇所在地的自然和人文条件，得到符合规划村镇的整体格局、街巷形态、建筑风格和环境标志等景观基因内容，然后进行三维虚拟展示，辅助传统村镇进行规划设计。

第三节 历史文化村镇数字化内容在传统村镇监测预警中的应用

一、传统村镇保护发展度评价指标体系

传统村镇保护的监测内容，除了监测传统村镇的选址、用地、规模、环境等本体内容外，更关键的是监测其村镇地方特色"文化基因"要素的发展变化。伴随着传统村镇的发展和人们对传统村镇保护认识的不断深入，传统村镇保护的内涵也不断丰富，传统村镇保护主要包括保护传统村镇的遗迹文物、传统建筑等物质文化遗产和农业生产、民俗文化等非物质文化遗产两大方面。其实质是保护蕴含在这两类遗产中的哲学思想、生活智慧和优秀传统文化，传统村镇保护是一个长期的过程，其最终目标是延续文化、传承价值[37]。传统村镇的保护方式经历了被动性保护、破坏性保护和主动性

保护三个阶段，其保护途径可分为适应性活态保护、功能性转换保护和遗迹性文物保护三种类型[37]。传统村镇是一个物质与非物质的综合体，其保护涉及传统村镇发展的全过程，保护状况即"保护度"是对传统村镇保护程度的评判[37]，传统村镇保护度是对传统村镇物质遗产的保存程度和非物质遗产的文化传承水平的综合判断。包含两个相互依存的方面，一是民居、祠堂、道路等物质遗产的真实性、完整性、延续性的保存，二是农业生产、民俗文化等非物质文化遗产的原真性、活态性、继承性的发展[37]。因此，依据历史文化村镇数字化保护的地方特色"文化基因"数据库，从原真度、活态度、完整度、传承度四个维度，主体建筑、布局形态、生活环境和民俗文化四个方面，构建传统村镇保护的监测评价指标体系。

（一）指标体系构建原则

选取的传统村镇保护度的评价指标必须能够起到直接或间接反映效果，同时还要考虑指标本身的合理性和有效性，总体来说，指标的选取要遵循系统性、可行性、可比性和综合性等几大原则[37]：

系统性原则。按照系统论的观点，指标要能全面反映系统的总体特征，符合传统村镇保护度涉及的各个方面内涵，经济、社会、文化、生态等主要构成要素都在指标体系中得到反映[37]。

可行性原则。选取的指标应该考虑数据获得的难易程度及指标量化的可操作性，传统村镇保护度评价指标体系的关键内容就是将各种指标集成为简单明了的综合指标[37]。

可比性原则。选取的指标其内涵在传统村镇之间具有普遍适用性，以方便进行传统村镇的对比研究[37]。

综合性原则。选取的指标要尽可能量化，做到定量评价，有些指标无法做到量化，也可以考虑采用主观评价指标，因此，指标体系构建采取定性与定量结合，全面和科学的反映传统村镇的保护度[37]。

（二）指标体系的建立

从传统村镇保护度的概念可知，传统村镇保护度涉及原真度、活态度、完整度、传承度四个方面。在遵循评价指标体系的完备性、可行性、可比性和定量定性结合原则的基础上，对评价因子内涵进行系统分析基础上，设计了目标、准则、指标三个层次的评价指标体系[37]（表 12-1）。

表 12-1 传统村镇保护度评价指标体系

目标 A	准则 B	指标 C	指标 D	属性
传统村镇保护度	原真度	建筑原真度（民居、公建、道路）	材料原真度	逆向
			风格原真度	逆向
			结构原真度	逆向
		民俗原真度	载体原真度	正向
			活动原真度	正向
			内容原真度	正向
	完整度	布局完整度	建筑格局完整度	正向
			院落格局完整度	正向
			环境格局完整度	正向
		形态完整度	街巷形态完整度	正向
			水系形态完整度	正向
			风貌形态完整度	正向
	活态度	生活活态度	居住活态度	正向
			饮食活态度	正向
			邻里活态度	正向
		生产活态度	农业活态度	正向
			服务业活态度	正向
			手艺活态度	正向
	传承度	价值传承度	工艺价值传承度	正向
			历史价值传承度	正向
			遗产价值传承度	正向
		文化传承度	科学文化传承度	正向
			民俗文化传承度	正向
			生态文化传承度	正向

（三）指标释义

由于收集到的各类数据存在量纲不统一的情况，为了进行量化评价，需要消除其数据的量纲影响，为了简便易行，本研究采用直线型无量纲化方法[37]，将各评价指标值量化为[0,1]之间。评价指标主要采用正向指标和逆向指标两种形式，24 个指标中 21 个是正向指标，而建筑材料原真度、建筑风格原真度、建筑结构原真度等 3 个指标则采用逆向的方法进行计算[37]（表 12-1）。

建筑原真度。根据非传统村镇建筑材料（红砖、铝合金、水泥）、非本传统村镇建筑风格（他地风格、现代风格、西方风格）、非传统村镇建筑结构（现代结构、西方建筑结构）[37]运用的面积比例进行反向赋分的方法进行计算，即非传统建筑材料、非本传统村镇建筑风格、非传统村镇建筑结构的比例越高得分值越低[37]。

民俗原真度。民俗内容原真度按照是否有民俗活动进行计算，有民俗活动得分值为 30 分，每增加 1 项加 5 分，另外对民俗活动列入非物质文化遗产加分（国家级每项 15 分、省级 10 分、市级及以下 5 分）[37]；民俗活动原真度按照民俗活动传承活动频次分段计算，每年都有活动的民俗占总民俗总量的比例为得分值；民俗载体原真度按照民俗活动传承队伍和传承场地稳定程度进行计算，有传承人和传承场地得分值为 50 分，有固定传承场地得分值为 70 分，另外对传承人进行加分（省级每人 20 分、市级每人 10 分）[37]。

布局完整。建筑格局完整度按照当地建筑比例进行计算，比例值乘以 100 为得分值；院落格局完整度按照完整院落比例进行计算，比例值乘以 100 为得分值；环境格局完整度按照原来环境格局（如背山面田临水靠路）面积比例进行计算，比例值乘以 100 为得分值[37]。

形态完整。街巷形态完整度，按照原来街巷高宽比和材质的长度占总街巷长度比例进行计算，比例值乘以 100 为得分值；水系形态完整度按照原来饮水和排水水系的长度占水系总长度比例进行计算，比例值乘以 100 为得分值；风貌形态完整度按照原来风貌（如青砖黛瓦石板街绕祠堂）的面积比例进行计算，比例值乘以 100 为得分值[37]。

生活活态度。居住活态度按照常年居住在村镇的人口（在外务工居民回家居住、租赁居住或商业租住等按居住时间进行比例折算）占总人口的比例进行计算，比例值乘以 100 为得分值；饮食活态度按照传统饮食的数量占总饮食的数量比例进行计算，比例值乘以 100 为得分值；邻里活态度按照在外务工居民参与村镇红白喜事人数比进行计算，比例值乘以 100 为得分值[37]。

生产活态度。农业活态度按照传统农业生产方式的面积占总农业生产面积的比例进行计算，比例值乘以 100 为得分值；服务业活态度按照商业、旅游等服务业收入占总收入的比例进行计算，比例值乘以 100 为得分值；手艺活态度按照传统手工艺品生产的数量比例进行计算，比例值乘以 100 为得分值[37]。

价值传承度。工艺价值传承度按照本村的未成年人中知道本村建筑装饰的技艺、寓意等知识的人口数量比例进行计算，比例值乘以 100 为得分值；历史价值传承度按照本村的未成年人中知道本村的建筑年代、风格等知识的人口数量比例进行计算，比例值乘以 100 为得分值；遗产价值传承度按照来本村旅游的游客中知道本村建筑风格及装饰技艺、寓意的人口数量比例，比例值乘以 100 为得分值[37]。

文化传承度。科学文化传承度按照本村的未成年人中知道本村的建筑年代、风格等知识的人口数量比例进行计算，比例值乘以 100 为得分值；民俗文化传承度按照本村的未成年人中会本村民俗的人口数量比例进行计算，比例值乘以 100 为得分值。生态文化传承度按照本村的未成年人中知道本村传统农业生产的生态知识的人口数量比例进行计算，比例值乘以 100 为得分值[37]。

根据上述指标体系构建准则，设计了传统村镇保护度的计算函数，将传统村镇保护状态分为严格保护、良好保护、较好保护、轻度保护和较差保护五个发展阶段[37]。其中传统村镇较差保护是指传统村镇完整性保护较差，活态性较差，传承度较低；传统村镇一般保护是指传统村镇完整性保护一般，活态性较差，传承度较低；较好保护是指传统村镇完整性保护较好，活态性有所提高，传承度一般[37]；良好保护是指传统村镇完整性保护良好，活态性一般，传承度较高；严格保护是传统村镇完整性保护良好，活态性良好，传承度较高，原真性较高。可以看到，传统村镇保护评价关注传统村镇的保护、利用和发展的过程与效果，是解析传统村镇文化延续及价值传承的重要视角，也是以可持续发展为目标解释乡村城镇化的经典理论视角的重要补充[37]。

二、传统村镇保护发展度数字化动态评估

传统村镇是区域人类生产生活过程中形成的具有地方特色的历史遗存，是历史时期人们赖以生存的生产生活空间，是中华文明薪火相传的重要组成部分[38]。所谓传统村镇保护发展度数字化动态评估就是充分利用现代信息技术、遥感技术和虚拟技术，获得其物理和化学特征的基本数据，并进行数字化评价之后得到分析结果[38]，以此来进行后续重建、展示和保存的动态过程。在信息时代背景下，在文化与经济发展全球化语境下，如何利用现代科技手段实现传统村镇的数字化保护与传播，使其"文化基因"得以有效传承[38]，并发掘传统村镇的文化价值、经济价值和社会价值，实现传统村镇的可持续利用，这既是重要的社会问题，也是亟待探索的科学问题[38]。较之传统的保护理论和方法，数字化保护具有明显的优势：首先，数字化保护的时效性长，能永久性的保护特定阶段传统村镇的原始数据[38]。其次，数字化保护的整体性强，能全面的、详细地记录传统村镇的空间、环境与人文等数据信息；再次，数字化保护的功能性多，具备了数字化存储、信息化传播、网络化展示和虚拟化旅游等多项功能[38]；最后，数字化保护的管理优势明显，可对传统村镇实行数字化管理，构建智慧村镇网络系统，实现传统村镇数字化保护的多元价值综合利用，极大地提升了管理效率[38]。

因此，数字化保护是传统村镇遗产永续传承的不二选择[38]。通过传统村镇数字化云平台、遥感卫星、无人飞机获取张谷英村保护数据，利用统计年

报、数字摄像、实地调查、抽样检测获取张谷英村保护的实时数据，对张谷英村保护发展度进行实时评估。张谷英村位于湖南省岳阳县渭洞以东的笔架山下，沿龙形山和渭溪河之间的河谷[39]，从东南向西北方向延伸，长度接近1千米。张谷英村主要由当大门、王家塅和上新屋三大建筑群组成，现有房屋 1732 间，门头 12 个，巷道 62 条，天井 206 个，石桥 58 座，厅堂 237个，总建筑面积达 5 万平方米，被誉为"明清湘楚民居的活化石"[39]。张谷英村也因其厚重的历史文化、完整的建筑风貌和和谐的人居空间，成为了湘北地区著名的旅游景点之一。在政府引导和市场运作的推动下，张谷英村旅游资源得到了有效的开发与利用，旅游品质显著提升，吸引了大量的游客，但也使得传统村镇空间和功能系统出现了很多的变化[40]。张谷英村的发展与变化在某种程度上体现了中国传统村镇发展的一般规律，是中国传统村镇保护和可持续发展的一个缩影，因此，选择张谷英村作为案例村，对于探索数字化保护发展中的传统村镇具有一定的代表性和典型性[40]。然后根据前述的传统村镇保护监测评价指标体系，对张谷英村进行保护发展度数字化动态评估。

总体特征上看，张谷英村保护度综合得分值为 79.2，说明传统村镇的保护水平总体处于较好保护，这与实际情况比较吻合[37]。因为张谷英村交通条件相对落后，受工业化和城镇化影响较小。从四项准则层来看，张谷英村的原真度（44.27）和完整度（19.76）的得分值较高，说明张谷英村都比较重视村镇原真度保护，而活态度（7.01）和传承度（7.46）偏低，说明所有传统村镇对活态性保护意识欠缺，有待加强[37]。这是因为张谷英村居民外出务工现象突出，青年人多愿意落户城镇，因此，反而建设性破坏较少，原真度和整体度较高。由于青年人长期在城镇务工，对传统民俗技艺的学习和参与越来越少，因此活态性较弱[37]。从 24 项指标来看，张谷英村指标值平均得分超过 10 分的有建筑风格原真度（15.5）和建筑材料原真度（10.1），说明张谷英村在村镇保护中比较重视建筑风格和材料的保护[37]。而指标得分值低于 1.0 分的是邻里活态度（0.91）、手艺活态度（0.65）、农业活态度（0.85）、工艺价值传承度（0.8）等 3 项[37]，说明张谷英村保护中对邻里生活、农业生产等活态性保护和工艺价值等的传承还比较欠缺（表 12-2）。整体上看，中国农村土地的集体所有制和农田承包制，造就了农村土地经营的低效性[37]，张谷英村也不例外，因此农业活态度低。同时受工业化规模生产的低成本冲击，导致大量技艺型的手工生产少人坚守，因此工艺价值传承度低[37]。

表 12-2　张谷英村保护度评价结果

目标	传统村落保护度																								
准则	原真度						完整度						活态度						传承度						
	建筑原真度			民俗原真度			布局完整度		形态完整度				生活活态度			生产活态度			价值传承度		文化传承度				
指标	材料	风格	结构	载体	活动	内容	建筑	院落	环境	街巷	水系	风貌	居住	饮食	邻里	农业	服务	手艺	工艺	科学	遗产	科学	民俗	生态	总值
张谷英村	10.1	15.5	5.04	6.72	2.41	4.5	2.67	5.61	5.61	2.38	1.24	2.25	1.25	1.88	0.91	0.85	1.47	0.65	0.8	1.16	1.14	1.84	1.92	1.4	79.2

可以看到，根据传统村镇数字化等平台获取的实时数据，可以有效了解传统村镇的动态保护程度，对历史文化村镇进行系统全面的原真性记录，建立数据资源库，实现数据资源的永久性保存[38]，为历史文化村镇活态传承、文化共享、永久保护提供了新思路，也为文化遗产数字化提供了可操作模式，更为不同文化背景的人们提供交流对话的沟通渠道[38]。

三、传统村镇保护发展状况公示和预警预报

传统村镇景观保护利用数字化监测预警系统能有效提升保护力度和效果，数字化监测预警是指基于对传统村镇的景观分类和特征识别，围绕着传统村镇空间格局、自然生态环境、民居建筑、民俗文化等景观中可能存在的破坏和流失等问题；将村镇景观解构为更易获取、可量化表达的监测对象，再利用卫星遥感、三维激光扫描、无人机传感器等数字化监测方式获取动态

数据、进行实时监测。在传统村镇保护监测实时评估的基础上，利用相关经济社会发展指标和科学预测方法，能够及时发现传统村镇景观及特征的变化趋势和程度并发出预警信号、及时掌握传统村镇整体风貌和空间形态的演变情况，实现传统村镇的数字化保护，是传统村镇景观数字化预警预报的目的。

传统村镇景观是监测预警的直接对象，故在进行监测预警之前，首先需确定传统村镇景观的分类原则，对传统村镇景观进行系统的划分，为传统村镇景观数字化监测预警提供可依据的基础分类标准。数字化监测的方式是监测的技术手段，故在对景观的监测中，需根据景观的特性和可获性、各类数字化监测方式的优势和不足，分别匹配数字化监测的方式，为传统村镇景观数字化监测提供可行的监测方式。数字化监测的对象和方法是监测指令输入的基础，故在对景观的监测中，需将监测对象和方法一一对照，为传统村镇景观的数字化监测提供可应用的方法。监测指数范围的变化是对警度量定的直接指示，不同预警信号的发出应对应不同的警情处理方式，具体应建立预警的一般方法和过程。

（一）传统村镇景观数字化监测对象分类和监测方法

1. 传统村镇景观数字化监测对象分类

传统村镇数字化监测的对象应划分详细，故对传统村镇景观的分类，应基于传统村镇景观数字化监测的适用性，借鉴已有景观分类方式，结合特征解构法，可将传统村镇景观分类为空间布局、民居景观、公共建筑景观、自然环境、文化特征五大类，并将五大类具体分类为外围形状、街巷形态、建筑格局等 16 项（表 12-3）。

2. 数字化监测的信息采集方式

目前适用于数字化监测的信息采集方式主要包括 SPOT5 卫星遥感监测、差分干涉雷达技术（D-InSAR）、地面三维激光扫描监测、无人机（UAV）低空摄影测量监测、多基线数字近景摄影测量监测等。考虑到传统村落中部分景观并不具有可直接观测和获取的物质形态，难以仅使用以上数字化技术手段进行监测获取数据，故需要监测观察者深入传统村落，进行循环周期

表 12-3　数字化监测的指标选取与方式匹配

监测景观	指标选取	监测方式
空间布局	外围形状	基于卫星遥感获取传统村落整体卫星图，能周期性获取村落整体格局的图示表达，监测传统村落景观"形"的变化
	建筑格局	基于卫星遥感能周期性获取传统村落建筑空间布局的图示表达，监测传统村落景观"形"内部特征的变化
	街巷形态	基于卫星遥感能周期性获取传统村落街巷交通布局的图示表达，监测传统村落景观"链"的变化
民居景观	建筑立面	基于多基线数字近景摄影测量获取民居景观特征"胞"所包含的建筑立面景观特征（建筑高度和层数），能周期性获取民居建筑立面的变化
	屋顶造型	基于无人机低空摄影获取民居景观"胞"所包含的屋顶景观特征，能周期性监测民居屋顶造型的变化
	山墙造型	基于多基线数字近景摄影测量获取民居景观"胞"所包含的山墙景观特征，周期性监测民居山墙造型的变化
	民居材质	基于多基线数字近景摄影测量获取民居景观"胞"所包含的民居材质特征，周期性监测民居材质的变化
	民居装饰	基于多基线数字近景摄影测量获取民居景观"胞"所包含的民居装饰特征，周期性监测民居装饰的变化
公共建筑特征	特色公共建筑	基于地面三维激光扫描获取宗祠、寺庙、鼓楼等主体性公共建筑的图示表达，监测传统村落景观"胞"的变化
	公共活动场所	基于无人机、低空摄影获取广场等主体性公共建筑的图示表达，监测传统村落景观"胞"的变化
自然环境	山体形态 河流形态 植被类别	基于差分干涉雷达、无人机能获取传统村落自然环境特征的图示表达，监测其变化
文化特征	原始图腾	基于多基线数字近景摄影测量能获取传统村落文化特征的图示表达，监测其变化
	礼仪习俗 当地信仰	基于大数据的计算机技术能监测传统村落文化特征变化

的观察和记录，并利用计算机技术平台将所获信息数字化并上传，再通过网络大数据获取其他相关信息，汇总所有信息并做数字化处理和整理、计算和分析。

　　SPOT5 卫星遥感监测。SPOT5 卫星技术具有分辨率高、倾斜观测能力强、重复观测周期短等特点，已被广泛应用于土地利用、环境与灾害、人口与资源等多领域。利用 SPOT5 卫星遥感技术可获取传统村落卫星遥感影像，GIS 数据加工平台可采集土地利用变更数据[41]。基于此方式，能获取传统村落空间形态数据、进行数字化监测。

　　差分干涉雷达（D-InSAR）监测。D-InSAR 能够获取高精度的 DEM 数据，探测地面极小高程的变化或移动，已经应用于地震灾害、地面位移、农作物生长、林业、海洋、地面沉降监测等领域[41]。基于此方式，能对传统村落地表极小的形变进行数字化监测。

　　地面三维激光扫描监测。激光测量可以不接触物体，在离地面一定距离，通过扫描对象获取对象表面上高精度、密集的 3D 点云，生成 3D 模型和数字正射图像，对建筑物的表面磨损、细微的形变进行监测，还能对文化遗产进行 3D 模型复原[42]。基于此方式，能对传统村落文化遗产几何形变进行数字化监测。

　　无人机（UAV）低空摄影测量监测。建筑遗产包括多座建筑、监测内容相对复杂、宽泛。UAV 摄影测量因具有机动性，在建筑物屋顶等上部区域具有更高的平面数据采集率，可以获取多方向的数值信息和建筑遗产的布局信息。基于此方式，能对传统村落建筑遗产的布局和部分形态进行数字化监测。

　　多基线数字近景摄影测量监测。多基线数字近景摄影测量技术采用计算机视觉代替人眼单目立体判读，利用多个计算机视觉短基线使得近景摄影测量得以覆盖重叠大范围区域，进一步提高测量效率；还可以设置自动定位测量程序、自动生成 3D 矢量数据、数字正射图像和数字表面模型。基于此方式，能对传统村落建筑物立面或局部特征进行数字化监测。

　　基于大数据的计算机技术监测。计算机技术能对输入的数据信息和抓取的网络大数据信息进行高效的整合和处理，主要应用于数据的采集和整合，信息的存储、检索和发布，数据的计算分析及系统的自动化控制等领域。基于此方式，结合监测者人工获取的传统村落数据与网络抓取的相关数据，能对传统村落内礼仪习俗、语言、信仰等非物质形态遗产的留存或演变过程进行数字化监测。

3. 传统村镇景观数字化监测对象分类和监测方法

基于表 12-3 传统村落景观数字化监测的指标选取和方式匹配，根据各项指标的特性，对应景观数字化监测的指标选取，将监测对象描述为空间布局、民居景观、公共建筑景观、自然环境及文化特征五大类共 43 小项，并以符号或影像简图示意，其中，文化特征的示意简图难以用符号或影像图表达，故使用文字做简易说明（图 12-3）。具体分类和方法做分类说明。

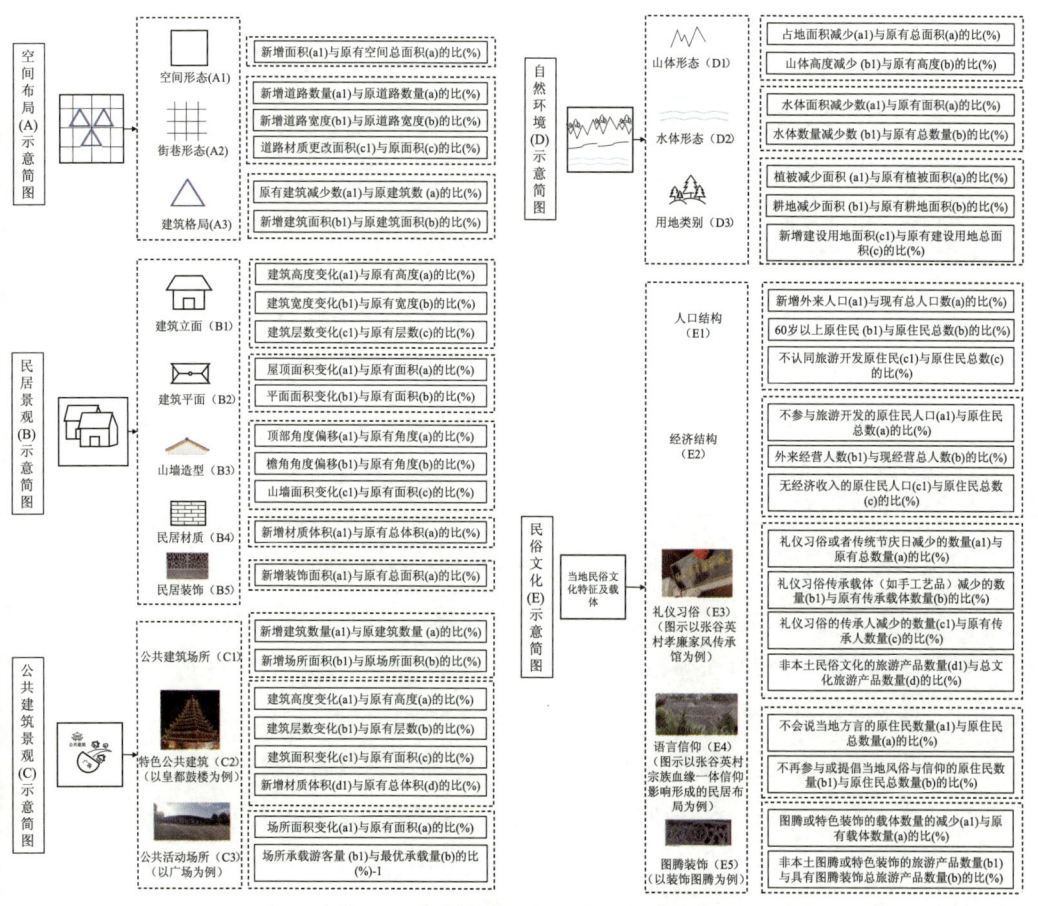

图 12-3　传统村镇景观监测对象分类和监测方法

空间布局监测。传统村镇空间布局可以解译为村镇的布局理念和思想，布局形态和特征，布局特色和标志[43]。对传统村镇空间布局的监测，主要对象是传统村镇整体布局、街巷布局和建筑格局，主要监测方式是通过卫星遥感初步获取实景影像，并基于遥感影像和村镇实际情况提取传统村镇的空间布局，并对空间布局进行图示表达和解构，并持续利用该方式展开实时影像监测。为方便具体表述监测方法，将传统村镇空间空间布局分解为传统村镇的外围形状特征、街巷空间布局、建筑格局特征并做简图示意。将监测对象分别编号为空间布局（A）、外围形状（A1）、街巷形态（A2）、建筑格局（A3）。其中，传统村镇影像中可识别村镇围合周长、面积及形态，围合周长（c）变化、围合面积（s）变化和围合边界角度（°）的偏移程度可用来监测外围形状（A1）变化；村镇的道路数量、道路长度及宽度的变化可用于监测街巷形态（A2）变化；在局部建筑格局影像中，可通过识别建筑间距变化、数量变化和面积的变化用于监测建筑格局（A3）变化。

民居景观监测。传统村镇民居景观可以解译为村镇的建筑理念和文化思想、自然环境影响的建筑风貌和装饰。对传统村镇民居景观的监测，主要对象是建筑风貌、建筑立面、屋顶造型、山墙造型、民居材质和民居装饰，主要监测方式是通过三维激光扫描技术建立整体民居建筑的数字化模型，以数字近景摄影测量技术获取建筑立面景观特征（主要关注建筑高度和层数）、山墙景观、民居材质，以无人机技术获取屋顶造型数据，并基于获取的影像、数据和实际情况提取传统村镇的民居景观，对民居景观进行解构和实时监测。将传统村镇民居景观特征分解并简图示意。将监测对象分别编号为民居景观（B）、建筑立面（B1）、屋顶造型（B2）、山墙造型（B3）、民居材质（B4）、民居装饰（B5）。其中，对建筑高度变化、宽度变化和层数变化的观测，可用于监测建筑立面（B1）变化；屋顶影像中屋顶围合周长变化、面积变化和屋檐角度的偏移度数可用于监测屋顶造型（B2）变化；山墙顶部角度的偏移度数、底部檐角的角度偏移度数和山墙边界围合面积变化可用于监测山墙造型（B3）变化；对民居材质的监测关注于原有材质面积的减少和新增材质面积的增加，用以监测民居材质（B4）变化；民居装饰的监测关注原有装饰面积的减少和新增装饰面积的增加用于监测民居装饰（B5）变化。

公共建筑景观监测。传统村镇公共建筑景观可以解译为村镇的自然环境影响、信仰文化理念的承载、宗族思想和文化的体现。对公共建筑景观的监测，主要对象是宗祠、寺庙、鼓楼、石桥、广场等公共建筑和公共活动场所。主要监测方式是通过三维激光技术获取宗祠、寺庙、鼓楼、石桥等主体性公共建筑的模型，局部和立面特征等数据影像参照民居特征的监测方式，以无人机、低空摄影技术获取广场等主体性公共活动场所的影像和数据，进行数字化监测。将监测对象分别编号为公共建筑景观（C）、特色公共建筑（C1）、公共活动场所（C2）。因不同村镇所体现的公共建筑景观特征不同，故分别举例示意。其中，对特色公共建筑（C1）的监测以侗族鼓楼为例，可用建筑的高度变化、层数变化来监测公共建筑立面特征变化、用占地面积的变化以监测公共建筑边界变化，建筑原有材质面积的减少和新增材质面积的增加用以监测公共建筑的材质更换和变化，其他特色公共建筑的可参照其监测；对公共活动场所（C2）的监测，以活动场所的围合周长变化、场所面积的变化监测活动场所本身的变化，以在广场活动的人流量的变化监测活动场所的实际活态度，用于监测景观的演变程度。

自然环境监测。传统村镇自然环境可以解译为村镇的原生自然环境、地势形态、山水植被等环境影响因子。对自然环境的监测，主要对象是山体特征、水体特征和植被特征三大环境因子。主要监测方式是以雷达技术和无人机技术获取图像和数据，再进行技术对比，进行周期监测。将监测对象分别编号为自然环境（D）、山体形态（D1）、水体形态（D2）、植被类别（D3）。其中，监测获取的山体整体俯瞰面积的变化及山体整体高度的变化均可用于监测山体形态（D1）变化；水体表层面积的变化和水体深度的变化用于监测水体形态（D2）变化；在植被类别的监测中，原有类型的植被面积的减少与新增类别的植被面积的增加共同用于监测植被类别（D3）的变化。

文化特征监测。传统村镇文化特征的寓意甚广，在此处可以解译为村镇历史文化特征及其传承的载体，难以用示意图表达。主要对象是传统村镇的原始图腾、礼仪习俗、语言和信仰。而对文化特征的监测，却并非仅仅依靠数字化技术可以开展，监测方式需依靠监测者深入传统村镇并获取村镇真正的文化特征和基因，周期性观测村镇人员的出入与文化基因传承的关系；并结合网络中可获取的有效数据，如从相关性强的游记和照片中对比文化特征的变化、百度指数、搜索词条数量等关注村镇发展情况等获取和对比信息，进行监测。将监测对象分别编号为文化特征（E）、原始图腾（E1）、礼仪习俗（E2）、信仰（E3）。在实际监测中，原始图腾的载体数量的减少、载体所用原有材质的减少和新增材质的增加用于监测原始图腾（E1）变化；礼仪习俗（E2）的监测关注传承载体数量和传承人数量的变化；信仰（E3）情况以受信仰影响载体数量和受信仰影响人数的数量变化作为监测形式。

（二）传统村镇景观数字化预警方法及过程

1. 预警方法及警度确定

基于景观数字化监测方式和对象可获取相应的监测数据、根据监测对象指标的数据变化、可设置相应的指数变化范围划分。参考相关学者对历史文化村镇、文化遗产等研究对象进行指标体系评价时的指数范围的划分，将指数变化范围划分为20%以下、20%—40%、40%—60%、60%—80%、80%以上五个阶段。具体来说，通过监测获取的数据，其指数范围的变化应设置为不同的级别进行警度确定，以开展预警，按照"确定警源（监测对象的指数变化范围）—量定警别—信号指示（预报警度）—警情处理"的监测预警方法开展工作。警度测定的区间范围，由轻到重对应无警警情、初级警情、中级警情、较重警情、严重警情五个级别，根据国家对气象灾害的预警信号规定，初级警情对应蓝色、中级警情对应黄色、较重警情对应橙色、严重警情对应红色[44]，绿色则对应无警警别时的指示（表12-4）。

表 12-4　传统村镇景观数字化预警警度标准

警度区间	[0,0.2]	[0.2,0.4]	[0.4,0.6]	[0.6,0.8]	[0.8,1]
警度	无警警情	初级警情	中级警情	较重警情	严重警情
指示灯	绿色	蓝色	黄色	橙色	红色

2. 预警过程

在预警的具体过程中，应建立数据输入技术平台，为方便运行，设预警对象的初始值均为 1，被预警对象则对应以监测对象中大类加小类为编号输入，因大部分监测对象一旦产生变化，无论是正负，均会影响景观的变异，故在此类对象输入时设置正负值变化均会产生反馈。以布局特征（A）中外围形状（A1）为例，对围合周长（c）的预警，应以编号 A1c 代指再输入，在具体过程中，A1c 变化在不同的指数范围内，应给出相应的预警和信号指示。当 A1c＜（1±20%）A1c 时，此项预警对象处于无警警情区，信号指示常绿；当（1±20%）A1c≤c＜（1±40%）A1c 时，处于初级警情区，信号指示为蓝色并做报警处理；当（1±40%）A1c≤A1c＜（1±60%）A1c，处于中级警情区，信号指示为黄色并做报警处理；当（1±60%）A1c≤A1c＜（1±80%）A1c，处于较重警情区，信号指示为橙色并做报警处理；A1c≥（1±80%），处于严重警情区，信号指示为红色并做报警处理，而部分预警对象明确说明值在减少或增加时才会产生反馈，此类对象输入时则设置只有正值的变化才会产生反馈。以民居特征（B）中民居材质（B4）的预警为例，对原有材质面积（s1）面积减少的预警，以 B4s1 为代指命令输入，当 B4s1＜（1＋20%）B4s1 时，原有材质减少面积位于 0—20% 之中，预警对象处于无警警情区，信号指示常绿；对新增材质面积（s2）面积增加的预警，以 B4s2 为代指命令输入，当 B4s2＜（1＋20%）B4s2 时，新增材质增加面积位于 0—20% 之中，预警对象处于无警警情区，信号指示常绿。因此，预警对象和指数对应变化范围各分为两类，具体预警过程如图 12-4 所示。

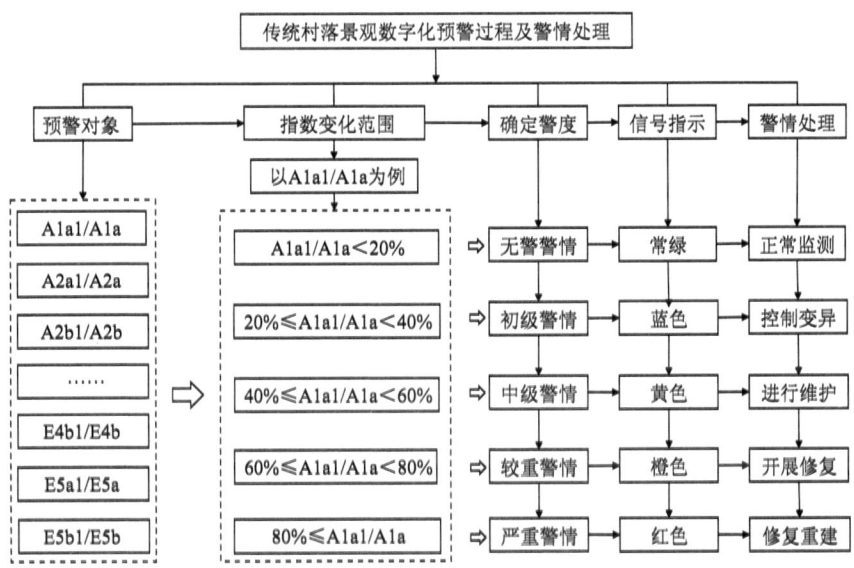

图 12-4　传统村镇景观数字化预警过程

3. 警情分析和处理

传统村落景观数字化监测预警的警情分析应以景观为对象，以社会经济发展与传统村落的文化保护相融合为目的，对不同信号指示的警情提出处理和应对方案。

在信号指示常绿，警度为无警警情时，该传统村落的景观基本没有发生变化，景观保护程度极好，在社会经济发展的过程中，传统村落基本能够完整展示当地文化景观、体现村落文化价值，说明该传统村落的发展和文化保护融合程度极好，可以继续合理、渐进的发展该传统村落的旅游业或其他产业，并以此发展为契机，促进传统村落能持续获取一定的经济收入，一方面能改善村落经济结构，提高村民收入、促进外出人口"回流"、文化传承人数量的增长、提升村落活态度，另一方面能为传统村落景观的保护和发展提供资金支撑，推动传统村落的数字化保护、传播与虚拟旅游的发展，能让经济发展与传统村落的文化保护在数字化的维度中实现相互适宜和融合发展。

在信号指示为蓝色，警度为初级警情时，该传统村落的景观已经产生了一定程度上的变化，但是还在比较容易控制的范围内，景观的保护程度良好，在社会经济发展的过程中，传统村落能够较好的展示当地的文化景观，说明该传统村落的经济发展和文化保护融合程度良好，但是初级警情的出现需要引起重视，毕竟部分村落景观已经出现异变情况。一方面，可以保持该传统村落经济社会发展，另一方面，需要持续对传统村落的景观进行监测和预警，并对景观产生异变的原因进行分析，用于控制景观的变化程度和速度，目的是保护和修复传统村落的文化景观，提高传统村落景观的文化价值和传统村落产业发展的经济效益，促进传统村落文化保护与社会经济的融合发展。

在信号指示为黄色，警度为中级警情时，该传统村落的景观已经产生了较大程度的变化，但是还在可以控制和恢复的范围内，景观的保护程度一般，在社会经济发展的过程中，传统村落已经不能够较好的展示当地的文化景观，说明该传统村落产业发展和文化保护的融合发展出现了一定程度上的问题。针对许多因发展旅游产业而受到影响的传统村落，一方面，需要暂时控制该传统村落旅游景区的客流量，并相对减少旅游开发的程度；另一方面，需要持续对传统村落的景观进行监测，并对景观发生异变的时间和过程进行分析，及时对景观开展维护，进行针对性的处理，目的是对传统村落景观进行修复和恢复，让其在传统村落旅游发展的过程中重新贯穿村落的文化价值，并能为旅游的发展提供具有经济价值的文化产品，促使传统村落的旅游发展水平恢复和持续上升，推进旅游发展与传统村落文化保护的相互支撑和深度融合发展。

在信号指示为橙色，警度为较重警情时，该传统村落的景观的变化程度已经达到原景观风貌的60%以上，景观的保护程度较差，对传统村落景观的控制和恢复迫在眉睫。比如在旅游发展的过程中，有很多景观的风貌已经和当地文化相差甚远，说明该传统村落旅游开发和文化保护的融合发展出现了较多的问题。一方面，需要暂时停止该传统村落出现景观异变景区的旅游开发和对外开放；另一方面，需要将景观异变和损毁的程度与情况上报上级部门，依据上级部门的指示和景观的实际损毁情况进行修复和重建，处理妥善之后再恢复旅游景区的开放，目的是能更合理的修复和保护传统村落景观，让景观在历史的长河中长久保留，让传统村落文化以多样的姿态永续留存，是传统村落旅游更合理有序发展的必然选择，能推动旅游发展与传统村落的文化保护相互影响、相互促进与融合发展。

在信号指示为红色，警度为严重警情时，该传统村落的景观变化程度已经达到原有风貌的80%以上，景观的保护程度很差、基本上已经完全损毁，文化价值大打折扣，对传统村落景观的修复和重建势在必行。比如许多以旅游发展为主业的传统村落，很多景观的风貌已经不能代表当地文化，说明该传统村落旅游开发和文化保护的融合发展出现了很大程度上的问题。一方面，应该立即停止该村落出现景观异变景区的旅游开发与对外开放；另一方面，需要立即将景观的损坏情况报告上级部门，依据相应的标准和实际情况对景观重建或相应处理，再分析景观损毁情况与旅游开发的关系，目的是重新规划更适合传统村落的旅游开发方案，让传统村落的景观在旅游发展的过程中能持续保持当地的特色和文化价值，与旅游的发展相互适应，是旅游发展嵌入传统村落的重要体现，能促进旅游发展与传统村落文化保护相互融合、影响的程度进一步加深，旅游将逐渐成为传统村落文化保护和经济发展中不可或缺的内容。

因此，建立传统村镇景观保护利用数字化监测预警系统，能够对不同的指标进行数据获取，对照相应的指数范围的变化区域而给出相应的信号指示，能实时监测传统村落景观的动态演变情况，并及时给出对应的警情处理方式，防止景观基因长期缺少监测而被破坏到无法挽回的状态，对传统村镇的保护和可持续发展具有重要意义。

第四节　历史文化村镇数字化内容在传统村镇智慧管理中的应用

一、传统村镇电子政务管理

在传统村镇经历数字化变革的过程中，政府始终把信息化管理放在关键和核心位置上。因为在国家推动信息化的进程中，政府是占有主导地位的，并在很多时候承担着一些特殊角色，同样政府为了进行日常化的管理，对信息情况的掌握也非常重视[45]。随着互联网的迅速发展，全球信息社会正在逐步形成，政府部门为了更好地管控海量数据，实行了政务自动化、网络化、电子化等服务，并大量铺设服务店，在乡镇上政务管理信息化都已成为常态[46]。建设传统村镇电子政务管理的目的主要有三个：一是改善地方乡镇信息的收集、交换、发布和管理，能够有效保证地方政府及时收到信息，履行自己的相关义务，为信息的发布和收集提供技术支持；二是促进地方信息产业及服务业的发展[47]，信息化的管理能有效促进当地资源的整合，并能及时管控好地方乡土资源，还能帮助当地村镇居民得到便捷服务；三是引导其他领域的信息技术应用，数字化在电子政务领域的普及，势必给电子社区、电子商务这类平台带来借鉴经验。传统村镇电子政务管理水平的提高，能增强当地的竞争优势，既响应了国家对信息基础设施建设的需求，又满足了"电子政务"网络规划的建设，这样有效利用了现代技术提升政府为群众服务的工作效率，为更多的人提供了便捷快速的信息服务[48]。

传统的管理往往是各自为政、缺乏沟通、管理实效低下，电子政务管理的推广利用了大数据的开放性、海量性、全面性、精准性，有利于提高地方政府工作人员与职位的匹配度，进而有利于提高村镇地区政府的决策水平。具体过程是：通过对景观基因进行资料收集，利用信息技术识别出有代表性的文化景观基因，通过数字化平台建立景观基因数据库，在用数据分析等方法对不同村镇的景观基因进行分析，优化基因信息并做纠偏决策方案，在对景观基因建库分析的同时，地方政府可以依规对村镇政务决策进行监督，在宏观层面上推进决策朝民主化、科学化、多元化发展，有效提高决策结果的科学依据[49]。所以说，一站式行政服务大厅管理系统、集成政府内部 OA 管理系统的规划、建设及监测管理运用到传统村镇发展过程中，把历史文化村镇数字化集成的内容贯穿在传统村镇规划建设管理的始终，做到传统村镇智慧化管理。

二、传统村镇应急管控

区域与城乡发展不平衡是我国亟须解决的战略性问题，具体体现就是我国突发事件的"面广点多"与村民防患意识薄弱之间的矛盾，我国每年受到自然灾害的影响都非常严重，其中自然灾害所带来经济损失和人员伤亡 90%以上都来自于传统村镇[50]。村镇社会组织存在一定的局限性，不少地区还使用机械报警器、敲锣、口哨等原始工具报警，其距离政府对应急管理工作机制的要求尚有一定差距[51]。而且中国传统村镇的建筑大多为木构，易遭火损，传统村镇的生态环境易受到工业化而遭受拆毁，传统村镇的地方文化景观易受商业化而变得一般化，传统村镇的道路系统易受到城镇化而变得规则化，总体来说，传统村镇的地方"文化基因"面对经济全球化具有"脆弱性"。因此，应该构建集传统村镇建筑、生态、景观、道路等一体化应急管控系统，完善新型城镇化下城乡融合发展应急管控和预警体系，加强对传统村镇运行数据的获取及状态监控。通过应急管控系统，能够准确、科学、及时地掌握传统村镇核心领域的运行情况，确保了实时、动态地掌握传统村镇的状态。

传统村镇应急管控系统能够运用成熟的信息技术，在村镇中布置高精度传感器，实时监测潜在风险的指标，进行有效预判，还利用了遥感技术，对地面各种景物探测和识别，并形成图像信息，建立数字化景观基因库，能够非常直观地起到灾区预警、监测和评估的作用，以及 GIS 数据挖掘技术，实现了可视化地图信息和逻辑数据信息的完美结合，能够通过对海量的地理信息数据进行分类计算，提取有用信息，并在地图上可视化呈现，当遇到紧急情况时，能形成一体化的集成呼叫中心管理，为应急管理提供决策支持。

传统村镇应急管控系统还包括对智能管控系统的运用，根据各村镇日常运行的总体情况，用图表和文字的形式传达村镇整体运行及重点区域运行的情况，对发生的重要事件和相关处理情况，用日报表的形式进行直观的呈现[52]。把数据优化和部署到一个虚拟环境中，实现了使用和维护的分离，大大提高了性能并节约了成本，使得景观基因数据的安全存储成为可能，能够有效确保传统村镇日常生产生活高效、稳定、协调运转，管理人员也能够及时、全面、准确地掌握与传统村镇运行相关的景观信息，建立传统村镇运行指标体系，实现对传统村镇运行状况的智能监控[52]。

因此，在城乡融合发展过程中，不仅要强化对传统村镇地区的资金投入和产业投入，更要在政府主导下建立和完善相应的应急管控体系，加强对相应地区群众的安全知识培训，保障群众的生命财产安全。特别是对于生态环境较为脆弱、易发生自然灾害的传统村镇来说，实行智慧化应急管控显得更加重要。

三、传统村镇诗意生活创造

传统村镇的发展不可回避居民生活的现代化，居民生活的现代化需要供水、排水、电力、通信等设施的现代化。因此，构建集成村镇生活设施、便捷医疗、高效教育、电子商务的综合智能系统。传统村镇管理信息平台综合集成传统村镇电子政务管理系统、传统村镇应急管控系统、传统村镇诗意生活系统三个功能，结合历史文化村镇数字化保护云平台实现村镇管理的智能化。

传统村镇电子社区的搭建与物联网、云计算、移动互联网、地理信息系统等新一代信息技术密切相关。利用社区建设[53]、管理和服务等信息共享平台的建设，可以为传统村镇社区的日常生活提供安全、便捷、舒适的智能生活，让社区的发展朝向智能化趋势迈进。社区的数字化管理系统是智慧村镇社区建构的核心成分[54]，成熟的管理系统能够满足传统村镇核心文化景观基因的识别、提取，或者是直接从景观基因数据库中直接采集数据进行统计、分析，这样在视觉上能直观地比较不同村镇文化景观基因的信息差异，这将为村镇的科学化管理提供科学又快捷的方式。还可以通过地理信息系统上的电子地图，关联传统村镇智慧社区管理系统，建立互动界面友好、安全性高、实用性强的数字化村镇管理系统[54]。

依托历史文化村镇数字化保护云平台，整合村镇医疗资源、医疗服务设施和医疗服务技术，以科技为基底搭建一个以农民为核心、预防为主、防治结合的新型综合医疗服务云平台。在传统村镇建立安全的、系统的、专业化的村镇人口健康档案，让村镇人民不出村就能享受到诊断、监护等专业医疗服务，为城市与村镇实现互联互通搭建绿色通道[55]。传统村镇基层医疗云系统在未来可以成为改变传统医疗模式的有效手段，运用到乡镇基层医疗机构上将会有非常广阔的应用前景，能为基层群众解决医疗数据难采集、难管理和难保存的情况，还能为他们提供专业的医疗服务，有助于构建以"预防为主、防治结合"的新型村镇医疗信息模式[55]。

信息技术的快速发展，有效地改善了农村电子商务环境，也成就了"电商扶贫"的新模式，而且在引导城乡消费趋势、重塑产业结构、促进城乡协调发展等方面发挥了重要作用。传统村镇电商平台的建设有利于供应商与客户之间的信息交流、传递，方便多方主体及时了解市场动态，对经营战略做出适当调整。其次，乡镇电子商务的发展，为利用电子商务平台进行经营的销售方提供了新的途径[56]，能够更多元地展示村落的文化景观基因，吸引游客前来观光或购物，激发市场资本的兴趣，开辟新的销售渠道。第三，通过传统村镇电商平台进行网上交易，可以大大降低宣传成本[57]。在搭建电子商务管理平台时还包括地理信息系统、多媒体展示系统以及其他一些配套系统组成。GIS 的主要功能是对传统村镇的环境进行监测和自动控制。通过三维成像，可以更直观地显示村镇的状态，为村镇的信息化管理提供便利[57]。多媒体展示系统就是利用多媒体技术，即实现了对村镇特色化产品的宣传，又为游客提供一些智能设施配套服务，如村镇景观信息系统、云视频监控系统、LED 信息系统等[58]。

放眼未来，历史文化村镇数字化保护云平台的搭建是村镇管理发展的必然趋势。在这个过程中，政府要在宏观层面上积极发挥引导和监督的作用，尤其要注意大数据环境下各类传统村镇数据资源的整合[57]，把移动、联通和电信手机客户端大数据进行整合，为历史文化村镇数字化发展服务。

参考文献

[1] 王彩君："新型城镇化背景下古村落的保护性规划与设计研究价值的体现"，《中小企业管理与科技》，2018 年第 27 卷第 12 期：121—122。

[2] 陈晓华，谢晚珍："我国传统村落保护研究述评"，《合肥学院学报（综合版）》，2018 年第 35 卷第 4 期：28—35。

[3] 赵屹，王嘉男："留住城市特有的基因——刍议城市建设发展中档案的作用与档案馆的使命"，《档案学研究》，2016 年第 30 卷第 5 期：45—49。

[4] 向远林："陕西传统乡村聚落景观基因变异机制及其修复研究"（博士论文），西北大学，2020。

[5] 李伯华，李珍，刘沛林等："聚落'双修'视角下传统村落人居环境活化路径研究——以湖南省张谷英村为例"，《地理研究》，2020 年第 39 卷第 8 期：1794—1806。

[6] 李伯华，刘沛林，窦银娣等："中国传统村落人居环境转型发展及其研究进展"，《地理研究》，2017 年第 36 卷第 10 期：1886—1900。

[7] 刘沛林："风水—中国人的环境观"，上海三联书店，1995。

[8] 邓洪武，邓裴，雷平："钓源古村"风水玄机"中的生态环境理念——江西古村落群建筑特色研究之四"，《南昌大学学报（人文社会科学版）》，2007 年第 38 卷第 3 期：88—93。

[9] 谢晖，周庆华："秦岭北麓冲洪积扇区环境影响下传统村落布点特征初探"，《干旱区资源与环境》，2016 年第 30 卷第 12 期：66—72。

[10] 陆林，葛敬炳："徽州古村落形成与发展的地理环境研究"，《安徽师范大学学报（自然科学版）》，2007 年第 3 期：377—382。

[11] 李倞，商洪池，徐析："京西山地古村落水适应性环境营造生态智慧研究"，《建筑与文化》，2014 年第 12 期：85—87。

[10] 杨思声，张岚："福建客家传统村落适应水体环境的有机技术及其当代启示"，《小城镇建设》，2014 年第 5 期：63—68。

[13] 傅娟，许吉航，肖大威："南方地区传统村落形态及景观对水环境的适应性研究"，《中国园林》，2013 年第 29 卷第 8 期：120—124。

[14] 曾丽群，单国彬，朱鹏飞："传统村落生态环境评价与保护发展研究——以广西钦州市大芦村为例"，《环境与可持续发展》，2015 年第 40 卷第 6 期：61—64。

[15] 顾康康，储金龙，汪勇政等："黄山市古村落综合品质空间分异——基于 101 个

古村落的实证调研",《地理研究》,2014 年第 33 卷第 11 期:2034—2042。

[16] 邹君,陈菡,黄文容等:"传统村落活态性定量评价研究",《地理科学》,2020
年第 40 卷第 6 期:908—917。

[17] 杨立国,陆乃:"非物质文化遗产活态度评价研究——以江苏省为例",《资源开
发与市场》,2019 年第 35 卷第 12 期:1525—1531。

[18] 杨立国,刘沛林,李强等:"旅游小镇成熟度评价指标体系与实证研究——以首
批湖湘风情文化旅游小镇为例",《经济地理》,2017 年第 37 卷第 7 期:191—197。

[19] 秦光荣:"加快'旅游小镇'建设走云南特色城镇化发展道路",《小城镇建设》,
2006 年第 7 期:41—46。

[20] 李庆雷,明庆忠:"云南省旅游小镇建设初步研究",《资源开发与市场》,2007
年第 5 期:460—462。

[21] 代燕,李伟:"云南省旅游小镇发展模式初探",《重庆科技学院学报(社会科学
版)》,2012 年第 5 期:102—104。

[22] 林峰:《旅游小镇开发运行指南》,北京:中国旅游出版社,2017。

[23] 刘沛林,杨立国,邓运员等:《留住乡愁:特色旅游小镇与新型城镇化建设》,
长沙:湖南大学出版社,2016。

[24] 湖南省首批十大特色小镇名单发布,2019-09-22,http://travel.sina.com.cn/
domestic/news/2019-09-22/detail-iicezueu7523587.shtml。

[25] 2020 年湖南省十大特色文旅小镇授牌,2020-07-15,https://hunan.voc.com.
cn/article/202007/202007151201439746.html。

[26] 王兴中,李胜超,李亮等:"地域文化基因再现及人本观转基因空间控制理念",
《人文地理》,2014 年第 26 卷第 6 期:1—9。

[27] 刘石磊:"风景旅游区度假酒店设计的地域性表达"(硕士论文),大连理工大学,
2008。

[28] 黄豪璐,潘辉,陈硕等:"基于文化基因的传统村落景观更新研究——以元坑古
镇为例",《小城镇建设》,2018 年第 36 卷第 S1 期:72—79。

[29] 王兆峰,李琴,吴卫:"武陵山区传统村落文化遗产景观基因组图谱构建及特征
分析",《经济地理》,2021 年第 41 卷第 11 期:225—231。

[30] 陈瑜:"骑楼形态在现代城市·建筑中的应用研究"(硕士论文),重庆大学,2006。

[31] 曾少武:"根植文化基因推进高校'课程思政'的路径与方法研究——以建筑与
文化课程开发为例",《湖北工业职业技术学院学报》,2018 年第 31 卷第 5 期:
72—75。

[32] 杨忆:"蜀绣设计基因的提取与应用研究"(硕士论文),四川师范大学,2018。

[33] 郑剑艺，林开晴，郭章煜："武夷神韵、汉唐遗风——福建武夷山市武夷西岸国际度假酒店规划设计中的文化表达"，《中外建筑》，2013 年第 7 期：86—89。

[34] 周青兰，张婷："桑植民歌的表演特征研究"，《黄河之声》，2019 年第 21 期：9。

[35] 桑植县情及投资环境简介,2018-05-17/2021-12-20, https://baike.baidu. com/item/%E6%A1%91%E6%A4%8D%E5%8E%BF/4937387?fromtitle=%E6%A1%91%E6%A4%8D&fromid=6238017&fr=Aladdin。

[36] 张笃勤：《文化视域的汉江与武汉》，武汉：华中科技大学出版社，2014。

[37] 杨立国，龙花楼，刘沛林等："传统村落保护度评价体系及其实证研究——以湖南省首批中国传统村落为例"，《人文地理》，2018 年第 33 卷第 3 期：121—128。

[38] 刘沛林，邓运员："数字化保护:历史文化村镇保护的新途径"，《北京大学学报（哲学社会科学版）》，2017 年第 54 卷第 6 期：104—110。

[39] 李伯华，郑始年，窦银娣等："'双修'视角下传统村落人居环境转型发展模式研究——以湖南省 2 个典型村为例"，《地理科学进展》，2019 年第 38 卷第 9 期：1412—1423。

[40] 李伯华，周鑫，刘沛林等："城镇化进程中张谷英村功能转型与空间重构"，《地理科学》，2018 年第 38 卷第 8 期：1310—1318。

[41] 杨江波："基于 RS 的西藏某水电站地质灾害危险性综合评价"（硕士论文），成都理工大学，2009。

[42] 高超："塔类建筑几何形变数字化监测方法研究"（硕士论文），北京建筑大学，2018。

[43] 刘沛林："中国传统聚落景观基因图谱的构建与应用研究"（博士论文），北京大学，2011。

[44] 邱正英："旅游文化遗产保护预警体系构建"，《商业时代》，2013 年第 38 卷第 13 期：117—118。

[45] 齐迹："葫芦岛市地方税务局信息网站开发"（硕士论文），东北大学，2007。

[46] 杨文韬："基于 SSH 框架的智能社区信息管理系统的设计与实现"（硕士论文），中山大学，2013。

[47] 杨学山："1999 年政府信息化再起高潮——从政府上网年谈起"，《市场与电脑》，1999 年第 1 期：3—5。

[48] 王赛琪："基于 Internet 技术的协同办公平台的研究"（硕士论文），中国科学技术信息研究所，2004。

[49] 谢治菊："大数据优化政府决策的机理、风险及规避"，《行政论坛》，2018 年第 25 卷第 1 期：60—66。

[50] 国务院新闻办公室.中国的减灾行动,2011-01-9/2021-12-20,http://www. scio.gov. cn/zfbps/ndhf/2009/Document/847130/847130_5.htm。

[51] 国务院新闻办公室.国家突发事件应急体系建设"十三五"规划,2017-07-19/ 2021-12-20,http://www.gov.cn/zhengce/content/2017-07/19/content_5211752.htm。

[52] 邬伦,宋刚,吴强华等:"从数字城管到智慧城管:平台实现与关键技术",《城市发展研究》,2017年第24卷第6期:99—107。

[53] 张大鹏,王毅:"智慧社(园)区建设评价指标体系研究",《工程建设标准化》, 2015年第2期:71—73。

[54] 于伽傲:"浅谈智慧社区电子地图建设",《科技传播》,2019年第11卷第7期: 127—128。

[55] 杨明,舒明雷,刘瑞霞等:"面向农村基层的医疗云系统设计与实现",《山东科学》,2017年第30卷第1期:122—127。

[56] 韩若馨:"新型城镇化背景下乡村旅游的产业导向研究"(硕士论文),吉林建筑大学,2018。

[57] 赵菁雅:"云南乡村智慧旅游电子商务发展研究"(硕士论文),云南农业大学, 2016。

[58] 谢健民:"我国旅游电子商务发展现状及对策探究",《当代旅游》,2021年第19卷第9期:25—26。

第十三章　历史文化村镇数字化内容的产业化应用途径

历史文化村镇数字化内容非常丰富，除了自身的历史文化价值、科学普及价值、审美艺术价值、文化传承价值等等之外，其数字化成果可以加以利用，以科技赋能文化，促进数字化成果的产业化开拓和产业化实现。

第一节　文化遗产产业化发展的主要特点和基本经验

文化遗产产业化发展是指把具有地方特色的文化资源如文化遗址、过去不成规模、不成体系的特色非物质文化遗产，转换成为具有经济价值的市场经济产品，以形成具有一定规模、产生一定社会与经济效益的过程[1]。旨在推进文化遗产产业化的同时进行文化旅游产业、民俗表演、教育研学、环境保护等，实现旅游发展文化、经济、生态效益等方面的多方共赢。利用文化遗产产业融合可为历史文化村镇发展提供新思路，弥补历史文化村镇发展短板，激发其文化资源的原生活力，解决传统节日、习俗等在如今传承动力缺失、特色淡化等问题，使其留下来、传下去。

在产业化理论框架下，历史文化村镇遗产是具有其价值的。文化遗产内在蕴含的文化基因与精神特质，以及群体意识、价值观念具有很大的历史文化价值与科学研究价值[1]。文化遗产作品中的艺术创造与美学价值，同样具有很高的审美艺术价值及产业发展潜力。而文化遗产产业化无疑是当前保护与传承历史文化村镇遗产、开发历史文化村镇遗产潜在经济与文化价值的主要形式。

一、主要特点

产业化经营链较短，发展趋向具有局限性。历史文化村镇遗产的合理产业化可带动当地经济发展，促进文化遗产保护。文化产业类型众多，但目前部分历史文化村镇文化产业业态较为单一，以山西平遥古城为例，文化产业业态仅旅游服务、文创作品销售、文化作品展演等传统文化产业，缺乏具有当地特色的新兴文化业态。

过度产业化破坏历史文化村镇原始自然和人文风貌。过度旅游开发破坏历史文化村镇原始风貌，适当且合理的历史文化村镇旅游资源开发既能促进当地经济、社会发展，更能提升历史文化遗产的保护与传承热情，防止其特色消失甚至淡化。但与此同时，部分历史文化村镇存在过度开发的问题。物质文化遗产方面，个别古村落只关注经济效益与眼前利益，崇尚"大拆大建"原则，不顾历史街巷格局随意拓宽道路，新建高层房屋，一些村民则对自家传统民居进行现代化改造，与历史文化村镇原有具有历史文化氛围的建筑风貌相比较为突兀，但这并不意味着要拒绝文化遗产产业化，而是通过数字化技术与科学管理方式，将文化遗产保护并传承发展，寻找文化遗产产业化与保护的平衡点。现在部分历史文化村镇，虽然通过保护与修复手段留存了传统建筑、街巷格局，但由于没有考虑历史文化村镇环境承载能力，缺乏对于文化遗产的日常修缮，部分饱经风霜的古民居和街巷空间面临"过劳死"的风险；非物质文化遗产方面，历史文化村镇旅游开发后吸引大量游客参观游览，其现代文化观念及生活习俗对于原住民的价值观念与文化习俗产生影响，使得部分文化特色逐渐丧失，对于历史文化村镇产业化而言，原住民、民俗习惯是发展基石。如何挖掘历史文化村镇文化遗产产业特色的唯一性与独创性，才是历史文化村镇旅游开发的制胜法宝[2]。

二、基本经验

文化遗产产业化发展，实现文化遗产保护与发展的同步，首先应厘清文化事业与文化产业的关系。文化事业与文化产业是文化发展的两个方向，也是文化遗产保护与发展的支撑，二者不可或缺。文化事业要在社会公益领域发力，着力解决市场不想干、没法干的事情；文化产业则要在市场领域发力，提升文化发展水平，推动文化事业的经济效益转换、发展活力提升，积极探索事业与产业相结合。二是平衡社会效益与经济效益的关系。文化遗产产业化必须坚持社会效益的首要地位，防止由于片面追求经济效益而出现的各类盲目产业化，导致文化遗产特色淡化甚至消失，避免"文化搭台，经济唱戏"等现象出现。三是处理好文化遗产中精华与糟粕的关系。鼓励传统文化遗产中"真善美"等优良传统文化的开发与传承，但是落后的、封建的传统文化应予以舍弃，具体标准则由相关专家及评价标准衡量[3]。

三、产业趋向

文化遗产产业分化为三类，一种是文化遗产产业链上游产业，主要包括与文化遗产直接相关的行业，例如文化遗产保护行业、建筑行业等；一种是文化遗产产业链的下游产业，主要包括与文化遗产相关的服务行业，例如文创产品开发、教育研学行业等；一种是衍生产业，如旅游服务业、民间文化节庆服务、娱乐休闲行业、餐饮行业等。因此，合理产业化经营可实现文化遗产的传承和发展，扩大文化遗产的文化影响力和市场知名度，给面临生存危机的历史文化村镇注入强心剂，保证历史文化村镇传承延续。数字化技术能提升采集、存储、宣传和传承文化遗产的能力，使文化遗产保护与传承更科学、有效。数字化保护已经成为当代文化遗产研究和实践的重要趋势和新兴领域。

"文化与信息产业是如今的两个超级产业，是国家软实力的重要标志。数字技术催生了信息与文化产业的全面汇流和融合，使得两个产业之间具有属于新时代的关联。信息产业的发展，使文化产业获得了全新的阐释与发展机遇；而文化产业的发展又为信息产业提供了丰富的数字文化内容"[4]。

历史文化村镇数字化内容可根据数字化目标差异分为抢救性数字化内容和开发性数字化内容。抢救性数字化内容为针对濒临消失或已经消失的乡愁载体的修复或重建,如对湖南省湘西州永顺县老司城的数字化重建和典籍档案的数字化扫描技术。开发性数字化内容则将乡愁载体当作一种资源,通过数字化技术开发成为相应的数字化产品,如蕴含传统村落文化的影视作品、电子游戏产品以及反映传统村落文化的文学作品等,涉及的技术手段主要包括数字化扫描、多媒体技术和动画技术等[5]。

历史文化村镇数字化内容具有多样化的技术特点。历史文化村镇场景数字化主要通过遥感、GPS、传统测量方法和三维激光扫描技术,获得历史文化村镇的 DEM、土地利用、建筑、交通、水系等数据,结合 3D 建模技术,实现历史文化村镇的实景三维画面。历史文化村镇物质文化遗产数字化则主要包括古建筑测量技术、三维激光扫描技术和三维建模技术。历史文化村镇非物质文化遗产其数字化手段亦多种多样,如采用数字音频录制技术实现的民间音乐的数字化,采用 Flash 动画技术实现的皮影戏和剪纸数字化,以及采用动作捕捉技术实现的民间体育或舞蹈的数字化[5]。

历史文化村镇的数字化保护成为重要的保护方向,各类数字化保护实践层出不穷,如古城数字化、传统民居数字化及非物质文化遗产数字化等[5]。历史文化村镇需要一定的产业支撑,可深入挖掘历史文化村镇自然和文化资源,利用数字化呈现与传播技术,发展文化创意产业,促进文化创意产业与传统产业深度融合,推动旅游产业转型升级,实现历史文化村镇生活富足、生态宜居的美好需求。同时,我国文化遗产数字化保护的不断推进,可让全社会了解我国丰富的优秀文化遗产,激发群众的自发保护热情,促进全民的文化自信水平。

第二节 历史文化村镇数字化内容产业化的运行机制

历史文化村镇数字化内容产业化是一个复杂的运行过程,包括最初的数字化产品生产到数字化产品消费再到衍生产品的开发等。这一过程既是数字化产品进入市场获取价值的过程,又是提高数字化产品附加值并实现价值最大化的过程。它的运行机制由市场主体运行体系、主要投入运行体系与产业化过程运行体系这三个相互作用、相互融合的子系统构成：市场主体运营体系包括多主体同目标市场运行与市场主体运行效果评价；主要投入体系包括数字化关键技术、资本投融资与人力资源要素；产业化过程运行体系包括数字化内容产业化与数字化内容再生产过程。

一、市场主体运行体系

历史文化村镇数字化内容产业化的市场主体是驱动产业化发展的源生力量，是介入数字化产品产业化运行的主体。历史文化村镇数字化产品产业化各阶段的市场主体包括原生物拥有者、数字化创意者、产品生产商、产品运营商、产品消费者和产品再生产者[6]。由于各主体间存在利益关联性与个体意识差别性，因此需要充分考虑多主体间存在的意识差异性与目标关联性，构建历史文化村镇数字化内容产业化多主体同目标市场运行机制[7]。此外，在数字化内容产业化运行中，还需要完善市场主体运行效果评价机制，实时开展市场运行效果分析与探讨市场运行优化对策。只有协调好市场主体间的关系，形成完善的市场运行体系才能为历史文化村镇数字化内容产业化发展提供源源不断的助推力量。

（一）落实主体任务分工，递阶优化实施机理

各主体间的文化、经济和教育背景参差不齐，对于数字化内容产业化发展的认知和实施存在差异性，因此落实分工细则、统一目标理念成为必要。在整个运行体系中形成以保护与发展历史文化村镇为理念，创造整体利益最大化的集成目标，使利益相关者在共存和相容的基础上实现共赢。其次，明晰各行为主体的任务分工，构建多主体同目标、责任分工落实到位的主体市场运行体系。历史文化村镇是中华农耕文明最珍贵的遗产之一，承载着丰富的历史人文价值，而在这片土地上自然与文化遗产资源的原生物拥有者是世代居住在此的村民，他们拥有这片土地的使用权。作为原生物拥有者需要加强对历史文化村镇进行数字化保护、传播与修复的理念，从源头上守护历史

文化村镇资源。梳理历史文化村镇资源特色之后需要对其进行数字化创造，而历史文化村镇数字化创意设计是一项综合性、复杂性的技术工作，不仅要有新奇的创意增加产品的吸引力，还需要充分了解历史文化村镇的历史背景、文化资源以及消费者需求，将创新与历史文化村镇的资源特色充分融合。所以数字化创意者应当根据不同历史文化村镇的社会人文环境、自然生态环境等客观因素构建相应的数字化创意产品设计。产品生产商负责对原材料进行加工处理，中间生产环节在数字化内容产业化运行中存在前向和后向关联，所以应注意各环节的紧密相连。产品运营商负责对数字化内容进行营销和服务，使其转化成经济效益实现市场价值。产品消费者通过消费历史文化村镇数字化商品来体验和享受蕴涵于其中的传统文化价值，消费者日益增长的文化需求对历史文化村镇数字化内容产业化运行具有反馈作用，通过及时提供反馈意见促进数字化商品的进步与创新。产品再生产者通过收集与分析消费者的意见反馈信息进行再生产产品的开发与经营，要求产品再生产者除了具有敏锐的市场洞察力和分析判断力，还能够对历史文化村镇数字化内容创作进行全面构思与谋划，制定具有可操作性的产品设计与实施方案。

（二）制定绩效考核标准，逐步提升运行效率

绩效管理是企业战略管理系统中的重要内容，只有企业成员按照绩效考核要求努力实现个人发展，进而实现企业的战略性目标[8]。历史文化村镇数字化产业的发展离不开原生物拥有者、数字化创意者、产品生产商等利益相关者的共同努力。历史文化村镇数字化内容产业化运行机制实质上是各利益相关者共同构建的产业链，只有达到各利益相关者的有机耦合和动态协调，才能使共同利益最大化，进而实现历史文化村镇数字化内容产业化的可持续发展。因此，为了加强历史文化村镇数字化内容产业化运行机制的有效运行和可持续性发展，需要构建产业化运行有效评价机制。通过借鉴经济学、管理学、系统学等学科理论，根据产业链上各主体的任务分工制定相应的考核评价标准，将各主体个人绩效考核评价结果与个人利益分配直接挂钩。绩效考核的评价对象为产业链的所有利益相关者，包括原生物拥有者、数字化创

意者、产品生产商、产品运营商、产品消费者和产品再生产者。根据评价主体的分工与历史文化村镇数字化产业的发展目标制定评价指标，同时需要确保评价指标的客观性和完整性。根据历史文化村镇数字化产业的发展阶段与发展规模制定相应的考核评价标准，并根据市场行情与社会局势进行动态调整。最后选择合理且合适的评价方法与构建评价模型，只有通过评价方法得出评价结果，才能够真正意义上获得绩效考核信息。因此，通过科学确定评价主题、构建绩效考核评价标准、评价指标、评价方法与评价模型，将市场主体的利益分配与绩效考核结果直接联系，才能够激发利益相关者的工作积极性，从而逐步提升历史文化村镇数字化产业的运营效率。

二、主要投入运行体系

历史文化村镇数字化内容产业化各阶段的主要投入是指不同主体在整个运行阶段中所投入的主要元素，其中最关键的投入要素为数字化技术、资本与人才。整个产业化运行阶段的主要投入贯穿了历史文化村镇数字化产业整个进程，支撑历史文化村镇数字化内容产业化运行的持续运转。

（一）数字化关键技术

数字化保护与开发利用技术作为集计算机、虚拟现实、5G 通信、AI 智能及新媒体传播技术为一体的综合型手段，为历史文化资源保护、开发及传承提供全方位一体化的技术支撑。历史文化村镇数字化内容产业化是一项复杂的系统工程，其中关键内容是将资源进行数字化开发与利用形成数字化产品，最终实现价值转化获取经济效益。其中重要环节包括历史文化村镇资源的采集与保存、文化产品的展示与传播、数字化产品的销售与监管。通过投入三维激光扫描、数字摄影技术 、GIS 数据库开发等技术方法，使历史文化村镇资源的统计与管理、检索与保存、分析与应用更为便捷，从而为数字化原始产品建立资源数据库。文化创意产品经济效益最大化需要充分展示产品的内在价值。通过投入 3R 技术（VR、AR、MR）、构建 BIM 模型及 SU 模型、借助裸眼 3D、全息投影手段、利用"三微一端"全媒体传播技术等，为消费者打造沉浸式、代入式文化体验，实现数字化创意产品的展示与传播。在数字化产品销售环节，通过字段提取等方式采集、整理数字化产品数据，运用 IT 系统（信息系统与智能系统）、互联网技术、电子商务技术、人工智能与办公自动化等信息技术，实现产品的数字化销售与管理。

（二）多元资本投资

经济资本的投入为历史文化村镇数字化内容产业化运行提供源源不断的动力。基于资本的逐利与历史文化村镇生产空间的不断扩张，越来越多的投资主体进入历史文化村镇产业，多元化的资本投入机制共同构建了完整的投资体系。历史文化村镇数字化产业的投资主体主要为政府、企业、村集体、村民、社会组织与各类资本投资运作机构，使历史文化村镇数字化产业投资在功能和形式上形成互补。提升经济资本方面，政府部门需要加大对于历史文化村镇数字化产业经济资本的投资扶持力度，扩大历史文化村镇数字化产业的投融资方式，积极发展股票、债券等直接融资方式。企业部门通过提升自身素质与信用等级，完善历史文化村镇数字化产业担保机制与创新企业财政投入方式。

（三）人力资源提升

在国家推进历史文化名镇名村保护与利用的背景下，历史文化村镇数字化产业抓住时代契机，具备较为广阔的发展前景。为促进产业的持续运转，需要数量更多、水平更高、类型更多的专业人才。人力资源的提升能够促进历史文化村镇数字化产业的发展，历史文化村镇数字化产业的发展也会吸引更多的专业人才，二者相辅相成，共同作用。历史文化村镇数字化产业人力资源的投入与提升需要政府、企业与个人的共同努力。政府部门作为引导者，需要以人力资源提升、产业结构优化为理念积极挖掘和培养区域人才质量，通过政策优惠等吸引专业人才参与历史文化村镇数字化产业建设中。进一步加强政策支持与集成创新，出台具备吸引力的人才政策、完善相应配套设施以落实政策保障；宏观调控历史文化村镇的产业结构与促进产业集群，从而培养与壮大优势企业，推动历史文化村镇数字化产业的优化升级。企业部分是历史文化村镇数字化内容产业化的推动者，需要加强自身人才培养，通过制定企业人才培养方案、积极开展人才培训等途径提升人才质量。此外，还需建立高效合理的薪酬激励机制，增加项目完成度奖励、探索多元入股方式等调动高水平人才的工作积极性，防止内部优秀人才流失。

三、产业化过程运行体系

历史文化村镇数字化内容产业化运行过程可以分为两条路径，第一个运行过程是从"数字化创意产生—数字化产品生产—数字化产品市场化"的过程，即将历史文化村镇的资源进行数字化通过开发与利用形成文化商品的产业化过程；第二个运行过程是从"数字化产品消费—数字化产品研发—数字化产品生产"的过程，即根据数字化产品消费者需求注入文化创意与数字化技术，使文化商品更具文化内涵与技术性。从而形成数字化内容产业化与产业商品的数字化路径，驱动历史文化村镇数字化内容产业化运行的发展与演进。

（一）数字化内容产业化过程

数字化内容产业化过程通过最初的数字化创意萌发，借助资本等要素的帮助形成产业化，衍生出产业链或产业丛，最终形成一项上下游完备的产业，在此过程中它具备了自己的从业群体、营销渠道、消费终端、利润分配方式等完备的产业组织形态[9]。历史文化村镇数字化内容产业化过程是以文化遗产价值为基础的产业二次发展，将文化遗产数字化内容作为最终产品的产业。历史文化村镇数字化内容产业运营者借助资本等要素的帮助进入形成产业化运作，衍生出产业链，最终形成一项上下游完备成体系的数字化产业[10]。数字化内容产业化过程也是"数字化创意产生—数字化产品生产—数字化产品市场化"的过程。通过数字化产品提供与生成—投资与生产—服务与营销—消费与体验—开发与经营等环节，将历史文化村镇资源的内在价值转化成直接经济效益，从而实现产业持续运转和资本的循环增值。数字化创意的提供与生成是历史文化村镇数字化内容产业化的核心关键，在此阶段需要专业人才提供数字化创意方案，对历史文化村镇的自然资源、物质资源与非物质文化资源等进行数字化创意设计。生产商的投资与生产将数字化创意设计转化成现实生产力，经销商的服务与营销使数字化创意产品转变成数字化商品，通过满足消费者的体验需求，最终获取数字化创意产品的经济价值。因此，历史文化村镇数字化内容产业化发展的关键是要构建完整的产业链，通过数字化创意产生—数字化产品生产—数字化产品市场化形成规模效应，从而构成完备的产业组织形态。

（二）数字化内容再生产过程

历史文化村镇数字化产品被视为一种精神产品，是以文化知识为基础、以创新为理念、以思想内涵的塑造为核心，借助各种手段所实现的一种文化资源的融合，代表着历史文化村镇所具有的文化内涵和社会象征，满足着消费者的情感需求和心理需求[11]。因此，历史文化村镇数字化内容需要迎合消费者的情感需求和心理需求。数字化内容再生产过程是"数字化产品消费—数字化产品研发—数字化产品生产"的过程，即通过收集与统计消费者对数字化产品的消费与体验反馈信息，分析历史文化村镇数字化产品的消费者需求，以此调整与修改数字化产品的研发与生产。与数字化内容产业化过程一样，数字化内容再生产过程也包含了多个环节，只是侧重点不同。再生产路径是以消费者为主体，从消费者需求出发将消费者的价值取向、体验需求等融入数字化产品的研发与生产中，以此针对性的设计与研发出迎合消费者心理需求的数字化产品，形成消费热点。历史文化村镇数字化产品的精髓是历史文化，虽然数字化内容再生产过程是以消费者需求为导向，但是在根据消费者需求研发设计数字化产品时，必须保证数字化产品的历史文化内涵、地域特色、多样化功能需求等。历史文化村镇数字化产品的研发与生产并不是盲目与激进的，需要数字化产品设计者深度把握历史文化村镇的地域文化特色，需要掌握消费者情感与心理需求[12]。经过数字化产品再生产过程，数字化产品便不再简单地作为一种商品出现，而是包含着深厚文化内涵、地域文化特质与满足消费者需求的载体，推动我国历史文化村镇数字化产业的长效性发展。

　　三个子系统的相互作用和相互融合共同构成了历史文化村镇数字化内容产业化的运行机制，即数字化创意者、产品生产商、产品运营商、产品消费者等产业化主体，在产业化价值实现的各个发展阶段（数字化产品提供与生成—数字化产品投资与生产—数字化产品服务于营销—数字化产品消费与体验—衍生产品开发与经营），分别投入数字化关键技术、经济资本与人力资源等产业化要素，经过两个阶段的运行过程，形成历史文化村镇数字化内容的产业化发展。

第三节　历史文化村镇数字化内容产业化的应用途径

一、创意旅游领域的应用

　　历史文化村镇是珍贵的旅游资源，然而国内大多历史文化村镇的旅游开发存在着以下的局限性[13]：①难以全面处理旅游资源开发与保护的问题，容易陷入开发力度较大而保护力度不够的瓶颈，旅游资源的可持续发展难以实现。②旅游资源开发表现手法单一，展示性较差，大多数村镇未能突破静态陈列形式。③旅游开发同质性严重，地方文化与消费文化的融合性差，地方历史内涵的挖掘和再现不足。④旅游产品老化，缺乏新奇性和市场竞争力。⑤旅游互动性较差，游客的旅游体验感较为欠缺。现代旅游强调旅游产品的深度体验，更强调以主动获取知识，个性化和自主化等为特征的认知旅游的发展。因此，历史文化村镇旅游开发模式较为滞后，不能满足当前游客的多元需求。现代实景三维及计算机等相关技术的更新迭代，为历史文化村镇的深层次开发带来了新的思路与方法。历史文化村镇数字化保护即利用数字技术，对各类具有保护价值的物质和非物质信息以及自然环境信息进行收集整理、分析保存、展示传达，形成可再现再生、可共享创新的数字可视化形态，并从新的维度和范式来解读历史文化，实现保护历史文化村镇及永续发展的目的[14]。数字化保护不只是采集与保存数据，还会通过数字化展示与宣传手段传承历史文化，其涉及数字化采集、保存、虚拟现实展示以及网络化传播等方面。

历史文化村镇保护与利用的主要模式之一就是旅游化生存和产业化发展，创意旅游被认为是实现这一模式的有效途径。历史文化村镇经过数字化处理之后，形成了多种数字化产品（如虚拟旅游系统、三维模拟系统等），这些数字化产品最大限度保留了历史文化村镇的原真性和整体性，但现阶段的数字化产品还处于产业链中间阶段。旅游开发对数字化技术的应用，旨在通过时尚性的创意对数字化产品进行文化包装产生第二次增值效应，最终出售经过两次升级的综合性服务产品——历史文化村镇创意旅游体验产品。历史文化村镇数字化旅游产品体现的是智慧旅游的理念，实现的是多元增值的效应。

历史文化村镇数字化保护包含数字存储、监督、传播、修复、管理等方面。数字保存是指数字化技术，对具有保护价值的传统建筑构件及整体进行数字化抢救和保存，如山西传统村落数字信息平台。数字监督即借助现代遥感技术，对重点保护的历史文化村镇传统建筑和街巷格局进行实时监控保护，监控系统包括对历史文化村镇保护工作的"监测"与"控制"。"监测"是就特定对象，对要素根据预定的监测方案与数据收集方法进行观察。检测可用于随时间改变的各类要素。例如监测传统建筑、街巷格局、历史文化村镇扩张、水系及绿化演变等，以确定历史文化村镇中人类活动和人类活动对环境的影响。控制是"为监视各项活动以保证按计划进行并纠正各种重要偏差的过程"。科学的控制系统可以确保各项行动朝着预期目标进行。两大功能相辅相成、缺一不可、平衡发展，在"监"的同时也要发挥"控"的功能。在国外数字监督发展过程中，加拿大发展较为成熟。工作人员会定时定点进行调查、测量、清理、拍摄留档工作，估算变化速率，分析引起变化发生的原因，以便掌握最新情况。运用 GPS 技术对拍摄地点、方位、角度进行定位，以便提高后期照片复制、对比工作的精准度。在国内数字监督发展过程中，我国已逐渐形成属性查看、对象查询、影像对比、图纸对比、街景监测、三维监测等集成动态监测体系，为历史文化村镇的科学管理与规划提供依据[15]。①实时监测。实时监测是指利用监控探头等视频设备进行历史文化村镇动态监控，一般设置于重要节点、重要建筑等位置，以便于及时掌握历史文化村镇游客分布等数据及建筑受损情况等。②保护规划叠合。历史文化村镇保护规划是历史文化村镇保护与发展的主要法定依据，通过保护规划底图与现状高清影像底图的叠加对比等手段，辅助保护管理与相关分析判断，提高决策与规划科学性。③街景监测。街景监测与百度地图街景功能相融合，可随时浏览名城名镇名村范围内重要街巷的全景图，便于及时调取、观测现场情况。

目前，山西省在传统村落数字监测方面踏出了探索性的步伐，建立山西省传统村落历史建筑数字化保护体系，将空间扫描、数字建模、虚拟技术应用于历史建筑保护中，有助于促进山西省传统村落历史建筑数据库的建设、多维数据采集、空间数据分析、科学保护规划、建筑虚拟呈现以及智能修缮管理的协调发展；有助于促进基于建筑信息模型（BIM）的计算机科学、建筑学、测绘学等多门学科的融合，给传统村落保护带来新的技术手段[16]。

数字传播即对历史文化村镇数字化成果进行数字化传播，如敦煌莫高窟为保护洞窟禁止明灯照射而采用的立体扫描成像技术。数字修复即根据数字化处理档案，对经历破坏的有价值的历史文化村镇（建筑）进行修补与修复，目前该应用较多存在于古代器皿和字画等小型文物的修复之中，如南京博物馆文物修复互动游戏，以数字技术实现文物修复。历史文化村镇经过数字化处理所产生的中间产物，通过文化包装可变为旅游体验产品，而文化包装既是再生传统村镇文化的过程，也是使传统村镇文化和建筑大众接受度提高的过程。

创意旅游与传统村镇数字化保护的融合主要体现在数字保存及数字传播等方面。数字保存以数字博物馆为代表，现有中国传统村落数字博物馆，收录200多个优秀中国传统村落单馆和8000多个传统村落名录，通过数字化手段保存与展示我国传统村落，面向不同对象开发不同模块，具有很强的科学研究价值与社会价值。数字传播主要通过 VR 技术实现,游客通过 VR 数字技术,在虚拟化的环境中,感受和了解各种精美文物历史背景、时代特点、历史人物的风采。在对 VR 体验产品开发和设计的过程中,通过利用 3D 扫描设备进行对历史文化村镇建筑模型的构建与数字产品输出,形成历史文化村镇数字三维成果。

围绕 VR 技术展开的创意旅游体验产品主要涉及两种类型,分别为 VR 虚拟展演和沉浸式互动演艺。VR 技术是创意旅游中的应用方式之一,即 VR 展演。将色彩、光照和人体学原理等元素进行深度融合,并在产品开发中充分利用,采用符合相关设计主题的方式,以人的体验和感受为重,传递隐藏在作品背后的深层次文化内涵,增加游客的旅游感受与宣传效果[17]。以《丽江千古情》为例,其采用 IMAX 裸眼 3D 技术和全息投影,采用全息设备配合地面轨道横移到舞台,实现全息成像。全息膜后另有黑幕投影,配合台上的 LED 屏,营造全景影像。《丽江千古情》综合舞蹈、杂技、舞台机械、全景特技、装置艺术等元素,将歌舞与虚拟立体画面相融合,重现《纳西创世纪》《泸沽女儿国》《马帮传奇》《玉龙第三国》等丽江历史场景。《古道今风》将昔日被誉为"南方丝绸之路"的茶马古道,融进演出当中,借助全息镜像、纱幕投影、3D 动画特效,使舞台上的演员如置身历史实境中,结合惟妙惟肖的舞蹈互动,使观众仿佛真的置身其中,呈现一场"丝路"全息秀。

沉浸式互动演艺又为浸没戏剧,为一种把观众完全地包裹在演出团队所设定的戏剧环境内的新型旅游观演模式。浸没戏剧的演员在非传统舞台空间进行表演,观众可自由选择不同的观看路线,从而产生更加丰富的观演感受,该种观演模式旨在打破剧场内传统的观演模式,激发观众主动去探索剧情,领会戏剧创作者想要通过剧作阐述的深层哲理内涵[18]。以《又见平遥》为例,该剧为国内大型室内情景体验剧的经典代表,融合了古今,展示音乐、舞蹈、戏剧等元素,将晋商文化中的镖局、家族以及传统礼仪、面食文化等文化点集中展现给观众。导演将舞台分为相关串联的空间,随着剧情推进,观众可以跟随指引,前往不同空间观看和参与情节。观众需要不停地跟随指引,调动视听、身体力行地穿梭在不同区域之间来完成这个故事，停留片刻都可能错过即将发生的重要情节。沉浸式互动演艺有助于调动观众观演的兴趣。此外，观众可以直观感受故事所处的人文、自然环境，比如选妻活动之前女子梳妆打扮、学习女规的场景，揭示了过去平遥古城的礼仪文化；镖师出行前沐浴的场景，揭示了平遥古城的镖局文化；镖师远行前街头商铺、私塾、染坊、肉铺、钱庄等运作的繁华景象，揭示了平遥古城的商贾文化。《又见平遥》使观众近距离观看演员们，演员也可以和观众们展开互动，观众仿佛是客串这部剧的群众演员，这不但打破了观众与演员的空间距离，还打破了现代与古代的鸿沟。

历史文化村镇数字化保护中数字监督及数字修复两个环节必不可少，然而其在创意旅游中的应用目前仍缺乏涉猎，未来可以从除历史文化村镇以外的文化遗产数字化保护手段中加以学习。数字监督的借鉴与学习：以山西省为例，基于数字技术的保护方式，能发挥系统工程、数据科学、信息管理等专业的协调作用，具有重要的实践意义。数字修复的借鉴与学习：故宫数字化技术及数字化产品在文化遗产领域具有典型性，其通过数字化手段实现基于景观基因的针对性修复与传承，保留历史文化脉络。主要工作包括：①利用数字化技术对建筑的形式、结构、装饰等信息进行系统、准确地采集和再现，并以虚拟现实作品的形式展示。②推进"数字故宫"建设，建立、充实和完善故宫古建筑及院藏文物的三维模型数据库。③探索文物数据采集、保存、整理和展示的先进手段。④促进国际文化交流。故宫的数据采集、数据保存、VR 技术及数字修复技术等可为历史文化村镇提供参考。

二、智慧教育领域的应用

智慧教育的应用是发挥互联网等技术在教育行业中的价值，打造新型现代化教育模式的必然选择。智慧教育利用现代信息技术进行区域规划建设，通过多元环境与教育资源的支撑，优化资源配置、提高协同效率，实现数据共享、按需使用、规范办学水平提高教育管理水平，为学习者提供开放的教育，达到更好促进学生发展的教育目标。传统文化传承领域可以利用数字化等方式为学习者提供便捷的数据库和高效的分析。

传统村落是传统文化传承与重塑的重要载体。但传统村落一般位于交通不便之处，且部分传统村落遭到较为严重的保护性与开发性破坏，亟需采用数字化手段保护其文化景观[19]。传统村落的保护，其相关资料保存起来不是很方便的，通过数字保护技术，能够使其更加形象地、逼真地将文字资料及图像资料保存和展示起来。随着科技日新月异的发展，很多行业都将计算机技术融入到日常工作当中，传统村落数字保护工作也逐步加入新的模式和进行新的探索。VR 技术中所展示出来的逼真的数字化影像及互动，给传统村落数字保护提供了良好的平台，弥补了传统数字保护技术的不足之处[20]。

在传统文化传承领域，历史文化村镇数字化保护有利于提高传统村落保护的安全性，传统村落在漫长的历史岁月中会被损坏，通过科学信息等技术处理，不仅可以还原传统村落，还可以还原村民生活的细节，保护传统村落的原真性；扩大传统村落保护的交流性，传统村落数字化保护更加能够起到扩大和宣传作用，数字技术快速传播，可以将中国传统村落文化内容全面发展；增加了传统村落保护的民众性，人们可以通过网络信息平台关注传统村落，了解传统村落的建筑及景观特点，了解传统村落的民风民俗等，激发人们对传统村落的保护，村镇数字化内容为智慧教育提供了便捷的数据库来源和高效的分析途径。

在宏观层面，可以利用中国历史文化名村名镇数字化的建筑基因、环境基因和形态基因等文化基因因素，清晰、快捷、直观地判别出历史文化名村镇所属的文化类型[21]。

在宁波凤岙村的文化基因谱系结构中，有五大基因序列，即水文化、曲艺文化、居住文化、民俗手工艺和宗教文化基因序列。水环境是该地区典型的自然特征，具有江南水乡的特点。当地居民临水而居，先有水街后有建筑，在水文化背景下，凤岙村孕育了漕运文化、鱼稻文化和码头文化。民俗工艺文化基因序列表现在精神层面的传统乡村生活的归属感，以此形成以木雕、刺绣和饮食文化为代表的特色习俗。凤岙村的曲艺文化主要沿凤岙中街分布和位于张家街坊单元内的戏剧博物馆。凤岙村的居住文化在长期发展过程中，基于乡土文化情怀形成了与自然山水相融的因地制宜的建设发展原则，与坚持本土的建筑风格的传承，以坡屋顶、砖石或木板墙体、风火山墙等为主要特征。宗教文化具有很强的情感导向，佛教、基督教、天主教三种综合文化互相交织，融合成为宗教文化基因序列。通过对村落文化基因等方面的研究可以很清楚地看出凤岙村的文化特征[22]。在城市化建设进程中，我们要积极地运用新思路、新方法来保护弘扬传统文化，让更多的让人们有机会接触了解历史文化名村。

中观层面，可利用历史文化名村镇的 GIS 和 RS 信息数据库，清晰地判断出历史文化村镇的空间格局、工业结构和产业布局。

地理学语言是理解、研究、表达与传播地理信息的工具，现如今，科学技术的进步与人们认识水平的提高使其不断演进。地理信息系统通过数字技术描述和表达地理世界，促进地理学理论与方法的变革。GIS 语言是指利用具有几何、状态、过程、时空关系、语义和属性特征的地图符号及地理场景，来表达地理对象和地理现象的空间分布特征和变化过程，并辅助人们完成对地理空间的综合认知的数字化符号系统[23]。GIS 技术使地理信息传输方式不断变化，如 Google Maps 和 Geo Globe 的出现，改变和影响了人类的地理信息交流方式，提高了地理空间信息的交流效率，如空间 blog、交互式标注地图、手机导航与定位等；通过虚拟地理环境、地理增强现实等，增强地理空间数据的可用性，空间信息可视化的出现使地理表达更为有效。

有人在《中国历史文化名村的时空分布特征及成因》中分析中国古村落空间分布特征，探讨其格局形成原因，以此促进乡村的协同发展，推进城乡融合。先查找各区县旅游局官方网站公布的景区情况和查阅相关书籍来收集景区的资料，将中国地图出版社出版的我国地图作为工作底图。得出以下结论：①我国历史文化名村空间分布不均匀，多沿河流分布，多是历史上的经济文化中心、交通枢纽和文明发祥地，并形成了三大集中区、三大相对集中区和四大过渡扩散区，孕育了六个文化区；②建造时间跨度较大，但多集中在唐宋明清四个朝代，明朝保留下来的古村落最多，分布范围最广；③分布不均衡的主要原因有资源禀赋特点、评定标准的限制、依托腹地的经济发达程度和区域政策导向[24]。

历史文化名村具有重要的历史价值，能够反映历史时期地域特色与独特文化。通过地理信息技术，使其数字化，利用地图直观地看出历史文化名村空间分布特点，进而分析其形成原因，为我国古村落遗产的识别、评定及保护性开发提供资料。

微观层面，可以利用历史文化名村名镇数字化的内部构件库，了解村镇的文化内涵、建筑风格等信息。

村史馆一般用来宣传和保存当地村镇历史资料的陈列馆，是推进乡村文化振兴以及建设社会治理共同体的实践项目。上海市曹杨新村村史馆的创新实践表明村史馆这一形式有利于保护传统文化，弘扬民族精神。

上海曹杨新村是"劳模摇篮"，珍贵的政治、文化与社会价值使之成为当代工人新村建设史上的标杆，2013年曹杨新村村史馆建成，是曹杨新村重要的公共文化服务与社会治理创新项目[25]。曹杨新村村史馆共五层（表13-1），每层600平方米，物质形式的村史馆再现日常生活，运用文史资料展示新村

表 13-1 曹杨新村村史馆指示表

楼层	内容
5F	工艺展示馆与民间展览馆
4F	社区志愿服务中心
3F	风华曹杨之当代曹杨
2F	风华曹杨之历史曹杨
1F	劳模讲堂

资料来源：《空间生产视角下的村史馆治理及其逻辑》。

发展过程；虚拟形式的文史馆利用现代技术建立公众号以及放映室等虚拟展厅弘扬传统文化；象征形式的村史馆通过特定的空间结构实现对村民爱国教育等追求美好幸福的价值观塑造。

近年来，虚拟空间由于信息技术的发展逐渐成为信息输送的工具。虚拟空间的搭建有利于弘扬民族文化。借助村史馆传递价值观念，在某种程度上，村史馆体现了一种创新的宣传形式，不仅保留了传统精神，还更大程度的发扬光大。依靠信息技术，运用虚拟手段打造一个易交流、互动的舞台，让人们学习文化知识更加方便。

三、动漫游戏领域的应用

动漫游戏产业是一个新兴的文化产业，在全球迅猛发展，巨大的市场需求刺激了中国动漫产业的飞速发展，但整体而言，中国动漫产业还处于初级阶段，传统文化的资源发掘和弘扬意识相对滞后。传统文化是动漫产业活的灵魂，给动漫注入生命力，使动漫产业真正焕发生机，同时，通过动漫产业的发展可更形象、更生动地传播中国传统文化。历史文化村镇数字化内容将在动漫产业发展和传统文化传播之间构建一个合作的桥梁，承担着技术输出和内容构架的双重任务。

随着动漫动画和网络游戏成为新一代消费群体的主要娱乐消费模式，推动了中国动漫游戏行业高速发展[26]（表13-2），成为数字文化产业中的一个核心领域。动漫游戏产业作为文化产业，以文化创意为核心，好的作品必定能被反复深挖其文化内核。我国历史文化村镇文化资源是动漫游戏产业的重要创意源泉，国潮文化风靡的当下，以中国本土文化为底色的动漫游戏越来越能获得大众的文化认同。与此同时，国人对文化产品的审美味蕾也在寻求东方口味。我国历史文化村镇或清雅淡丽，或恢宏大气，以多样的风格传承了中华民族的传统审美意趣，其数字化内容展现了大量本土文化符号。将中华传统建筑艺术融入动漫和游戏，创新建筑艺术门类的动漫化表达，在产品内容和美术风格上具有革新意义。打造一批中国原创IP，带来独具中国特色的视听盛宴，有利于消除中国文化产品内容缺乏创新、盗版侵权严重的偏见。

表 13-2　2015—2019 年中国动漫游戏行业发展状况

	2014	2015	2016	2017	2018	2019
动漫图书出版数量（种）	2163	2262	3190	2805	2144	1295
动画电影票房收入（亿元）	30.31	44.10	70.56	47.50	40.64	112.74
游戏用户规模（亿人）	5.17	5.34	5.66	5.83	6.41	6.65
游戏市场销售收入（亿元）	1144.8	1407.0	1655.7	2036.1	2144.4	2308.8

资料来源：中国音数协游戏工委与中国游戏产业研究院。

　　依据米尔格拉姆和岸野文郎提出的"现实—虚幻"连续轴，二次元世界属于"混合现实（Mixed Reality）"状态，既能通过符号形态引导受众思考背后的现实，也能看似再现世界，使得受众进入镜像世界尽情做梦[27]。固然二次元文化的最大魅力在于天马行空的虚幻情节，但不能漠视它对现实世界的指涉能力，我国以写实性要素为卖点的动漫作品如今亦不少见。如 2018年的国漫《昨日青空》，实景还原了 90 年代的浙江兰溪古城、永昌镇和甪直古镇，用大银幕回放了一代人的青葱岁月。该类作品的受众往往期望场景建模贴近真实观感或含有现实世界的文化元素，以沉浸式的体验产生对本土文化的认同、消费与传播。通过数字化技术模拟真实空间，平衡表现的真实性与虚拟性，自然成为了动漫游戏等二次元场域空间场景设计的一条重要途径[28]。

　　新媒体背景下，数字技术的创新应用和数字经济的发展，使得动漫设计与创作数字化程度日益增高，以技术研发的增加换取人力消耗的减少，大大提升了工作效率与生产质量。如今受众对场景渲染的真实性和画面细节的要求非常高，二代的数字媒体设计与创作虽然比手绘方式极大缩减了原稿数量，并提升了画面流畅度，但多分镜的精细画面要求下，原画师的工作量仍然很大，三维动漫游戏场景更是对设计者的三维空间感和立体光线效果的把控能力提出了挑战。以技术更为复杂的三维画面设计为例，数字化技术在模型建筑、灯光设计、关键帧设置、动画生成等工序上的优化精进，大大缩短了产品制作和更新的周期，使得应用数字化技术和内容的动漫游戏正占据着越来越广泛的市场。

国漫《大理寺日志》为保证还原我国的古建筑风貌，邀请了天津大学教授作为古建筑顾问，建筑形制参考了唐朝洛阳城建筑，在片中展现了"万国衣冠拜冕旒"的大唐气象。大到城楼造型中的补间铺作（补间斗拱）、橼子、承接枋、斗拱，小到平闇、鸱尾的样式都复合史实，只有细节上有小瑕疵，如山墙的走向、寻杖的翘头、梁枋的承接。这些不足瑕不掩瑜，但反映出人工采风考据绘制，难以完全避免错漏。基于数字化手段，可运用计算机不俗的运算能力将历史文化村镇实体转化为虚拟态数据，建立按真实比例缩小的三维空间模型，在保持建筑原真性的同时储存大量精准的属性信息。

历史文化村镇数字化内容非常丰富，包括数字音视频、数字模型、数字动画和相关文本属性资料。动漫视听传播和游戏互动式传播的最主要感官渠道是视觉，因而其中最受业界关注的是历史文化村镇数字模型。详细的建筑及其部件的三维模型，包含了内部结构和表面纹理数据，是游戏界面、游戏场景和动漫场景设计的重要参考资料。

数字化技术加持下的历史文化村镇动漫和游戏具有直观而精美的展示和教学效果，在动漫游戏商业公司及工作室、相关旅游景区景点、文创公司、文博机构、学校及其他教育培训机构等部门有着不小的市场需求。如西山居游戏工作室的《剑侠情缘网络版叁》（简称《剑网3》），其长歌门门派地图等场景考究了徽式建筑、苏杭园林，以白、青为主色调，处处充满了唐风徽派建筑风情，受到大量玩家的喜爱。随着现象级游戏《剑网3》技术研发工作的深入，西山居逐步成为国内集制作、发行于一体的数字化互动娱乐公司，展现了在古风、仙侠、武侠等相关游戏领域，历史文化村镇数字化内容的巨大应用前景和对行业发展的推动作用。中国头部互联网技术公司网易自主研发的游戏《天下3》和《逆水寒》，以及"国漫之光"《大鱼海棠》，为历史文化村镇数字化内容的应用方式提供了更详尽的案例，详见案例资料一、二、三。

当前，我国历史文化资源数字化工作也开展得如火如荼，建立了相当数量的历史文化村镇数字博物馆及数据库，为历史文化村镇数字化内容的产业应用奠定了基础。在动漫游戏领域中应用历史文化村镇数字化内容，是历史文化村镇数据库的应用延伸，有利于扭转重建设轻利用，重保存轻传播的局面。目前市场上有许多数字化服务平台，基于数字化技术进行动漫和游戏设计、创作、生产、传播和服务，横向链接动漫游戏产业上、下游企业，纵向链接动漫游戏企业各个部门、环节，形成了全方位配套的产业链[29]。在历史文化村镇数字化内容上创新设计生产，将实现传统文化与二次元文化的破壁融合和不断增值。完善历史文化村镇数字化内容在动漫游戏产业的应用，首先要加强历史文化村镇数字化内容平台建设，构建基于历史文化村镇数字化文化资源的动漫、游戏产品的开发实施路径，向全球市场输出文化产品和文化影响力。其次，积极引导历史文化村镇数字化内容创新，推动网络游戏、网络动漫等产业门类发展。最后，建立完善的知识产权保护机制，加大培育高质量 IP，提供优质的历史文化村镇数字化内容供给[30]。

全球的动画制作产业正进行新一轮升级，AI、VR 等新数字化技术在动漫产业中的研发使用成为必然趋势[31]，这些新技术的研发，都要基于数字化内容的开发和应用。在动漫游戏领域，历史文化村镇数字化内容的基础应用主要需要用到数字化采集、数字化建库、数字化设计、数字化制作技术。首先需要用 2D 和 3D 扫描仪、对应的扫描软件与辅助软件将历史文化村镇的内容物实物扫描，初步建立数字化数据库及模型；然后在基础模型数据上，依据产品需求用 Autodesk Maya、PixologicZBrush、AutoCAD、3D Studio Max 等专业动漫游戏建模软件精细建模；接着叠加上人物模型等其他要素；最后利用 Adobe After Effects 等特效、剪辑软件，以及游戏引擎软件系统，制作动漫或游戏成品[32]。

动漫和游戏既是娱乐方式，又是传播媒介，是传统文化的流行表达与活态展示，一直以来在青少年群体中具有极大影响，并逐渐成为全年龄段的大众产品。由于动漫和游戏契合人类对休闲娱乐的天然需求，因此，它们在促进传统文化的传播方面具有其独特优势。动漫、游戏等新的传播手段有利于扩大历史文化村镇数字化成果的传播范围、受众群体。应加强动漫和游戏在传统文化传承中所发挥作用的研究，推动历史文化村镇数字化内容的学习与传播，使中国传统文化在传播与接受的过程中得以复兴。

我国的数字文化产业已经具备一定的国际竞争力，通过将历史文化村镇数字化内容应用于动漫游戏产品，在二次元的"资料库"中添加更多中国审美要素，建构起对中华文化的好感，可以突出"国创"的价值，助力二次元领域的文化输出[33]。如基于中国古建筑的榫卯结构设计的榫卯模型解谜游戏《匠木》。该游戏先后受邀参展故宫博物院"文化+科技"国际论坛、"感知中国"中国文博创意作品展、法国卢浮宫展出，被法国吉美博物馆（Musée Guimet）收藏。中国的榫卯工艺被游戏带出国门，走向了世界舞台。

案例资料一：《天下 3》再现古今瑰丽场景，虚拟现实完美交融。

《天下 3》游戏中的巴蜀丹坪寨，取景自四川甘孜丹巴。丹巴素有"千碉之国""美人谷"之称，民族历史悠长，有国内独有且世界罕见的中路、梭坡古碉群和嘉绒藏族民居。官网发布的古碉群照位于丹巴县梭坡乡莫洛村。莫洛村是东女国国都的遗址所在地之一，2012 年列入第一批中国传统村落名录。丹巴古碉的建筑年代为唐代至清代，距今已有千年历史。2006 年，丹巴古碉楼被列为第六批全国重点文物保护单位。

游戏中望川镇场景的设计灵感来源于云南丽江古城，又称大研古城。丽江古城体现了中国古代城市建设的成就，为第二批中国历史文化名城之一，是中国以整座古城申报世界文化遗产获得成功的两座古城之一。

木渎镇场景则还原了江苏周庄的江南水乡风情。周庄镇始建于北宋元祐元年（1086），是江南六大古镇之一，被誉为"中国第一水乡"。而"木渎镇"在现实中也存在，同属江苏，2005 年 9 月入选第二批中国历史文化名镇名单，距今已有两千多年历史。地处江苏的两座如梦似幻的古镇给游戏带来了独属于江南的"小桥流水人家"之景，让玩家得以沉醉其中。

案例资料二：《逆水寒》联动西江千户苗寨，开启游戏扶贫三部曲。

贵州黔东南苗族侗族自治州雷山县，是被誉为是"苗族历史文化教科书"。雷山西江千户苗寨是一个保存苗族"原始生态"文化完整的地方，由十多个依山势而建自然村寨组成，是中国乃至全世界最大的苗族聚居村寨。2005年，西江千户苗寨吊脚楼被列入首批国家级非物质文化遗产名录。

《逆水寒》通过将西江千户苗寨数字化开发游戏场景"青天寨"，让玩家能欣赏到西江千户苗寨的风雨桥等标志性景观，更牵手贵州雷山县，创新游戏扶贫新模式。

案例资料三：《大鱼海棠》"神之围楼"，再现福建客家族世居的神秘土楼。

《大鱼海棠》电影中主角们居住的"神之围楼"之所以让人印象难忘，最关键的原因就在于建筑场景设计借鉴了中国传统民居建筑——福建客家族土楼。福建土楼是封闭式围合的多层大型居住建筑，采用夯土墙和木梁柱共同承重，防卫功能突出。分布在闽西南山区，以永定、南靖、华安三地为主。福建土楼给人以"大山里的堡垒，神秘而奇特的家园"的独特感觉，联合国教科文组织专家称福建土楼是"世界上独一无二的神话般的建筑模式"。

四、数字展示领域的应用

新媒体技术的发展，为历史文化村镇提供了创新的展示方法和表现手段，它将多种媒介信息进行整合创新，形成信息化传播的新平台。历史文化村镇数字化保护正是利用了该类新技术，在数字展示领域可利用的空间较大，主要体现在如下几个领域：

（一）传统文化类的数字动画创新应用

将历史文化村镇文化内容以动画的形式进行数字化展示，既能准确记录对特定历史年代的原始数据，进行原真性保护，又有助于实现历史文化村镇的互联网传播、在线展示和虚拟旅游，在传统文化的保护方面具有独特优势。

联合国教科文组织国际自然与文化遗传空间技术中心（简称 HIST）衡阳分中心依据村落现存历史文化资料以及现代测量技术采集的村落三维空间数据，利用三维建模、虚拟现实等软件完成了对干岩头古村的数字化保存、虚拟修复与三维展示（图 13-1）。其代表性成果之一就是：湖南省古村古镇系列数字景区产品，通过数字动画的形式展示传统村落的建筑、规划等文化内容，包括中国历史文化名村——干岩头村、龙溪村、板梁村和中国传统村落——常宁市中田村以及衡阳市典型历史建筑群——南岳大庙、石鼓书院、船山书院等。

图 13-1　干岩头村数字化保存、虚拟修复与三维展示

将传统文化内容进行艺术再创作并进行数字化展示，可以提炼优秀文化内涵，并打破时空界限对传统文化内容进行生动展示，赋予其强大的生命力，是历史文化村镇数字化保护中对传统文化类内容进行保护的重要内容之一。

2019 年，平遥县政府与联通沃动漫开展合作，创造 52 集平遥主题原创动画片《古城小镖师》。该剧以千年古城池与文化积淀为切入点，以动漫为桥梁，搭建平遥古城与当代年轻人的情感共鸣舞台，旨在打造中国新时代文旅数字文创标杆项目。

（二）传统技艺类的交互式创新应用

传统技艺的内涵决定了其流程式的传播属性。交互式的展示较之传统的技艺展示，能够系统的有规划的组织丰富的内容信息，根据不同的需要传达相应的信息，并且具体的互动行为能够将所需信息准确地传达给参观者。当今时代，人们更加重视用户体验，交互式的用户体验是人们乐意接受的，也是人们对传统技艺加深理解的良好手段，因而，交互体验是工艺技艺类项目展示的重要环节。目前，许多博物馆都开辟了手工制作空间，手工艺的可视化虚拟教程可与实物真实操作体验相互配合，极大的提升展示的趣味性和参观者的参与感。

除了将传统技艺本身流程作为交互式创新的内容，还可以在传统技艺的展示系统中加以互动体验设置，参观者置身于设置的场景中，可以激发参与者的探索欲和情感共鸣，使参观者更好地感受与理解传统技艺的文化内涵。《哈尼卡乐园》（Hanika Paradise），将达斡尔族传说故事和哈尼卡纸偶艺术相结合营造出一个奇特的互动空间，使参观者在实景角色扮演和情景模拟中体验传说故事中的情节进而获得新颖有趣的知识和感同身受的移情体验和民俗文化的熏陶[34]。通过完整的互动过程，观众可以在轻松娱乐的氛围中了解到达斡尔民俗的很多知识点，也可以在角色的扮演中体验达斡尔族传统文化的内涵与故事。在另外一个层面上，Hanika Paradise 也是在达斡尔族传统哈尼卡的基础上对哈尼卡文化进行发扬和传播，在内容上将哈尼卡纸偶和传说故事相结合，在科技层面上将哈尼卡的娱乐教育功能和传感技术和多媒体技术等相结合，以新的角度去看待达斡尔族传统的哈尼卡游戏。

（三）传统表演类的虚拟仿真创新应用

传统表演是集合了音乐、动态和故事为一体的多元视听体验，主要围绕视听手段来呈现，但并不止于视听。利用现代多媒体技术，将传统表演整体还原，并实现其数字化虚拟展示，实现文化资源的共享，让人们沉浸式地观赏艺术表演，从而可以更加真切地体会到传统艺术表演的魅力所在，更好地领会艺术表演下蕴含地深刻文化内涵。例如"马街书会"的数字影像展示设计。每到正月十三，曲艺人来到河南省宝丰县马街村，以曲会友，亮书卖书。"马街书会"的宏大场面可谓"千座书棚，吹拉弹唱，人头攒动，热闹非凡"，但也因此其在实体空间中的展演成为难题。马街书会以北方户外为场地，范围很大，存在凌乱、嘈杂、缺乏重点等问题，如果采用直接展演的方式，参观者难以理解其规模、特点与价值，且无法感受其在特定文化背景之下的独特魅力。因此在以展示为媒介的信息传播过程中，技术参与信息加工十分必要[35]。

另一方面，地方传统表演艺术需要兼顾本地参观者与观光客来诠释这些项目，为参观者提供多元化、多层次的展示信息。例如，苏州评弹的受众基本覆盖吴方言区域，对于旅游者，吴方言体验是了解评弹的重要切入点；对于本地参观者，唱腔唱调、经典片段的交互视听体验可能会很有"市场"；而对于旅游者，加入综合感官元素、立体虚拟影像后的书场场景再现，会帮助他们在短时间内建立对这一陌生的表演形态的形象化印象[35]。

（四）基于移动终端的智慧展览新模式

伴随着经济的发展和时代的进步，移动终端逐渐成为人们日常工作和生活不可缺少的一部分，在历史文化村镇的传统文化展示领域，移动终端可实现随时随地地便捷地进行历史文化村镇线上游览，拉近了人们与历史文化村镇的距离。

2017 年，住房和城乡建设部办公厅印发《关于做好中国传统村落数字博物馆优秀村落建馆工作的通知》（建办村函[2017]137 号），正式启动中国传统村落数字博物馆建设工作。随后，数字博物馆于 2018 年 4 月 28 日正式开通上线。数字博物馆分总展馆、村落单馆及全景漫游手机客户端。总展馆设名录、探索、学术、活动、文创、社区、资讯、关于等栏目。

村落单馆涵盖全景展示、历史文化、环境格局、传统建筑、民俗文化、美食物产、旅游导览等 7 大块内容，以全景漫游、三维实景、图片、文字、视频、音频等多种形式全方位展现中国传统村落独特价值、丰富内涵和文化魅力，集知识性、趣味性、实用性和可视性于一体。

在新冠疫情期间，一些旅游景区开展线上"云游览"，让人们足不出户就可以"云游"景点，这一创新游览模式也是基于移动终端地智慧展览模式地集中体现。2020 年五一小长假期间，受新冠疫情影响，山西省包括平遥古城在内的多个景区关闭或实施限流管控，针对游客需求，景区打造了"文旅局带你线上看平遥"每日一展以及直播、"5G+VR 云游平遥古城"等线上活动。5G+VR 云游平遥古城活动可以通过手机端参与，"5G+VR"的直播镜头打破了时间和空间限制，让游客可以在直播间沉浸式、360 度全景欣赏。

五、工业设计领域的应用

（一）历史文化村镇文化基因工业产品设计的关系

1. 文化基因是产品设计的基础

历史文化村镇作为全人类的宝贵遗产，它承载着各族人民世代传承的生产智慧与生活理想。其文化基因和文化元素是民族思想内涵的载体，是人民精神生活的写照，只有将文化基因根植于设计作品中，作品才会有精神和内涵，才值得被延续，传承并成为后世文化的重要组成部分。

2. 产品设计是文化基因的载体

优秀的工业产品设计是文化的物质载体，是传统文化的具体体现。透过产品的设计与呈现，我们可以了解其背后的文化内蕴。时代的发展使得历史文化村镇背后的文化基因与工业产品设计的联系变得愈加紧密，将复杂与抽象的文化基因具象化，通过具体的设计产品来体现其蕴含的文化价值。

3. 文化基因与产品设计适应发展

要使历史文化村镇的精髓—文化基因，在现代社会发挥其真正的价值和意义，就要结合社会生活需要的产品加以设计与推广。每一件优秀的产品都是文化与艺术的结合体，如果产品设计只是对传统文化基因的"生硬照搬"，那么其产品必定是空洞、无味的。只有对文化基因和文化元素进行总结归纳、提炼阐释，结合人们的思维方式、功能需求、审美趣味加以融合，才能引致出人们内心最真实的情感，设计出引起人们主动思考的优秀产品[36—38]。

（二）历史文化村镇文化产品设计的原则

设计开发相关文化产品是承担起发扬和传承乡土文化的功能。从本质上说，销售相关文化产品，既是乡土文化的实体再现，代表着其文化属性的深层转化和延续，也在无形之中让旅客的印象更加丰富，多元，进而形成一个有趣的社会学习机制。目前国内大多数历史文化村镇销售衍生出的文化产品，大多为旅游纪念品或相似性很高的产品，创意的缺失造成了无法突出各个村镇的文化特色，好的文化产品应该具有丰富的文化内涵，因此，历史文化村镇文化产品设计开发应遵循以下原则：

1. 文化为根，注重情感

历史文化村镇文化产品作为链接村镇与公众需求的载体，是在为大众提供特色鲜明，美观实用的产品同时，也能保证产生一定的社会经济效益。以文化为根是历史文化村镇文化产品设计的首要原则，每个历史文化村镇都有自己独特的文化内涵，这是开发文化产品的先天优势，只有对历史文化村镇的各类文化特色进行了深入挖掘，才能设计出具有代表性的产品[39]。

人们购买文化产品的消费行为是一种情感消费，正如丹麦教授罗夫·钱森（Rolf Jensen）所说："我们的购物行为，实际上是在寻找商品背后所蕴含的故事、友情、关怀、生活方式和品行。"通过巧妙设计，将产品与地方文化相融合，当文化内涵被赋予其中的同时，便加入了故事、情感等元素，进一步巩固了文化与情感之间的认同与联结，并让文化产品除了具有售卖产生的经济价值之外，也满足消费者在情感、社交、美学上的需求。

例如北京奥运会吉祥物的设计就很好地将文化与情感完美地结合在一起，外形和内容上都应用了中国传统文化的特点，同时也蕴含着中国人民对成功举办奥运会的希望与对人类和谐、美好生活的期盼。在整个福娃造型设计上，设计师不仅巧妙地将五种元素融入设计当中，还把奥运会会徽五种颜色也放入到福娃设计之中，并且五个福娃合起来，从字面意思上是"北京欢迎你"，传递了中国人民美好的情感。

2. 紧跟时代，营建系列

每个时代都有每个时代不同的文化特征，随着社会生活条件的提高，人们的社会心理和思想文化也会发生变化，紧跟时代，牢牢将历史文化村镇蕴含的乡土文化与现代文化有机融合，积极地在对接、吸收、借鉴传统文化内涵的基础上创造出新的形式，并与时代发展紧密结合，设计出符合当下审美认知和消费需求的产品,增加商品竞争力和辨识度。

纵观成功的文化产品,突出卖点,进行产品的系列化开发打造,是主流趋势。文化产品作为历史文化村镇宣传的重要载体,进行系列化开发不仅需要对主要文化元素进行高度的凝聚与概况,更需要优秀设计师对产品整体进行有计划的开发。系列化的产品打造具有以下两点优势:①吸引流量,便利元素推广:系列化产品在设计手法、元素应用、色彩材质上具有高度的协同关联性,主体明确,但也存在一些差异化产品以满足不同消费者的需求。②深度细化,完善产品结构:将产品细化,对产品的深度进行挖掘,对其广度进行拓展,根据市场动向和消费者喜好,机动灵活地发展出新的产品,使得产品更加突出,品类更加完善[40]。

现代社会,90 后、00 后已成为消费主力军,打造符合他们审美所需,兴趣所致的文化产品,是提升品牌形象,扩大品牌影响力的关键所在。泡泡玛特作为潮玩手办和盲盒经济的代表,凭借其可爱的外观,自带"泛二次元"属性,集结了各种 IP 内容,迅速赢得了年轻人的喜爱,盲盒经济的火爆,产品的未知性和系列设计不一性,进一步激发消费者收藏集齐欲望。

3. 打造品牌,适度包装

品牌是指商品生产经营者为使自己产品区别于其他同质产品,而使用的特定标识。文化产品是不同地域乡土文化的物质载体,文化产品品牌化有助于提升历史文化村镇的形象定位;有助于文化产品创意的拓展,特色的打造;有助于品牌的系列产品形成亮点,形成卖点。

包装不仅在携带和运输过程中保护商品,也有助于提升产品的观赏性和对消费者的吸引力,提升产品知名度。独具特色的包装设计能为产品提供更高的附加值,在某种程度上,是对消费者的一种文化输出方式,可达到特殊的教育意义。历史文化村镇文创产品的包装可基于教育意义和文化输出的角度出发,还原历史文化村镇地方特色为前提,进行产品包装设计,体现出产品的文化特色。

北京故宫博物院的文化产品,从手账、饰品、手机链、钥匙链、到瓷器、伴手礼等文化产品，都有明显的品牌标识，并且非常重视包装，即便是一个小小的钥匙扣或小摆件，都是有适度的包装，得更显精致，既体现了其用心程度，也为与其他相类似的文化产品加以明确的区别，增加了产品辨识度。

（三）历史文化村镇文化产品的设计与开发实践

1. 历史文化村镇文化产品的设计方式

历史文化村镇文化产品与一般工业设计下的产品的不同，就在于"文化基因"。从根本上说，就是"文化基因"在具体产品设计中凝聚及实体化，继而产生历史文化村镇文化产品。人与人之间是通过语言来交流情感的，物和人之间的交流是通过物的形态与功能来表达的，尤其在文化产品的设计上，设计师使用具体形态语言完成文化思想与情感的表达、功能价值与信息的传递，因而在文化产品的具体设计中，如何恰当表现文化基因和文化元素的设计方式显得十分重要。

（1）视觉感知"的表层设计

表层设计是以不同形制产品为承载物，将文化元素用以直观图案，标志符号直接融入产品中，此类设计方式，对于地方文化的呈现相对简单，文化产品所表达的意图通俗易懂，且产品价格较低，能被消费者所接受。但同时，这类产品容易被模仿，设计方案层次较低，适宜多种形制的产品开发，且附加值较低，是一种"直觉直译"的产品设计（表 13-3）。

表 13-3　"视觉直译"产品设计方式

产品形制	产品名称	产品图片	产品剖析
书签	敦煌博物馆九色鹿书签		以敦煌莫高窟经典壁画《鹿王本生》九色鹿为形象

续表

产品形制	产品名称	产品图片	产品剖析
背包	永州方言背包		将永州特色方言运用其中，传达方言韵味，满足实用性，突出产品特色
灯具	侗族月夜小夜灯		将侗族鼓楼文化元素应用在灯具上，更加突出其文化元素

（2）"功能嫁接"的骨架设计

此类设计方式不是简单的文化元素的直接表现，而是追求深入了解文化基因，并进行深层次的挖掘和设计。具体在产品上，则是功能、造型和操作方式的创新。骨架式的设计方式可以将文化元素和产品本身更好的融合起来，使得产品兼具使用价值和较高的收藏价值，是一种"功能嫁接"的产品设计（表 13-4）。

表 13-4　"功能嫁接"产品设计方式

功能嫁接	产品名称	产品图片	产品剖析
造型结构、操作方法、使用功能	乐高霍格沃兹城堡积木		择取《哈利·波特》系列电影中城堡的造型图像，结合乐高积木的拼接操作方式，使文化产品更具趣味性

历史文化村镇的传统建筑不仅是乡情寄托的物质实体，更是各村镇文化基因的代表，借鉴乐高产品的开发模式，增强历史文化村镇在文化产品设计中的应用与实践[41]。

从造型结构上看，历史文化村镇的各色形式的传统建筑，是最为显著的文化元素，具有极强的辨识性和开发价值。从操作方法上看，对于游客来说，搭建积木会使他置身于一种建筑体验当中，是放松和具有成就感的事情，对于求学、旅居在外的本地居民来说，能够搭建自己最为熟悉的建筑，或许可以成为他们怀旧的方式和重拾回忆的最好手段。同时，从使用功能上看，这样具有乡土情结的模型多数放在人类居所中作为成果保留，成为直观的记忆存储，并且在设计时，可以通过加入"多余的"小配件，如绿植、行人、商铺等，增添其真实性和趣味性，让整个搭建过程融入不同的个性与创意，成为高度个性化的私人创作。

（3）"文化承载"的意蕴设计

单纯由文化元素的外在表征设计出的文化产品是一种图腾式的思考，实现文化元素和功能嫁接的骨架式的设计方式也难以直达文化元素的内在核心，因此，我们要从更深层次的文化的基因出发，这种设计方式是文化产品设计的最高形式（表 13-5），观其形，或许找不到具象的文化元素，感其神，却显露出更深层次的味道，产品设计与文化意韵之间契合的十分完美，对于消费者来说，须建立在认同文化的精神内涵后，才能读出其意韵所在。

表 13-5　"文化承载"产品设计方式

产品名称	产品图片	产品剖析
一杯明月		从品茶过程去领略茶、情、意三者之间的关系

"品茶"不只是品尝所喝茶的好坏，也是带有"禅"意的冥想。"杯中月，窗外明，咫尺天涯；镜中花，寒烟翠，相顾无言。"设计师结合中国饮茶的品字，巧妙地将杯中月这一文化意境呈现到整个产品中来。如图所示：当杯子盛满茶汤，便可以体会到深深地文化意境。一句简单的话语，一个简单的意境，只可意会不可言传。而都过设计与产品的结合，将文化、观念、思维具体化，把文化意蕴承载到物质产品中，赋予物质产品以文化内涵[42]。

2. 历史文化村镇文化产品的开发实践

（1）传统建筑积木的三维模型制作（总体，全局）

选取一传统古建筑→运用 CAD/ARCGIS 等软件对建筑原型进行矢量化→在初步确定外观与结构后，运用产品设计软件 RHINO 进行数字化构建[43]（图 13-2）。

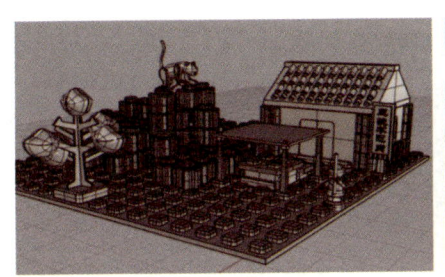

图 13-2　"武松打虎"主题三维模型

图片来源：《基于传统文化的益智拼插玩具设计研究》。

（2）茶文化创意产品的三维模型制作（以茶文化为例，选择历史文化村镇具体典型的文化元素为准）（局部，个体）

以饮茶过程中产生的废水，茶渣处理为设计点，选取竹子为材料，进行文化创意产品的设计[44]（图 13-3）。

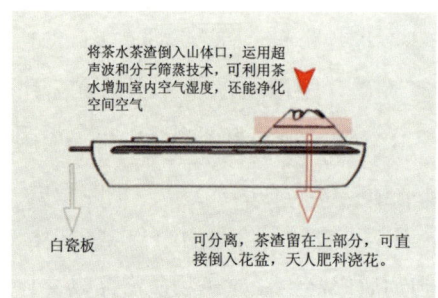

将茶水茶渣倒入山体口，运用超声波和分子筛蒸技术，可利用茶水增加室内空气湿度，还能净化空间空气

白瓷板

可分离，茶渣留在上部分，可直接倒入花盆，天人肥科浇花。

图 13-3　产品示意图

图片来源：《乡村旅游的文创产品设计研究》。

第四节　历史文化村镇数字化内容产业化的管理策略

一、产品开发运营视角下数字产业化管理策略

新时代为历史文化村镇数字产业化的发展提供了历史性机遇窗口，未来文化产业有可能进入数字文艺复兴时代[44]。在这一背景下，数字创意产业独特的优势得以显现。一方面，虽然利用数字技术，比如大数据分析，文化产业的生产也力图更多地与需求匹配，但总体来说，文化产业具有更多的不确定性。这种不确定性源于创意与文化的高度复杂性，决定了该领域将是未来人类智力和创造力投入的重点领域。另一方面，在技术发展的推动下，社会生产体系的重构，使得文化消费的市场空间不断扩大，文化创意产业将拥有更广阔的市场空间。与此同时，更多的人力从社会生产体系中解放出来，并回流到数字创意产业中，为文化生产的繁荣提供了更丰富的人力储备和创造力释放的空间。但是，当前多数历史文化村镇在数字化的发展过程中普遍存在重文化保护、轻文化利用的问题，尤其缺乏数字化产业的长效管理机制，必将影响历史文化村镇数字化的可持续发展。因此，为了确保文化遗产产业化发展效率，根据历史文化村镇数字化产业发展的趋势和基本特征，从数字产业化的发展规划、品牌战略、市场运营以及利益共享等产品开发运营角度出发提出管理策略。

（一）数字产业化的发展规划

历史文化村镇数字化内容产业化的发展规划是产品开发运营的前提，对于数字产业化的健康长远发展起着提纲挈领的作用，因此从数字产业化的发展规划角度出发提出调控策略，将为后续工作奠定基调与掌控方向。首先，文化遗产数字产业化要注重产业发展的顶层设计，需从宏观层面上统筹规划和战略布局，建立统一的文化遗产数字化处理程序和数字化技术标准，依托行政划拨和商业化后的利润分配资金，构建囊括全国范围内历史文化村镇的空间数据库，为大力推广和普及数字化产业提供技术支持和基础保障。其次，文化遗产数字产业化也要重视文化数字化产业设计的底层规划，从微观层面上创新数字文化产业的发展模式，在基础层面落实非物质文化遗产的开发与保护研究，助推优质的数字文化内容不断的生产供应，推动数字化再现及增值服务、文化产品开发、视听产品开发、主题产品开发等基础项目的规划与实施，使商、产、学、研有机结合，实现传统优秀文化资源的创造性转化与创新性发展[45]。

（二）数字产业化的品牌战略

历史文化村镇数字化内容产业化的品牌战略是产品开发运营的关键，对于形成数字产业化品牌效益具有重要意义，因此从数字产业化的品牌战略角度出发提出发展策略，将为产品营销提供品牌保障。首先，以优秀传统文化为载体，利用数字化技术手段创新文化产品、更新输出方式，建立历史文化村镇数字产业化品牌，形成品牌效益。其次，通过一系列的文化创意打破受众与产品之间的需求障碍，使公众在情感上建立起历史文化村镇数字文创产品的品牌认知，逐渐打响品牌知名度和美誉度，形成口碑效益。最后，在历史文化村镇数字化产品品牌与口碑建立的基础上，依托我国数字经济的发展以及现代化网络传媒手段的运用，积极开展线上线下的品牌宣传与推广，提升数字文创产品的品牌价值，形成产品销售与顾客消费之间的路径依赖，并通过品牌授权，不断扩大产品的市场份额，为品牌产业化保驾护航。

（三）数字产业化的市场运营

历史文化村镇数字化内容产业化的市场运营是拓宽产业变现渠道的重要环节，良性的产品运营模式有助于形成数字产业链和商业链，因此从数字产业化的市场运营角度出发提出优化策略，将为数字文创产品提供充足的客源市场。在历史文化村镇数字产业化市场运营过程中，要在顺应市场需求与尊重市场经济规律的基础上，进行科学的市场评估和品牌定位，走历史文化村镇数字产业化信息增值模式。此模式是通过对生成的数据进行清洗、归档、分析和加工形成文化数字产品，最终投入市场实现产业增值[46]的有效路径。

（四）数字产业化的利益共享

历史文化村镇数字化内容产业化的利益共享强调将数字产业化开发所涉及的众多利益主体，在合理的成本、利益分配模式下取得合作，使他们在市场竞争中建立起"求同"的发展态势[47]。从管理的角度讲，有效调控政府、企业、社区等利益主体间的关系，实现文化资源的合理、高效利用，是解决文化产品开发与历史文化村镇可持续发展的根本之策。

二、利益相关者理论视角下数字产业化管理策略

弗里曼认为，利益相关者是能够影响一个组织目标的实现，或者受到一个组织实现其目标过程影响的人。按照利益相关者向数字化产业投入资本的不同形态，历史文化村镇数字产业化的利益相关者可分为四类：货币资本利益相关者（投资者和债权人等）、人力资本利益相关者、社会资本利益相关者、生态资本利益相关者[48]。由此可见，历史文化村镇数字化内容产业化是利益相关者缔结的多元资本共生体，其中最主要的利益主体是政府机构、市场企业和公众群体，通过科学管理实现数字化产业的协调发展，以提高其经济效益和社会效益。因此从利益相关者理论视角，分析历史文化村镇数字化内容产业化的管理策略，探讨政府引导、企业运作和公众参与的合作模式和政策建议，为我国历史文化村镇数字化保护与发展提供重要的理论与实践参数。

（一）健全政府监管机制

历史文化村镇数字产业化在形成发展之初需要政府的大力扶持和政策引导，最直观的政府行为体现在战略规划、资金扶持、人才培养与引进等方面，而在数字化产业发展成熟后同样也离不开政府的有效监管。可见，政府作为历史文化村镇数字化产业发展的利益相关者，其所制定的相关产业政策对于促进数字文创产业的发展具有重要作用[49]。通过履行政府的引导和监管职能，最大限度降低文化与科技融合过程中的制度障碍，逐步实现历史文化村镇的动态数字化监测、历史文化的多元呈现、文化产业的多方利用。首先，执行政府职能需以区域特色文化资源为导向制定详细的数字产业发展规划纲要，积极推进数字化应用基础设施建设。其次，政府应健全文化知识产权机制，倡导知识付费，保护产品版权、专利、商标和设计等无形资产，帮助投资人获得投资收益，进而促进其发展数字文创产业的积极性。与此同时，政府要培育数字文创产业的市场化运作机制，构建完善的文化市场体系，促进产品的市场流通与商贸交易，并通过优惠政策鼓励和吸引社会团体、企业、个人等利益群体对文化产业进行投资，实现投资主体的多样化。最后，政府需对数字文化产业市场进行监督和管理，通过有效督导为企业模式选择提供制度保障，调控市场的无序竞争和商业垄断，促进数字化产业长远发展。

（二）优化企业市场行为

历史文化村镇数字化内容产业化发展需要大量高新技术企业的积极介入，但数字文创产品的开发设计、市场营销等环节往往具有复杂性、不确定性、非稳定性等特点，需要企业肩负行业责任，积极探索数字化产业发展路径，主要从以下几个方面入手：其一，全面了解产业市场动态，相关企业通过对实时数据进行及时、快速的处理和分析，从中挖掘出稳定的边际价值，在较短时间内体现到经营决策和产品服务供给中，满足客户潜在需求。其二，树立企业价值最大化的目标，通过对用户偏好和行为进行更精确、更深入地挖掘，不断加强供需两端的衔接，将传统的利润最大化目标转变为用户价值主导下的企业价值最大化，实现企业在用户信任、数据驱动、价值创造、多方协作中的良性互动。其三，创新企业管理模式，企业应做好内部的人才培养和引进机制，逐渐实现"高管股东化、员工创客化、用户员工化"，让用户和员工变成动态合伙人，赋予他们相应的权力，在创造价值的同时也能够分享由此所产生的回报，强化激励相容，切实激发他们的热情和积极性[50]，同时强化与其他企业在知识、技术等领域的合作与协同，以此降低生产成本，实现长期发展、互利共赢。其四，培养企业社会责任，企业不是单一的"经济人"，而是具有社会责任的"社会生态经济人"，尤其是以互联网、人工智能、大数据、云计算等为代表的数字经济企业具备很强的技术更新能力、行业渗透能力和数据采集能力，应该积极主动的承担数字经济治理责任和社会责任[51]，在传承优秀文化的同时，提升企业社会价值。

（三）积极引导公众参与

公众参与在历史文化村镇数字化内容产业化的发展过程中起着极其重要的作用，有利于了解公众的消费诉求，建立产品与受众之间的反馈机制，使数字文化产业朝着人本化的方向发展[52]。在公众参与数字化产业发展主要有以下四种形式：其一，公众作为生产者参与文化产业，文化来源于生活，历史文化村镇的居民本身就是当地文化的创造者、保护者和享有者，特别是非物质文化遗产传承人、传统工艺手艺人等具备极强的文化吸引力，是生产和传播传统文化的重要载体。其二，公众作为经营者参与文化产业，特定的文化产品生产经营，需要借助一定的中介或者渠道才能真正成为文化产业，个人作为文化产业的经营者或股东，在政策的支持下根据行业发展状况，积极参与数字文化产业的投资和经营。其三，公众作为消费者参与文化产业，既是消费者，又是数字文化产品的推广者，在大数据算法下，消费者喜好和习惯可以得到精准掌控，并且随着版权意识和知识产权保护力度的增强，公众越来越倾向性购买优质文化产品，享受专业化的文化服务，由此不断拓宽数字文化产品的客源市场。其四，公众作为反馈者参与文化内容生产，互联网时代民众具有强烈的反馈意愿，因此，在设计数字文化产品或者计划实施文化项目时，不仅要考虑用户观看的欣赏性娱乐需要，还要通过建立用户的圈子加强用户互动，建立实时的售后反馈机制。总之，通过了解和重视公众参与在数字文化产业发展过程中的重要性，帮助产品运营者制定正确决策，及时调整运营策略，从长远来看，有助于完善数字文化产业生态系统。

参考文献

[1] 王松华，廖嵘："产业化视角下的非物质文化遗产保护"，《同济大学学报（社会科学版）》，2008 年第 1 期：107—112。

[2] 申玲："文化产业化建设背景下文化遗产传承的空间策略"（硕士论文），河北师范大学，2016。

[3] 张谨："当前我国文化遗产保护与开发的矛盾分析——兼谈对国外文化遗产保护经验的借鉴"，《理论与现代化》，2013 年第 5 期：69—75。

[4] 赵东："数字化生存下的历史文化资源保护与开发研究"（博士论文），山东大学，2014。

[5] 郑文武，刘沛林："'留住乡愁'的传统村落数字化保护"，《江西社会科学》，2016 年第 36 卷第 10 期：246—251。

[6] 董文静，权锡鉴："创意产业化运行机制分析与构建"，《科技进步与对策》，2015 年第 32 卷第 3 期：65—69。

[7] 乔婉贞，郭汉丁，秦广蕾等："既有住区绿色改造多主体多目标集成优化机理研究架构——基于市场运行视角"，《建筑科学》，2019 年第 35 卷第 8 期：164—170。

[8] 张翔："关于企业经营绩效综合评价体系的研究"，《人民论坛》，2012 年第 35 期：86—87。

[9] 张京成，刘光宇："创意产业的特点及两种存在方式"，《北京社会科学》，2007 年第 4 期：3—8。

[10] 胡晓鹏："基于资本属性的文化创意产业研究"，《中国工业经济》，2006 年第 12 期：5—12。

[11] 张歆："地域文化视角下的文创产品创新设计策略"，《设计》，2018 年第 19 期：54—56。

[12] 郝婷，张振，范斌："地域文化视角下文化创意产品的开发与设计"，《包装工程》，2021 年第 42 卷第 8 期：276—279。

[13] 朱韬，陈姚："虚拟现实技术在古滇文化遗址旅游开发中的应用初探"，《云南

地理环境研究》，2006 年第 3 期：101—104。

[14] 胡建华："山东赵家石河村传统民居数字化保护研究"，《文化学刊》，2020 年第 4 期：84—86。

[15] 胡潇方："历史文化村镇保护监控系统研究"（硕士论文），同济大学，2008。

[16] 荀欢欢，姬慧："山西省传统村落数字化保护现状探析及对策研究"，《安徽建筑》，2020 年第 27 卷第 12 期：45—46。

[17] 金欣："基于 VR 技术的数字化文创产品开发技术探讨"，《信息记录材料》，2020 年第 21 卷第 11 期：106—107。

[18] 王志峰，吴颖："《又见平遥》创新文化旅游产业模式"，《经济问题》，2016 年第 10 期：110—113。

[19] 刘沛林，李伯华："传统村落数字化保护的缘起、误区及应对"，《首都师范大学学报（社会科学版）》，2018 年第 5 期：140—146。

[20] 黄剑锋："中国传统村落"数字化保护在《虚拟现实》课程中的应用与研究"，《教育现代化》，2019 年第 6 卷第 21 期：137—138。

[21] 李伯华，刘敏，刘沛林等："景观基因信息链视角的传统村落风貌特征研究——以上甘棠村为例"，《人文地理》，2020 年第 35 卷第 4 期：40—47。

[22] 李和平，尹泺枫："文化基因视角下的历史文化名村保护发展研究——以宁波凤岙历史文化名村为例"（2017 中国城市规划年会论文集（09 城市文化遗产保护）).中国城市规划学会、东莞市人民政府：中国城市规划学会,2017：1156—1171。

[23] 胡最，汤国安，闾国年："GIS 作为新一代地理学语言的特征"，《地理学报》，2012 年第 67 卷第 7 期：867—877。

[24] 李亚娟，陈田，王婧等："中国历史文化名村的时空分布特征及成因"，《地理研究》，2013 年第 32 卷第 8 期：1477—1485。

[25] 戴康："空间生产视角下的村史馆治理及其逻辑——以上海市曹杨新村村史馆为例"，《图书馆论坛》，2020 年第 40 卷第 10 期：90—98。

[26] 蓝庆新，窦凯："中国数字文化产业国际竞争力影响因素研究"，《广东社会科学》，2019 年第 198 卷第 4 期：12—22。

[27] Paul M, Fumio A. A taxonomy of mixed reality visual displays. *Information Systems*, 1994（12）：1321-1329。

[28] 李红岩，杜超凡："'国潮'传播视域下的民族文化推广——基于对统万城文化的考量"，《社会科学家》，2019 年第 266 卷第 6 期：137—144。

[29] 洪梓琳，周微微："基于数字化背景下创新创业路径的研究——以杭州文创产

业为例"，《现代营销（经营版）》，2021 年第 7 期：1—3。

[30] 孙守迁，闵歆，汤永川："数字创意产业发展现状与前景"，《包装工程》，2019 年第 40 卷第 12 期：65—74。

[31] 李然："数字化三维在游戏艺术设计教学中的应用"，《记者摇篮》，2020 年第 596 卷第 8 期：36—37。

[32] 曹月娟，沙子瑞："中国儿童文化产业新媒体应用发展研究"，《传媒》，2021 年第 355 卷第 14 期：23—25。

[33] 张路："从"符号"到"世界"：二次元文化的审美路径"，《学习与探索》，2019 年第 291 卷第 10 期：183—189。

[34] 娜文："民俗博物馆实物模型互动展示系统 HanikaParadise"（硕士论文），清华大学，2015。

[35] 杨红，张烈："非物质文化遗产实体展示空间中的数字化应用"，《遗产与保护研究》，2016 年第 1 卷第 5 期：16—20。

[36] 赵凌宇："基于中国传统文化应用视角下的产品设计创新研究"，《吉林省教育学院学报》，2016 年第 32 卷第 7 期：181—183。

[37] 王苪："传统文化元素在工业产品设计中的创新应用"，《包装工程》，2017 年第 38 卷第 16 期：206—208。

[38] 马亚杰："博物馆文化产品的创意设计研究与实践"（硕士论文），郑州大学，2014。

[39] 熊子莹："博物馆文化衍生产品设计分析研究"（硕士论文），中国美术学院，2010。

[40] 万益君："城市空间的复制艺术品：乐高建筑天际线系列"，《上海艺术评论》，2020 年第 6 期：92—95。

[41] 周雅琦："北京民俗文化在文创产品设计中的应用研究"（硕士论文），北京理工大学，2015。

[42] 田紫含："基于传统文化的益智拼插玩具设计研究"（硕士论文），新疆艺术学院，2019。

[43] 张迪："乡村旅游的文创产品设计研究"（硕士论文），重庆大学，2018。

[44] 陈刚，宋玉玉："数字创意产业发展研究"，《贵州社会科学》，2019 年第 2 期：82—88。

[45] 白建松："非物质文化遗产内容的博物馆数字化展示模式与产业化研究"，《浙江艺术职业学院学报》，2011 年第 9 卷第 2 期：112—117。

[46] 李永红，黄瑞："我国数字产业化与产业数字化模式的研究"，《科技管理研究》，

2019 年第 39 卷第 16 期：129—134。

[47] 王德刚，贾衍菊："成本共担与利益共享——旅游开发的利益相关者及其价值取向研究"，《旅游科学》，2008 年第 1 期：9—14。

[48] 温素彬，方苑："企业社会责任与财务绩效关系的实证研究——利益相关者视角的面板数据分析"，《中国工业经济》，2008 年第 10 期：150—160。

[49] 蔡荣生，王勇："国内外发展文化创意产业的政策研究"，《中国软科学》，2009 年第 8 期：77—84。

[50] 戚聿东，肖旭："数字经济时代的企业管理变革"，《管理世界》，2020 年第 36 卷第 6 期：135—152。

[51] 杜庆昊："中国数字经济协同治理理论框架和实现路径"，《理论视野》，2020 年第 1 期：45—50。

[52] 满月："公众参与在文化产业内容生产中的作用与形式"，《今古文创》，2020 年第 41 期：45—46。

第十四章　历史文化村镇数字化创意产品开发设计案例

　　历史文化村镇的历史文化价值和创意利用价值极为丰富，是珍贵的历史文化创意资源库，在实现数字化的基础上，可以进行无限的文创设计。我们深入研究了江永女书的文化特征、创意利用价值及其创意设计实践，对文化创意工作者不无启发。

　　女书习称女字，是历史遗存的一种妇女专用文字，主要流传在湖南江永县及其毗邻一带，是世界上目前发现的唯一一种女性文字。女书作为"全世界最具性别特征文字"已被收入《世界吉尼斯纪录大全》，并列入《中国档案文献遗产名录》[1]。女书在传承过程中融入中国传统耕读文化与地域民族文化，形成了独具特色的女书文化。2006 年女书习俗被列入首批国家级非物质文化遗产名目[2]。女书与女书文化孕育于中国南方南岭山间盆地的乡村地域，不仅是全世界的女性文化奇葩，也是我国民族文化的宝贵资源和湖湘文化的组成部分，并具有世界范围的唯一性[3]。但鉴于女书文化的局域化和小众化特征，以及市场深度开发不足，目前的产业化发展水平不高，现有女书文化创意产品多以女书字符为基础，产品单一，市场影响小，远没有充分挖掘和打造出女书文化的品牌价值和资源潜力，与女书的国际声誉极不匹配[4]，未能形成女书文化品牌系列产品，尤其难以吸引庞大的年轻消费群体。同时，国内文化旅游景区目前普遍存在文创产品同质化、低端化、地摊化等严重现象，缺乏具有当地的文化特色和创意理念的有创意的旅游纪念品，不利于推广各个景区的独特旅游价值。本研究在理论方法技术研究基础上，多年来持续开展基于女书文化基因的旅游创意产品开发探索与案例设计，旨在为历史文化村镇非物质文化数字化创意产品开发设计提供案例示范，同时，响应国家《关于实施旅游休闲重大工程的通知》中关于"加快旅游产品开发，培育新兴旅游业态，提升旅游产业质量，满足消费升级带来个性化、休闲性、文化性的体验需求"的要求[5]，为促进女书文化区及其他历史文化遗产地文化传承及其旅游产业发展做出应有贡献。

第一节 数字化女书文化创意展陈产品开发设计案例

随着科技文化融合发展和数字化技术在文化遗产保护领域的应用，越来越多传统文化展厅开始了数字化升级与改造。数字化创意展陈产品开发，为线上线下文化旅游带来了广阔的发展机会[3,6]。运用先进的数字技术，在对女书文化基因挖掘基础上进行数字化动态展陈，可为女书文化资源注入活力，强化女书文化宣传的感染力和传播力，从而对女书文化起到积极的形象宣传作用。本研究开发的《江永女书》MG 动态视频和女书实验字体《共性》MG 动态视频均为可应用于女书文化宣传的抽象概念性数字化创意展陈产品。

一、女书文化展览标志设计（国作登字-2020-F-00026342）

《江永女书》MG 动态视频是通过女书文化内涵的视觉转换与数字化技术应用，在女书文化展览标志设计基础上衍生开发设计的数字化女书文化形象宣传创意产品。

女书文化展览标志（LOGO）作为女书文化展览的形象代表，是女书文化内涵视觉转化的核心。LOGO 设计是《江永女书》女书文化宣传视频设计制作的基础。首先要分析识别女书文化基因，然后遴选提取其核心基因符号，最后应用到女书文化内涵视觉转化设计中。作者调研和分析认为，女书文化的主体文化基因是女性文化，其主要文化表现形式有女字、女红、女歌和女性习俗，其中既蕴含图形、色彩和文字等显性文化基因符号，也包括其隐性的精神、品格与气质等内涵。在女书文化的 LOGO 设计中，我们选取"女字"中的核心文字基因符号"女"字作为其主体图案，选取女红中的主要图形基因符号"八角花"和"扇页"组合为辅助性装饰图案，

　　其中"女"字通过柔性花蕊式艺术化处理，置于中心位置；组合辅助性装饰图案整体以八角花的外形轮廓呈现，其中上部分采用女子读扇习俗中的扇页意象图形，涵盖了女字、女红和女性习俗等女书文化形态及其女性文化核心。LOGO 的标准色设计，采用橘红色和天蓝色两种女书文化色彩基因符号进行色彩搭配，其中心"女"字为橘红色，既有女书文化所处南方红壤丘陵地区的地域意象，又体现女书文化中女性自然纯朴和乐观向上等精神内涵；其辅助性装饰图案色彩以大面积蓝色为色彩表现，并将蓝色以相同色相的渐变色丰富 logo 的设计，蓝色既是当地女子服饰的主体色彩，又代表着君子女们沉稳的女性气质。以上通过女书文化文字、图形与色彩基因符号的组合设计应用，构成了女书文化特有的视觉符号形态（图 14-1）。

图 14-1　女书文化展览标志

二、《江永女书》女书文化 MG 视频设计（国作登字–2020–I–00026341）

　　在以上女书文化基因分析与 LOGO 设计基础上，结合女书文化核心场所及其景观特征，加上对女书文化的精神内涵与艺术文化思考的文字植入，进一步进行《江永女书》女书文化 MG 动态视频设计，旨在进一步强化女书文化的信息传播效果和现场视觉体验感[7]。《江永女书》女书文化 MG 视频设计通过五个片段 13 个分镜头设计实现。其视频画面的第一片段分为 2 个镜头，其镜头 1 以暗底色衬托橘红色花瓣与梯田线条为背景，镜头 2 显现"女书，为自由发声，为幸福发声"的蓝色文字，推出女书和女性文化视频

主题；视频画面片段二中的镜头 3、4 是在背景画面上出现女书园前吊桥意象，以简单的橘红色横竖线条节奏移动动画进行转场，然后出现 120 个蓝色女书文化的文字简介；视频画面片段三由镜头 5、6 组成，先是简单描绘女书园吊桥的横竖线像阳光射线一样发散结束和灰飞烟灭的风沙字消失效果；然后出现女书生态博物馆门楼建筑图案背景，并在其中牌匾中一笔一画渐次显出"江永女书"蓝色女字字符以及缓慢摇曳的灯笼，隐喻女书文化的传承危机；视频画面片段四由 3 个分镜头构成，分镜头 7、8、9 运用了抽象和具象结合的表现形式，先由以橘红色为主、淡蓝色为辅的线条组合抽象的八角花和具象的八角花先后出现，表达女书文化逐渐进入大众视野的传播意象，再由具象的八角花轮廓转化成女书作品中具有代表性的八角花图案。视频画面片段五包括 4 个分镜头，是整个 MG 动态视频的重点表现部分，着重表现核心元素八角花形象，先是从外轮廓到内纹理的线条勾勒，再到整个八角花面的颜色晕染，接着表现八角花从平面到立体的过程，内纹理从线到面的过渡，外整体从平面到立体的过程，并赋予其三维空间旋转、光线方向的变化以及投影等元素；伴随着八角花从正面旋转到背面，场景的背景颜色也从黑色变化成白色，表达对女书文化传承发展将迎来灿烂前景的良好意愿，最后定格呈现女书文化 LOGO 完整图案，视频结束（图 14-2）。

三、《共性》女书实验性 MG 动态视频（国作登字－2020－I－00026340）

女字是世界上唯一的性别文字，是江永女书文化最主要的视觉输出，也是全人类文明的历史产物。《共性》女书实验性 MG 动态视频作品围绕江永女书文化与两性话题，以具有两性特征的女书实验字体及其实验性动画方式让女书文化以"共性"状态展现，尝试将女字进行图案化、抽象化、动态化地创意表达[8—9]，并探索女书以突破性别标签方式在未来传播的可能性，旨在强化女书文化的传播效果，促进女书等非物质文化融入现代生活的活态保护。

图 14-2 　《江永女./书》女书文化 MG 动态视频完整分镜

（一）女书字符的实验性设计

《共性》女书实验性 MG 动态视频设计建立在女书实验字体设计基础的之上。女书实验字体设计是通过对女书文字视觉的系统研究，在对其进行简体汉字化基础上再进行实验化性改造，使其看上去既是字体又是图形，在字体与图形的融合基础上，将女书字体与现代潮流相结合，集艺术感与设计感于一体，既给人更大程度的感官刺激，又能突破旧时代遗留的性别标签，最大限度地发挥女书字体语言传递信息的作用。女性实验字体设计过程，首先是进行女书字体笔画、形态特征与书写方式分析，创设女书实验字体基本结构。由于受到旧时书写工具的限制，女书文字没有像汉字一样有着横、挑、钩、折笔等典型的笔画，而是由斜笔画、弧笔画、竖笔画、点笔画、圆笔画五种笔画组成，少了汉字的几分方正，却又多了几分柔和，且字形结构呈现长菱形的特点，整体上看是一种右高左低，由右向左倾斜的长菱形字体[1,9]。然后针对中性化实验字体设计理念，确定女书字体设计整体中性风格，既保留女字原有女性柔美气质，也有着男性的刚强之势，即刚柔并济。字体笔画用直线与圆弧线来勾勒，弧线代表柔，代表女性；直线代表刚，代表男性。在此基础上进行实验字体设计，先设计主笔画，再分配副笔画。一个字中起到支撑作用的叫主笔画，不起支撑作用的叫次笔画[10]。对女书来说，多数字符的笔画数目在八画以内，很多字是有主笔的。主笔画紧凑，变化少，副笔画变化较多，可以调整空间布局。最后进行字体定型。由于黑体笔画粗细大体都是一致，显得简单、明快、厚实，既好认又风雅。作为一种现代汉字印刷字体，黑体稳重并且有力，有显著的男性特征，可弱化其女性弯曲纤细的特点。

通过研究女书笔画构成的规律与秩序[11—12]，并结合电脑字体黑体字，重塑女书汉化实验字体系列一（图 14-3），或以呈修长秀丽女性特征的胡欣女书书法作品为基础，结合融入男性特征的崔国荣女书书法作品，重塑女书汉化实验字体系列二（图 14-4）。

图 14-3　女书实验字体系列一

图 14-4　女书实验字体系列二

（二）《共性》女字实验性动画设计

《共性》女字实验性动画是以女书为载体，用抽象的几何动效隐喻表达女书的历程与文书文化发展的可能性。动画虽以女书作为最主要的载体，却并不仅局限于女书，主要以极简几何图形构建画面，其中通过大量的动效来表达概念或者隐喻指向[13—14]，包括女书如何诞生到如何消逝，从女书产生的环境与女书构建的世界，进一步映射所有带有性别标签的事物与两性的关系，未来将以怎样的姿态去传达与使用，两性之间将会处于怎样的状态去交流与看待。基于女书字体设计的设定，弧线与圆代表女性，直线与方形代表男性，通过线与面的运动与构成，来表达去除女书性别标签，达到共性与平等的理念。整体画面风格主要以曲直线和方圆形的几何风格来呈现，其中，女书文字出现的辅助线通过曲线与直线组成，曲线代表圆形代指女性，直线代表方形代指男性；方圆形元素符号具体分为空心圆、实心圆、大实心圆、荷包蛋圆、小方形、大实心方形和方形线框，并对其代指与寓意进行系统设计（表 14-1）。然后运用以上元素符号体系设计，结合女书与女书文化传承和设计主题、理念与思想，编写出文字分镜头脚本（表 14-2），最后运用新

表 14-1　《共性》女书实验动画方圆图形符号系统设计

元素	代指	寓意
空心圆	普通女性	与实心圆相对性，区别是在自身的框架世界有无权力地位，这里代表主体意识不强的普通女性
实心圆	自觉女性	与空心圆相对性，代表着过去的君子女、女书传人和当代具有女性意识的现代女性
大实心圆	新时代女性	理想中的自强独立女性，代表与新时代男性达到共和、平等状态
小方形	幼年男性	幼年男性，权利地位既区别于女性，又不够强大
大实心方形	成年、高地位男性	代表男性能力、权力、地位不断上升
方形线框	思维框架	代表性别印象和观念束缚，指潜在意识中的女书世界框架，外形为从圆形的框架转变成方形线框，寓意着在女性构建女书世界框架的时候，潜在的对话者已经被规定为拥有特权的"男性"
"荷包蛋"圆	新时代传承女书文化的女性	寓意虽随着时代的改变女性地位不断上升，女书文化仍局限在自己创造的女性世界中，产生了类似质壁分离的状态

表 14-2 《共性》女书实验动画文字分镜头脚本设计

镜头		画面	寓意
镜头 1	由圆生方	圆形出现，通过空心圆产生小方形，小方形脱离圆形	指女性哺育后代，体现女性的地位
镜头 2	方形成长	方形成长变大，权力与地位上升	指男性地位占据主导，女性处于弱势方，女性在男性面前的话语权微乎其微
镜头 3	排挤不容	方形排挤圆	指女性被排除在外，经常遭忽视
镜头 4	偏离位置	方形排挤圆激发鼓动圆偏离位置	指女性尝试偏离男性指定的位置与轨道，寻找知己
镜头 5	相惜共鸣	被排挤的圆遇到同是被排挤的圆，两者互相吸引，到相交，到完全重合，再分成两个实心圆	指女性之间寻找到彼此的心灵慰藉，获得力量
镜头 6	传播	实心圆尝试去接触被掌控的空心圆或偏离在外的空心圆，使之变成实心圆	指希望维护自己权益和寻找共鸣的女性去接触感同身受的女性，让彼此惺惺相惜，构建出女书的世界
镜头 7	地位变化	随着时间的改变，实心圆的外轮廓路径逐渐变大，填充实心不变，产生"荷包蛋"圆	指随着时代的进步，女性之间所构建的社会圈子不再如同以往，如今思想开放，女性地位上升，不再会被排挤在外
镜头 8	断层脱节	圆与圆之间不再需要相互传递，两者之间相离与相切，难以融入，实心慢慢消散，变成空心圆	指女性与女性之间不再像以往一样，所以在自身搭建的这个框架世界中，慢慢失去了本来这个框架世界中的力量
镜头 9	思想框架	空心圆像突破，去改变，去传承，但却被若有若无的框架束缚，让自身寸步难行	在这个框架世界中的女性，想要去传递自身的能量，获得外界和他者的认可，但效果平平
镜头 10	突破框架	空心圆沉浸下来，内心如心脏跳动般扩展，形成实心圆，然后尝试跨出这个若有若无的框架	女性想要去突破自身所构建的框架，去探索，去尝试，去发现，摆脱束缚获得认可，传承传播
镜头 11	圆方共性	实心圆遇到实心方，两者相遇交融，你中有我，我中有你	女性与男性相遇，两者之间平等、和谐、共性

媒体技术来表达女性与男性初始的交流断层、女性之间的交流密切、新时代女性的变化和与旧时代的条件相冲突，最后是女性与男性之间的交融，完成以《共性》为主题的女书实验性 MG 动态视频（图 14-5）。

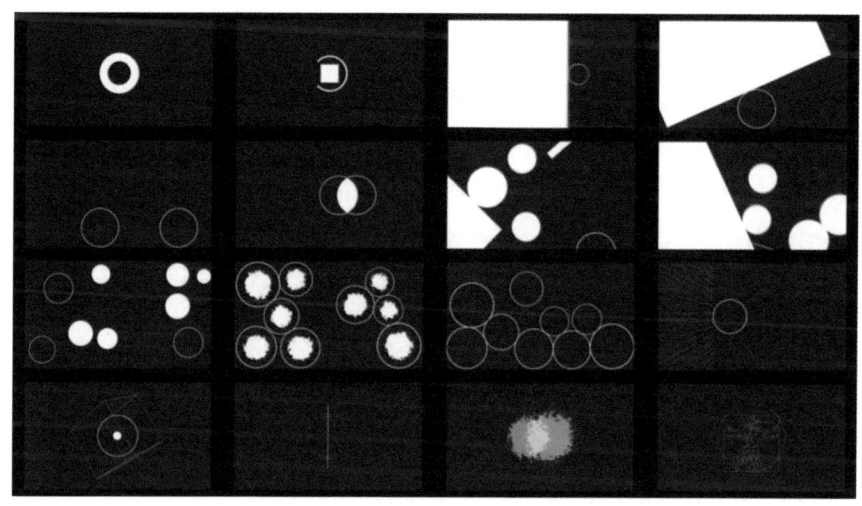

图 14-5 《共性》女书实验动画视频画面截图

第二节 数字化创意游戏产品开发设计案例

随着在文旅融合与新媒体技术发展背景下参与性、互动性和体验式旅游成为新时期旅游发展新趋势,越来越多的文化遗产借助新媒体走进大众的视野,新媒体技术文化产品以高效、生动和互动方式,发挥重要的文化展示和教育功能,尤其是通过交互式学习传播让年轻人在游戏中到知识熏陶,强化文化体验认知,成为数字化文创游戏产品开发的重要方向[15—16]。本研究开发的《歌堂女书》H5 和《回忆江永》动态 APP 均属于这类可应用于展馆现场和手机在线操作应用的女书文化互动式推介的数字化文创产品。

一、《歌堂女书》H5 开发设计(国作登字-2020-F-00026343,国软著登字 2021SR0295618)

女书是一种可以吟唱的文字,"坐歌堂"是女书文化区重要的婚嫁习俗之一,女书文化不仅涵盖独特的性别文字,也意蕴着神奇的音乐文化[17—19]。本研究在江永女书文化基因解构基础上,从女书音乐文化视觉形象为切入口，借助数字科学技术，结合当代视觉传达表现形式，针对江永女书的"歌堂"习俗进行音乐视觉形象设计和基于 html5 开发语言的《歌堂女书》H5小游戏开发。产品具体功能表现为通过 H5 首页的按钮能了解女书、女歌、女字的基本信息；在二级页面有一个互动式插画地图，用户可以拖动地图看到插画的细节，点击插画上的音符按钮可以听到女歌音频和浏览对应的歌词。该 H5 共收录七首江永女书传人吟唱的具有代表性的女歌音频，并附有歌词介绍。该产品设计通过整体采用视觉强烈对比的偏年轻化的插画风格展示，将复杂的歌堂女书音乐文化内涵进行生动的图形语言创意表达，以一种实验性的态度探讨了传统文化特色与创意思维和现代技术有效融合的现实可能性，使文化遗产具有更生动、具体、直观的传播力与感染力，旨在增加女书文化传播的趣味性和交互性。

（一）登录界面操作设计

通过扫描二维码或者点击链接，进入加载页面，在自动加载的过程中页面上会出现原创的图形循环闪动直到加载结束。加载进度条的花纹样式参考了江永女书当地的花纹而设计，增强整体插画风格的统一性，同时体现女书文化内涵（图 14-6）。加载画面中图形创意是根据当地女书文

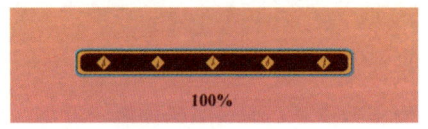

100%

图 14-6　加载进度条

化的纹理，结合现代的音乐元素创作出来的一系列乐器，目的是为了让用户在页面加载等待时也能看到有趣味性的画面，同时，这些图形可以作为整套H5 主调性的铺垫。自动加载完成后出现探索女书的选项，跳转按钮命名为"探索女书"，以构建一个现实与虚拟碰撞的女书世界，明确 H5 小游戏的主题，为最后呈现的女书歌堂场景作铺垫，与用户交流，起一种引导探索的作用（图 14-7）。

（二）女书文化基本信息主界面操作设计

进入主界面后，操作分为两部分。第一部分为了解女书、女歌、女字的基本信息图，第二部分为互动式插画地图。第一部分页面上方会出现一条导

图 14-7　探索女书登录页面

航栏，导航栏的内容为女书，女歌，女字。点击导航栏上的按钮可以了解更多详细内容，该内容为女书的简单科普（图 14-8）。在主界面点击"女书"，会弹出有关女书背景的文字。阅读完之后，用户可按提示点击右下角的返回按钮，返回主界面；在主界面点击"女歌"，会弹出女歌女书音乐的相关介绍。返回操作同上；在主界面点击"女字"，会弹出关于女书文字的介绍。返回操作同上。此部分目的是让初次接触女书文化的用户，可以大概了解到女书文化、女歌和女字是什么。便于在第二部分互动地图的操作时，能更好地理解和感受女书音乐。

图 14-8　主界面截图

（三）互动式插画地图界面操作设计

互动式插画地图主要展现经过图形创意之后的新式歌堂世界，设计灵感来源于江永女书园的牌坊，图形巧妙地把音乐元素和独特的女书文化融合在一起，如其在主界面中间有一个收音机的图形，这是进入互动式插画地图的入口，收音机图形下方有一个磁带图形，利用收音机需要放入磁带启动播放的属性，同时加入文字信息提示用户将磁带拖动进入收音机，跳转到互动式插画地图的页面（图 14-9）。插画描绘的内容是把当代乐器、音乐符号、

图 14-9　互动式插画地图

图 14-10　歌曲操作提示

当地的建筑、自然环境融合在一起进行创意视觉表现，依据女书文化中坐歌堂的习俗展现江永女书婚嫁文化的热闹场面。画面中有愁屋、歌堂、学堂、穿着当地服饰的君子女等视觉元素。在互动地图上一共标注了七个音符图标，对应 H5 交互游戏中收录的七首当地女歌，这些女歌都是当地女性耳熟能详的具有代表性的女歌，表述了江永文化的一些故事，生活状态或者童谣等。进入互动地图页面时，首先会弹出一个操作的提示（图 14-10）。指引用户点击地图中的音符聆听女书音乐，点击右上方取消该提示。用户可点击音符图标聆听女歌，同时弹出这首歌的歌词，由于当地女歌的腔调区别于普通话，歌词便于用户了解该女歌背后的故事。由于手机显示的页面尺寸有限，用户需要拖动地图才能看到不同的细节，和找到不同的音符图标，点击画面中的音符图标按钮，将弹出歌词介绍的浮窗，每首音乐都有对应的歌词介绍。例如《女儿经》描述了有关江永当地女性从小注重礼节；《上厅歌》描述了江永女性出嫁当天关于红红火火的喜庆场景的描述。拖动观看整张地图之后，在地图右下角有一个跳转提示按钮，会跳转到 H5 的最后一个界面。

（四）结束界面操作

在 H5 交互结束界面中心有一个"重新探索女书"的按钮，点击按钮可回到加载界面重新开始，或点击左上角的"X"图标关闭 H5。

二、《回忆江永》女书动态 APP 概念设计（国作登字-2020-I-00026344）

中国女书以其独特的文化现象和丰富的文化形态，成为具有独特视觉艺术形象和意向传达功能的地方特色文化品牌，但至今女书文化传播一直停留在"小众文化"层面，且面临着传承的危机。如何将女书文化以更加新颖的形式融合新媒体技术加以生动化展现和大众化传播迫在眉睫。项目组以女书文化内涵元素为基础，以女字造字传说、女子结拜交友习俗、和地方民俗节日为切入口，以结合"春、夏、秋、冬"去表现"寻找—复兴—传承"为叙述主线，从色彩画面风格、内容场景和交互操作设计等方面进行《回忆江永》女书操作性动态 APP 创意设计。

（一）色彩基调与画面风格

《回忆江永》女书动态 APP 画面风格设计注重体现女书文化的文字、景观、图形和色彩等基因元素符号，同时结合青少年的审美与消费心理。色彩基调设计主要选择的是较为温婉的色彩，以较为丰富的场景和色彩来展示女书文化的魅力，在颜色的提取上根据在当地所收集的一些传统图案中出现的颜色进行调整，整体基调丰富多彩，用手绘插画来展示场景，并根据内容场景而变换，既体现女书文化内涵，又增加视觉冲击力与体验的丰富性和趣味性（图 14-11）。

图 14-11　《回忆江永》女书动态 APP 画面风格四季系列插画

（二）内容设计与画面场景

《回忆江永》女书动态 APP 的内容与场景设计，以造字传说为序，采用具有真实历史人物背景的江永荆田村的胡玉秀造字传说为素材和线索，从女书文化简介过渡到胡玉秀造字传说简介，再先后引出"江永女书"女字字符，并变换到"春夏秋冬"女字字符。然后先后通过"春""夏""秋""冬"字符的互动操作，相应展示"斗牛节""吹凉节""坐歌堂"和"贺三朝"等女书习俗的场景画面及其文字简介（图 14-12）。

图 14-12　《回忆江永》女书动态 APP 内容截图

（三）互动设计与操作过程

《回忆江永》女书动态 APP 使用互动游戏形式呈现主要在首页转场、造字传说、女字书写和内容选择等环节，其操作过程从文化介绍开始，点击以意为"江永女书"的女字符和一个代表"君子女"的中心人物组合插画首页（图14-13），会显示女书文化的文字介绍，然后到女书字体的一个字体特效演示，接着加载折扇画面，这时候需要手动向左右滑动，扇子打开显示"江永女书"的女书字符与一个中心人物"君子女"，手动点击画面中人物，进入"回忆江永"主题（图14-14），呈现胡玉秀造字传说，这时需要玩家点击音符，两个音符为一个屏幕长度，一共有五个屏幕的长度，根据胡玉秀的造字传说分别出现田园、皇宫、得宠、冷落、造字等五个场景插画，到了第五个屏幕的时候，圆圈渐渐变大，场景越来越近，然后转场到下个交互游戏。首先出现"春、夏、秋、冬"女字符画面，先是可以选择其中一个，进入之后先是以线稿的形式展现，然后需要填充完颜色之后（图14-15），画面开始动起来，进入相应女书习俗场景及其文字简介，其中一个字体结束，可以告诉玩家可选择下一个字体（图14-16）。

图 14-13　操作首页截图

图 14-14　进入主题环节截图

图 14-15　书写环节操作画面截图

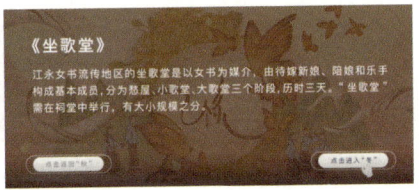

图 14-16　书写环节转承界面截图

第三节　数字化创意教育产品开发设计案例

女书作为一种由女性创造、为女性所使用的妇女专用文字，是一种特殊的创造性文化教育传播媒介，其作为重要传承途径的女书习俗也是一种独特的女性文化教育实践活动。因此，女书文化中蕴含着丰富的教育文化基因、先进教育理念和综合性教育功能[20—22]。借助其文化基因挖掘与现代理念和现代技术利用，开发女书文化创新教育产品，也是历史文化村镇非物质文化遗产数字化创意产品开发的重要途径。

一、《神奇女书》电子绘本

为了弘扬传统文化、讲好中国故事，扩大女书文化的传播影响力，项目组通过对女书文化元素的深入挖掘与基因解构，结合文化传承目标与当下社会核心价值观、儿童观下的价值性和儿童性分析，在筛选和改编《造字传说》《女书习俗》和《女书谜语》等系列题材基础上，利用女书文化基因库与电子绘图技术，开发设计了《神奇女书》电子书与纸质绘本。绘本是以女书造字传说、女书谜语和女书习俗为主要载体，以女书文化基因和现代视角的故事解读为辅助内容，为公众提供生动、直观、高效的女书文化知识传播，向当代青少年和旅游者传播女书文化，具体内容包括：

（一）造字传说

江永县流传着多种版本的女书造字传说，不管是美丽神话还是民间故事，无不体现了女性的坚韧、智慧与创造力。本研究选择了其中流传较广、故事性较强的 "瑶姬造字传说""盘巧造字传说"和"胡玉秀造字传说"进行绘编（图14-17），让读者在轻松了解女书造字传说的同时，初步了解女书流传区的自然与文化景观。其中，"瑶姬造字传说"诠释相传女书由天女瑶姬借用天书改编过来的，主要突出女字形态的独特性与女性专属；"盘巧造字传说"诠释相传女字是由一个名叫盘巧的聪慧才情女子经过一场逆境自救过程创造出来的，主要突出女性的抗争性、创造性和女书的瑶族渊源；"胡玉秀造字传说"诠释相传女字是一个名叫胡玉秀的绝色女子被选入皇宫后根据女工图案创造出来的，主要突出女性的自我意识和女书文化的苦情性及其与女红的关联性[23]。

瑶姬造字传说

盘巧造字传说

胡玉秀造字传说

图 14-17　《神奇女书》"造字传说"插图片段

（二）女书习俗

　　女书流传区域地处我国南方南岭山间盆地中的汉瑶混居之地。这里山清水秀，民族和谐。女书采取家传、亲朋相教的方式世代相传，并与妇女特有的婚嫁、岁时节日、庙会等民俗活动紧密融合，体现了独特的教育活动过程以及"寓教于俗"、"寓教于乐"和"做中学"等先进教育理念。本研究编绘了《女子结拜》《过庙节》《斗牛节》《吹凉节》《乞巧节》《坐歌堂》和《贺三朝》等女书文化习俗（图 14-18），让读者直观了解女书文化及其民俗文化、农耕文化等相关知识的同时，进一步体验女书文化中向往美好、崇尚文化、友好和谐、积极进取等精神内核及其独特的教育功能[24]。

女子结拜

过庙节

斗牛节

吹凉节

乞巧节

坐歌堂

贺三朝

图 14-18　《神奇女书》"女书习俗"插图片段

（三）女书谜语

女书是一种女性专用的汉语方言音节表音文字。女书记录的语言是女书流传区的江永县城关土话，可以同音借代，因此可用仅有的 400 多个女字符对应出上千个普通话字义。本研究根据当地广泛流传的谜语及义年华等老一辈女书自然传人抄写的女书作品，从中选择了《桐油灯》《蜜蜂》《水缸》《花轿》《蓑衣》《芋头》《月亮》《庙》《翠鸟》和《剪刀》等十则进行编绘[25]（图 14-19），采用女字符与英文进行双语文字呈现，而不直接使用普通话汉字谜面，避免其因女字土话发音所造成的不对应性和不准确性，不仅体现猜谜本身的益智性特征，而且因女字与英文的间接比照，进一步增强了阅读过程中的探究性，同时也展现女书文化中特殊自然与文化景观基因符号。

图 14-19 《神奇女书》"女书谜语"插图片段

二、《走进江永》英语微课视频开发设计

随着国内外教育教学改革的深化和现代教育技术手段的更新，学校课堂教学不断融入新时代特征。微课作为一种新兴的教学资源在教学中的运用日益广泛，既可丰富课堂教学，又能促进学生个性化发展。同时，在国家大力提倡和弘扬传统文化的背景下，本研究以开放课题为依托，开展了女书微课设计与案例研究，开发了跨文化传播背景下的《走进女书》微课视频（国作

登字-2020-I-00026345），为运用基于传统文化的情景教学法与基于文化遗产地综合主题下的研学旅行课程资源开发提供了案例示范。

（一）教学分析与设计理念

《走进女书》微课是高等教育出版社《新编实用英语综合教程二》第六单元"Shopping and Sightseeing"口语部分的拓展内容。主要针对文化景点旅游介绍的口语教学，包括文化旅游景点介绍的基本步骤及常用表达等知识点内容。其主要授课对象是大一高职学生，其英语基础较弱，学习习惯差，学习动机不强，自主学习意识不够。虽然大部分学生对于旅游观光的情景口语对话比较感兴趣，却缺乏相关口语实践运用。根据国家《高职高专英语课程教学基本要求》，针对高职高专教育培养相关领域的高等应用性专门人才，英语课程要遵循"实用为主、够用为度"的原则，强调打好语言基础和培养语言应用能力并重[26]；强调语言基本技能的训练和培养实际从事涉外交际活动的语言应用能力并重；积极引进和使用计算机多媒体、网络技术等现代化的教学手段，营造良好的英语学习氛围，提高学生学习英语的积极性和有效性。为此，课程以开放性教学与探究性学习为理念，以认知负荷理论、学习动机理论、传播学理论和多感官教育理论等为指导[27]，以本地特色"江永女书"文化景观为案例，开发《走进女书》微课视频，使学生在了解女书相关的英文词汇及文化背景知识基础上，掌握文化旅游景点介绍的基本步骤与常用口语，以提升自己运用英语讲好中国故事、弘扬优秀中华文化的能力。

（二）教学设计与视频制作

微课设计的总体思路是引导学生带着任务在"看中学"，以学生为中心，让其通过观看女书介绍的英语对话视频，学习相关文化旅游景点解说口语的常用表达，并让学生实景感受女书的魅力。具体包括教学目标设计、教学方法设计和教学过程设计。其中，教学目标设计包括①知识目标：能说出女书相关英文词汇及文化背景知识核心词汇；熟悉旅游景点介绍的基本步骤和常用口语；能运用常用口语和规范步骤介绍文化旅游景点；②能力目标：通过情景教学、合作探究和任务驱动，强化利用和重组文化信息的能力、口语交际能力和用英语介绍文化旅游景点的口语综合运用能力；③情怀目标：通过对地方特色女书文化的了解，强化文化自信与乡土情怀，并树立文化遗产保护意识；通过介绍女书文化旅游景点的口语练习，提升作为应用性英语专业学生的职业素养与服务意识。教学方法设计课程采用"策略型"教学模式，集教学模式改革与课程资源开发为一体，运用基于传统文化的情景教学法，强化过程性教学与活动性教学。教学过程设计包括导课—新知—练习—总结—延伸等教学环节的全过程设计，注重教学环节的完整性。针对微课设计通常出现的诸如选题缺乏针对性、知识点代表性不强和题目不够新颖，素材收集和处理不够合理等问题，在视频制作过程中，我们紧扣学科课程要求与"景点旅游介绍"口语教学内容，精选具有地方性、独特性和关联性突出的江永女书园景区进行实地取景，通过视频制作软件 CS 拍摄制作视频。注重强化课件画面合理布局、凸显教学主题，优化视频画面技术处理、突出表现力和艺术性，避免出现语言不够规范、课件画面不协调、视频呈现不清晰，视频的字幕添加不规范、声音处理和剪辑不恰当等问题[27]。视频设计制作均由项目组团队独立完成，视频中导游与游客扮演者及配音均由团队青年教师担任（图 14-20）。

图 14-20 《走进女书》微课视频片头截图

（三）视频脚本与画面呈现

根据以上设计理念与教学设计完成的微课视频脚本，由视频镜号、场景画面、教学内容、设计意图、时间五部分组成（表 14-3）。

表 14-3 《走进女书》微课视频脚本与画面截图

镜号	场景画面	教学内容	设计意图	时间
镜头 1	电影《雪花秘扇》剪辑片段 	电影旁白，女书简介	情景导入，激发兴趣	37s
镜头 2	呈现有关女书文化的课件图文，布置活动任务 	根据视频材料与图片介绍，找出有关女书文化的四个问题的答案	任务驱动，设置情境教学铺垫	140s
镜头 3	展示有关女书文化的现场模拟导游教学视频 	导游向游客详细介绍女书文化	引导学生进入情境，建立感性认识	115s
镜头 4	有关女书文化知识的教学课件画面 	关于女书文化的"四个 W"：What? Where? When? Why?	突出重点，强化知识	20s
镜头 5	有关女书文化的词汇练习任务布置画面 	引导开展围绕新单词及其释义的搭配游戏	强化实践，巩固词汇	17s

续表

镜号	场景画面	教学内容	设计意图	时间
镜头6	文化旅游景点介绍步骤的教学课件画面	学生自主归纳文化旅游景点介绍的四个基本步骤、常用表达及导游职业素养	任务驱动法，活动探究，强化能力，培养综合素质	103s
镜头7	教学总结与任务布置课件画面	总结微课三个教学内容：新单词、女书的文化知识点以及文化旅游景点介绍的四个步骤	任务驱动、合作探究、培养归纳能力	18s
镜头8	布置课后活动任务的教学课件画面	要求学生拍摄介绍橘子洲头的英语会话视频，并上传至个人微信	任务驱动、合作探究、培养知识应用能力	12s

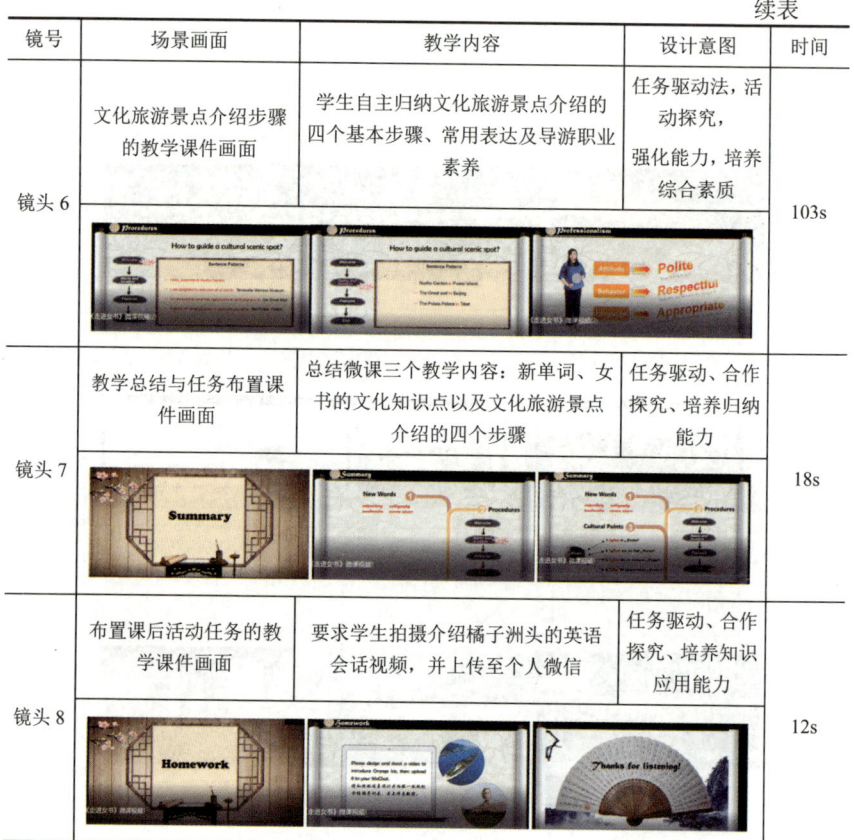

第四节　数字化女书文化创意衍生产品的开发设计案例

随着社会经济的发展、人们精神需求的提升和旅游文创产业的兴起，文创产品不断丰富。作为艺术衍生品的一种，文创产品是通过设计者自己对于文化的理解，将原生艺术品的文化元素与产品本身的创意相结合，形成的一种新型文化创意产品[28]，包括文化旅游纪念品、办公用品、家居日用品、科技日用造型设计、工艺品等。在旅游领域，文创产品是丰富旅游体验、提升旅游档次和增加文化旅游产品附加值的主要途径[29]。在文创产品中融入历史文化元素、地域特色和系统化、组合化特色，满足低端市场的自购需求、中端市场的送礼需求和高端市场的收藏需求，全方位覆盖了各个阶层，各个年龄段的消费群体，不仅能够提升景区的品牌形象，而且在某种程度上也能扩大景区的传播范围。项目组在数字化女书文化创意产品设计基础上，以女书文化主题形象宣传和社会公众生活化需求为导向，进一步开发设计系统化、组合化的系列女书文化创意衍生产品，旨在创造女书文化融入现代审美、现代需求和现代产业的新价值，让女书更加轻松、生动、亲切的发挥文化影响力。将传统的女书文化以其极高辨识度的商业和文化符号，通过强烈的视觉感染力获得青少年的情感共鸣与价值认同，并创造女书文化融入现代审美、现代需求和现代产业的新价值。

一、主题角色 IP 视觉形象衍生产品设计

IP 全称 Intellectural Property，特指一些具备高清晰度和视觉记忆、大影响力、并且有着相对较长生命周期和较高价值的跨媒介文化内容的生产和运营。一个具备衍生开发价值的 IP，其核心要素分别是：内容化特征、人格化属性和场景化体验[30]。在女书文化基因解构基础上，本研究以女书文化中的主体文化基因——女性文化要素中的"女子"基因符号为核心，结合其附着文化基因中的民族文化、民俗文化要素中的"瑶族""婚嫁"和"女友"等基因符号，设立"君子女""瑶族女""婚嫁女""雪花女"和"百合女"等系列 IP 形象角色，为女书文化注入鲜明的形象特征与较高的视觉审美性，并以此展开和延展设计其 IP 形象品牌体系下的衍生品，包括主题徽章、主题表情包、主题角色手办和主题数据线等。

（一）女书 IP 视觉形象标志

以女书文化中最具代表性的"君子女"的形象作为江永女书 LOGO 的视觉形象，用精简的线条提炼出君子女的外形轮廓，与产品特质互相呼应。君子女形象活泼、开朗；让品牌所追求的民族自豪感得到充分的体现。在

图 14-21　江永女书 LOGO

LOGO 的图形设计上，着眼于从东方审美和现当代收藏品的气质出发，将"君子女"坚韧、智慧、自强、自信的内在精神与清丽素净的外在形象和东方气质完美契合（图 14-21）。

（二）女书 IP 角色手办与包装（国外观设计专利号 202030592104.2）

随着中国经济的高速发展和世界经济全球化，具有二次元文化特征的 IP 角色手办市场近几年在我国逐渐兴起。手办凝结的情感属性是 Z 世代手办消费群体愿意购买手办商品的核心诉求，在手办的造型设计方面，主要关注的细节在于角色的动作姿势、面相还原度以及角色的着装等。中国传统文化与手办文化结合体现了传统文化传承与创新，传递了传统文化价值和魅力。随着国潮手办的兴起，手办的潜在用户群体不断扩大，女性已在手办市场悄然崛起，原创类手办逐渐获得市场认可。具有国风设计元素的手办，不仅是手办市场未来重要的增长点，还助力传统文化传承，助推手办从相对小众走向更为大众[31]。在此市场背景下，我们选用女书文化中的典型女子人物形象"君子女""婚嫁女"和"瑶族女"作为凸显其女性文化基因的人物 IP 形象，并结合女书文化活动中的扇子、《三朝书》以及服饰色彩图纹等基因元素，进行女书 IP 角色手办与包装设计。在其包装设计上，以"具有收藏价值的品质感包装"的设计理念，让女书文化这一国家非物质文化遗产得到充分的价值展现，赋予其更多的中国特色和收藏意义（图 14-22）。

（三）女书主题徽章

女子是女书文化这个大的文化母体中最重要的视觉文化符号。女书文化主题徽章将女子作为其形象 IP 开发的核心主体，同时将女书文化中的斗牛节、过庙节、贺三朝、赶鸟节等传统节日和文化习俗，与不同主题所代表的特定季节相结合。每个主题代表着不同身份女书女子的性格特点和背景故事，串联多种生活情景，将角色形象的情绪表达与场景相融合，提高参与感，增加徽章本身的象征性和符号性（图14-23）。

图14-22 女书IP角色手办与包装设计组合图

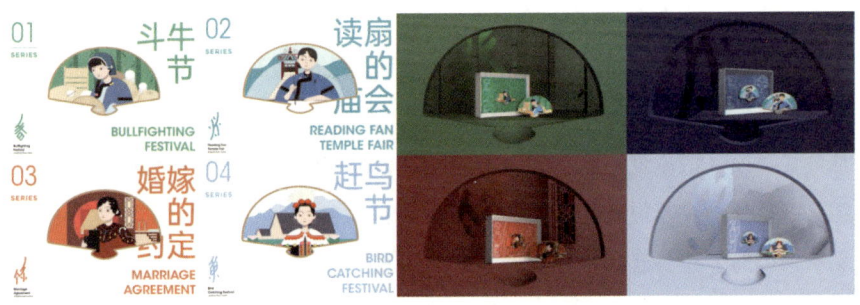

图14-23 YONGO女书主题徽章全系列

（四）女书角色数据线设计

文创产业与信息化生活相结合是未来IP价值化经营的重要途径，旅游IP文创产品不仅具有宣传性功能，还可提升其趣味性和艺术性。YONGO女书系列角色数据线是基于YONGO角色手办的衍生品设计。所以在角色和风格的设定上都是沿用了角色手办的设计。数据线是大部分人使用频率最高的产品之一，这款产品设计的初衷是强化用户对于女书IP形象的视觉记忆和情感化认同，通过系列衍生产品强化女书文化整体独特的视觉风貌

（图 14-24）。

图 14-24　女书角色数据线

（五）女书角色网络表情包

IP 产品已经进入了一个由内容和创意驱动的常态化发展阶段。网络表情形象 IP 作为一种轻量级、由跨媒介传达的文化载体，具备了传播面广、时效快、投入成本低、受众面广等特点，容易引起目标年龄群体的拥护和情感共鸣，既能快速提高用户对于女书文化的认知，又能传播女书文化中的人文价值。为了让整套表情包更具统一性，我们采用具备高识别度的君子女形象作为 16 个为一组的主题表情包设计，以构建传统君子女形态表征与现代感官审美相契合、兼具内涵与人文情怀的人格化形象（图 14-25）。

二、生活类女书文创周边产品设计

文创产品的价值在于从日常生活用品的使用出发，应用文创思维来解决人们不断递进和变化的生活需求，当前文创产品的开发更注重实用性，充满生活味。将地方性和小众化特色文化有效用方式就是将文化创意产品向生活用品转化。为了将传统的女书文化以其极高辨识度的商业和文化符号，通过强烈的视觉感染力获得青少年的情感共鸣与价值认同，并创造女书文化融入现代审美、现代需求和现代产业的新价值，通过对青年人群日常生活中的文

图 14-25　女书角色网络表情包

化元素偏好、文化信息获取途径及其日常"碎片化"时间安排等调查，并进行不同年龄段人群的差异化文化需求分析，在各类原创数字化女书文化产品设计基础上，进一步开展了系列生活类女书文创周边产品的开发设计[31—34]，更多地考虑推广到年轻群体，结合现代趋势，设计潮流系列周边产品，包括文化用品中的明信片、书签、手账本、日历、贴纸、胶带和生活日用品中的文化衫、文化背包、手提袋、手机壳、抱枕、扑克牌、漂流瓶、香薰蜡烛等（图 14-26、14-27、14-28、14-29）。

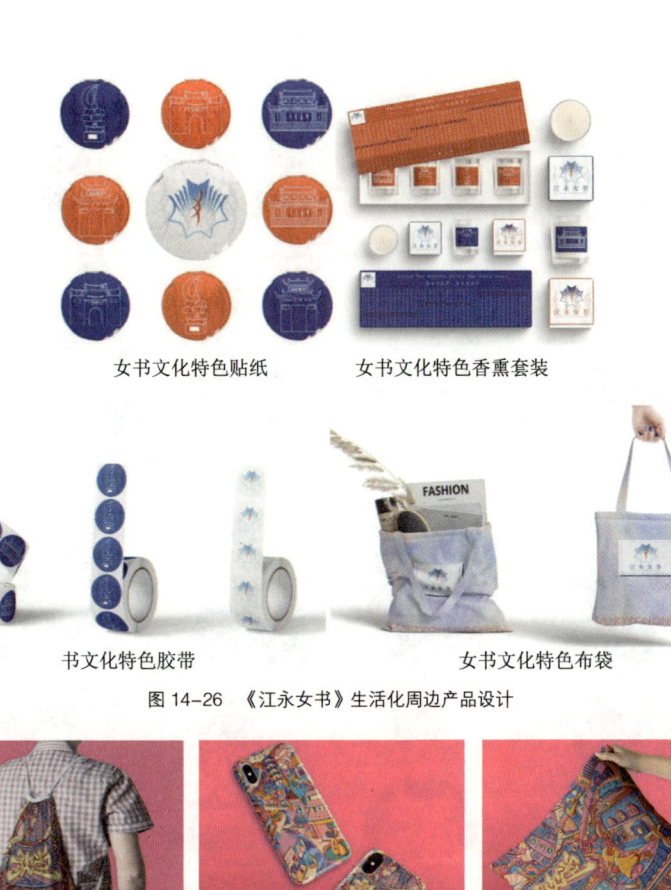

女书文化特色贴纸　　　　女书文化特色香熏套装

书文化特色胶带　　　　　　女书文化特色布袋

图 14-26　《江永女书》生活化周边产品设计

歌堂女书文化双肩包　　　歌堂女书文化手机壳　　　歌堂女书文化抱枕

歌堂女书文化水杯　　　　歌堂女书文化布袋　　　歌堂女书文化扑克牌

图 14-27　《歌堂女书》生活化周边产品设计

实验女字文化衫　　　　　实验女字布袋　　　　实验女字手机壳

图 14-28　《实验女字》生活化周边产品设计

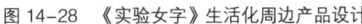

女书绘本插画衍生明信片

女书绘本插画书签、手袋

图 14-29　女书绘本插画生活化周边产品设计

参考文献

[1] 赵丽明：《传奇女书——花蹊君子女九簪（修订版）》，北京：清华大学出版社，2018：10。

[2] 王凤华："女书及其民俗文化的深刻内涵"，《湖南社会科学》，2014 年第 6 期：214—217。

[3] 贺夏蓉："多重视角下的女书及女书文化研究"（博士论文），华中师范大学，2011。

[4] 田亚平，何清华，周伊萌等："女书文化旅游资源评价及其开发利用构想"，《衡阳师范学院学报》，2019 年第 40 卷第 2 期：125—129。

[5] 国家发展改革委国家旅游局关于实施旅游休闲重大工程的通知，2016-12-14，http://travel.people.com.cn/n1/2016/1214/c41570-28949612.html。

[6] 祝翔："数字化时代中国女书的保护与传承"，《民族新闻探析》，2014 年第 4 期：87—89。

[7] 陈晓，熊雅伦："新媒体背景下江永女书传承及发展研究"，《新闻研究导刊》，2019 年第 10 卷第 11 期：15—16。

[8] 唐舟："女书的视觉图形化设计"，《大众文艺》，2019 年第 16 期：155—156。

[9] 靳埭强：《字体设计》，北京：北京大学出版社，2018：100。

[10] 于天文："浅谈汉字字体设计"，《黑龙江科学》，2017 年第 8 卷第 5 期：98—99。

[11] 周硕沂：《女书字典》，长沙：岳麓书社，2017。

[12] 唐斌："女书文字造字法分析"，《语文学刊》，2016 年第 2 期：27—28。

[13] 李娜："'象'与'意'——汉字图形化设计与表达研究"（硕士论文），沈阳航空航天大学，2018。

[14] 蔡伟："汉字图形化设计在当代视觉传达下的形和意"，《戏剧之家》，2017 年第 24 期：134。

[15] 颜成宇，孙博："新媒体的交互设计在品牌推广中的应用"，《艺术科技》，2018 年第 31 卷第 7 期：189。

[16] 许艳："新媒体在视觉传达设计中的应用"，《中国包装》，2018 年第 38 卷第 4 期：42—44。

[17] 廖宁杰："女书坐歌堂的仪式及音乐研究"，《艺术评鉴》，2017 年第 4 期：22—23。

[18] 谭瑶："湖南江永县女书音乐的传承与创新"，《黄河之声》，2015 年第 22 期：82。

[19] 宋欣："女书音乐的特征及'活态'传承"（硕士论文），湖南师范大学，2018。

[20] 乐伶俐："论女书的教育功能"，《理论月刊》，20108 年第 6 期：50—52,121。

[21] 陶磊，李科涵："传统文化在儿童绘本设计中的应用研究"，《工业设计》，2019 年第 12 期：134—135。

[22] 陈苗苗："传统文化的绘本转化:问题与策略"，《中国德育》，2018 年第 4 期：2—14。

[23] 谢志明：《江永"女书"之谜》，郑州：河南人民出版社，1992。

[24] 李明莹，李庆福，欧阳红艳等：《女书习俗》，长沙：湖南人民出版社，2008。

[25] 赵丽明：《中国女书合集》，北京：中华书局，2005。

[26] 袁玺："网络环境下高职英语教学改革的研究"，《海外英语》，2013 年第 3 期：81—82，94。

[27] 曾超："高中地理微课设计与制作存在的问题及改进策略研究"（硕士论文），重庆师范大学，2017.

[28] 钟伟："公共图书馆文化创意产品开发与推广研究——以广州图书馆为例"，《图书馆研究与工作》，2018 年第 5 期：41—44。

[29] 魏雅楠："基于地域文化差异下的旅游文创产品设计的探讨"，《明日风尚》，2019 年第 14 期：28—29。

[30] 辛智晟，蓝江平："信息化时代背景下的 IP 形象设计"，《湖南包装》，2021 年第 36 卷第 1 期：127—129。

[31] 2021 年中国 Z 世代手办消费趋势研究报告，2021-4-16，https://report.iresearch.cn/report_pdf.aspx?id=3760。

[32] 刘青："文化传承导向下的文创产品设计原则研究"，《艺术品鉴》，2020 年第 1 期：89—90。

[33] 徐梦萦：《在产品设计中如何以有效地运用传统文化因素——基于江永女书的现实意义研究》，长沙：艺术与美学，2014。

[34] 秦航："女书文化功能在现代生活中的活态传承"，《湖南包装》，2019 年第 34 卷第 4 期：1—2。

第十五章 历史文化村镇 3D 数字化产品开发设计
——以长沙段湘江古镇群为例

"到靖港寻古、到乔口吃鱼、到铜官玩陶、到新康看戏、到书堂览书"……在长沙湘江北段的望城境内，星罗棋布地分布着靖港、乔口、新康、铜官、书堂等这些文化基因鲜明的特色古镇，各镇相距均在 10 千米以内，合称为长沙段湘江古镇群。这些古镇在历史上曾盛极一时，它不仅是水陆交通的核心要道，更具有它独特的水乡韵味，古往今来，留下了具有地方特色的极为丰富、极为宝贵的历史文化遗产。

图 15-1 湘江古镇群空间布局

近年来，国家新型城镇化建设战略出台，特色小城镇的培育和建设提上日程，沉寂多年的湘江古镇群开始重焕生机与活力。然而，相较周庄、乌镇等国内著名古镇，湘江古镇群尚处于培育和成长初期，古镇建筑风格趋同、文化体验开发较浅、产业链条不完善等问题，限制了湘江古镇群的复兴。2021年以来国家相继出台的《关于学习贯彻习近平总书记重要讲话精神全面加强历史文化遗产保护的通知》《关于推进实施国家文化数字化战略的意见》等重要政策性文件，为历史文化遗产的数字化转型指明了方向[1—2]。我们紧跟国家战略需求和文化数字化发展趋势，开展了历史文化村镇的数字化重建技术与网络虚拟旅游研究，有助于在实现"留住乡愁"、传承文化景观基因的同时，实现新旧景观的相互融合、有机更新，从而达到古镇群景观传承、产业融合、业态创新的发展目的，为长沙段湘江古镇群的发展找准科学路径。

依据"文化景观基因挖掘—虚拟建模与数字化重建—虚拟旅游平台开发—虚拟旅游产业化应用"的总体思路，结合前期在古村镇的三维数字化保存、可视化呈现、虚拟现实展示等方面的成功经验，本研究对长沙段湘江古镇群开展了数字化理论研究与实践探索[3—8]。综合利用测绘技术、三维建模技术、虚拟现实技术等技术手段获取文化遗产的现状数据，利用信息技术进行数字化记录、监测、修复、重建和再创，实现数字存档和再利用，为实现其空间形态的保护和文化遗产的永续传承打下了良好的基础。

结合全国 3D 数字化大赛，研究组织开展了以长沙段湘江古镇群为对象的 3D 数字化创意设计工作，将长沙段湘江古镇群数字化应用分为"元宇宙""数字人居""数字重建"和"数字文创"四个板块，既能有效保护历史遗存的核心价值，又能采取生动有趣的方式来重现古镇群的历史原貌，通过数字文创产品的开发设计促进优秀湖湘文化的活态传承。

第一节　元宇宙产品开发设计

"元宇宙"（Metaverse）一词最早源于美国作家尼尔·斯蒂芬森（Neal Stephenson）于 1992 年出版的科幻小说《雪崩》，该小说描述了一个人们以虚拟形象在三维空间中与各种软件进行交互的世界[9]。目前，互联网界对元宇宙的共识是基于互联网而生、与现实世界相互打通、平行存在的虚拟世界，是一个可以映射现实世界，又独立于现实世界的虚拟空间[10]。元宇宙产业链涉及硬件、软件、服务、应用及内容四大方面内容，本研究紧跟"科技+文化"的趋势，开发了游戏场景下的元宇宙产品，探索性地搭建了元宇宙数字内容服务平台。

一、湘江古镇群虚拟旅游平台开发

网络虚拟旅游作为一个新兴领域，应用 VR 技术，提供人机物融合、网络环境下虚实互动、360 度无死角的感官体验，为游客提供了一个与现实世界叠加的虚拟世界[11]。开发湘江古镇群网络虚拟旅游平台，能为游客提供游览、偶遇、聊天、交友、购物、娱乐、游戏等多种在线互动，给予游客虚拟与现实交互的惊喜体验，不仅可以浓缩、传承古镇群丰富多彩的历史文化，还可以让国内外用户有身临其境、走进湖湘文化史的感觉。

（一）数据采集

在湘江古镇群网络虚拟旅游平台开发前，研究成员从外部环境、建筑景观、文化内涵等多层面入手，多次赴湘江古镇群实地调研，收集历史文献资料，拍摄实景图片，并采用无人机倾斜摄影、激光雷达、360 全景影像等技术手段完成对湘江古镇群的实景的三维数据与地理数据信息采集，部分数据如图 15-2 所示。

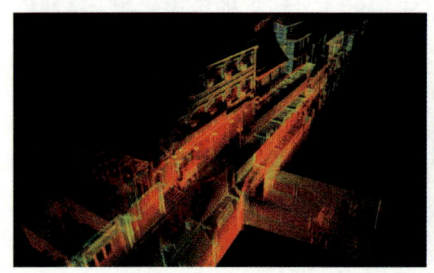

图 15-2　古镇点云模型及 360 全景影像

　　本研究依据文化景观基因理论,对长沙段湘江古镇群文化景观基因进行了实地调研和知识梳理,确定古镇群文化景观基因要素特征数据库,主要包括环境基因、建筑基因、文化基因三部分,其中建筑基因库数据描述部分如表 15-1 所示。该数据库建立了湘江古镇群文化景观与数字化重建、网络虚拟旅游之间的接口,数据的不断累积有助于不断完善文化景观基因要素特征数据库,提高数字化重建与网络虚拟旅游的工作效率。

表 15-1　建筑基因库表

编码	名称	描述	路径
1000	空间布局	靖港沿着沩水呈团块状分布	shape/1000.dwg
1001	屋顶造型	人字形屋顶,青瓦搭建	shape/1001.dwg
1002	山墙造型	多重女墙,依次上升,墙角婉转上勾	shape/1002.dwg
……			……

　　本研究已经构建一系列长沙段湘江古镇群文化景观基因要素特征数据库,涉及古镇群建筑造型、文化器物等内容,资源已覆盖靖港、铜官、书堂、乔口四个古镇,数据库中的部分数据如图 15-3 所示。

图 15-3　湘江古镇群文化景观基因要素特征

（二）场景建模及角色建模

在三维场景建模方面，需要根据实景数据创建所有模型构件，包括所有必需的元素和细节。本研究使用的模型在3DMAX和Maya软件中制作而成，通过样条线、多边形、几何体等建模方法，结合修改器，在材质贴图中添加位图，并调整环境光颜色、漫反射、不透明度、高光等参数来达到一个比较满意的效果。根据湘江古镇群不同古镇的特色建筑物、地形特点，以及文化景观基因要素特征数据库中的要素进行提取选择，找到合适的贴图材质，使得制作的建筑模型更符合当地特色，模型制作完成后，利用Substance painter软件为一些精细模型制作贴图材质，进一步提升模型整体完成度（图15-4）。

图15-4　物体材质与贴图设置

在角色建模方面，首先在3DMAX和Maya中建立角色的三维模型，使用Substance painter进行贴图材质制作，对角色进行绑定骨骼。其次，利用惯性动作捕捉系统Xsens进行角色动作捕捉，通过其提供的SDK来读取角色模型的各个关节节点的数据，然后驱动3D角色模型产生实时动画。

（三）场景搭建及交互设计

在场景搭建及交互设计阶段，项目组基于三维建模、虚拟现实等技术原理，在3DMAX与虚幻四（Unreal Engine 4）中进行场景搭建与复原。场景搭建部分先进行单体建筑搭建，将模型构件拼接为一个个的单体建筑，再进行场景搭建，按照地理信息拼接成一个场景。在交互设计部分，结合虚幻四的蓝图、C++语言等编程技术对场景进行实时交互等设计。采用第一人称角色控制器,用户可以直接通过点击鼠标或操作虚拟现实设备手柄来实现前后左右移动、加速或跳跃,以及仔细观察一些感兴趣的建筑或场景细节。借助采用三维模型拓扑、多层次细节(Level of detail,LOD)、高模轻量化等技术,最终在虚幻四中完成铜官古镇、靖港古镇、乔口古镇、新康古镇以及书堂山古镇场景的搭建,实现了网络虚拟旅游(图 15-5、图 15-6)。

 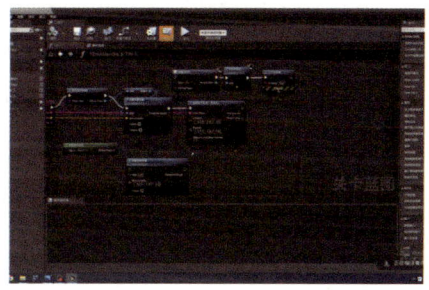

图 15-5　场景搭建及关卡设计

图 15-6　虚拟旅游平台第一视角图

二、湘江古镇群数字展馆设计

研究借鉴了线上展厅的思路,拟打造元宇宙视角下的数字化展馆,为历

史文化创意作品提供一个优质的输出窗口。为此，设计开发团队基于数字
3D 技术和区块链技术打造了一座完整的文创小镇，数字展馆作为当中的地
标建筑，专注于在线展出历史文化数字文创作品；并为馆内所有展品铸造
NFR（Non-Fungible Right，非同质化权益），提供版权证和交易服务。

（一）文创小镇总体设计

该文创小镇构建的过程是以数字展馆为中心，发展周边居民区，投入居
民建筑，最终形成对应品牌社区。文创小镇社区采用了数字人居的一般设计
方法，提前规划布局所有建筑物类型和数量，匹配对应的社区范围后投入设
计建设。文创小镇位于虚拟城市的东南角位置，如图 15-7 所示，以地标建
筑数字展馆为中心，周围规划了 1000 幢居民建筑，这些建筑分布在四个区
域，分别是民俗区、历史区、现代区和未来区，不同区域建筑风格各不相同。

图 15-7 文创小镇

（二）数字展厅设计开发

数字展厅坐落于文创小镇中心位置，它提供了一个突破时间和空间界限
的线上展馆，用于长期展出数字文创作品，并基于区块链技术铸造 NFR 为
文创作品赋能，是一座让"文化+科技"理念落地的虚拟建筑。数字展馆整

体外观围绕"文化+科技"这一理念，设计了代表长沙窑文化的夯土底座、代表红色文化的异形"五角星"楼和代表马栏山科技力量的"V"形建筑。

　　数字展馆的展出和交易功能通过搭载"优版权"应用程序实现，点击鼠标"步入"长大馆，可以进入其中数字藏品展厅（图 15-8），展厅内部采用简约现代风格设计，以白色的仿大理石纹作为地面色调，浅灰色立柱耸立其中，营造艺术馆恢弘大气的空间感。NFR 藏品以画框形式错落有致地分布在展厅各处，随着鼠标移动，可以不断切换视角观赏不同的作品。与真实展馆中的画框不同，除静态画作外，虚拟展馆的画框内还可展出视频等其他形式的数字藏品。这些数字藏品是指使用区块链技术，对应特定的作品、艺术品生成的唯一数字凭证，在保护其数字版权的基础上，实现真实可信的数字化发行、购买、收藏和使用，如虚拟头像、摄影作品、数字美术图像、动画等[12]。作品下方标注了 NFR 作品名称和交易价格，所有具有小镇通行证的居民均可通过点击 NFR 藏品进入交易界面。

图 15-8　数字展馆内部及作品详情页

　　相较于传统展厅，元宇宙视角下数字化展馆没有场地和制造工艺的限制，建设的时间成本和经济成本更低，并且有无限拓展的交互性，后期布展难度低质量高，网上展厅借助互联网传播，没有传统展厅的开放时间限制，展出内容可以得到更大范围的推广。建立在专业的版权管理机制上数字化展馆能让数字文创作品也具备实体艺术品的收藏属性、流通属性，以使得创作者获得持续的版权收益和衍生品收益，从而激发更多创作者的创作热情。

第二节　数字人居产品开发设计

面对快速城市化进程接近尾声、人口增长见顶以及老龄化社会到来等城市发展困境，如何利用数字化手段及设施提升城市的运营效率和宜居水平，成为亟待突破的重要课题。有专家指出"绿色数字人居"是指用数字化手段引领或推动人居大系统向绿色、可持续发展方向迈进[13]。研究紧跟数字人居研究前沿方向，充分考虑文化、空间、功能、视觉、可持续等要素，打造湘江古镇群数字人居空间，期望在古镇群原有的基底上实现人居空间的数字化，升级空间宜居水平。

一、靖港古镇民宿开发设计

靖港古镇位于湘江西岸，自古得水运优势，有独特的地理区位、浓厚的商贸气息和丰富的景观资源。近年来，靖港古镇的旅游产业逐步发展，但景区内和景区周边民宿数量较少、种类单一，难以吸引游客驻留。随着人们对生活品质的追求，在旅行中对住宿环境的需求以及文化氛围的品位不断提升，民宿设计中特色文化成为当代室内设计人文内涵表现的重要来源。因此，研究提出主题民俗的思想概念，将传统动画的特色与靖港的皮影文化相结合，打造居住、体验一体化设计。

（一）总体设计

项目设计的选址在靖港古镇的芦江靠近居民区的东南侧水域上，如图15-9 所示，整个建筑群因地制宜，设计了包括民宿区、餐饮空间、廊架休息区、体验区、小景区、观影区、观景露台，陆地路线和水上路线融于其中，浑然一体。

图 15-9　靖港古镇民宿设计

（二）大堂及客房设计

大堂设计如图 15-10 左侧图所示，大堂功能分区为前台区、小景观赏区、休息区。前台区是整个空间最重要的、映入眼帘的空间，位于大堂的中心，以传统动画中的经典青山元素为背景，设立了红色异形不规则桌台；小景观赏区，设立在与前台区相对面的位置，此小景为整个民宿的全景，方便顾客了解民宿全景及定位；休息区位于大堂的两侧，与大堂中心之间设立了屏风。

客房设计如图 15-10 右侧图所示，首先，整体平面是由圆形分隔出来，空间隔断从上方看是由金箍棒上方的花纹演绎出来，从而也丰富了空间的动线。整体的客房共分为两个房型，单人房与双人房。每个房间都分为五个区域，玄关区、小景区、睡眠区、阅读区、洗浴区。整体色彩以木色与灰色为主色调，加以红、绿色点缀，与大堂相呼应。空间特点是运用传统建筑中的一步一景。

图 15-10　靖港古镇民宿大堂及客房设计

（三）餐饮及休闲空间设计

餐饮区域取名"秋斋之宴"，秋，秋分之时；斋，用膳之地；宴，宴会之意。餐饮空间设计如图 15-11 左侧图所示，设计灵感来自传统动画里的《西游记》里的孙悟空形象，功能分区设立了自助区、散座区、包厢区、卡座区，实现不同人数的用餐形式与需求。自助区结合人体工程学设立了不同高度的架子，满足儿童与成人高度不一的需求。

休闲区域取名"嬉姝之棣"，"嬉"为戏耍之意，"姝"为静谧美好之意，棣代表植物。如图 15-11 右侧图所示，体验主体可以在这体验传统动画的制作过程，它分为少许个步骤，每个步骤都是按照路线的顺延从而集齐一个动画形象纪念品的完整个体。

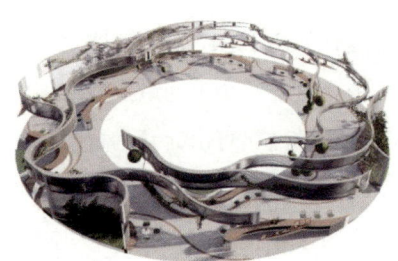

图 15-11　靖港古镇民宿餐饮及休闲空间设计

二、铜官窑考古遗址公园景观设计

长沙铜官窑遗址位于湖南省长沙市望城区丁字镇彩陶源村，是指在唐代潭州（今长沙）石渚湖、铜官一带的瓷器作坊。它是世界釉下彩瓷的发源地，打破了当时南青北白的陶瓷格局，被称为"汉文化向外扩张的里程碑"，在世界陶瓷发展史上具有划时代意义。为了更好地保护和传播铜官窑历史文化遗产，研究基于铜官窑考古遗址公园的基础上进行绿色数字人居设计，通过深入挖掘铜官窑非遗文化要素，采取科技赋能旅游的理念，结合 VR 及 AR 技术，创造铜官窑考古遗址公园现实场景的虚拟旅游环境与数字人居环境，积极探索铜官窑考古遗址公园的网络虚拟旅游产业新业态的生成与发展。

（一）总体规划

研究经过前期对长沙铜官窑的区位交通条件、自然环境、人文背景进行分析，确定长沙铜官窑考古遗址公园的规划范围，规划用地总面积 103 公顷，南至撇洪渠路，北至彩陶路，西至湘江，东至湘江大道。其中，设计区域用地面积 22 公顷，设计区域水体面积 15 公顷，总平面图如图 15-12 所示。

通过对规划区域内调研发现，目前该区域在文化遗产保护方面主要存在以下问题：后期保护与发展的不足；保护维护措施不完善；文化价值观念传递有待提升；传统手工艺弱；文创产品设计与营销滞后；文化传播不足等问题；虚拟现实等先进科学技术普及度不高。因此，研究立足于遗址文化保护，以挖掘铜官窑优秀的传统人文内涵，融入数字人居，3D 虚拟等技术手段为理念展开规划设计，将功能区划分为沿江风光区、入口景观区、滨江风光区、休闲游憩区、山丘地形区五部分，如图 15-13 所示。

图 15-12　铜官窑考古遗址公园总平面图

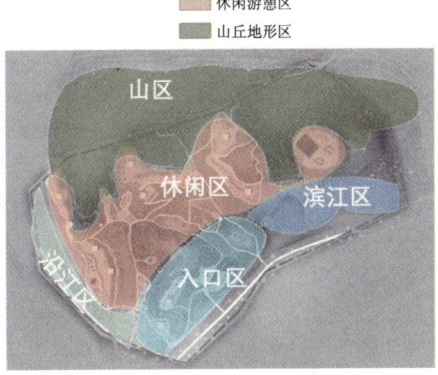

图 15-13　铜官窑考古遗址公园功能分区

（二）场馆设计

在本作品中规划设计了四个场馆。谭家坡龙窑是铜官窑的最重要的保护地之一，极易遭受湖南省潮湿天气的影响，因此，谭家坡遗址馆的设计采取了全覆盖式（图 15-14），最大程度上保护遗址地，同时为了满足观光的需要，采取透光玻璃进行装饰，将古代艺术与现代科技相结合，实现不同时空的交流。

陈家坡遗址馆的设计以青砖白瓦为主色调（图15-15），整体建筑结构以波浪线形式表现，使人们在参观的时候能够更好地感受到陈家坪在历史长河中的起伏盛衰。

图 15-14　谭家坡遗址馆设计　　　　　　图 15-15　陈家坡遗址馆设计

陶瓷体验馆以陶器为原型，利用民居进行功能改造，将陶瓷体验馆用玻璃做成全通透的形式（图 15-16），用声光电手段展示长沙窑烧制全过程，满足人们旅游体验的趣味性。

图 15-16　陶瓷体验馆设计　　　　　　图 15-17　遗址埋藏地设计

遗址埋藏地设计以铜官窑陶器上的莲花纹为理念（图 5-17），以现代科技亚克力板作为主要材料创作，方便拆卸，力求让游客从各个角度都能感受到铜官窑丰富的文化内涵。

（三）植物种植设计

在植物种植方面，在低矮地区主要种植香樟、广玉兰、桂花、红叶李等乔木，中间地区主要种植石楠、黄杨、山茶、海桐等灌木，在高山地区主要种植蒲苇、月见草、鸢尾、细叶芒等地被，起到净化空气、防止水土流失、改善水文特性的作用，促进公园及周边的生态保护和可持续发展（图15-18）。

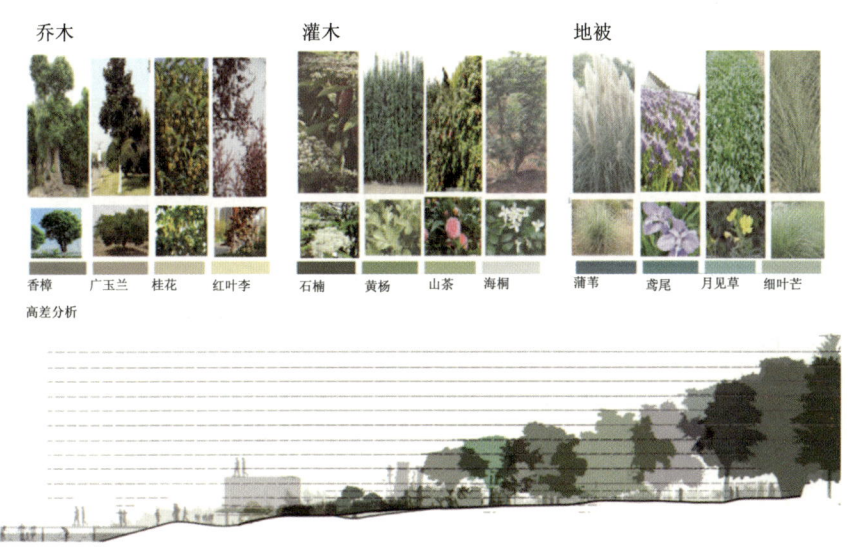

图 15-18　植物种植设计

第三节　数字重建产品开发设计

湘江古镇群文化遗存丰厚，运用数字城市、虚拟现实、视景仿真、互联网和多媒体等数字化重建技术，对于保护古镇群历史遗存，传承湖湘优秀文化至关重要。项目组依据景观基因理论，通过古镇群数字重建，还原历史场景，并融入现代设计，彰显了古镇群文化的内在价值与张力。

一、铜官窑谭家坡龙窑一号遗址复原设计

"古岸陶为器，高林尽一焚。焰红湘浦口，烟浊洞庭云。"唐代诗人李

群玉在《石渚》用这样的诗句描述了当年铜官窑大规模傍山建窑、柴火烧瓷的壮观场面。1964年，国家有关部门开始先后六次进行了考古发掘，初步弄清了遗址分布情况，其中谭家坡1号龙窑是世界上保存最为完好的唐代

图15-19 谭家坡遗迹复原实物模型

龙窑，窑址正南北方向，总长41米，最宽处3.5米，最窄处2.8米，坡度陡处23度，平缓处9度，揭露谭家坡1号龙窑考古发掘区域窑场制瓷有关遗迹28处，出土可修复文物上万件，掌握了长沙铜官窑的窑炉构造特征以及相应区域窑址的产品特征，并发现了与窑业生产有关的重要建筑遗迹（图15-19）。

为了加强遗址数据保护，健全谭家坡龙窑遗址安全长效机制，助推建立国家文物资源大数据库，研究重建了铜官窑谭家坡龙窑一号遗址，将谭家坡现存遗址进行基本构图建模，在此基础上完成对谭家坡遗址复原建模，并采用三维虚拟情景交互来完成对谭家坡遗址曾经繁华场景真实复原。

（一）平面结构设计

龙窑，一般长40—60米，宽1.5—3米，高1.6—2米，是以黏土加砖（含土砖）依山坡自然形态而建，呈长条形，与地平面构成9—30度左右坡度，自下而上斜卧，因形如龙而得其名。项目组以长沙铜官窑谭家坡一号龙窑遗址为原型，利用三维建模技术与动画技术还原龙窑遗址原貌。

研究以史料记载和实测数据为基准以特定比例进行制图，根据平面图片，利用Adobe Photoshop对底片加工，对龙窑本身外表木制房屋结构进行制图，整理得出平面结构设计图，如图15-20所示。谭家坡整体龙窑建立在大托盘上，龙窑建立在坡面上。

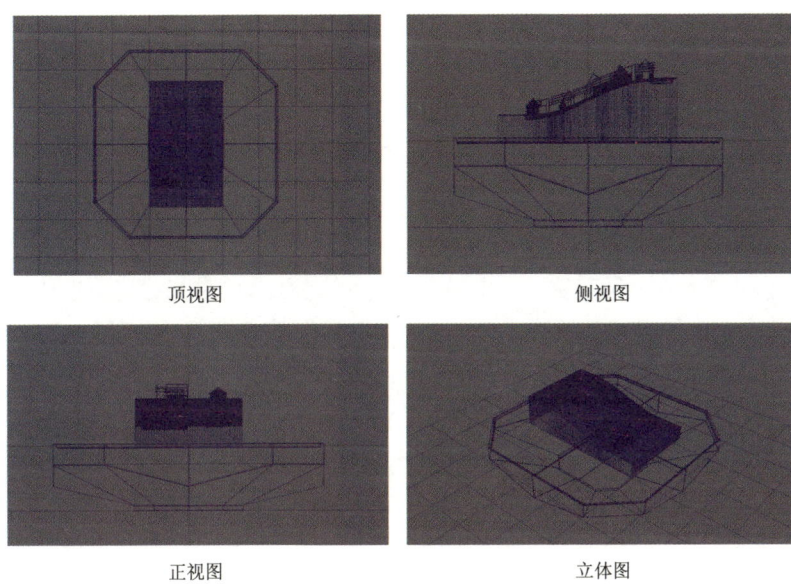

顶视图   侧视图

正视图   立体图

图 15-20 长沙铜官窑谭家坡一号龙窑遗址多面设计图

（二）三维模型设计

以平面图为标准制作龙窑遗址的三维模型，结果如图 15-21 所示。

首先，利用 MAYA 软件对龙窑遗址基础进行建模，然后，对龙窑的房屋进行复原，从左坡上开始对木屋的复原。先将木屋基本内部结构部件建模，再对外部颜色和形状建模渲染。最后，对坡右侧建筑及坡面植被进行复原。

图 15-21 长沙铜官窑谭家坡一号龙窑遗址三维模型

图 15-22 龙窑构建过程动画呈现

（三）动画呈现

在龙窑遗址三维模型的基础上，利用 MAYA 和 Premiere Pro 进行动画处理。首先，利用 MAYA 绑定模块对建筑模型绑定，利用相机动画模块进行视角处理，利用灯光模块进行补充灯光。然后使用 Premiere Pro 将背景、背景音乐、字幕、转镜速度进行调整。

制作完成后，画面第一幕出现谭家坡龙窑遗址坡，然后如模型设计过程所示，一步一步完成对谭家坡一号龙窑遗址的复原，最后得到整体复原模型，用户能够通过动画的形式直观地了解龙窑的构建过程（图 15-22）。

二、靖港古镇虚拟文化空间设计

靖港古镇依水而建，有独特的地理区位、浓厚的商贸气息和丰富的景观资源，但其旅游开发与保护过程中仍存在很多问题，如古镇特色资源分布零散、无规则，很难统一管理与开发[14]。研究针对上述问题，设计靖港古镇虚拟文化空间，为古镇的虚拟规划、文化基因传承发扬提供了新的思路。

（一）总体设计

靖港古镇虚拟文化空间总体平面图如图 15-23 所示，主要由港口、古镇主街区、农耕文化区等部分组

图 15-23　靖港古镇虚拟文化空间总体平面图

成，港口区位于靖港背面入口处，是一个现代与中式相结合的港口，港口采用弧线形和几何图形，体现人文与自然和谐相处。港口对面的游客中心采用中式的手法，外面的庭院采用中式和现代相结合的庭院。古镇主街区是在还原靖港古街的基础上改造的，其中八元堂、观音寺、宏泰坊、皮影艺术馆等遗址都进行了数字复原。农耕文化区位于商业街的西北面，里面有靖港的特色产业。本作品利用虚拟建模技术，结合靖港当地的特色文化，将古镇的进行一次整合升级，形成了一个风格合

一的虚拟文化空间。

（二）三维场景设计

首先是靖港古镇的港口，靖港古镇地处于湘江入水口，多洲，多滩涂，芦苇丛生，航运业日渐发达，并以天然良港的地理优势成为省内淮盐销售外出的主要经销口岸之一。所以港口是项目组重点打造的靖港特色区域之一。

其次是靖港古镇的主街，主街道长 1275 米，有数十处古商铺、作坊、会馆、庙宇和极具纪念意义的遗址，主要景点包括宏泰坊、八元堂（宁乡会馆）、湖南省委旧址、观音庙、紫云宫等建筑。其中，靖港中共湖南省委旧址位于古镇保健街，为民国风格的建筑，是原地下省委在靖港设立的临时办事处，是当时全省非苏维埃区域革命的领导中枢。观音寺是当地有名且有特色的寺庙，它坐落于保粮前街街头，主要建筑有大门、一座主殿、复兴塔等，不似大多庙宇制式工整，庄严肃穆，它的香炉、观音殿和寺庙本体环绕一个小小的广场错落布置。整个寺被街道和民居包裹着，形成了属于它的一个独特区域。宏泰坊位于古镇保健街末头，在现代的靖港古镇街头是比较显眼的，是长沙保存的最完好的青楼旧址，当地对其进行了恢复，现已改成了一座青楼博物馆，对这些遗址一一进行了数字复原（图 15-24）。

最后是农耕文化区，古代靖港属于"八百里洞庭"的边缘地区，加之湘江、芦江的眷顾，孕育着湖区渔民文化。因此，在虚拟空间中设置了农耕文化区，将劳动人民的劳动场景展现出来，意在让游客亲身体会农民的辛苦与智慧，感受靖港人的淳朴、勤劳，以及靖港的稻作文化和渔民文化（图 15-25）。

图 15-24　靖港古镇虚拟文化空间部分场景展示

图 15-25　靖港古镇虚拟文化空间总体效果图

第四节　数字文创产品开发设计

以数字化赋能，将数字藏品与实物文创产品相互补充，是推动文创产业高质量发展的重要发力方向。文创产品在发展过程中，逐渐融合了地域、民族、宗教、文化等因素，配合一定的思考、创意、制作加工，才形成了具有创意性、设计感、多样化的形式。一个好的文创产品，不仅应在实用性上满足人们的基本需求，还应在精神上实现情感的共鸣[15]。研究围绕湘江古镇群进行创新，开发设计了一系列有用、有趣又富于湘江古镇群地方特色的数字文创产品。

一、湘江古镇群 IP 形象及衍生品设计

2020 年 11 月，文化和旅游部发布的《关于推动数字文化产业高质量发展的意见》中引入 IP 概念，提出"培育和塑造一批具有鲜明中国文化特色的原创 IP，加强 IP 开发和转化，充分运用动漫游戏、网络文学、网络音乐、网络表演、网络视频、数字艺术、创意设计等产业形态，推动中华优秀传统文化创造性转化、创新性发展"。在国家政策的引导下，近年来，传统文化的 IP 化开发实践遍地开花，涌现出了故宫、敦煌等一批典型的国潮文创 IP。项目组根据湘江古镇群的特色和各自的差异，制作了三组符合当地文化特点

的 IP 设计，打造了更具地域特色的中国文化符号。

（一）湘江古镇群古装女孩 IP 形象及衍生品设计

第一组为古装人物 IP（图 15-26），由于湘江古镇群在明清时期最为繁盛，IP 人物服装结合了明清服装特点，再根据古镇各自元素进行设计，给人一种传统又不失美观的形象。

铜官IP　　　　书堂山IP　　　　新康IP　　　　靖港IP

图 15-26　湘江古镇群古装女孩 IP 设计

衍生产品为新中式吊灯（图 15-27），吊灯造型为圆形与线条的相结合，圆形内层层交错，装饰内容来自湘江古镇群的民俗文化元素，如乔口的鱼、

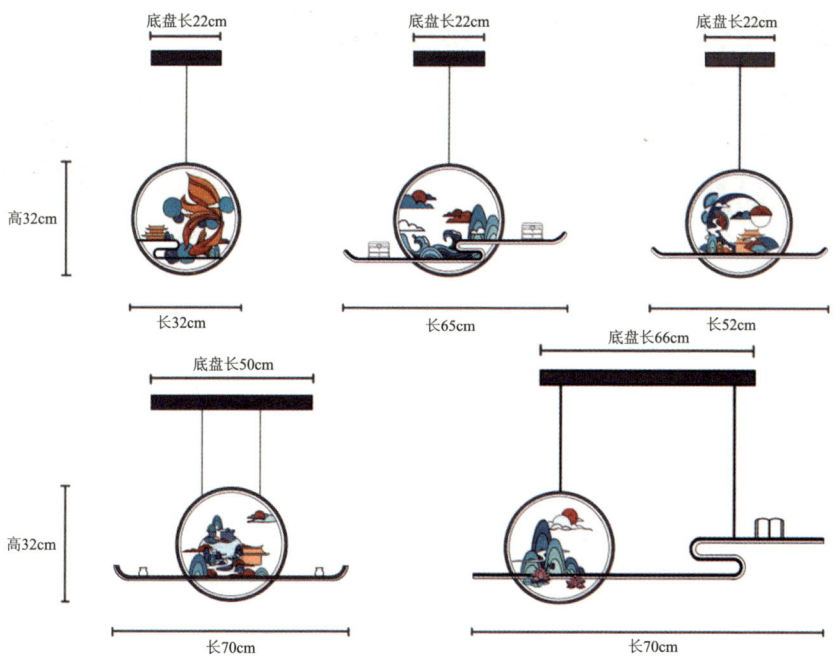

图 15-27　衍生品新中式吊灯设计

铜官的陶、书堂山的书、新康的扇子等，制作了山水，白云，荷花等错落的插画场景，色彩上采用传统色彩红黄蓝，每个元素及色块都根据视觉需求进行绘制，树脂材质的古装人物 IP 形象置于吊灯的线条装饰上。实物为铝材、铁艺、树脂，适用于餐厅、书房、茶室等，实用性与美观合二为一。

（二）湘江古镇群文化块块 IP 形象及衍生品设计

第二组湘江古镇群 IP 形象以湖南特色的辣椒为基础元素，将融入四角圆润的方块，再与长沙段湘江古镇群五个古镇的特色文化、花纹设计相结合以各古镇的特色文化元素和色彩加以区分（图15-28）。整体风格简约，色彩明亮，外形独特，分别叫作"铜方方""乔方方""书方方""新方方""靖方方"。

图 15-28　湘江古镇群文化块块 IP 设计及衍生品

根据作品方块的特色形象，后期可以制作成音响、钥匙扣、包包、抱枕、耳环、手链等各种系列衍生产品。作品的形象还可以通过后期软件制作成古镇虚拟形象代表，在数字媒体的时代，作为小讲师为大众科普古镇文化、特色，为古镇引流。

（三）书堂山 IP 形象及表情包设计

第三组湘江古镇群 IP 形象聚焦于书堂山，书堂山古名笔架山，因其三峰耸立，形似笔架而得名，是唐代大书法家欧阳询的故乡。因此，本研究欧阳询的卡通形象来设计书堂山的 IP 形象（图 15-29），并以大众喜闻乐见的表情包形式来呈现，促进书堂山文化的宣传推广。

图 15-29 书堂山 IP 形象及表情包

表情包分为静态表情包和动态表情包两种。其中静态表情包是一组带有长沙本地方言的语言包，在欧阳询人物形象的基础上添加了长沙话的元素，用语言的方式来增强与平台用户的互动性。动态表情包把书堂山欧阳询的主要形象建立在平面与三维的结合空间中，运用动态的方式呈现出眨眼、挥手等动作及文字。

二、湘江古镇群生活类文创周边产品设计

将地域文化元素融入文创产品设计中，可以使产品更具独特的创意效果和传播属性，升级其艺术效果和实际价值。这不仅有利于发展文化创意产业，宣传地域文化，还能够在一定程度上加快各地文化产业的升级，提升各地的文化竞争力。根据湘江古镇群的特色文化以及消费者需求设计了一系列生活类文创周边产品。

（一）古镇书立

牌坊是中华特色建筑文化之一，是封建社会为表彰功勋、科第、德政以及忠孝节义所立的建筑物。铜官和靖港两座石牌坊都是两出头三门檐式建筑，高大宏伟，牌坊正面牌匾分别是"铜官街""靖港古镇"。项目组以靖港古镇与铜官古镇的石牌坊为参考，分别设计了两个古镇石牌坊木质书立

（图 15-30、图 15-31）。书立主体为 L 形，稳定性强，能够避免一列站立的书籍倾斜外道，防止书籍折角，采用古镇石牌坊外观，立柱牌匾等结构清晰，放置在桌面亦能当作微型景观，能够加深游客的印象，起到宣传当地景点的作用。

铜官古镇牌坊　　　　　　　　　　　铜官古镇书立

图 15-30　铜官古镇书立

靖港古镇西入口牌坊　　　　　　　　靖港古镇书立

图 15-31　靖港古镇书立

（二）新康音乐盒

新康古镇历史悠久，是个名副其实的艺术之乡，皮影、酿酒、木雕、花鼓戏等远近闻名，境内盛产稻米、生猪、鲜鱼、莲藕、茭菱等，素称"鱼米之乡"。研究参考花鼓戏、古代酿酒厂、鱼米之乡等新康元素，结合荷花元素，设计出一个可以自己动手拼接的音乐盒，它不仅是岁月的"微缩"，也是文化传承的体验。

　　整个音乐盒设计如图 15-32 所示，该音乐盒以湖南花鼓戏的经典名剧《刘海砍樵》为创作背景，该剧讲述了孝子刘海与狐狸精胡秀英之间的爱情故事，展现了勤劳、孝顺等美德和追求忠贞爱情、幸福生活的美好愿望。戏台中的人物为《刘海砍樵》中胡秀英，当音乐开启时，人物开始转动，背面为狐狸，也有胡秀英从狐狸变为人之意。戏台参考新康当地的特色建筑，在人物底部加入荷花元素来丰富画面。戏台背后是酒壶代表新康古法酿酒厂的酒壶，酒壶上有蝴蝶点缀增加整体美感。音乐盒底部为鱼，突出新康是鱼米之乡，吸引游客眼光。音乐盒生动讲述湖南故事、艺术地呈现文化内涵，饱含着人文元素。作品本身不落俗套，把花鼓戏的场景创意呈现，脱离该类产品形式化、同质化的桎梏，利用多重感官的奇妙联结吸引消费者，打造出属于新康自己的文化产品。

图 15-32　新康音乐盒

　　（三）书堂山文房四宝

　　文房四宝，即笔墨纸砚，是中国独有的文书工具，在书法中有着不可或缺的作用。书堂山作为欧阳询的故乡，吸引着全国各地的游客前来感受书法艺术的魅力。本作品书堂山文房四宝如图 15-33 所示，以笔、墨、笔台、砚台为主题，将其与书堂山的建筑艺术结合起来，兼具实用和观赏价值，使用者利用本产品练习书法时联想到游玩时的见闻，更能增添了一番意境。

毛笔顶端是书堂山特色的凉亭屋檐，屋檐下方雕刻有"书堂八景"四个字，为毛笔增加了一些重量，笔身是木质的黑白配色花纹，有行云流水之感。墨锭顶端构造与毛笔顶端的构造大致相同，但雕刻文字为繁体字"書"。砚身绘有牡丹花，黑白配色，砚台后方为欧阳阁建筑模型及欧阳询雕像。笔台以山为形，上面安置有书堂山大门——书香门的建筑模型，此模型外表凹凸不平，便于毛笔分层放置。

图 15-33　书堂山文房四宝

（四）湘江古镇群纪念印章

收集印章、打卡纪念、邮寄明信片是当代年轻人热衷的旅游体验方式。本作品名称为"湘江古镇群旅游纪念印章"，印章兼具美观性、实用性和收藏性，造型小巧，便于出行携带与把玩，独具特色，可以满足游客的收集欲望，游客可去往相距十公里内的五座古镇进行打卡和购买。

湘江古镇群旅游纪念印章如图 15-34 所示，每套共五枚，每枚印章由主体、底座和印章三部分组成。铜官窑纪念印以铜官窑出土的文物"清代四系绿釉小酒壶"为主体灌以树脂凝结而成，底座则是木材进行雕刻，印章以铜官窑牌坊为主体进行创作。书堂山纪念印主体以书堂山欧阳园忠勇门阁楼为

主体灌以树脂凝结而成，底座镶嵌有绿宝石，印章则用标志性建筑欧阳阁来
创作。靖港古镇纪念印主体是以位于保健街的宁乡会馆戏台灌以树脂凝结而
成，底座则以绿宝石镶嵌，印章则以靖港的地标进行创作。新康戏乡纪念印
以湘江特有的花鼓戏鼓为主体配合鼓架灌以树脂凝结而成，而底座则是绿宝
石镶嵌在雕刻好的底座上完成，印章采用的是新康戏线标志性的花鼓戏雕塑
来创作。乔口鱼都纪念印以绿宝石雕成乔口渔都标志性建筑乔口渔都雕塑灌
以树脂凝结而成，底座以大理石雕刻，印章则采用乔口渔都标志性的鱼头形
拱门来创作。

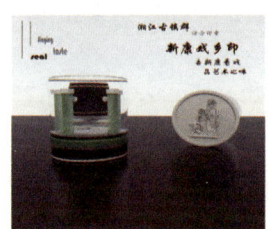

图 15-34　湘江古镇群纪念印章

参考文献

[1] 中共中央宣传部等三部门发文全面加强历史文化遗产保护，2022-02-20，
http://www.gov.cn/xinwen/2022-02/20/content_5674766.htm。

[2] 中共中央办公厅国务院办公厅印发《关于推进实施国家文化数字化战略的意见》

2022-05-22，http://www.gov.cn/zhengce/2022-05/22/content_5691759.htm。

[3] 詹琳，黄佳，王春等："基于景观基因理论的红色旅游资源三维数字化呈现——以清水塘毛泽东杨开慧故居为例"，《旅游学刊》，2022 年第 37 卷第 7 期：54—64。

[4] 谢谦，刘沛林，徐美："中国传统村落景观研究的知识图谱分析"，《经济地理》，2022 年第 42 卷第 4 期：202—208。

[5] 印朗川，李伯华，刘沛林等："传统聚落景观基因胞的生物特征研究"，《经济地理》，2022 年第 42 卷第 3 期：182—189。

[6] 李伯华，李珍，刘沛林等："湘江流域传统村落景观基因变异及其分异规律"，《自然资源学报》，2022 年第 37 卷第 2 期：362—377。

[7] 李勇，陈晓婷，刘沛林等："'认知—情感—整体'三维视角下的遗产旅游地形象感知研究——以湘江古镇群为例"，《人文地理》，2021 年第 36 卷第 5 期：167—176。

[8] 黄佳，廖健，贺溪等："基于 VR 虚拟现实技术的湖湘红色文化遗产保护与活化研究"，《中国高新科技》，2021 年第 20 期：86—87。

[9] Dionisio J. D. N., III W. G. B., Gilbert R. 3D virtual worlds and the metaverse: Current status and future possibilities. *ACM Computing Surveys* （CSUR），2013, 45（3）：1-38.

[10] 喻国明："未来媒介的进化逻辑：'人的连接'的迭代、重组与升维——从'场景时代'到'元宇宙'再到'心世界'的未来"，《新闻界》，2021 年第 10 期：54—60。

[11] 刘沛林："虚拟现实与旅游特色小镇的网络化呈现"，《旅游学刊》，2018 年第 33 卷第 6 期：3—5。

[12] 刘玉柱，李广宇："数字藏品版权保护问题研究"，《出版广角》，2022 年第 11 期：47—51。

[13] 孔鹏："城市更新视野下的绿色数字人居建设"，《中国建设报》，2021 年第 5 期：17。

[14] 曹帅强，邓运员："基于景观基因图谱的古城镇'画卷式'旅游规划模式——以靖港古镇为例"，《热带地理》，2018 年第 38 卷第 1 期：131—142。

[15] 付振宇："基于地域文化的文创产品创新设计"，《包装工程》，2019 年第 40 卷第 20 期：215—218，222。

第十六章　从新宅居生活看历史文化村镇网络虚拟
旅游的前景和方向

通信技术和网络技术的快速发展，为人们居家了解世界提供了前所未有的便捷条件。据中国互联网络信息中心（CNNIC）2022 年发布的《中国互联网络发展状况统计报告》，截至 2021 年 12 月，中国互联网用户为 10.32亿人，普及率达 73%，可见通信和网络技术用户普及程度之高。加上网络购物和外卖快递的方便的上门配送服务，越来越多的人开始习惯于"宅"在家里，一方面享受各种美食和消费服务，另一方面通过网络技术一览世界各地的新闻、趣闻和美景。据不完全统计，人们宅居在家，每天 60%—70% 的时间消耗在手机网络和电脑网络等网络终端上，浏览和观看的内容不外乎新闻、短视频、电影电视及在线游戏等方面。也有人浏览网上的景区资源，但目前几乎所有的景区资源呈现方式都很传统和单一，虽然少数景区有所谓的虚拟旅游，但太过简单，多是一些 360 度的全景照片的处理，并不能代表真正的虚拟旅游的概念，无法满足庞大的市场需求。真正的虚拟旅游是指借助于计算机仿真技术、虚拟现实（VR）技术和增强现实（AR）技术，创造或重现一种基于现实场景的虚拟旅游环境，实现虚拟性质的旅游体验。虚拟旅游既是"宅居"时代"宅男宅女"的刚性需求，也是巨大的社会需求和市场需求。历史文化村镇通过网络途径开展虚拟旅游前景无限。

第一节　国内外网络虚拟旅游研究综述

国外关于"虚拟旅游"（virtual tourism）的概念大概出现于 20 世纪 90 年代。威廉姆斯（Williams）和荷布森（Hobson）认为，新技术的出现使得基于网络的旅游不仅能满足消费者对于网络的需求也能满足消费者对于旅游的需求，由此可以预见基于网络的虚拟旅游潜力巨大 [1]；"在现阶段的条件下，大众旅游者对虚拟旅游的体验是满意的，并且在虚拟环境中进行的旅游已经成为社会事实[2]。" 切恩（R.Cheong）认为虚拟旅游可能对现实旅游和旅行存在替代的威胁[3]。波尔（C.Bauer）和雅各布森（R.Jacoboson）认为，虚拟旅游对那些在旅游营销方面做得不好的发展中国家和东欧国家提供了受益的机会[4]。近年来对虚拟旅游的关注主要集中在旅游地体验感的增强、旅游营销策略的改进、增值服务的改进等方面，后面会有提及。

国内关于"虚拟旅游"的概念最早出现于 1999 年。裘伟廷于 1999 年发表《虚拟旅游的喜与忧》，在分析虚拟旅游特征的基础上，比较了虚拟旅游与现实旅游之间的优势和劣势[5]。范业正简要阐述了虚拟旅游的不足以及虚拟旅游无法代替现实旅游的原因[6]。郑鹏、马耀峰等人认为，基于虚拟旅游的镜像体验是对旅游体验的高度模拟[7]。

总体而言，国内外关于"虚拟旅游"的研究总体较为薄弱，前期研究很少，近几年稍微多一点，主要是在 2016 年被称为"VR 元年"之后才开始活跃起来的。所有研究主要集中于以下但不限于以下几个方面。

一、对虚拟旅游进展的研究

最近，国外学者劳瑞诺（S. M. C. Loureiro）等人利用引文网络分析和文本挖掘技术，对与虚拟旅游相关的 56 篇论文和 325 篇有关的会议论文进行了分析，在指出虚拟旅游研究网络及其研究主题的基础上，概括为 10 个左右的核心议题：沉浸环境设计、智慧城市与文化遗产、发展趋势、信息和图像质量、可持续旅游业的移动态势、旅游目的地营销、技术接受模式、虚拟社区、应用程序、增强现实[8]。国内学者从推广虚拟旅游的视角出发，介绍国外虚拟旅游的应用价值及作用，发表了一些研究进展类的文章，对后续相关研究很有启发[9—10]。也有学者从综合的角度介绍了国内虚拟旅游研究的进展，认为国内虚拟旅游是随着国际虚拟旅游热的出现而发展的[11—12]。

二、对虚拟旅游技术应用的研究

虚拟旅游是借助 VR 技术或 AR 技术而开展的。虚拟现实技术是从英文 Virtual Reality 一词翻译而来，简称 VR，是一种可以创建和体验虚拟世界的计算机仿真系统，它利用计算机生成一种模拟环境，是一种多源信息融合的、交互式的三维动态视景和实体行为的系统仿真，达到使用户沉浸到该环境中的目的。虚拟旅游技术是虚拟旅游发展的关键，备受学者关注，开展了相关研究。塔兹根（Tatzgern）等人开展的移动计算研究[13]，马汀尼兹-格让纳（Martínez-Grana）等人对使用地理参考主题图层覆盖其他相关信息的 AR 案例进行了研究[14]，嘎斯阿-克热斯泊（García-Crespo）等人提出了一个在智慧城市中使用 AR 创建文化娱乐系统的框架[15]。国内学者开展的有关于 VR 技术应用于虚拟旅游实现路径的研究[16—17]；有基于 Virtools 的虚拟旅游系统分析（王瑜，2017）[18]；有基于 Hypercosm 的江南园林数字化虚拟旅游设计与实现的研究（林新雨，张伟明，2017）[19]；有基于 VRML_ArcGIS 的虚拟旅游景观设计与实现（蒋文燕，栾汝朋， 朱晓华，2010）[20]；有基于 G/S 模式的虚拟旅游应用研究（吴宇翔，苗放，刘瑞，2009）[21]；有基于 Web3D 的虚拟旅游关键技术研究进展的研究（谭云兰，贾金原，彭硕等，2014）[22]；有基于 3DMAX 的虚拟旅游景区的应用（陈衡，2013）[23]；有基于全景 360 漫游技术的网络虚拟旅游应用研究（周雪菲，2016）[24]，等等。

三、对虚拟旅游价值和营销策略的研究

虚拟旅游的前景如何、价值如何，学者们开展了系列研究。国外学者迈央·甲·肯（Myung Ja Kim）从虚拟旅游游客的技术准备（乐观和创新）对主

观幸福感和行为意向的调节作用进行了研究，结果表明，真实体验和主观幸福感受简单性、利益性、兼容性（创新扩散属性）、信息性、社会互动性和游戏性（使用和满足属性）的影响[25]。拉基斯盖（Lagiewski）等人以互动式访问和数字化体验如何促进对纽约州和纽约州手指湖地区的访问做了案例研究[26]。乔伊（Choi）等人探索了网络虚拟旅游对目的地营销绩效的中介作用[27]。国内有学者从对策角度，对虚拟旅游进行应用及价值分析[28—30]；有关于虚拟旅游体验下的定制营销策略研究[31]；有基于网络数据采集的虚拟旅游产品结构优化研究[32]；有基于镜像体验视角下虚拟旅游与网络经济的盈利方式分析研究[33]，等等。

四、对虚拟旅游教育及老年服务的研究

国外学者对此开展了较多研究，如希（Shi）等讨论了能够增强用户感官体验的系统以及虚拟休闲活动如何影响老年消费者的问题（2016）[34]。国内有学者从旅游教育如何应对虚拟现实技术开展虚拟旅游教育做了初步探讨（刘娜，2018）[35]；有学者基于老年人不便于实地旅行但又存在巨大的虚拟旅游需求的问题开展了相应研究，认为老年人将成为虚拟旅游的重要群体（胡中艳，曹阳，兰海龙，2012）[36]；有基于"推—拉"理论的老年人虚拟旅游研究（刘学玲，冯淑华，马秋芳，2015）[37]，等等。

虚拟旅游的出现时间短，真正快速发展则是近几年的事，国内虚拟旅游研究也是紧跟国外虚拟旅游步伐，从概念引进到技术引进，再到技术集成和不断创新，从技术到产品再到运营策划，逐步推进的，基本思路是清晰的。

第二节　网络虚拟旅游发展态势

结合国内外网络虚拟旅游研究的进展，对网络虚拟旅游发展态势做以下判断。

一、产品多样化

从产品类型来看，目前大致可以分为四种虚拟旅游系统，桌面虚拟旅游系统、座舱式虚拟旅游系统、沉浸式虚拟旅游系统、裸眼 3D 式虚拟旅游系统。

具体而言，第一种桌面虚拟旅游系统，主要是借助网络并通过计算机显示器来显示虚拟世界，比如 360 或 720 度全景旅游类型，也是当前最基础的虚拟旅游产品，主要是通过 360 度三维实景技术制作而成，可以通过任何终端上的方向键进行 360 度的操作和观看。主要网站有：①"中国全景网"（http://www.chinavr.net），可以看到中国各大城市和著名旅游景点的全景展示，如北京故宫博物院、上海的老城隍庙、澳门的大三巴牌坊，张家界、黄山、桂林等景区。②"全景客虚拟旅游网"（http://www.quanjingke.com/），拥有海内外 400 多个城市、2000 多个景区的高清 720 度全景照片。③"城市吧网"（http://www.city8.com），它本身是一个地图网站，由于它对地图上的场景表达特别逼真而受到网友欢迎，许多城市的著名景点都有全景呈现，如北京天安门广场、上海南京路步行街等。④展示国外景点的"虚拟瑞典网"（http://www.virtualsweden.se），展示国外多个旅游城市和景点的三维全景，如巴黎的卢浮宫，可以逐层参观游览，也可以欣赏阿尔卑斯雪山景观，等等。⑤还有一些特色化的虚拟旅游网站，如"爱情公寓网"（http://valentine.ipart.cn/html/action/ 090214/v2/ 090214_ ad. php），有一个名为"爱情旅行社，台湾环岛游"的线上活动，即"鼠标网络上，悠然游台湾"，可以在网络上虚拟游览许多台湾著名景点。第二种座舱式虚拟旅游系统，使用这种系统时，用户置身于一个特制的座舱之中，舱内有一个可以向外看虚拟世界的屏幕，转动座舱就可以从不同的角度观察虚拟世界，用户不需要佩带其他特殊装置，从而无负担的与虚拟世界交互。这类系统能达到的沉浸感也较差。第三种沉浸式虚拟旅游系统，这类系统有着较强的沉浸感，它往往配备有头盔式显示器或是全方位的监视器，使用户能自由的环顾虚拟空间。这种穿戴体验型的虚拟旅游系统，是将虚拟现实或增强现实技术完成的旅游产品通过穿戴相应的技术设备来进行体验，使得现场感更强更逼真，与目前在许多商场所看到的"虚拟体验"效果类似，但主要是通过网络技术来实现的。第四种虚拟旅游产品是裸眼 3D 式虚拟旅游系统，也就是通过特殊的光学（光栅）技术处理达到不用任何穿戴设备就可以实现裸眼 3D 的效果，本项技术还在进一步研究和完善中（图 16-1）。

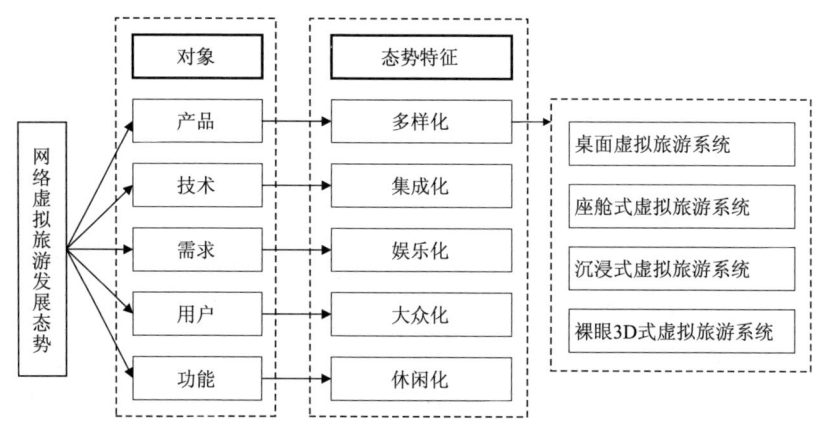

图 16-1 网络虚拟旅游发展态势

二、技术集成化

虚拟旅游技术是从起初的 3D 场景技术的基础上发展起来的，目前的虚拟旅游综合了多种技术的优势，其关键技术主要有动态环境建模技术、立体显示和传感器技术、系统开发工具应用技术、实时三维图形生成技术、系统集成技术等五大项。从数据生成的角度而言，运用最多的是计算机技术和数字化技术，用来实现旅游景区要素的数字化采集、数字化存储、数字化呈现和数字化传输。比如数字化采集，又综合运用了多种数据采集技术，常见的有三维激光扫描技术（车载、机载或人工操作的）、无人机倾斜摄影技术、激光雷达成像技术（机载为主）、全息摄影技术、近景摄影测量技术、360 全景摄影技术，等等。数字化存储也涉及多种技术，如支持多种网络数据库

ORACLE、SQL SERVER、SYBASE、MYSQL 的相应技术。而数字化呈现又包含了多项技术，包括三维可视化技术，三维动画技术（如 3DMAX、Unity 3D、Lumion 等软件技术），3D GIS 技术（如 CityEngine、Skyline 等软件技术），图像处理技术，动态仿真技术，裸眼 3D 技术，数字建模技术（如 BIM 技术），语义 Web 技术，WebGIS 技术，等等。在数字化传播方面，刘沛林认为，主要采用数字通信技术（如 4G、5G 技术）、数字传输技术（如 FPV 数字图传系统）、云计算技术等[38]。总之，虚拟旅游技术越来越完善、越来越走向综合发展之路，它的技术发展方向应该是进一步加强人机交互性，增强虚拟现实与真实现实之间的信息融合。

三、需求娱乐化

2016 年被称为"VR 元年"，虚拟现实产业开始火热，VR 技术成为众多科技公司竞相发展的内容，从 VR 眼镜到主机设备，虽然 VR 在形态上没有较为明确的走势，但在功能上，人们对 VR 形成的初步认知是一款简单的娱乐和游戏设备。比如 Bigscreen 是一款社交 VR 平台，用户可以通过它与朋友分享电脑屏幕，最近 Bigscreen 进行了一次重大更新，增添 50 多个流媒体电视频道，包括体育、游戏、电影、动画、新闻等，Bigscreen 可以在所有流媒体电视上免费使用，其公共放映室已经实现全天候 VR 播放。2019 年 7 月 8 日，代表当前全球 VR 发展领先水平的大朋 DPVR，推出了其 4K 战略落地后的首个产品——大朋 VR E3 游戏战神套装 4K 版，这是目前全球唯一一款拥有 4K 分辨率的 VR 游戏战神套装，也是大朋 VR 布局 4K 时代后的 PC－VR 头盔首发。随着 5G 技术的不断发展，AR/VR 在内容、数据传输、画面显示效果上的不断丰富和提升，未来将带给我们更有深度更富刺激的感官体验。Oculus 的首席科学家 Michael Abras 表示："未来五年 VR 的发展，聚焦在视觉的完善、听觉的立体感和触觉的及时反馈上，如果要让用户完全沉浸其中，就需要发展嗅觉的化学反应"[39]。同样，这样的 5G 背景下的 VR/AR 平台也可以带给网络虚拟旅游更大的发展空间。HTC Vive 在香港的

Viveland VR 主题公园于 2019 年 1 月 18 号开业，这是 HTC 首次在台湾以外地区开设线下主题公园，该体验公园由 HTC 与合作伙伴 Easco 通信公司联合打造。位于贵州省贵阳的大型 VR 主题公园"东方科幻谷"，早在 2018 年 11 月就已开馆，是个造价近 30 亿人民币的主题公园。迪士尼是娱乐界最大的品牌之一，从经典动画到相对较新的 Marvel 漫画和星球大战等品牌，迪士尼不断为年轻和年老的粉丝们提供有趣的视觉体验。该公司的许多主题公园并没有什么不同，将梦幻般的人物脱离屏幕，带到游客身边，并为游客带来体验。沉浸式的 VR 体验将使身处迪士尼乐园的游客获得如同在家中一般亲切的感受。

四、用户大众化

VR 技术主要采用的是计算机技术和数字化技术，人们很容易把它看作是一项无法触及的高深莫测的技术，充满神秘感，实际上，虚拟现实产品是从最大程度方便客户的角度而设计的，使用起来非常方便，就像数码相机技术上很复杂，而使用起来就成了"傻瓜相机"一样。因此，在虚拟现实产品体验费用大幅降低的情况下，虚拟旅游可以通过手机和普通终端来顺利实现，可以低价格游览，随时随地任意上线游览，无限次循环游览，实地旅游前的预备式游览，实地旅游后的回味式游览，加之其越来越娱乐化的用户市场需求，用户大众化成为必然趋势。

五、功能休闲化

由于网络虚拟旅游具有便捷性、体验性、跨空间性和随时性等观赏特点，对众多宅居者来说，不愧为一种独特的打发时间的休闲方式，可以一边喝茶或一边"葛优躺"，一边进行网络虚拟旅游，轻松饱览世界各地秀美风光，欣赏不同地域特色文化，在放松自己身心的同时，可以足不出户的实现异地旅游，满足个人休闲的需求。所以说，随着 5G 技术的到来，快捷的网络传输速度使得网络虚拟旅游的功能越来越休闲化。

第三节　网络虚拟旅游存在的问题及未来方向

一、网络虚拟旅游存在的问题

　　从目前的情况来看，网络虚拟旅游存在许多优势，但也存在着一些发展中需要解决的问题。主要体现在如下几个方面：一是技术实现的问题，二是现场体验感的问题，三是景区受益模式的问题，每个问题都可以找到相应的应对措施（图 16-2）。

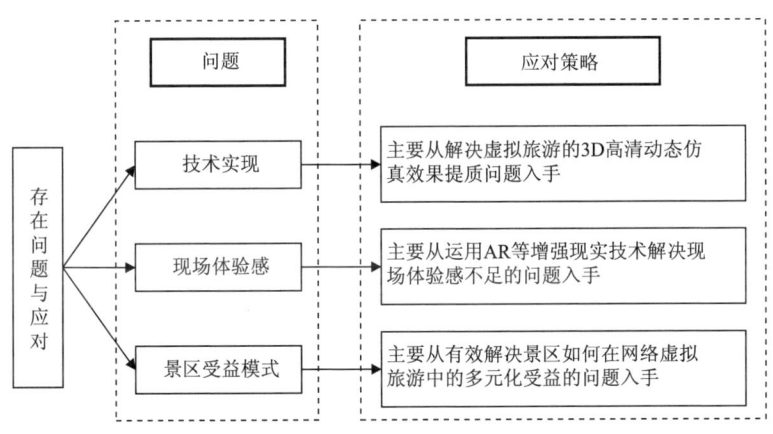

图 16-2　网络虚拟旅游存在的问题与应对策略

　　（一）关于技术实现的问题

　　主要从实现虚拟旅游的 3D 高清动态仿真效果提质方面入手解决问题。这是整个虚拟现实技术在不断推进的过程中始终不能回避的技术改进问题。如何实现网络环境下的虚拟旅游，涉及系列虚拟技术创新和技术集成的问题。比如将一个实际景区制作成一个能在网上游览的景区，需要分为多个环节，每个环节又涉及相关技术。从技术环节来说，必须完成实际景观要素的数字化采集—数字化存储—数字化重建（再现）—数字化传输—数字化游览（网上体验）；从相应技术实现来说，分别要涉及但不限于三维激光扫描技术（采集数据）—云数据存储技术（数据存储）—动态环境建模仿真技术（三维再现）—数字图像传输技术（图像传输）—数字播放技术（虚拟体验）。由于技术环节多、技术复杂，既要实现动态化的游览效果，又要实现高清晰度的景观画面，还要有一定的互动要求，要实现旅游环境的 3D 动态高清仿真不是易事，而 3D 高清动态仿真的效果决定了网络虚拟旅游的质量，因此，在 5G 技术真正解决网络传输问题的前提下，当前网络虚拟旅游在技术上的问题主要是有效解决动态化的虚拟旅游环境的仿真效果质量的问题，这是技术工作的重点。

（二）关于现场体验感的问题

必须从有效发挥 AR 技术等新技术优势方面入手寻找对策。网络虚拟旅游相比实地旅游的主要差异就是现场感的不足问题。网络虚拟旅游的最大优点是可以足不出户的轻松游览想要游览的任意景区（前提是已上线虚拟旅游的景区），但它的实现是在网络终端上完成的，虽然能很好地感受景区环境和景观，但毕竟没有亲临现场旅游的感觉那么真实，更不能感受现场旅游过程中随时出现的各种氛围和情趣。可见，网络虚拟旅游要弥补这一不足，必须在增强体验感方面下功夫，有鉴于此，AR 技术的运用就显得更加重要。AR 是英文 Augmented Reality 的简称，也被称之为混合现实技术。它通过计算机技术，将虚拟的信息应用到真实世界，使得真实的环境和虚拟的物体实时地叠加到了同一个画面或空间，生成逼真的视、听、触觉等一体化的虚拟环境，用户借助必要的设备以自然的方式与虚拟世界中的物体进行交互，相互影响，从而产生亲临真实环境的感受和体验。简单地讲，AR 技术它不仅展现了真实世界的信息，而且将虚拟的信息同时显示出来，两种信息相互补充、叠加，形成混合现实，达到增强现实效果的目的。AR 的混合现实效果介于真实环境与虚拟环境之间，而 AR 技术更接近于真实环境一端，利用计算机生成的数据可以增强真实环境的效果，而 VR 的仿真效果更接近于虚拟环境一端（图 16-3）。一个 AR 系统一般由显示技术、跟踪和定位技术、界面和可视化技术、标定技术构成。移动增强现实系统是实现网络虚拟旅游的关键环节，应实时跟踪手机在真实场景中的位置及姿态，并根据这些信息计算出虚拟物体在摄像机中的坐标，实现虚拟物体画面与真实场景画面精准匹配，由此可见，手机的空间位置和姿态的性能以及网络通信技术很关键，这在 5G 通信技术实现后，应该有助于这一问题的解决[40]。

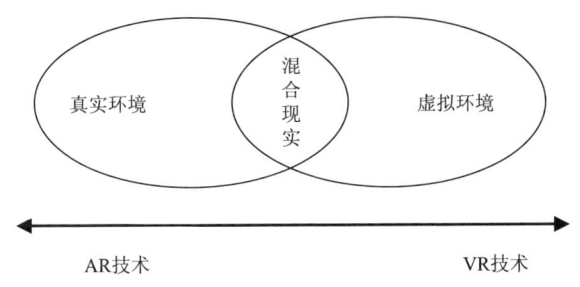

图 16-3　VR 技术与 AR 技术结合的混合现实增强原理

（三）关于景区受益模式的问题

主要从有效解决景区如何在网络虚拟旅游中的多元化受益的问题入手加以解决。人们总是会想一个问题，网络虚拟旅游大众化之后，游客可能热衷于网上旅游而影响到现场旅游的热情，景区如何从虚拟旅游中受益。实际上，在信息化时代和互联网+的时代，旅游转型是不可逆转的趋势，唯有掌握和适应这种趋势，才能真正做好应对和转型。要坚信，旅游在任何时候都是潜力无穷的，关键是如何把握机遇。网络虚拟旅游时代景区受益模式可以预测如下：①在景区宣传营销上受益。网络虚拟旅游虽然是非现场旅游，但通过网络虚拟旅游系统展示景区、宣传景区、推广景区，必将成为未来景区的新型营销模式。②在景区网络流量上受益。因为网络虚拟旅游是未来流量经济的重要组成部分，景区网络虚拟旅游可以获得可观的网络流量，流量大的景区可以挖掘巨大的营销市场价值，可以与虚拟旅游平台分享流量收益和广告收益。③在景区付费服务上受益。网络虚拟旅游通常只开放景区概况型的虚拟旅游场景，对于具体景点的内部观赏可以采用付费式服务，或者与平台共享这部分虚拟旅游的收益；也可以通过提供网上合影服务或提供指定景区的三维景观 3D 打印等类似形式获得收益。④在景区旅游商品销售上受益。

可以通过在虚拟旅游平台上开设网上旅游商品购物服务而获得收益。

二、网络虚拟旅游的未来方向

随着信息技术和 5G 甚至未来 6G 网络技术的快速发展，网络虚拟旅游发展迎来了新机遇，必将引爆网络虚拟旅游新产业的大发展。网络虚拟旅游的未来前景和方向大致如下（图 16-4）：

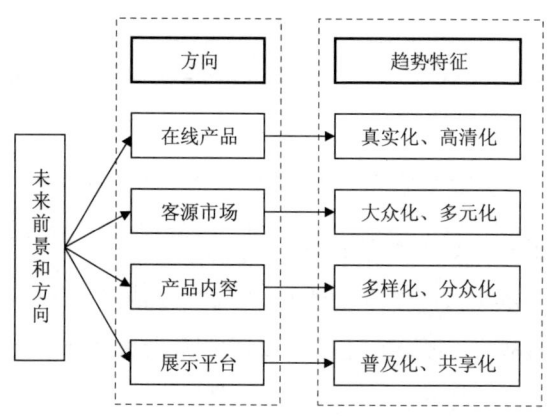

图 16-4　网络虚拟旅游的未来前景和方向

（一）网络虚拟旅游的在线产品越来越真实化和高清化

随着虚拟现实技术、增强现实技术和网络传输技术的快速发展和不断突破，网络虚拟旅游在线产品的 3D 仿真程度会越来越高，现场感和真实感会越来越强，视觉效果会越来越清晰，与真实旅游环境的差距会越来越小，这是网络虚拟旅游未来能够快速发展的关键所在。

（二）网络虚拟旅游的客源市场越来越大众化和多元化

由于网络虚拟旅游产品的真实感越来越强、清晰度越来越高，对人们的吸引力无疑也会越来越大。更重要的是，在新"宅居"时代，由于各项居家服务做得很到位，对于需要同时满足"有可自由支配的收入、有可自由支配的时间、有外出旅游的欲望"这三个基本条件才能到实地旅游的人们来说，足不出户却能通过网络方式实现旅游欲望是一件无比幸福的事情，必将使得网络虚拟旅游客源大众化。在这些大众客源中，结构组成又是多元化的，可以预见，城市宅居者、年轻人、老年人都将是网络虚拟旅游的客源主力军。

（三）虚拟旅游的产品内容越来越多样化和分众化。

正是由于网络虚拟旅游客源的大众化和多元化，针对这些客源的虚拟旅游产品内容必然是多样化和大众化的。既有专注于自然旅游景区的内容，也有关注于历史文化旅游景区的内容；既有反映国内旅游景区的内容，也有反映国外旅游景区的内容；既有偏重于大自然景色的内容，也有偏好于美食风情的内容，还可能有偏好于攀岩或徒步旅行的内容，等等。总之，产品内容既多样化又分众化，以满足不同人群的旅游需求。

（四）网络虚拟旅游的展示平台越来越普及化和共享化。

由于未来几年网络虚拟旅游产业将成为新兴的热门产业快速兴起，网络虚拟旅游的平台数量和类型也将大规模增长。一方面，专门的虚拟旅游展示平台会大幅度增加，会在现有的"中国全景网""全景客虚拟旅游网""城市吧网""虚拟瑞典网"等专门平台的基础上，增加很多平台。另一方面，各个旅游景区网站平台上，将会陆续开通虚拟旅游内容，网络虚拟旅游平台将越来越普及。此外，还有一些相关旅游平台也会开通个性化、特色化和分众化的虚拟旅游内容，从而出现网络虚拟旅游平台的共享化趋势。

第四节　虚拟现实与历史文化村镇的网络化呈现

运用虚拟现实等数字化技术手段记录、展示和传播自然与文化遗产及旅游景区，已成为我国遗产保护、数字景区和智慧旅游建设的重要内容。利用计算机技术和网络技术模拟实现的历史文化村镇的虚拟旅游，为未来旅游业态的发展开拓了新的方向。

一、虚拟现实有助于历史文化村镇景区信息化管理

虚拟现实技术是一种可以创建和体验虚拟世界的计算机仿真系统，也是一种多源信息融合的交互式的三维动态视景和实体行为的系统仿真，它利用计算机生成一种模拟环境，可使用户沉浸到该环境中并产生身临其境的感觉，又名灵境技术。为了更好地集成真实世界和虚拟世界的信息，又出现了增强现实技术，是把原本在现实世界的一定时间空间范围内很难体验到的实体信息（如视觉信息、声音、味道、触觉等），通过计算机等技术，模拟仿真后再叠加，将虚拟的信息应用到真实世界，被人类感官所感知，从而达到超越现实的感官体验。

任何一个历史文化村镇旅游景区景点都可以进行三维仿真，实现虚拟呈现。特别是在信息化技术高度发达的今天，一切事物都是可以被信息化的，更何况旅游景区景点。旅游景区景点的信息化管理可以有多种形式，一种是借助大量的数字化摄像终端（数字摄像头）及各种功能的传感器，对景区景点的环境、交通、游客数量及其相关要素进行实时动态管理；一种是以 DEM（数字高程模型）数据为基础，借助于 GIS 技术，对景区实景进行三维建模，制作成虚拟现实产品，并配以景点解说系统，然后通过网络提供给广大用户，实现网络虚拟旅游。景区景点的数字化呈现和网络化传播，是景区景点信息化管理的重要发展方向，也是历史文化村镇网络虚拟旅游的重要途径。

二、虚拟现实有助于历史文化村镇网络虚拟旅游

事实上，任何人的时间和精力都是有限的，因此，亲身游历所有的景区景点是不现实的。但是，人的好奇心促使人们总是向往着游览更多的景区景点，如何解决人的时间精力的有限性和景区景点的"无限性"之间的矛盾，发展历史文化村镇网络虚拟旅游就是解决问题的最好答案。未来的网络虚拟旅游只要借助于一种网络终端（计算机、手机、虚拟设备等）就可以任意游览某个景区景点，当然，前提是这个景区景点已经实现三维虚拟并与网络链

接了。

　　开展历史文化村镇三维虚拟旅游具有许多独特的优点。①三维虚拟旅游的时间是相对灵活的。可以白天游览也可以晚上游览，可以通过网络终端进行快速游览或慢速游览，也可以根据手头时间作分段游览，还可以根据个人爱好作反复游览。②三维虚拟旅游的形式是多种多样的。可以借助电脑进行景区游览，也可以通过手机进行游览，还可以通过其他移动终端进行游览。③三维虚拟旅游的内容是丰富多彩的。既可以欣赏到空中鸟瞰的三维景观，也可以获得细致具体的触景效果，还可以身临其境的穿越时空，均可配以多种语音解说和合适的音乐。④三维虚拟旅游的体验感是独特的。因时间或经济的原因不能去现场游览的景区可以通过三维虚拟旅游来实现，因距离太远或身体不济的原因不能到达现场游览的景区也可以通过三维虚拟旅游来实现，为错开景区旅游高峰而通过网络虚拟旅游系统实现游览的感觉也是独一无二的。最简单的一点是，三维虚拟旅游可以让任何人在任何时间任何地点在随身携带的手机上实现对任意景点的旅游，在 VR 技术和 AR 技术的支持下，获得身临其境的游览效果。虽然网络虚拟旅游与实际现场旅游的感觉会有一定的差别，但带来的是另外一种新体验，而且信息量远大于实际旅游。显然，三维虚拟旅游有助于推进网络虚拟旅游，解决人们因时间和精力的不足而希望尽可能游览更多旅游目的地的难题，这也是信息化时代带给旅游爱好者的福利，我们必须做好应对。

三、虚拟现实在历史文化村镇网络虚拟游戏中的实践

　　发展旅游业是历史文化村镇保护与发展的一种重要途径。除了作为常规旅游目的地和旅游接待地之外，新业态的旅游传播和旅游创收是历史文化村镇旅游发展的战略方向，而发展网络虚拟旅游是其应有的选择。

　　（一）基本思路

　　历史文化村镇如何借助虚拟现实技术刺激新业态并获得新发展，重点应从理念建构、技术实现和网络营销等方面着手。

理念建构。用虚拟现实技术开展历史文化村镇旅游地的三维虚拟呈现，就是为了适应现代信息化时代的特点和需求，拓展历史文化旅游村镇的产品供给，丰富旅游特色村镇的业态，完善村镇产品营销体系，抢占网络虚拟旅游的先机。具体而言，三个理念最重要：一是要树立互联网+的理念，以适应信息化时代的趋势；二是要树立新传媒的理念，以适应新的营销策略；三是要树立创新的理念，不断推出新产品新业态，切实推进供给侧改革。

技术实现。用虚拟现实技术实现历史文化村镇旅游地的三维虚拟仿真，在技术上主要是借助数字化技术，要分别实现旅游村镇的数字化采集、数字化表达、数字化传播。目前的数字化采集技术较多，常见的有三维激光扫描技术（车载或定点）、无人机倾斜摄影技术、激光雷达成像技术（机载）、近景摄影测量、360全景摄影、全息摄影等；数字化表达技术也多种多样，包括三维动画（如3DMAX、Unity 3D、Lumion等软件）、3D GIS（如CityEngien、Skyline等软件）、虚拟现实、语义Web等；数字化传播技术也较多，包括资源发布、检索、注册与目录服务技术，无线通信、负载均衡与动态调度等网络技术，云计算等。总之，采用虚拟现实技术实现历史文化村镇的三维虚拟仿真，在技术上最终要解决以下几个问题：一是解决历史文化村镇的三维建模技术，实现虚拟展示，目前的技术已基本可行；二是解决历史文化村镇的虚拟旅游技术，实现旅游体验的目的；三是将历史文化村镇的虚拟信息与现实信息实行有效的结合，进一步增强虚拟旅游体验感。

网络营销。以往的旅游营销主要借助于传统媒体和传统方式，但是，在信息化大潮下的旅游营销必须有效整合新媒体资源和互联网资源，实行全新的网络营销。将历史文化村镇实现三维虚拟，一方面适应了信息化时代的变革要求，二是丰富了旅游营销的形式，三是增加了旅游产品的类型，打破现实旅游的时空障碍，使原有静态、不可触及的旅游产品变得更加生动活泼，丰富旅游体验的途径。

（二）基本实践

多年来，我们以历史文化村镇为基础，开展了湖南省"湖湘风情旅游小镇"的遴选、咨询和建设指导工作，已公布的旅游特色小镇达到近百个。在遴选和规划的基础上，我们借助三维虚拟等数字化技术，对其中的部分旅游小镇进行了三维虚拟呈现，并开发了用于网络虚拟体验和虚拟旅游的湖南省旅游特色小镇 Web 系统，拓展了旅游特色小镇的新业态。湖南省南岳古镇是闻名遐迩的旅游特色小镇，我们尝试性的开发了基于 GIS 的南岳古镇三维虚拟与景观管理信息系统，该系统的总体目标是实现南岳古镇文化景观的三维虚拟，以实现景观保护、管理和网络虚拟旅游。在这里 GIS 主要用于对古镇核心区（大庙为主）各建筑和其他文化遗产的虚拟呈现及景区管理。

该系统整合了二维地图和三维模型，用 Web GIS 实现三维虚拟场景管理，特别是实现了三维模型数据和建筑文化属性数据的整合，通过图形化交互界面，实现了场景内的文化遗产分布及其价值展示，并能通过对已改建、维修的建筑的模型和属性数据的更新历史，了解民居建筑的动态变化；同时，拓展 GIS 二维空间分析方法，实现了古镇虚拟场景中要素的三维空间分析，从而方便用户从宏观上把握古镇要素的三维空间关系，如民居的分布与水系、交通的二维关系、公共建筑和民居建筑的空间关系以及建筑结构要素之间的三维空间关系。具体来说，该系统的实现基于以下工作：

①采用无人机倾斜摄影测量技术获取南岳古镇的高精度 DEM 数据和相关基础地理数据。

②利用无人机和激光扫描仪等对南岳古镇建筑景观和旅游景观进行三维数据采集。

③通过内业处理完成南岳古镇基础数据、街景数据的整理、合成和三维建模。

④古镇的三维场景制作，实现三维虚拟呈现的基础工作。

⑤将场景嵌入湖南省旅游特色小镇 Web 系统，为网络虚拟旅游的开展提供统一平台。

⑥利用百度地图等数据供应商的开放 API 提供南岳古镇的旅游交通、旅游气象、旅游食宿等服务信息。

当然，在上述框架的基础上还要注入更多的内容，承载各种相关的旅游信息和服务信息，最终打造成一个便捷高效适用的旅游特色小镇网络虚拟旅游系统，实现旅游特色小镇新业态的拓展。

四、面临的问题与机遇

网络虚拟旅游的优点是什么？可视化游览、随时随地游览、碎片化游览、反复游览——打破时间、收入、身体条件等的限制。

网络虚拟旅游的赢利模式是什么？首先，旅游目的地一方：虚拟旅游的网络流量收益分成、优质旅游地的网络快速促销所获得的实地旅游收入、旅游地旅游商品的网上成交收入、智慧旅游系统的游客调剂所获得的收入，等等。其次，网络虚拟旅游平台一方：虚拟旅游的网络流量收益分成、旅游地旅游商品的网上中间交易"资金池"资金效益、网络平台 OTO 等中间收益、网络平台广告收益，等等。是否还有其他的赢利途径，有待进一步探索。

历史文化村镇开展网络虚拟旅游显然存在许多优势，但也面临着一些发展中的问题需要解决：一是技术实现的问题，主要从虚拟旅游的 3D 高清动态仿真效果提质问题入手解决。二是现场体验感的问题，必须从有效发挥 AR 技术等新技术优势方面入手寻找对策。三是景区受益模式的问题，主要从有效解决景区如何在网络虚拟旅游中的多元化受益的问题入手。

总体而言，网络虚拟旅游发展迎来了新机遇，必将引爆网络虚拟旅游新产业的大发展，其未来前景和方向表现在：网络虚拟旅游的在线产品越来越真实化和高清化；网络虚拟旅游的客源市场越来越大众化和多元化；网络虚拟旅游的产品内容越来越多样化和分众化；网络虚拟旅游的展示平台越来越普及化和共享化。

参考文献

[1] Williams P., Hobson J.S.P., Virtual reality: A new horizon for the tourism industry. *Journal of Vocation Marketing*, 1995, 1(2): 125-136.

[2] Williams P., Hobson J.S.P., Virtual reality and tourism: fact or fantasy? *Tourism Management*, 1995,16(6): 423-427.

[3] Cheong R., The Virtual threat to travel and tourism. *Tourism Management*, 1995,16(6): 418-422.

[4] Bauer C., Jacoboson R., Schertle W. et al. Virtual travel: promoting tourism to unfamiliar sites through pre-experience. *Information and Communication Technologies in Tourism, New York:* Springer-Verlag, 1994: 16-20.

[5] 裘伟廷："虚拟旅游的喜与忧",《旅游科学》,1999 年第 3 期：9—13。

[6] 范业正："客观地认识虚拟现实旅游",《旅游学刊》,2007 年第 22 卷第 5 期：6—7。

[7] 郑鹏,马耀峰,李天顺："虚拟照进现实：对虚拟旅游研究内核及范畴之思考",《旅游学刊》,2010 年第 25 卷第 2 期：13—18。

[8] Loureiro S. M. C., Guerreiro J., Ali F., 20 years of research on virtual reality and augmented reality in tourism context: A text-mining approach. *Tourism Management*, 2020, 77(4): 1-21.

[9] 邱亚华："虚拟旅游的研究现状与未来发展趋势研究综述",《美与时代（城市版）》,2019 年第 3 期：100—101。

[10] 卢政荣："国外网络虚拟旅游研究述评：回顾与展望",《旅游学刊》,2009 年第 24 卷第 12 期：83—89。

[11] 余燕伶,刘素平："国内虚拟旅游研究述评",《合作经济与科技》,2018 年第 10 期：42—43。

[12] 蒋文燕,朱晓华,陈晨："虚拟旅游研究进展",《科技导报》,2007 年第 14 期：53—57。

[13] Tatzgern M, Grasset R, Veas E, et al. Exploring real world points of interest: Design and evaluation of object-centric exploration techniques for augmented reality. *Pervasive and Mobile Computing*, 2015, (18): 55—70.

[14] A.M. M., Goy J., Cimarra C., A virtual tour of geological heritage: Valourising geodiversity using Google Earth and QR code. *Computers & Geosciences*, 2013,

（61）：83–93.

[15] García-Crespo A., Gonzalez-Carrasco I., Lopez-Cuadrado J. et al. CESARSC: Framework for creating cultural entertainment systems with augmented reality in smart cities. *Computer Science and Information Systems*, 2016, 13(2): 395–425.

[16] 陈铁军：“VR 技术在虚拟旅游中的应用”，《电子技术与软件工程》，2019 年第 12 期：119—120。

[17] 朱万春：“基于 VR 新闻角度探析中国虚拟旅游的深度开发”，《新闻战线》，2017 年第 12 期：70—71。

[18] 王瑜：“基于 Virtools 的武当山虚拟旅游系统分析”，《数字技术与应用》，2017 年第 3 期：114—115，117。

[19] 林新雨，张伟明：“基于 Hypercosm 的江南园林数字化虚拟旅游设计与实现”，《工业设计》，2017 年第 6 期：58—59。

[20] 蒋文燕，栾汝朋，朱晓华：“基于 VRML_ArcGIS 的虚拟旅游景观设计与实现”，《地理研究》，2010 年第 9 期：1715—1723.

[21] 吴宇翔，苗放，刘瑞：“基于 G/S 模式的虚拟旅游应用研究”，《软件导刊》，2009 年第 6 期：111—113。

[22] 谭云兰，贾金原，彭硕等：“基于 Web3D 的虚拟旅游关键技术研究进展”，《系统仿真学报》，2014 年第 7 期：1541—1548。

[23] 陈衡：“3DMAX 在虚拟旅游景区中的应用”，《科技传播》，2013 年第 23 期：194—195。

[24] 周雪菲：“全景 360 漫游技术轻松助力虚拟旅游”，《电脑知识与技术》，2016 年第 24 期：210—212。

[25] Kim M, Lee C., Michael W., The impact of innovation and gratification on authentic experience, subjective well-being, and behavioral intention in tourism virtual reality: The moderating role of technology readiness. *Telematics and Informatics*, 2020, 49(3): 53-59.

[26] Lagiewski R., Kesgin M., Designing and implementing digital visitor experiences in New York State: The case of the Finger Lakes Interactive Play （FLIP） project. *Journal of destination marketing & management*, 2017, 6(2): 118–126.

[27] Choi J., Ok C., Choi S., Outcomes of destination marketing organization website navigation: The role of telepresence. *Journal of Travel & Tourism Marketing*, 2016, 33(1): 46–62.

[28] 孔令婵：“虚拟旅游的优势分析及其运作策略分析”，《商业经济》，2017 年第 1

期：64—66。

[29] 燕梅："三维虚拟现实技术在旅游业的应用和发展研究"，《农业网络信息》，2014年第 12 期：72—74。

[30] 丁小伟："虚拟旅游在我国的应用分析"，《旅游纵览》，2015 年第 5 期：62，65。

[31] 张少阳："虚拟旅游体验下的定制营销策略研究"，《现代商贸工业》，2017 年第 15 期：34—35。

[32] 杨青，邱扶东："虚拟旅游产品结构优化研究——基于网络数据采集"，《湖州师范学院学报》，2018 年第 4 期：97—101。

[33] 杨芝，梁敏华："镜像体验视角下虚拟旅游与网络经济的盈利方式分析——以电子游戏产业为例"，《南宁职业技术学院学报》，2018 年第 4 期：60—63。

[34] Shi Z, Wang H, Wei W, et al. Novel individual location recommendation with mobile based on augmented reality. *International Journal of Distributed Sensor Networks*, 2016, 12(7): 1–13.

[35] 刘娜："虚拟旅游与本科旅游专业教学融合路径探究"，《教育现代化》，2018 年第 21 期：90—92。

[36] 胡中艳，曹阳，兰海龙："城市老年人虚拟旅游交互产品设计"，《包装工程》，2012 年第 2 期：27—30。

[37] 刘学玲，冯淑华，马秋芳："基于'推—拉'理论的老年人虚拟旅游研究——以赤峰市老年人为例"，《旅游研究》，2015 年第 3 期：58—62，81。

[38] 刘沛林："虚拟现实与旅游特色小镇的网络化呈现"，《旅游学刊》，2018 年第 33 卷第 6 期：3—5。

[39] VR 陀螺，锅灶，带嗅觉的 VR 体验离我们还有多远，2018-12-26，https://baijiahao.baidu.com/s?id= 1620896138263082344。

[40] 刘沛林，邓运员："数字化保护：历史文化村镇保护的新途径"，《北京大学学报（哲学社会科学版）》，2017 年第 6 期：104—110。